汽车底盘构造与维修

(第2版)

主　编　蒋运劲　唐作厚
副主编　姜金堂　陈海军
　　　　郭　峰　刘学军

北京理工大学出版社
BEIJING INSTITUTE OF TECHNOLOGY PRESS

内 容 简 介

本书通过对现代汽车底盘典型实例的分析，系统阐述了现代汽车底盘的构造、工作原理，汽车底盘各系统总成的拆装、检测、调整和维护方法，常见故障原因分析以及诊断和排除方法。本书主要包括12个课题：汽车底盘概述、离合器、手动变速器与分动器、万向传动装置、驱动桥、汽车行驶系概述、车架与车桥、车轮与轮胎、悬架、汽车转向系统、汽车制动系统和汽车底盘维护。

本书图文并茂，通俗易懂，可供高等职业院校汽车运用技术等专业教学使用，可作为相关行业岗位培训或自学用书，也可供汽车维修技术人员学习参考。

版权专有　侵权必究

图书在版编目(CIP)数据

汽车底盘构造与维修 / 蒋运劲，唐作厚主编．--2版．--北京：北京理工大学出版社，2013.8（2024.1重印）

ISBN 978-7-5640-8308-3

Ⅰ．①汽… Ⅱ．①蒋…②唐… Ⅲ．①汽车-底盘-结构-高等学校-教材 ②汽车-底盘-车辆修理-高等学校-教材 Ⅳ．①U463.1②U472.41

中国版本图书馆 CIP 数据核字（2013）第 209080 号

责任编辑：张正萌　　　　**文案编辑**：张旭莉
责任校对：周瑞红　　　　**责任印制**：李志强

出版发行 ／ 北京理工大学出版社有限责任公司
社　　址 ／ 北京市丰台区四合庄路 6 号
邮　　编 ／ 100070
电　　话 ／（010）68914026（教材售后服务热线）
　　　　　　（010）68944437（课件资源服务热线）
网　　址 ／ http：//www.bitpress.com.cn

版 印 次 ／ 2024年1月第2版第11次印刷
印　　刷 ／ 北京虎彩文化传播有限公司
开　　本 ／ 787 mm×1092 mm　1/16
印　　张 ／ 21.5
字　　数 ／ 496 千字
定　　价 ／ 58.00 元

图书出现印装质量问题，请拨打售后服务热线，负责调换目前国内汽车底盘构造与维修类教材繁多，但其内容多是重理论轻实践，结构原理图不够清晰，没有突出实践环节，学生不容易理解，不能很好地让学生掌握基本的专业知识与技能。

  本教材力求克服这些缺点，强调学中做、做中学，以增加教材的新意和亮点，以使学生尽快地掌握汽车后市场所需能力。为此，我们将教材内容划分为 12 个课题，每个课题设有专业理论知识目标和技能目标，在讲述专业理论知识之前，每一个课题均用很大的篇幅详细介绍相关实训的步骤及装配技术要求，并配有大量的图片，使其更加直观、通俗易懂。同时减少过多的理论叙述，着力提高学生的实际操作能力，符合以实践为导向的最新职业技术理念。本书主要讲解现代汽车底盘传统的结构原理和维修方法，与《汽车底盘电控技术》教材配套使用。

  本书是由作者集多年教学和实践经验编写而成，内容充实，通俗易懂，实用性强。可作为高等学校汽车运用与维修、汽车检测与维修技术、汽车运用技术、汽车电子技术和汽车保险理赔等专业的教学用书，也可供汽车维修技术人员学习参考。

  全书由蒋运劲、唐作厚任主编，姜金堂、陈海军、郭峰、刘学军任副主编。广西交通职业技术学院蒋运劲编写课题1和课题2；广西交通职业技术学院陈海军编写课题11；广西交通职业技术学院刘学军编写课题8和课题9；广西机电职业技术学院唐作厚编写课题10和课题12；广西水利电力职业技术学院姜金堂编写课题4和课题5；广西工业职业技术学院郭峰编写课题6和课题7；柳州铁道职业技术学院王洪广编写课题3。

  本书编写得到了相关专业资深教师的大力支持和帮助，在此对他们努力的工作和无私的支持表示衷心的感谢。由于编者水平有限，书中错漏在所难免，希望广大读者予以批评指正。

编　者

目 录

课题 1　汽车底盘概述 ·· 1

　实训 1　汽车底盘及传动系认识 ··· 1
　　1.1　汽车底盘的基本组成与功用 ·· 2
　　1.2　传动系的功用与组成 ··· 4
　　1.3　传动系的布置形式 ··· 5
　　1.4　汽车行驶的基本原理 ··· 8

课题 2　离合器 ··· 10

　实训 2　离合器及操纵机构的拆装、检验及调整 ·· 10
　　2.1　概述 ·· 18
　　2.2　典型离合器构造 ·· 21
　　2.3　离合器操纵机构 ·· 27
　　2.4　离合器的维护 ··· 30
　　2.5　离合器常见故障的诊断与排除 ··· 30

课题 3　手动变速器 ·· 36

　实训 3　手动变速器的拆装与检修 ··· 36
　　3.1　概述 ·· 42
　　3.2　普通齿轮变速器的变速传动机构 ·· 45
　　3.3　同步器 ··· 53
　　3.4　手动变速器操纵机构 ·· 58
　　3.5　分动器 ··· 63
　　3.6　双离合变速器 ··· 66
　　3.7　变速器常见故障的诊断与排除 ··· 71

课题 4　万向传动装置 ··· 76

　实训 4　万向传动装置的拆装与检修 ·· 76
　　4.1　概述 ·· 82
　　4.2　万向节 ··· 83
　　4.3　传动轴与中间支撑 ··· 92
　　4.4　万向传动装置的维护 ·· 95

  4.5 万向传动装置常见故障的诊断与排除 ………………………………………………… 96

课题5 驱动桥 ………………………………………………………………………………… 100

 实训5 驱动桥的拆装与调整 …………………………………………………………… 100
  5.1 概述 ……………………………………………………………………………… 109
  5.2 主减速器 ………………………………………………………………………… 110
  5.3 差速器 …………………………………………………………………………… 115
  5.4 半轴与桥壳 ……………………………………………………………………… 123
  5.5 四轮驱动系统 …………………………………………………………………… 126
  5.6 驱动桥常见故障的诊断和排除 ………………………………………………… 139

课题6 汽车行驶系概述 ……………………………………………………………………… 149

 实训6 汽车行驶系的认识 ……………………………………………………………… 149
  6.1 行驶系的功用与组成 …………………………………………………………… 150
  6.2 行驶系的受力分析 ……………………………………………………………… 152

课题7 车架与车桥 …………………………………………………………………………… 154

 实训7 车桥的拆装与检修 ……………………………………………………………… 154
 实训8 四轮定位检测 …………………………………………………………………… 156
  7.1 车架 ……………………………………………………………………………… 158
  7.2 车桥 ……………………………………………………………………………… 161
  7.3 车轮定位 ………………………………………………………………………… 165
  7.4 车桥常见故障诊断与排除 ……………………………………………………… 168

课题8 车轮与轮胎 …………………………………………………………………………… 173

 实训9 车轮与车胎的检测 ……………………………………………………………… 173
  8.1 车轮 ……………………………………………………………………………… 176
  8.2 轮胎 ……………………………………………………………………………… 179
  8.3 轮胎的使用与检修 ……………………………………………………………… 185
  8.4 车轮与轮胎的维护 ……………………………………………………………… 191
  8.5 车轮及轮胎常见故障及排除方法 ……………………………………………… 195

课题9 悬架 …………………………………………………………………………………… 199

 实训10 悬架系统的拆装与检测 ………………………………………………………… 199
  9.1 概述 ……………………………………………………………………………… 201
  9.2 弹性元件 ………………………………………………………………………… 203
  9.3 横向稳定装置 …………………………………………………………………… 206
  9.4 减振器 …………………………………………………………………………… 207

9.5	非独立悬架	208
9.6	独立悬架	211
9.7	悬架检修及常见故障的诊断与排除	214

课题 10　汽车转向系统　217

实训 11　转向器的拆装与检测　217
- 10.1　概述　228
- 10.2　机械转向系　231
- 10.3　动力转向系　246
- 10.4　转向系的检查与调整　258
- 10.5　转向系常见故障的诊断与排除　260

课题 11　汽车制动系统　263

实训 12　车轮制动器的拆装与检测　263
实训 13　制动系的维护　269
- 11.1　概述　272
- 11.2　车轮制动器　275
- 11.3　驻车制动器　283
- 11.4　液压制动传动装置　287
- 11.5　气压式制动传动装置　297
- 11.6　制动系的维护与维修　301
- 11.7　制动系的故障诊断　306

课题 12　汽车底盘维护　313

实训 14　汽车底盘维护　313
- 12.1　汽车维护制度　321
- 12.2　汽车定期保养制度　324
- 12.3　汽车维护生产工艺　326
- 12.4　质量保证期　331

参考文献　334

课题 1
汽车底盘概述

【学习目标】
1. 了解汽车底盘技术的发展情况。
2. 了解并掌握常见轿车或货车底盘各系统的功用、组成、安装位置及基本工作原理。
3. 认识驾驶室内与汽车底盘有关的仪表和操纵装置名称、作用。
4. 掌握传动系的功用与类型。
5. 掌握汽车的驱动形式和传动系的布置形式。
6. 了解汽车传动系各总成的位置及装配关系。
7. 了解汽车行驶的基本原理。

实训 1　汽车底盘及传动系认识

【实训目的】
(1) 对照汽车底盘（常见轿车或货车），能说出各系统结构组成、功用和安装位置。
(2) 能讲出与汽车底盘相关的仪表和操纵装置的名称及作用。
(3) 认识传动系的组成及布置形式。
(4) 了解底盘构造的特点、各部分的名称和规格型号。
(5) 了解汽车维修常用工具和专用工具的基本使用方法。

【实训器材】
汽车整车四辆，汽车举升机四台。

【实训内容】
(1) 熟知安全规则与工具的使用。
(2) 认识常见轿车或货车底盘的组成及各系统、总成的安装位置和作用。
(3) 认识汽车外部附件。

【实训步骤】
1. 安全规则与工具的使用

(1) 学习汽车维修的安全规则，如工具安全使用规则、汽油安全使用规则、维修废品的处理规则、安全用电规则、车底工作时的安全规则和维修作业的安全要求等。

（2）学习常用与专用汽车维修工具使用的基本方法，常用工具包含开口扳手、梅花扳手、套筒扳手、扭力扳手、快速扳手、活动扳手、轮胎套筒扳手、螺丝刀、手锤等；专用汽车维修工具包含举升设备（千斤顶、双柱举升器、四柱举升器、剪式举升器）、螺栓拆装机、拆装紧配合零件的工具（压床和各种拉器）等。

2. 汽车底盘构造的认识

1）认识驾驶室内与底盘相关的仪表和操纵装置

认识汽车仪表板上的速度表（里程表）、故障指示灯、各种指示灯或警告灯等；认识照明装置、空调开关的调节、音响和其他装置的使用方法；了解转向盘、安全气囊的位置、变速操纵装置、离合器踏板（自动变速器无此踏板）、加速踏板（油门）、制动踏板、驻车制动装置和点火开关的位置、作用和使用方法。

2）认识传动系

认识传动系的功用和组成，了解各总成（如离合器、变速器、万向传动装置、主减速器和差速器、半轴等）的安装位置及动力的传递路线，能区别发动机前置前驱动与发动机前置后驱动的不同之处。

3）认识行驶系

认识行驶系的功用和组成，了解各部分（如车架或承载式车身、车桥、车轮和悬架等）的安装位置、它们之间的连接及装配关系、工作情况等。

4）认识转向系

认识转向系的功用和组成，了解各部分（如转向操纵机构、转向器、转向传动机构、动力转向装置等）的安装位置、它们之间的连接及装配关系、工作情况等。

5）认识制动系

认识制动系的功用和组成，了解各部分（如制动踏板、推杆、制动主缸、轮缸、油管、助力器、车轮制动器、ABS 等）的安装位置、它们之间的连接及装配关系、工作情况等。

6）认识汽车外部的附件

认识转向灯、大小灯、示宽灯、防雾灯、制动灯、倒车灯、保险杠、拖钩、雨刷、后视镜、油箱、备胎等的位置和作用。

1.1 汽车底盘的基本组成与功用

汽车底盘是汽车不可或缺的组成部分。汽车底盘由传动系、行驶系、转向系和制动系四大系统组成，其功用是接受发动机的动力，使汽车运动并保证汽车能够按照驾驶员的操纵而正常行驶。同时，用以支撑和安装汽车其他各总成和部件，形成汽车的整体造型。图1-1和图1-2所示为常见轿车与货车的底盘结构图。

汽车传动系的作用是将发动机的动力传给驱动车轮；行驶系的作用是将传动系传来的转矩转化为汽车行驶的驱动力，并将汽车构成一个整体，同时支撑汽车的总质量，承受、传递各种力和力矩，减小振动，缓和冲击，保证汽车的平稳行驶；转向系的作用是保证汽车能够按照驾驶员选定的方向行驶；制动系的作用是使行驶的汽车减速或者停车，并保证汽车能够可靠地驻车。

图1-1 轿车底盘结构

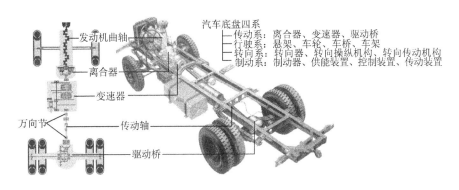

图1-2 货车底盘结构

早期的汽车底盘上的许多零件都是从自行车的零部件改进而来的，如钢管构架、滚动轴承、链传动等。随着齿轮变速器、差速器、摩擦式离合器的相继研制成功，充气轮胎、万向传动装置和锥齿轮主减速器、后桥半独立悬架等的采用，汽车底盘的发展进入了一个崭新的阶段，人们对汽车的种种要求逐步得以实现。20世纪80年代以前，汽车底盘以机械控制系统为主。20世纪80年代以后，随着科学技术的发展，"机-电-液"一体化技术应用到汽车上，加上电子技术、计算机技术、现代信息及通信技术在汽车上越来越广泛的应用，如今的汽车底盘已演变成为一种高科技产品。与传统汽车相比，现代汽车的动力性、燃油经济性、乘坐舒适性、操纵稳定性、安全性等基本性能得到了显著地改善和提高。操作简便性、工作可靠性、维修方便性也比过去有了长足地发展。

随着关于能源、排放、安全等法规的不断强化和完善，以及人们对舒适、豪华、便利的不断追求，人们对汽车性能的要求越来越高，而电子技术的发展使汽车性能进一步提高和改善成为现实。电子技术的发展，也为汽车向电子化、智能化、网络化、多媒体化的方向发展创造了条件。

现在的汽车大多是带有一些电子控制的机械装置。不久的将来，汽车将转变为带有一些辅助机械的电子装置，汽车的主要部分将向消费类电子产品转移。

电子控制系统在汽车上的应用越来越广，这对汽车的使用与维修提出了更高的要求。因此，检修这些装备了电子装置的汽车，除需要相应的机械知识外，还需要具备更多的电子技术和电子设备知识及故障检修的基本技能。

1.2 传动系的功用与组成

汽车传动系是指从发动机到驱动车轮之间所有动力传递装置的总称。传动系的作用是将发动机输出的动力传给驱动车轮。不同的汽车，其底盘的组成稍有不同，如载货汽车及部分轿车，其底盘一般由离合器、变速器、万向传动装置、驱动桥等组成，如图1-3所示。

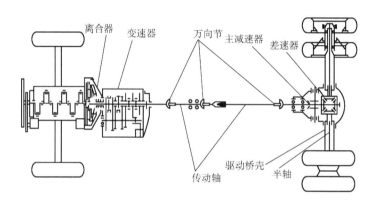

图1-3 机械式传动系的组成及布置形式示意图

1.2.1 传动系的功能

汽车传动系的基本功能是将发动机输出的动力按照需要传递给驱动轮。

1.2.2 传动系的类型

按结构和传动介质不同，汽车传动系可分为机械式、液力机械式、静液式、电力式等。现代汽车上普遍采用机械式和液力机械式传动系。

1.2.3 传动系的组成

传动系的组成与类型取决于发动机的类型和安装位置、汽车总体结构形式、汽车行驶系及传动系本身的结构形式等诸多因素。

1. 机械式传动系

图1-3所示为普通双轴货车上采用的机械式传动系。发动机纵向安置在汽车前部，后轮为驱动轮。传动系由离合器、变速器、传动轴和万向节组成的万向传动装置，以及安装在驱动桥壳中的主减速器、差速器和半轴等组成。发动机发出的动力依次经离合器、变速器、

万向传动装置、主减速器、差速器和半轴,最后传递给驱动轮。

传动系各总成的基本功用如下。

（1）离合器：按照需要适时地切断或接合发动机与传动系之间的动力传递。

（2）变速器：改变发动机输出转速的高低、转矩的大小以及输出轴的旋转方向,也可以切断发动机向驱动轮的动力传递。

（3）万向传动装置：将变速器输出的动力传给主减速器,并适应两者之间距离和轴线夹角的变化。

（4）主减速器：降低转速,增大转矩,改变动力的传递方向（如90°）。

（5）差速器：将主减速器传来的动力分配给左、右半轴,并允许左、右半轴以不同转速旋转,以满足左、右驱动轮在行驶过程中差速的需要。

（6）半轴：将差速器传来的动力传递给驱动轮,使驱动轮获得旋转的动力。

2. 液力机械式传动系

液力机械式传动系的特点是综合运用液力传动和机械传动,以液力机械变速器取代机械式传动系的摩擦式离合器和普通齿轮式变速器,其他组成部件及布置形式均与机械式传动系相同。

液力机械变速器由液力传动装置、机械有级式变速器、控制机构和操纵机构组成,如图1-4所示。液力传动装置有液力偶合器和液力变矩器两种。液力偶合器只能传递转矩,而不能改变转

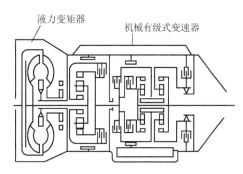

图1-4　液力机械变速器示意图

矩大小,可以代替离合器的部分功用。液力变矩器除具有液力偶合器的全部功用外,还能在一定范围内实现无级变速,因此目前应用较为广泛,但是,液力变矩器传动比变化范围还不能满足使用要求,故一般在其后再串联一个机械有级式变速器。

1.3　传动系的布置形式

1.3.1　汽车的驱动形式

汽车传动系的布置形式主要与发动机的安装布置及汽车驱动形式有关。

汽车的驱动形式通常用汽车车轮总数×驱动车轮数（车轮数指轮毂数）来表示。普通汽车一般装有4个车轮,常见的驱动形式有4×2（见图1-3）、4×4（见图1-5）；重型货车多装6个车轮,其驱动形式有6×6、6×4和6×2。此外,也有用汽车车桥总数×驱动车桥数来

表示汽车的驱动形式。

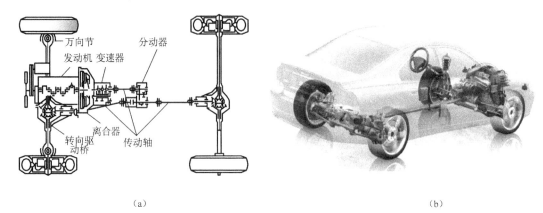

图 1-5　4×4 越野汽车传动系示意图
（a）四轮驱动传动示意图；（b）轿车四轮驱动实物图

1.3.2　传动系的布置形式

1. 发动机前置、后轮驱动

发动机前置、后轮驱动（英文简称 FR 型）是目前普通汽车广泛采用的一种传动系布置

图 1-6　发动机前置、后轮驱动布置形式实物图

形式（见图 1-6）。它是将发动机、离合器和变速器组成一个整体安装在汽车前部，而主减速器、差速器和半轴则安装在汽车后部的后桥壳中，两者之间通过万向传动装置相连。这种布置形式的优点是：发动机散热条件好；便于驾驶员直接操纵发动机、离合器和变速器；操纵机构简单，维修方便；后驱动轮的附着力大，易获得足够的牵引力。此种布置形式适用于除越野汽车外的各类型汽车，如大多数的货车、部分轿车和部分客车。

2. 发动机前置、前轮驱动

图 1-7 所示为发动机前置、前轮驱动（FF 型）的传动系布置形式示意图。其变速器、主减速器和差速器制为一体并同发动机、离合器一起集中安装在汽车前部。发动机有横向布置（图 1-7（a））和纵向布置（图 1-7（b））之分。这种布置形式除具有发动机散热条件好、操纵方便等优点外，还省去了很长的传动轴，使传动系结构紧凑，整车质心降低，汽车高速行驶稳定性好。大多数轿车采用这种布置形式，如上海桑塔纳、一汽奥迪 100 型轿车，但这种布置形式的汽车爬坡性能差，故豪华轿车一般不采用，而是采用传统的发动机前置、后轮驱动形式。

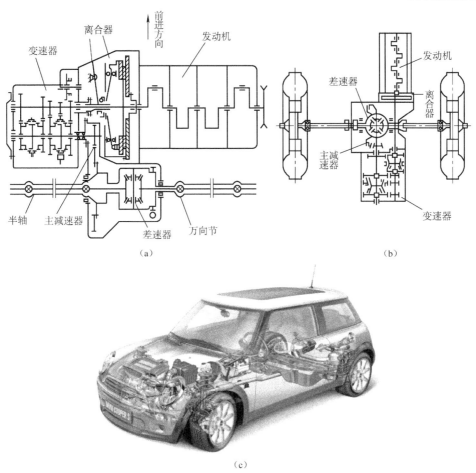

图 1-7 发动机前置、前轮驱动的轿车传动系示意图
(a) 发动机横向布置；(b) 发动机纵向布置；(c) 实物图

3. 发动机后置、后轮驱动

图 1-8 所示为发动机后置、后轮驱动（RR 型）的传动系布置形式示意图。发动机、离合器和变速器制为一体布置在驱动桥之后。这样可以大大缩短传动轴的长度，使传动系结构紧凑，质心有所降低，前轴不易过载，后轮附着力大，并能更充分地利用车厢面积。但由于

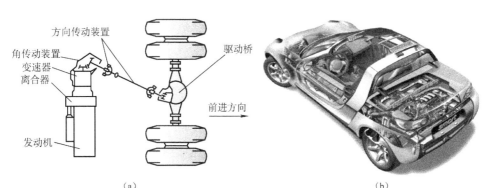

图 1-8 发动机后置、后轮驱动的传动系示意图
(a) 传动示意图；(b) 实物图

发动机后置，其散热条件差。发动机、离合器、变速器的远距离操纵使操纵机构变得复杂，维修调整不便。除多用在大型客车上外，某些微型或轻型轿车也采用这种布置形式。发动机也有横向布置和纵向布置之分，在此不再赘述。

4. 越野汽车传动系布置形式

为了充分利用所有车轮与地面之间的附着力，以获得尽可能大的牵引力，越野汽车必要时可采用全轮驱动。如图1-5所示为4×4越野汽车传动系布置形式示意图。与发动机前置、后轮驱动的4×2汽车相比较，其前桥既是转向桥也是驱动桥。为了将发动机传给变速器的动力分配给前后驱动桥，在变速器后增设了分动器，并相应地增设了从变速器通向分动器、从分动器通向前后两驱动桥之间的万向传动装置。由于前驱动桥又是转向桥，所以左右两根半轴均分为两段，并用转向驱动桥上的万向节相连。

1.4 汽车行驶的基本原理

要使汽车行驶，必须对汽车施加一个驱动力以克服各种阻力，驱动力产生的原理如图1-9所示。发动机经由传动系在驱动车轮上施加了一个驱动力矩 T_t，力图使驱动车轮旋转。在 T_t 的作用下，驱动车轮将对地面施加一个与汽车行驶方向相反的圆周力 F_o。根据作用力与反作用力原理，地面也将对驱动车轮施加一个与 F_o 大小相等、方向相反的反作用力 F_t，F_t 就是使汽车行驶的驱动力，或称牵引力。驱动力作用

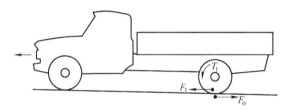

图1-9 汽车行驶的基本原理示意图

在驱动轮上，再通过车桥、悬架、车架等行驶系传到车身上，克服汽车行驶时的各种阻力，使汽车行驶。

小 结

1. 汽车底盘主要由传动系、行驶系、转向系和制动系四个系统组成。
2. 20世纪80年代以前，汽车底盘以机械控制系统为主。20世纪80年代以后，随着科学技术的发展，"机-电-液"一体化技术应用到汽车上，如今的汽车底盘已演变成为一种高科技产品。
3. 汽车传动系的基本功用是将发动机发出的动力按照需要传递给驱动轮。
4. 汽车上广泛采用机械式和液力机械式传动系。
5. 发动机前置、后轮驱动的机械式传动系，由离合器、变速器、万向传动装置、主减速器、差速器和半轴等组成。

6. 液力机械式传动系与机械式传动系相比，用液力机械变速器取代了机械式传动系中的摩擦式离合器和普通齿轮式变速器，其他组成部件及布置形式均与机械式传动系相同。

7. 汽车驱动形式通常用汽车车轮总数×驱动车轮数（指轮毂数）表示。普通汽车一般装有四个车轮。根据车轮总数不同，常见的驱动形式有4×2、4×4、6×6等。

8. 汽车传动系的布置形式主要与发动机的安装位置及汽车驱动形式有关，其布置形式有 FR、FF、RR 及越野汽车传动系等。

思考与习题

一、判断题

1. 解放 CA1092 型货车装了 6 只轮胎，其中后面 4 只轮胎为驱动轮胎，所以其驱动形式为 6×4。

2. 在任何行驶条件下，越野汽车所有车轮都是驱动轮。

二、简答题

1. 汽车传动系的基本功能是什么？有哪些类型？
2. 解放 CA1092 型货车传动系由哪些总成件组成？
3. 汽车传动系有哪几种布置形式？各有什么特点？分别列举其代表车型。
4. 汽车常见的驱动形式有哪些？其代表车型有哪些？

三、选择题

1. 越野汽车与其他类型汽车相比，传动系增设了（　　）。

A. 离合器　　　　B. 变速器　　　　C. 分动器　　　　D. 主减器

2. 液力机械式传动系中没有（　　）。

A. 离合器　　　　B. 机械式变速器　　C. 主减器　　　　D. 差速器

课题 2
离 合 器

【学习目标】
1. 熟悉离合器的功用、要求和类型。
2. 掌握摩擦式离合器基本结构与工作原理。
3. 掌握典型离合器的构造。
4. 了解离合器操纵机构的类型、构造与工作原理。
5. 掌握离合器的维护及常见故障的诊断排除方法。

【情景导入】
　　一辆五菱6376AV3微型汽车，据客户反映，发动机怠速运转时，完全踏下离合器踏板，挂挡困难，原地挂挡或行进中换挡时有齿轮撞击声，若强行挂挡后，不抬起离合器踏板，汽车猛向前冲或发动机熄火。您知道什么原因引起的吗？如何进行检查？怎样排除这个故障？

实训2 离合器及操纵机构的拆装、检验及调整

【实训目的】
　　了解离合器的构造原理、规范要求、检测方法；熟悉各零部件名称和相互连接关系，可能的故障及原因，以及排除方法。

【实训器材】
　　轿车若干辆，膜片弹簧离合器总成若干个，螺旋弹簧离合器2~4个。

【实训内容】
（1）离合器总成的拆装。
（2）离合器片、压盘、碟型弹簧的检测。
（3）离合器踏板自由行程的检查、调整。

【实训步骤】
一、桑塔纳2000GLS型轿车离合器（机械式操纵机构）拆装与调整
1. 离合器总成的拆装与检查
1）离合器总成的拆卸
（1）首先观察离合器及其操纵机构在汽车上的安装和工作情况。

(2) 拆下变速器总成。

(3) 在离合器和飞轮上作装配标记。

(4) 用大众专用工具 10-201 或自制工具将飞轮固定（如图 2-1 所示）。

(5) 用对角线交叉法分两次旋下离合器盖总成固定螺栓，依次取下离合器盖总成、从动盘（如图 2-2 所示）。

(6) 观察各零件的结构，分析其工作原理，检测磨损、变形等情况。

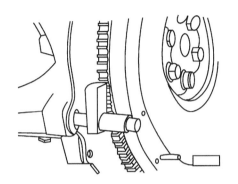
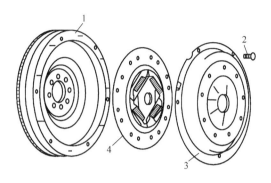

图 2-1　用专用工具固定飞轮　　　　图 2-2　离合器压盘和从动盘

1—飞轮；2—固定螺栓；3—压盘；4—从动盘

2）离合器主要零件的检修

(1) 飞轮。飞轮的损伤有齿圈轮齿的磨损，飞轮后端面的磨损、沟槽、翘曲和裂纹等。若齿圈轮齿磨损则需更换飞轮；若磨损沟槽深度超过 0.5 mm，平面度误差超过 0.12 mm 时应修平平面；当飞轮工作面摆差超过极限值时需更换飞轮，检查方法如图 2-3 所示。

(2) 检查导向轴承。导向轴承通常是永久润滑式的，而不需清洁或加注润滑油。一般对它的检查是：一面用手转动轴承，一面向转动方向施加压力，如轴承卡住或阻力过大，则应更换导向轴承，也可以通过响声判断好坏。更换导向轴承时，需用特种修理工具拆装，拆装的方法如图 2-4 所示。

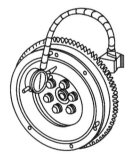
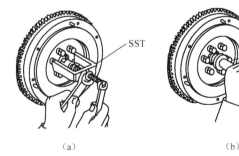

　　　　　　　　　　　　　　　　　　（a）　　　　　　　　（b）

图 2-3　飞轮摆差的检查　　　　图 2-4　导向轴承的更换

(3) 压盘和离合器盖。离合器压盘和中压盘的主要耗损是工作表面的磨损，严重时会出现磨损沟槽。使用不当时，甚至引起烧蚀、龟裂或翘曲现象。

检查压盘的平面度,检查方法是用钢尺压在压盘上,然后用塞尺测量,如图2-5所示。压盘平面度不应超过0.12~0.2 mm,磨削总量不超过1.0~1.5 mm,否则应更换压盘。

压盘有严重的磨损或变形,甚至出现裂纹,磨削后厚度小于极限值时,应更换新件。

离合盖与飞轮接合面的平面度公差为0.50 mm。如有翘曲、裂纹或变形,应更换新件。离合器盖与压盘通过传动钢片传力,应检查传动钢片有无松动现象,如果有明显松动,应重新铆接。

(4) 从动盘。离合器从动盘的常见耗损有摩擦片的磨损、烧蚀、表面龟裂、硬化、油污、铆钉外露或松动;从动盘钢片翘曲、破裂,花键磨损;使用不当时,还会出现扭转减振器弹簧折断、钢片与花键毂铆钉松动等现象。

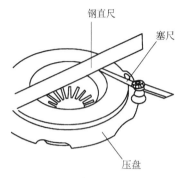

图2-5 压盘平面度的检查

从动盘摩擦衬片表面有烧焦、开裂时,应更换新片。

从动摩擦衬片表面严重油污时,需更换新摩擦衬片并检查曲轴后油封与变速器一轴的密封情况。

扭转减振器弹簧折断,花键磨损大时应更换新件,铆钉松动可重新铆接或更换。

检查从动盘磨损量,如图2-6所示,用卡尺测量铆钉头深度,铆钉头埋入深度A应不小于0.20 mm,否则更换新片。新的或经修复的从动盘装配前应按如图2-7所示方法检验其端面圆跳动。在距离从动盘外边缘2.5 mm处测量,最大径向跳动量不得超过0.4 mm,超过允许值应进行校正。

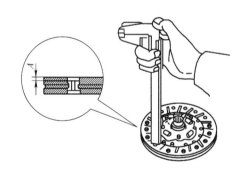

图2-6 离合器摩擦片磨损检查

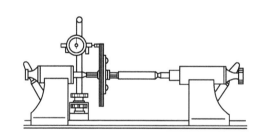

图2-7 从动盘端面圆跳动的检查

(5) 膜片弹簧。膜片弹簧因长久负荷而疲劳,造成弯曲、折断或弹力减弱而影响动力的传递。如弯曲则必须校正,如折断应予更换,磨损时如图2-8所示,用卡尺测量膜片弹簧分离指内端与分离轴承接触部位的磨损深度和宽度。例如丰田海狮汽车的极限值为:深度0.60 mm,宽度5.0 mm,超过极限值应更换。

(6) 分离杠杆。周布弹簧式离合器的分离杠杆端面严重磨损或变形时,应更换新件。

3) 离合器总成的安装

(1) 用大众专用工具10-201或自制工具将飞轮固定(如图2-1所示)。

(2)安装从动盘。用大众专用工具10-213或变速器第一轴将离合器从动盘定位于飞轮和压盘的中心(如图2-9所示)。注意使从动盘上减振弹簧突出一面朝外(向后)。

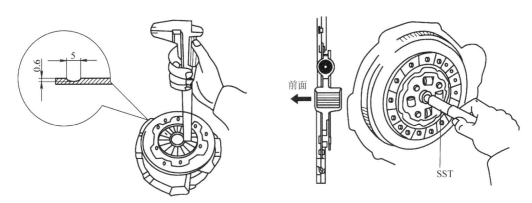

图2-8 膜片弹簧的深度和宽度的测量　　　　图2-9 离合器安装

(3)安装离合器盖总成。对正装配标记,分两次旋紧固定螺栓,使用扭力扳手以25 N·m的力矩对角旋紧。

2. 离合器分离机构的拆装及检查

1)离合器分离机构的拆卸

(1)观察分析离合器分离机构的工作情况和各零部件的连接关系(如图2-10所示)。

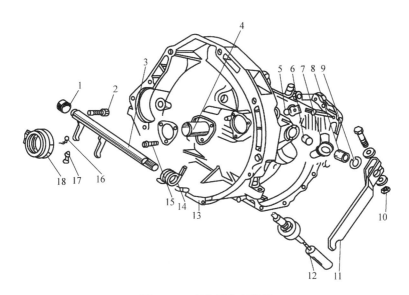

图2-10 离合器分离装置

1—分离叉轴右衬套;2—定位螺栓;3—分离叉轴;4—分离导向套筒;5—上止点信号发生器测试孔塞子;
6—轴承;7—分离叉轴左衬套;8—橡胶防尘套;9—挡圈;10—螺母;11—分离叉轴传动臂;
12—离合器拉索;13—变速器罩壳;14—回位弹簧;15—螺栓;
16—支撑弹簧;17—夹子;18—分离轴承

(2)拆下螺母10,拆下分离叉轴传动臂11。

(3)拆下分离轴承18,旋下螺栓15,取下分离导向套筒4。

(4) 拆下分离叉轴 3 的挡圈 9（图 2-11），再取下防尘套 8。

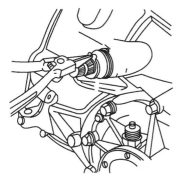

图 2-11　拆下分离叉轴的挡圈

(5) 拆下分离叉轴的定位螺栓 2（图 2-12）。

(6) 拆下分离叉轴左衬套 7，取下分离叉轴，再取下回位弹簧 14（图 2-13）。

(7) 使用专用内拉头工具，取出分离叉轴右衬套 1（图 2-13）。

(8) 观察各零件的结构，分析其工作原理，检测磨损、变形等情况。

(9) 分离轴承和分离叉。分离轴承运转不灵活或有噪声，应更换。

有些离合器分离叉采用尼龙衬套支撑，应检查其磨损情况，如松旷会使离合器操纵沉重，应更换新件。分离叉与分离轴承接触面的检查：观察分离叉和分离轴承的两个接触面的磨损与损坏情况，磨损过大的零件应更换。

图 2-12　旋下分离叉轴的定位螺栓

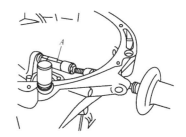

图 2-13　拉出分离叉轴衬

2）离合器分离机构的安装

(1) 使用专用工具将分离叉轴右衬套 1 压入变速器壳体。

(2) 将复位弹簧套在分离叉轴的左段，安装分离叉轴，用适量的润滑脂润滑衬套及分离叉轴的支撑位置。

(3) 装分离叉轴左衬套。

(4) 用 15 N·m 的力矩旋紧分离叉轴定位螺栓。分离叉轴应能灵活转动但不能左右移动。

(5) 将分离导向套及其衬垫涂上密封胶，安装到变速器前，以 15 N·m 的力矩旋紧固定螺栓。注意导向套的排油孔应朝下（图 2-14）。

(6) 安装分离轴承，用适量润滑脂润滑接触点。固定复位弹簧（图 2-15）。

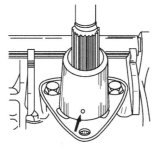

图 2-14　分离套筒的更换

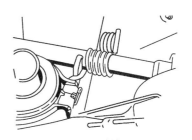

图 2-15　复位弹簧安装位置

(7) 将防尘套推入分离叉轴，安装挡圈，压至尺寸 $A=18$ mm 的位置（图2-16）。

(8) 安装变速器。

(9) 安装分离叉传动臂，调整位置使 $a=(200\pm5)$ mm（图2-17）。以 25 N·m 的力矩旋紧螺母。

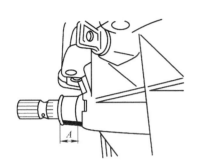

图2-16 分离轴承挡圈的安装位置

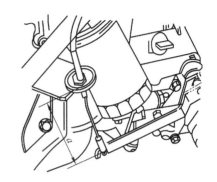

图2-17 离合器分离叉轴传动臂的安装位置

3. 离合器踏板的拆装与调整

1）离合器踏板的拆卸

(1) 观察分析离合器操纵机构的工作情况和各零部件的连接关系（图2-18）。

(2) 拉开并拆下离合器拉索3。

(3) 拆下挡圈，取下连接销1，从离合器组件上取下弹簧助力器。

(4) 拆下卡夹2，取下离合器踏板。

2）离合器踏板的安装与调整

(1) 装上离合器踏板，装上卡夹。

(2) 装上弹簧助力器。

(3) 装上离合器拉索。

(4) 检查离合器踏板的总行程应为 (150 ± 5) mm，如不符合要求，则可能是驱动臂安装不当或变形，参见图2-17重新调整驱动臂位置。

(5) 检查调整离合器踏板的自由行程。上海桑塔纳2000GLS型轿车离合器踏板自由行程为 15~25 mm。离合器踏板自由行程的调整可通过如图2-18所示的螺母进行。将螺母逆时针转动，踏板自由行程加大。另外，调整时应注意分离叉传动臂支架之间的距离 a 为 (200 ± 5) mm，如该距离不当，可将分离叉传动臂固定螺母松开，将传动臂从分离叉支撑上取下，转过一个角度后装好，直至该距离达到标准为止。

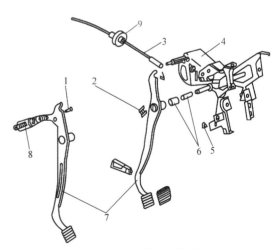

图2-18 离合器踏板的分解图
1—连接销；2—卡夹；3—离合器拉索；4—踏板支架；
5—限位块；6—轴承衬套；7—离合器踏板；
8—助力弹簧；9—螺母

二、桑塔纳 2000GSi 型轿车离合器（液压式操纵机械）拆装与调整

桑塔纳 2000GSi 型轿车离合器与桑塔纳 2000GLS 型轿车离合器结构基本相同，只是操纵机构有所不同，前者采用液压操纵机构（如图 2-19 所示）。桑塔纳 2000GSi 型轿车离合器拆装工艺与 2000GLS 型轿车离合器的区别也主要是在液压操纵部分。液压操纵机构的拆装与调整过程如下。

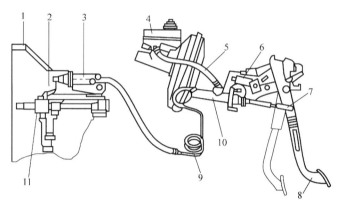

图 2-19　离合器液压操纵系统
1—变速器壳体；2—分离叉；3—工作缸；4—储液罐；5—进油软管；
6—助力弹簧；7—推杆接头；8—离合器踏板；9—油管总成；
10—主缸；11—分离轴承

1. 离合器主缸的拆装（图 2-20）

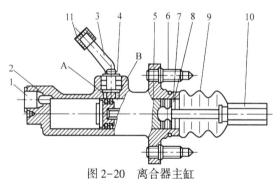

图 2-20　离合器主缸
1—保护塞；2—壳体；3—管接头；4—皮碗；5—阀芯；
6—固定螺栓；7—卡簧；8—挡圈；9—防尘罩；10—推杆；
11—保护套；A—补偿孔；B—进油孔

（1）取下离合器踏板与主缸推杆叉的连接销轴。

（2）从主缸上拧下进油管和出油管接头。

（3）旋下主缸固定螺栓，拉出主缸。

（4）排净主缸中的制动液，分解主缸：先取下防尘罩，再用卡环钳拆下卡环，拉出主缸推杆、压盖和活塞。

（5）检查皮碗、回位弹簧等零件是否老化失效，活塞、缸筒是否磨损过大。当缸筒内壁磨损量大于 0.125 mm 或配合间隙超过 0.2 mm 时，需要更换。

2. 离合器工作缸的拆装（图 2-21）

（1）旋下工作缸进油管接头。

（2）拆下工作缸固定螺栓，拉出工作缸。

（3）排净工作缸内的制动液，分解工作缸：拉出推杆，拆下防尘罩，然后用压缩空气将工作缸活塞从缸筒内压出。

（4）检查皮碗、回位弹簧等零件是否老化失效，活塞、缸筒是否磨损过大。当

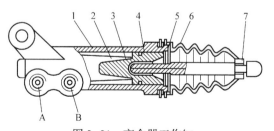

图 2-21　离合器工作缸
1—壳体；2—活塞；3—管接头；4—皮碗；5—挡圈；
6—防护罩；7—推杆；A—放气孔；B—进油孔

缸筒内壁磨损量大于 0.125 mm 或配合间隙超过 0.2 mm 时，需要更换。

3. 离合器主缸、工作缸的装配

主缸和工作缸的装配，按拆卸分解的相反顺序进行，但装配时应注意以下几点。

（1）零件在装配前要用非腐蚀性液体清洗干净，并要在活塞、皮碗、挡圈、缸套等零件上涂一层制动液。装合后推杆在缸筒内应能灵活运动。在放松（不工作）位置时，主缸皮碗和活塞头部应位于进油孔和补偿孔之间，两孔都开放。工作缸上带有塑料支撑环，安装时外表面要涂上一层薄薄的润滑油，工作缸推杆末端也要涂上润滑脂。

（2）安装离合器工作缸时，需要用一个适当的杠杆克服弹簧的弹力，将其压向变速器壳相应的孔中后，方能将固定螺栓旋入。

（3）皮碗是一次性配件，必须更换。

4. 离合器液压操纵机构空气的排出

（1）用千斤顶顶起汽车，然后用支架将汽车支住。将主缸储液罐中的制动液加至规定高度。

（2）在工作缸的放气阀上安装一根软管，接到一个盛有制动液的容器内（如图 2-22 所示）。

（3）两人配合排净空气：一人慢慢踏离合器踏板数次，感到有阻力时踩住不动，另一人拧松放气阀直至制动液流出，然后再拧紧放气阀。

（4）连续重复上述过程几次，直至流出的制动液中不见气泡为止。

5. 离合器踏板自由行程的调整

液压操纵式离合器的踏板自由行程，是主缸推杆与活塞之间的间隙和分离杠杆与分离轴承之间的间隙在踏板上的总体反映。因此，调整也应分两步进行。

首先应检查分离叉外端的移动量。检查时，将分离叉回位弹簧取下，来回扳动分离叉，其外端应有 3~4 mm 移动量，此处间隙可通过调整工作缸（分泵）推杆长度的方法进行调整；然后，轻压离合器踏板至稍有阻力为止，此段空行程应在 6 mm 左右，否则可旋转踏板与主缸推杆的偏心连接螺栓来调整。上述两部位调整后，其踏板自由行程为 15~25 mm。如图 2-23 所示。

有些车型离合器主缸推杆长度可调，其作用与上述偏心螺栓一样。

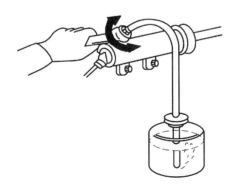

图 2-22 工作缸放气

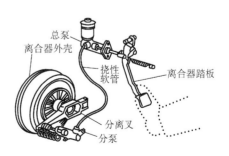

图 2-23 液压式离合器操纵机构

2.1 概述

离合器位于变速器与发动机之间，为发动机飞轮与变速器输入轴提供机械联系，用来切断和实现发动机对传动系的动力传递。在汽车机械式传动系中广泛采用的是摩擦式离合器。

所有的手动变速器都需要用离合器来接合或分离变速器。如果汽车没有离合器，而是发动机一直与变速器连接，那么每次停车时就要使发动机熄火停转。离合器可以让发动机在汽车停车时保持怠速运转，而且可以使换挡更为容易。

2.1.1 离合器的功用、要求和类型

1. 功用

1）保证汽车平稳起步

汽车由静止状态进入行驶过程，其速度由零逐渐增大，而在汽车开始起步前，发动机已经开始运转。有了离合器，则在汽车起步时，逐渐踩下加速踏板使发动机的输出转矩增加，与此同时使离合器逐渐接合，它所传递的转矩也就逐渐增大。于是发动机的转矩便可由小变大地传给传动系，当驱动车轮上产生的牵引力足以克服汽车行驶阻力时，汽车便由静止开始运动并缓慢地加速，实现汽车平稳起步。

2）便于换挡

汽车在行驶过程中，为了适应行驶条件的变化，变速器需要经常换用不同的挡位工作。而普通齿轮式变速器的换挡是通过拨动换挡机构来实现的，即在用挡位的某一齿轮副退出啮合，待换挡位的某一齿轮副进入啮合。换挡时，如果没有离合器将发动机与变速器之间的动力暂时切断，原用挡位齿轮副之间将因压力很大而难以脱开，而待换挡位待啮合的齿轮副将因两者圆周速度不等而难以进入啮合，即使能进入啮合也会产生很大的冲击和噪声，损坏机件。装设了离合器，换挡前先使其分离，暂时切断动力传递，然后再进行换挡操作，以保证换挡操作过程的顺利进行，并减轻或消除换挡时的冲击。

3）防止传动系过载

当汽车紧急制动时，车轮突然紧急降速。若发动机与传动系刚性连接，将迫使发动机也随着急剧降速，其所有运动件将产生很大的惯性力矩（其数值可能大大超过发动机正常工作时所发出的最大转矩），这一力矩作用于传动系，会造成传动系过载而使其机件损坏。有了离合器，当传动系承受载荷超过离合器所能传递的最大转矩时，离合器会自动打滑以消除这一危险，从而起到过载保护的作用。

2. 对离合器的要求

根据离合器的功用，它应满足下列主要要求：

（1）具有合适的储备能力。既能保证传递发动机的最大转矩又能防止传动系过载。

(2) 接合平顺柔和，以保证汽车平稳起步。

(3) 分离迅速彻底，便于发动机起动和变速器换挡。

(4) 具有良好的散热能力。由于离合器接合过程中，主、从动部分有相对的滑转，在使用频繁时会产生大量的热量，如不及时散出，会严重影响其使用寿命和工作的可靠性。

(5) 操纵轻便，以减轻驾驶员的疲劳。

(6) 从动部分的转动惯量应尽量小，以减小换挡时的冲击。

3. 离合器的类型

汽车主要采用摩擦式离合器，根据分类方法不同，其类型较多。

(1) 按从动盘的数目不同，分为单片式、双片式和多片式；

(2) 按压紧弹簧的形式及布置形式不同，分为周布螺旋弹簧式、中央弹簧式、膜片弹簧式和斜置弹簧式等；

(3) 按操纵机构不同，可分为机械式（杆式和绳式）、液压式、气压式和空气助力式等。

2.1.2 摩擦式离合器的组成和工作原理

摩擦式离合器因其结构简单、性能可靠、维修方便，目前为绝大多数汽车所采用。

1. 摩擦式离合器的组成

如图2-24所示，离合器由主动部分、从动部分、压紧装置、分离机构和操纵机构5部分组成。

主动部分包括飞轮、离合器盖和压盘。飞轮用螺栓和曲轴固定在一起，离合器盖用螺钉固定在飞轮的后端面上，压盘后端面边缘沿圆周周向分布的凸台伸入盖的窗孔中，并可沿窗孔轴向滑动。这样，曲轴旋转，便通过飞轮、离合器盖带动压盘一起转动。

从动部分包括从动盘和从动轴。双面带摩擦衬片的从动盘通过滑动花键套装在从动轴（变速器输入轴）上，从动轴前端通过轴承支撑于曲轴后端的中心孔内，后端支撑在变速器壳体上并伸入变速器，所以离合器的从动轴通常又是变速器的输入轴。

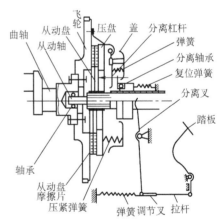

图2-24 离合器的基本组成和工作原理示意图

压紧装置是产生压紧力的部分，它有若干根沿圆周均布的压紧弹簧，它们装在离合器盖和压盘之间，用来将压盘和从动盘压向飞轮，使飞轮、从动盘和压盘压紧在一起。

分离机构包括分离杠杆、分离轴承、分离套筒和分离叉。分离杠杆外端和中部分别铰接于压盘和离合器盖上。分离轴承和分离套筒压装成一体，松套在从动轴的轴套上。分离叉是中部有支点的杠杆，内端与分离套筒接触，外端与拉杆铰接。

操纵机构包括离合器踏板、拉杆、调节叉等。亦可把分离机构和操纵机构合称为操纵机构。

2. 离合器的工作原理

1）接合状态

离合器在接合状态时，弹簧将压盘、飞轮及从动盘互相压紧。分离杠杆内端与分离轴承之间保持一定的间隙，发动机的转矩经飞轮及压盘，通过摩擦面的摩擦作用传到从动盘，再经从动轴输入变速器。

离合器除了在结构与尺寸上保证传递最大转矩外，设计时还考虑到离合器在使用过程中因摩擦系数的下降、摩擦件磨损变薄和弹簧本身的疲劳致使弹力下降等因素的影响，造成离合器所能传递的最大转矩下降，因此离合器所能传递的最大转矩 M_c 应适当地高于发动机的最大转矩 M_{emax}，其间的关系为：

$$M_c = ZP_\Sigma \mu R_c = \beta M_{emax}$$

式中：Z——摩擦面数；

P_Σ——压盘对摩擦片的总压紧力；

μ——摩擦系数；

R_c——摩擦片的平均摩擦半径；

β——后备系数。

轿车及轻型货车：$\beta = 1.25 \sim 1.75$；

中型及重型货车：$\beta = 1.60 \sim 2.25$；

带拖挂的重型货车及牵引车：$\beta = 2.0 \sim 4.0$。

但后备系数也不宜过高，以便在紧急制动时，能通过滑转来防止传动系过载。

2）分离过程

踏下踏板时，拉杆拉动分离叉外端向右（后）移动，分离叉内端则通过分离轴承推动分离杠杆的内端向前移动，分离杠杆外端便拉动压盘向后移动，使其在进一步压缩压紧弹簧的同时，解除对从动盘的压力。于是离合器的主、从动部分处于分离状态而中断动力传递。

3）接合过程

当需要恢复动力传递时，缓慢地抬起离合器踏板，分离轴承减小对分离杠杆内端的压力，压盘便在压紧弹簧作用下逐渐压紧从动盘，并使所传递的转矩逐渐增大。当所能传递的转矩小于汽车起步阻力时，汽车不动，从动盘不转，主、从动摩擦面间完全打滑；当所能传递的转矩达到足以克服汽车开始起步的阻力时，从动盘开始旋转，汽车开始移动，但仍低于飞轮的转速，即摩擦面间仍存在着部分打滑的现象。再随着压力的不断增加和汽车的不断加速，主、从动部分的转速差逐渐减小，直到转速相等、滑磨现象消失，离合器完全接合为止，接合过程结束。由上可知，汽车平稳起步是靠离合器逐渐接合过程中滑磨程度的变化来实现的。

接合后，在回位弹簧的作用下，踏板回到最高位置，分离叉内端回至最右位置。分离轴承则在回位弹簧的作用下离开分离杠杆，向右紧靠在分离叉上。

3. 压盘的传动、导向和定心方式

压盘是离合器主动部分的重要组成零件之一，工作过程中既要接受离合器盖传来的动力，又要在离合器分离和接合过程中轴向移动。为了将离合器盖的动力顺利传递给压盘，并保证压盘只作沿轴线方向的平动而不发生歪斜，通常压盘的传动、导向和定心方式因车型不同有传动片式、凸台窗孔式、传动块式和传动销式。

2.1.3 离合器的自由间隙和离合器踏板的自由行程

离合器处于接合状态时，分离轴承与分离杠杆内端之间预留的间隙称为离合器的自由间隙。如果没有自由间隙，从动盘摩擦片磨损变薄后压盘将不能向前移动压紧从动盘，这将导致离合器打滑，使离合器所能传动的转矩下降，车辆行驶无力，而且会加速从动盘的磨损。

消除离合器的自由间隙和分离机构、操纵机构零件的弹性变形所需要的离合器踏板的行程称为离合器踏板的自由行程。可以通过拧动调节叉来改变拉杆的长度对踏板自由行程进行调整。

2.2 典型离合器构造

摩擦式离合器种类虽多，但其组成和工作原理基本相同，都由主动部分、从动部分、压紧装置、分离机构和操纵机构 5 大部分组成。

2.2.1 膜片弹簧式离合器

膜片弹簧式离合器目前在各种类型的汽车上都广泛应用，例如解放 CA1092、丰田海狮、上海桑塔纳、夏利、长安等都采用这种离合器。其结构特点是用膜片弹簧作为汽车离合器的压紧元件，如图 2-25 所示。

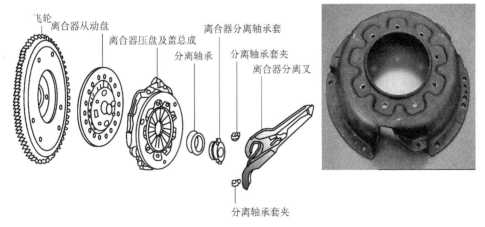

图 2-25 膜片弹簧式离合器的构造

1. 主动部分

离合器主动部分由飞轮、离合器盖和压盘等组成。离合器盖是用低碳钢冲压制成的，其特点是质量轻，维修拆装方便。为了保证离合器与飞轮同心，离合器盖通过定位销定位，并用螺栓固定在飞轮上。为了散热，离合器盖的侧面制有通风口，当离合器旋转时，热空气就由此抽出，以加强通风。

压盘和飞轮的工作面要平整光洁。压盘承受很大的机械负荷，为防止变形，常用强度和刚度都较大且耐热性都比较好的高强度铸铁制成。

压盘和离合器盖之间是通过周向均布的三组或四组传动片（金属带）来传递转矩的（见图2-26）。传动片用弹簧钢片制成。每组两片，其一端用铆钉铆接在离合器盖上，另一端则用铆钉或螺钉与压盘相连接。在离合器分离和接合过程中，依靠弹簧片的弯曲变形，使压盘前后移动。正常工作时，离合器盖通过传动片拉动压盘旋转。传动片对压盘起传动、导向和定心的作用。

这种传动方式没有传动间隙，没有驱动部位的磨损问题，使维修工作量小，传动效率高，且无冲击噪声及压盘定心性能变坏等问题。但传动片的反向承载能力较差，汽车反拖时，易折断传动片。

2. 压紧装置与分离机构

压紧装置与分离机构由膜片弹簧、枢轴环、压力板、传动片（金属带）及收缩弹簧等组成，如图2-26所示。

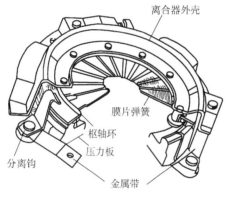

图2-26　离合器压紧装置与分离机构

膜片弹簧的形状像一个碟子，它是在一个具有锥形面的钢圆盘上，开有许多径向切口，形成一排有弹性的杠杆。在切口的根部都钻有圆孔，固定铆钉穿过圆孔，并固定在离合器盖上，同时可以防止应力集中。膜片弹簧两侧装有钢丝支撑环（枢轴环），这两个钢丝支撑环是膜片弹簧工作时的支点，膜片弹簧的外缘通过分离钩与压盘联系起来。

膜片弹簧离合器的主要特点是用一个膜片弹簧代替传统的螺旋弹簧和分离杠杆。开有径向槽的碟形膜片弹簧，既起压紧机构的作用，又起分离杠杆的作用。这样，可使离合器的结构大为简化，缩短了离合器的轴向尺寸。并且由于膜片弹簧和压盘是环形接触，故可保证压盘上的压力均匀，接合平顺。由于膜片弹簧本身特性，当摩擦衬片磨损变薄时，弹簧压力变化小，传动可靠性高，不易打滑，维持离合器在分离状态时所需的力量较小，操纵轻便。

膜片弹簧离合器的工作原理如图2-27。当离合器未安装到飞轮上时，膜片弹簧不受力而处于自由状态，此时离合器盖与飞轮之间有一距离 S，如图2-27（a）所示。当离合器通过螺栓固定在飞轮上时，膜片弹簧在支撑环处受压产生弹性变形，此时膜片弹簧的外圆周对压盘产生压紧力使离合器处于接合状态,如图 2-27(b)所示。当踩下离合器踏板时,分离轴承推动膜片弹簧,使膜片弹簧以支撑环为支点其外圆周向翘起,通过分离钩拉动压盘后移使离合器分离,如图 2-27(c)所示。从上面的介绍中可以看出,膜片弹簧既是压紧弹簧,又是分离杠杆,使结构简化了。

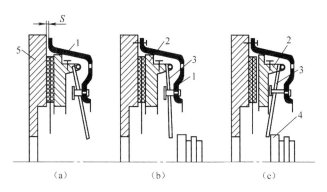

图 2-27 膜片弹簧离合器的工作原理
(a)安装前位置;(b)安装后(接合)位置;(c)分离位置
1—离合器盖;2—压盘;3—膜片弹簧;4—分离轴承;5—飞轮

3. 从动部分

从动部分包括从动盘和从动轴,从动盘一般带有扭转减振器。由于发动机传到汽车传动系的转速和转矩是周期性不断变化的,这会使传动系产生扭转振动;另一方面由于汽车行驶在不平的道路上,使汽车传动系出现角速度的突然变化,也会引起上述扭转振动。这些都会对传动系零件造成冲击性交变载荷,使其寿命缩短,甚至损坏零件。为了消除扭转振动和避免共振,防止传动系过载,多数离合器从动盘中装有扭转减振器。带扭转减振器的从动盘的结构和原理如图 2-28 所示。

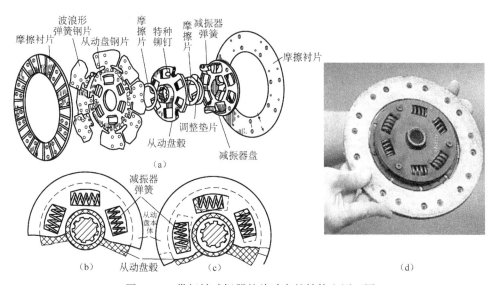

图 2-28 带扭转减振器的从动盘的结构和原理图
(a)从动盘的组成;(b)从动盘不受转矩时;(c)从动盘受转矩时;(d)从动盘实物图

从动盘钢片通常是用薄弹簧钢片制成，并与从动盘毂铆在一起，其上开有辐射状的槽，可防止热变形。摩擦衬片应有较大的摩擦系数、良好的耐磨性和耐热性。摩擦衬片系用石棉（或加铜丝、铝丝等）、黏合剂及其他辅助材料经热压合制成。衬片和从动钢片之间一般用铜或铝铆钉铆接，也有用树脂黏接的。

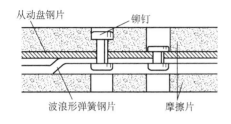

图 2-29 从动盘的铆接结构示意图

为了使离合器接合柔和、起动平稳，单片离合器从动盘钢片具有轴向弹性结构，即从动盘钢片与后衬片之间的六块扇状波浪形弹簧钢片。钢片辐射状切槽之间的扇形面上有六个孔，其中两孔与前衬片铆接，弹簧钢片有两孔与后衬片铆接，扇形面中间的两孔将从动盘钢片和波浪形弹簧钢片铆接在一起，如图 2-29 所示。这样，从动盘在自由状态时，后衬片与钢片之间有一定间隙。在离合器接合时，弹性变形使压紧力逐渐增加，产生轴向弹性，使接合柔和。

从动盘和从动盘毂通过弹簧弹性地连接在一起，构成减振器的缓冲机构，从动盘毂夹在从动钢片和减振器盘之间，在从动盘毂与从动钢片、从动盘毂与减振器盘之间还装有环状摩擦片，它是减振器的阻尼耗能元件。从动盘毂、从动盘钢片和减振器盘上都有六个圆周均布的窗孔，减振弹簧装在窗孔中。特种铆钉将从动钢片和减振器盘铆接成一体，但铆钉中部和从动盘毂上的缺口存在一定的间隙，从动盘毂可相对从动钢片和减振器盘作一定量的转动，如图 2-28（a）所示。当从动盘不受转矩作用时，减振弹簧在从动盘毂与从动钢片和减振器盘之间不起传力作用，如图 2-28（b）所示。而从动盘受转矩作用时，由摩擦衬片传来的转矩，首先传到从动钢片，再经弹簧传给从动盘毂，这时弹簧被进一步压缩，如图 2-28（c）所示。因而，由发动机曲轴传来的扭转振动所产生的冲击即被弹簧所缓和，以及摩擦片所吸收，而不会传到变速器以后的总成部件上；同样，汽车行驶于不平路面上所引起传动系角速度的变化也不会影响发动机。

有些汽车上采用刚度不等（圈数不同）的弹簧，并将装弹簧的窗孔长度作成不同尺寸的，从而使弹簧起作用的时间先后不一样而获得变刚度的特性，可避免传动系的共振和降低传动系的噪声。另外，也可采用橡胶弹性元件。

离合器从动盘在安装时，应具有方向性，以避免连接长度不足（花键毂处）、摩擦片悬空、顶分离轴承等现象，其安装方向因车而异。

4. 膜片弹簧的弹性特性及其特点

图 2-30 所示为两种弹簧的特性曲线。曲线 1 为膜片弹簧特性曲线，呈非线性特性，曲线 2 为螺旋弹簧特性曲线，呈线性特性。

图中 a 点表示两种弹簧离合器的接合状态，其压紧力都为 P_a。分离时，两种弹簧都附加压缩变形量 ΔL_1，此时膜片弹簧的压力 P_b 小于螺旋弹簧的压力 P'_b，且 $P_b<P_a$，即膜片弹簧分离时的压力小于接合时的压力，因而具有操纵轻便的特点。

当摩擦片磨损变薄使弹簧都伸长 ΔL_2 时，螺旋

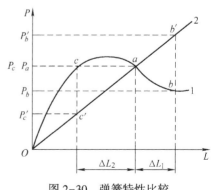

图 2-30 弹簧特性比较
1—膜片弹簧；2—螺旋弹簧

弹簧的压紧力由 P_a 直线下降为 P'_c，而膜片弹簧的压力 P_c 却几乎等于 P_a。因此，膜片弹簧离合器具有自动调节压紧力的特点。

另外，它不像多簧式的弹簧在高速下会因离心力产生弯曲而导致弹力下降，它的压紧力几乎与转速无关，即具有高速时压紧力稳定的特点。

综上所述，膜片弹簧式离合器具有结构简单、轴向尺寸小，压紧力分布均匀，良好的弹性性能，能自动调节压紧力、操纵轻便、高速时压紧力稳定、分离杠杆平整无须调整等优点，因而在中小型汽车上得到广泛使用。

2.2.2　单片周布弹簧式离合器

单片周布弹簧式离合器的构造如图 2-31 所示。

1. 主动部分与从动部分

单片周布弹簧式离合器的主动部分、从动部分的结构与膜片弹簧式离合器基本相同。

2. 压紧装置

周布弹簧式离合器的压紧装置由若干根螺旋弹簧组成，螺旋弹簧沿压盘周向对称布置，装在压盘与离合器盖之间，如图 2-31 所示。

为了减小压盘向弹簧传热，引起弹簧退火造成弹力降低，在压盘的弹簧座上加工有凸起的十字形筋条，以减小接触面积，或加隔热垫。

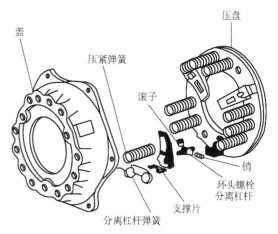

图 2-31　单片周布弹簧式离合器

3. 分离机构

（1）分离叉。分离叉与其转轴制成一体，轴的两端靠衬套支撑在离合器壳上。

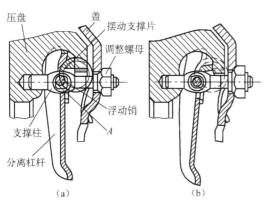

图 2-32　综合式防干涉分离杠杆及其工作情况
（a）接合位置；（b）分离位置

（2）分离杠杆。图 2-32 所示的离合器分离杠杆用薄钢板冲压制成。它采用了支点移动，重点摆动的综合式防干涉机构，支撑柱前端插入压盘相应的孔上。分离杠杆的中部通过浮动销支撑在方孔的平面 A 上，并用扭簧使它们靠紧。凹字形的摆动支撑片以刃口支撑于分离杠杆外端和压盘凸块之间。这样就可利用浮动销在平面 A 上的滚动和摆动支撑片的摆动来消除运动干涉。这种方式结构简单，且分离杠杆的工作高度可通过调整螺母调整支点高度。

2.2.3 双片中央弹簧式离合器

双片中央弹簧式离合器如图 2-33 所示，其压紧装置只有一根张力较强的压紧弹簧布置于离合器的中央。

压紧弹簧有螺旋圆柱形和螺旋圆锥形两种。由于锥形弹簧的轴向尺寸小，可以缩短离合器的轴向尺寸，因而较圆柱弹簧用得多。中央弹簧式离合器多用于重型汽车上。

1. 双片离合器

双片离合器与单片离合器相比，主要区别是主动部分多了一个中间压盘和从动部分多一个从动盘。即有两个从动盘和两个压盘，摩擦面数为四个，因此可使传递的转矩增大一倍。中间压盘不是通过离合器盖而是由飞轮直接驱动。采用传动块式传动方式（有的用传动销式或窗孔-凸台式）。周向均布的三个传动块径向压入飞轮内，其长方体形的头部伸入中间压盘凸出部位的槽中，使压盘可以其槽侧沿传动块侧面作轴向滑动，因此中间压盘便以传动块来传力、导向和定心。

2. 压紧力放大

其压紧弹簧不是直接作用在压盘上，而是通过杠杆作用将弹簧的张力放大数倍后作用在压盘上，如图 2-33 所示，锥形弹簧的大端作用于固定在离合器盖的支撑盘上，小端作用于弹簧座上，弹簧座的前端再经过钢球及座圈向后拉动压紧杠杆，压紧杠杆以支撑盘的环台为支点，外端则将弹簧的张力放大后作用于压盘的环台上，使压盘向前压紧。显然压紧杠杆的杠杆比就是弹簧张力的放大倍数，所以可用较小的弹簧张力，获得较大的压盘压力。由上可知，它的压紧装置包括压紧弹簧、弹簧座及压紧杠杆等。离合器分离时，分离轴承向前推动弹簧座，在进一步压缩压紧弹簧的同时，压紧杠杆内端前移，外端解除对压盘的压力，压盘便在分离弹簧的作用下分离。当压盘后移而撤除压紧时，中间压盘便在其前压盘分离弹簧的作用下，使中间压盘与前从动盘分离，并由限位螺钉限制中间压盘的分离距离，这一距离既要保证前从动盘能彻底分离（不过小），又要防止中间压盘移动过多，造成后从动盘不能分离。

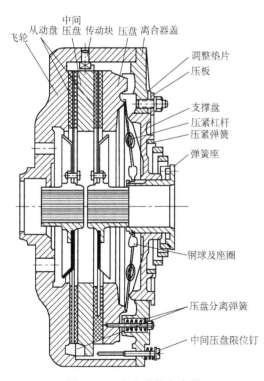

图 2-33 中央弹簧离合器

3. 压紧力的调整

中央弹簧式离合器的压紧力都是可调的。在压板和离合器盖之间有若干片厚度不等的调整垫片，当从动盘摩擦片磨损后，弹簧座要向后移动，增大了它与支撑盘之间的距离，使弹簧伸长，压紧力下降。为了恢复原来的压紧力，只需适当减薄调整垫片，使支撑盘前移，其弹簧座则在压紧杠杆的作用下向前移动数倍于（压紧杠杆的杠杆比）支撑盘的移动距离，从而使弹簧座与支撑盘间的距离恢复到原规定的值即可。由于弹簧座前移，便增大了与分离轴承的间隙，需要调整踏板自由行程。

2.3 离合器操纵机构

离合器操纵机构是驾驶员借以使离合器分离又使之柔和接合的一套机构，它起始于离合器踏板，终止于分离杠杆。

按照分离离合器时所需操纵能源的不同，离合器操纵机构分为人力式和助力式。人力式又可以分为机械式和液压式；助力式的又可以分为气压助力式和弹簧助力式。人力式操纵机构是以驾驶员作用在踏板上的力作为唯一的操纵能源。助力式操纵机构除了驾驶员的力以外，一般主要以其他形式的能源作为操纵能源。

目前汽车离合器广泛采用机械式或液压式操纵机构，在一些重型汽车上，则采用了这两种操纵机构为基础的油压和气压综合式操纵机构。

2.3.1 机械式操纵机构

机械式操纵机构有杆式传动和绳索式传动两种，图 2-34 是最简单的杆式传动操纵机构，它由踏板、拉杆、调节螺母及踏板回位弹簧等组成。拉杆调节螺母用螺纹与拉杆连接，从而可通过调节螺母来调节拉杆的长度，以实现踏板自由行程的调整。其结构简单，工作可

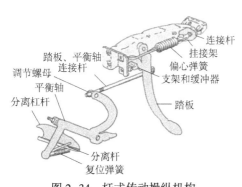

图 2-34 杆式传动操纵机构

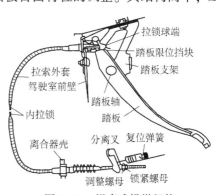

图 2-35 绳索式操纵机构

靠，广泛应用于各型汽车上。如东风 EQ1090E 型汽车采用。但杆式传动间铰接多，摩擦损失大，车架或车身变形以及发动机位移时都会影响其正常工作。

绳索传动（图 2-35）可消除杆式传动机构的位移和变形等缺点，且可在一些杆式传动布置比较困难的情况下采用。但绳索寿命较短，拉伸刚度小，故只适用于微、轻型汽车和轿车。例如柳州微型车、桑塔纳 2000GLS 等轿车。

2.3.2 液压式操纵机构

液压式操纵机构一般是由离合器踏板、离合器主缸（又称总泵）、工作缸（又称分泵）、分离叉、分离轴承和管路系统组成，如图 2-23 所示。

1. 主缸的构造和工作情况

主缸的构造如图 2-36 上部所示。主缸上部是储油罐，并有孔与主缸相通，阀杆后端（图中右端）穿在活塞的中心孔中，并可以在孔中左右自由移动。后弹簧座紧套在活塞的前端并被轴向定位，它可以向右单向拉动阀杆，阀杆前端（图中左端）装有橡胶密封圈阀门，阀门后端与前弹簧座之间装有锥形回位弹簧。前弹簧座后端面上开有轴向中心孔，前端开有径向槽，回位弹簧安装在前后弹簧座之间。

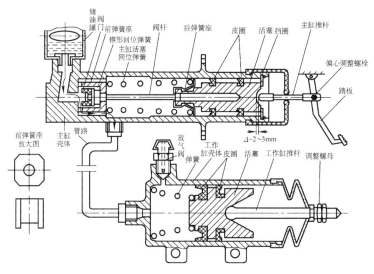

图 2-36 液压式操纵机构的构造和工作原理

当放松离合器踏板时，在主缸活塞回位弹簧弹力作用下，一方面使主缸活塞后移，另一方面使前弹簧座压靠在主缸体前端面上。活塞后移到位时抵靠在挡圈上，并通过后弹簧座拉动阀杆及杆端密封圈阀门压缩锥形回位弹簧后移，打开储油罐与主缸通孔，并通过前弹簧座径向和轴向槽，使管路与工作缸相通，整个系统无压力。

踩下离合器踏板时，活塞左移，在压缩回位弹簧的同时，放松了阀杆，锥形回位弹簧使杆端阀门压紧在主缸的前端，密封了主缸与储油罐之间的通孔，继续踩下离合器踏板，活塞继续左移，则缸内油液的压力升高，并通过管路输向工作缸。这种结构的优点是：

（1）活塞密封皮圈在光滑主缸内滑动，无刮伤皮圈的现象；

（2）由阀门控制回路的开启和关闭，油液通路断面大，回流通畅，离合器放松速度快；

（3）油路中的空气随时可自然排出。

2. 工作缸的构造

如图2-36下部所示。工作缸内装有活塞、两只皮圈、推杆和放气阀。两只皮圈的刃口方向相反，其作用不同。左侧皮圈是用来密封工作缸内油液防止向外泄漏；右侧皮圈的作用是在迅速抬起离合器踏板时，防止大气中的空气被吸入工作缸内。放气阀的作用是放净系统内的空气。

工作缸推杆和主缸推杆的长度一般做成可调的，或主缸推杆与踏板采用偏心螺钉连接，以便调整踏板的自由行程。

由系统的结构可知，液压传动的操纵机构摩擦阻力小，布置方便，其工作不受车身、车架变形及发动机位移的影响，适合远距离操纵和采用吊挂式踏板。

3. 助力式操纵机构

为了减小作用于离合器踏板上的操纵力，以减轻驾驶员劳动强度，又不致因传动机构杠杆比过大而加大踏板行程。可在机械式或液压式操纵机械基础上加设各种助力装置。

弹簧助力式操纵机构如图2-37所示，助力弹簧的两端分别挂在固定于支架和三角板上的两支撑销上，三角板可以绕其销轴转动，当离合器踏板完全放松，离合器处于接合位置时，助力弹簧的轴线位于三角板销轴的下方。

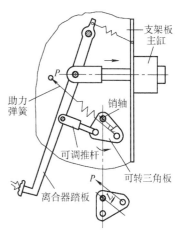

图2-37 离合器操纵机构弹簧助力装置

当踩下踏板时，通过可调推杆推动三角板绕其销轴逆时针转动。这时，助力弹簧的拉力对销轴的力矩实际上是阻碍踏板和三角板运动的反力矩，反力矩随着离合器踏板下移而减小；当三角板转到使弹簧轴线通过轴销中心时，弹簧反力矩为零。踏板继续下移，使助力弹簧的拉力对三角板的力矩方向转为与踏板力对踏板轴的力矩方向一致时，就能起到助力作用。在踏板处于最低位置时，这一助力作用最大。助力弹簧的助力作用由负变正的过程是可以允许的，因为在踏板的前一段行程中，要消除自由间隙，离合器压紧弹簧的压缩力还不大，总的阻力也在允许范围内，在踏板后段行程中，压紧弹簧的压缩量和相应的作用力继续增大到最大值。在离合器彻底分离以后，为了变速器换挡或制动，往往需要将踏板在最低位置保持一段时间，由此导致驾驶员疲劳，因而最需要助力作用。

图2-38为桑塔纳轿车离合器踏板助力弹簧的工作示意图，其原理与上述相同。

采用弹簧助力其助力效果不大，一般只能降低踏板力的20%～30%，且主要在踏板后段行程时助力作用才较明显。操纵离合器的主要能源仍然是驾驶员的力。

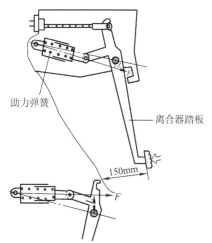

图2-38 桑塔纳轿车离合器踏板助力弹簧

2.4 离合器的维护

对国产中型载货汽车的离合器,每次一级维护时,应检查离合器的自由行程。在二级维护时,还要检查分离轴承和压紧弹簧的弹力,如有离合器打滑、分离不彻底、接合不平顺、分离时发响、发抖等故障发生时,还要有对离合器进行拆检以及更换从动盘、中压盘、回位弹簧及分离轴承等附加作业项目。

对其他车型应根据用户手册推荐的行驶里程按离合器维护项目进行。

2.5 离合器常见故障的诊断与排除

离合器的常见故障有离合器打滑、分离不彻底、起步发抖和异响等。

2.5.1 离合器打滑

1. 现象

汽车用低挡起步时,离合器踏板抬起后,汽车不能起步或起步困难;汽车加速行驶时,行驶速度不能随发动机转速的提高而提高,感到行驶无力,严重时产生糊味或冒烟等现象;拉紧驻车制动低挡起步时,发动机不熄火。

2. 原因

(1) 离合器踏板没有自由行程,使分离轴承压在分离杠杆上。

(2) 从动摩擦片油污、烧焦、磨损过薄、表面不平、表面硬化或铆钉露头,使摩擦系数下降。

(3) 压力弹簧过软或折断,膜片弹簧疲劳或破裂,使压紧力下降。

(4) 从动盘摩擦片、压盘或飞轮工作面磨损严重,飞轮与离合器盖之间的固定螺钉松动,使压紧力减弱。

(5) 离合器操纵杆系卡滞。分离轴承套筒与导管间油污、尘腻严重,甚至造成卡滞,使分离轴承运动不能回位。

(6) 分离杠杆弯曲变形,出现运动干涉,不能回位。

离合器打滑,动力不能有效地传递到驱动轮上,且使其过热、加剧磨损、烧焦、甚至损坏，必须及时排除故障。

3. 故障诊断与排除方法

（1）检查离合器踏板自由行程，如不符合规定应予以调整。

（2）如果自由行程正常，通过检查孔检查离合器与飞轮的连接螺栓是否松动，如松动则予以拧紧。

（3）如果离合器仍然打滑，应拆下离合器检查从动盘摩擦片的状况。如果有油污，一般可用汽油清洗并烘干，然后找出油污源并设法排除。如果摩擦片磨损严重或有铆钉外露，应更换从动盘。

（4）如果从动盘完好，则应分解离合器，检查压紧弹簧，如果弹力过软则应更换，检查压盘、飞轮工作面是否有异常磨损，如有则更换。

总结：离合器打滑主要是传递的力矩小于发动机输出力矩，可以从从动盘压不紧、从动盘摩擦系数下降等方面加以考虑。

2.5.2 离合器分离不彻底

1. 现象

发动机怠速运转时，踩下离合器踏板挂挡困难，且伴随有齿轮撞击声；勉强挂入挡位，离合器未抬起汽车就起步或发动机熄火；行驶中，换挡困难，且仍伴随有齿轮撞击声。

2. 原因

（1）离合器自由行程过大。

（2）分离杠杆变形或某一分离杠杆折断、支座松动。

（3）分离杠杆调整不当，分离杠杆内端不在同一平面上或内端高度太低。

（4）新换的摩擦片太厚或从动盘正反装错。

（5）从动盘铆钉松脱、摩擦片破裂、从动盘钢片变形。

（6）双片离合器中间压盘限位螺钉调整不当，个别分离弹簧疲劳、高度不足或折断，中间压盘在传动销上或在离合器驱动窗口内轴向移动不灵活。

（7）从动盘在花键轴上轴向运动发卡。

（8）离合器液压操纵机构漏油、有空气或油量不足。

（9）膜片弹簧力减弱或指端磨损。

（10）发动机支撑磨损或损坏，发动机与变速器不同心。

3. 故障诊断与排除方法

（1）检查离合器踏板自由行程。若自由行程太大，则故障由此引起而需要调整。

（2）对液压操纵机构，要检查储液罐的油量是否充足，或管路中是否有空气，如有空气则进行排除。如不是上述问题应继续检查。

（3）此类故障大部分原因由总缸、分缸工作异常引起，要重点检查。

（4）检查分离杠杆内端高度。高度是否太低，若是太低则故障由此引起；否则检查分离杠杆是否在同一平面内。

① 不在同一平面内，则故障由此引起；

② 在同一平面内，则检查从动盘是否正反装错，若装错，则故障由此引起；否则，踩下离合器踏板继续检查。

（5）检查从动盘是否翘曲变形、铆钉脱落，从动盘是否轴向运动卡滞等，如果是则进行更换或修理。

总结：离合器分离不彻底主要是分离时主从动部分还有接触与摩擦，可以从离合器踏板自由行程、分离杠杆高度、从动盘等几个方面考虑。

2.5.3 起步发抖

1. 现象

汽车用低挡起步时，严格执行操作规程逐渐放松离合器踏板并徐徐踩下加速踏板，离合器不能平稳接合且产生抖振，严重时整车都产生振抖现象。

2. 原因

（1）分离杠杆内端高度不在同一平面内。

（2）压盘或从动盘翘曲变形，飞轮工作端面圆跳动严重。

（3）从动摩擦片表面不平，表面硬化、油污或烧焦，铆钉露头、松脱、折断。

（4）从动片上的减振弹簧疲劳或折断、缓冲片破裂。

（5）分离轴承卡滞而不能回位。

（6）离合器压紧弹簧折断或弹力不均，膜片弹簧疲劳或破裂。

（7）踏板回位弹簧折断或脱落，使分离轴承不能回位。

（8）飞轮工作端面圆跳动严重（翘曲变形）。

（9）飞轮、离合器壳或变速器固定螺钉松动。

3. 故障诊断与排除方法

（1）检查离合器踏板回位弹簧是否折断或脱落。若是折断或脱落，则故障由此引起。

（2）检查分离轴承回位情况。不回位则故障由此引起；否则拆下离合器下盖继续检查。

（3）检查飞轮、离合器壳或变速器固定螺钉是否松动。若是松动，则故障由此引起；否则继续检查。

（4）检查分离杠杆内端是否在同一平面内。不在同一平面内，则故障由此引起；否则继续检查。

（5）检查压紧弹簧是否断裂。若断裂，则故障由此引起；否则继续检查。

（6）检查从动盘是否有油污、烧焦或铝质粉末物。若有，则故障由油污、烧焦或铆钉露头引起；否则继续检查。

（7）检查从动盘钢片、压盘或飞轮是否有翘曲变形。有翘曲变形，则故障由此引起；否则故障由缓冲片（从动盘上）或缓冲弹簧疲劳或断裂、摩擦片表面不平、软化、铆钉松脱或折断引起。

总结：离合器分离不彻底主要从汽车起步时离合器在接合过程中不平稳来考虑，即发动机在匀速转动，而由于离合器接合不平稳使离合器的从动部分转动不平稳，从而使离合器乃至汽车出现抖振现象。

2.5.4 离合器异响

1. 现象

离合器分离和接合时发出不正常声响。

2. 原因

（1）分离轴承损坏或缺少润滑剂造成干摩擦。
（2）分离杠杆与离合器盖的连接松旷或分离杠杆支撑弹簧疲劳、折断或脱落。
（3）从动盘花键孔与花键轴配合松旷。
（4）从动盘摩擦片铆钉松动或露头。
（5）从动盘减振弹簧疲劳或折断。
（6）分离轴承与分离杠杆内端之间没有间隙。
（7）双片离合器传动销与压盘上的传力孔或离合器盖上的驱动孔与压盘上的凸块配合间隙太大。

3. 故障诊断与排除方法

诊断前，调整离合器，使之分离彻底。

（1）轻轻踩下离合器踏板，使分离轴承与分离杠杆内端刚刚接触时察听：发出"沙沙"的响声，则故障由分离轴承缺油（润滑不良）引起；无"沙沙"的响声，则拆下离合器下盖，将离合器踏板踩到底继续察听。

（2）离合器踩到底，发出"哗哗"的金属滑磨声，甚至看到离合器下部有火星冒出，则故障由分离轴承损坏引起；发出连续的"喀啦、喀啦"声，分离不彻底时尤为严重，放松踏板后响声消失，则故障由传动销与压盘孔配合松旷或离合器盖驱动窗孔与压盘凸块松旷引起。双片离合器特别容易产生此故障。否则，继续检查。

（3）在离合器处于刚接合或刚分离时察听，发出"喀哒"的碰声，故障由摩擦片松动引起；发出金属刮研声，则故障由从动片铆钉露头引起；发出连续噪声或间断的碰击声，则故障由分离轴承与分离杠杆内端间隙太小或无间隙引起。否则继续检查。

（4）在汽车起步或行车中加、减速时，发出"抗"或"喀"的响声，则故障原因为减振弹簧疲劳或断裂；从动盘花键孔与轴配合松旷。

总结：离合器异响主要从磨损过度、松旷、过紧、运动中刮碰等方面加以考虑。

小　　结

1. 离合器的功用是保证汽车平稳起步、便于换挡、防止传动系过载。
2. 摩擦式离合器的类型。按从动盘的数目分为单片式、双片式和多片式；按压紧弹簧的形式及布置形式分为周布螺旋弹簧式、膜片弹簧式和中央弹簧式等。
3. 离合器按操纵机构的不同可分为机械式（杆式和绳索式）、液压式、气压式和空气助力式等。

4. 离合器由主动部分、从动部分、压紧装置、分离机构和操纵机构组成。

5. 离合器处于接合状态时，压紧弹簧将压盘、从动盘、飞轮互相压紧。发动机的转矩经飞轮及压盘通过摩擦面的摩擦力矩传到从动盘，再经从动轴向传动系输出。

6. 离合器的分离过程。踏下踏板，离合器的主、从动部分处于分离状态，中断动力传递。

7. 离合器的接合过程。当需要恢复动力的传递时，缓慢地抬起离合器踏板，离合器的主、从部分逐渐接合，传递的转矩逐渐增大，直到离合器完全接合，即处于接合状态为止。

8. 离合器在接合状态时，分离轴承与分离杠杆内端之间预留的间隙为离合器的自由间隙。消除离合器自由间隙和操纵机构零件的弹性变形所需要的离合器踏板自由行程称为离合器踏板的自由行程，通过改变拉杆工作长度进行调整。

9. 膜片弹簧离合器的优点是：膜片弹簧兼起分离杠杆的作用，简化了结构，轴向尺寸小；压盘圆周上的压紧力分布均匀，接合平顺；弹簧压紧力不受高速离心力影响，传动可靠性高，不易打滑；操纵轻便。

10. 液压式操纵机构由离合器踏板、离合器主缸、工作缸、分离叉、分离轴承和管路系统组成。踏下离合器踏板，主缸油压升高并通过管路传到工作缸，再通过分离叉、分离轴承使离合器分离。

11. 离合器维护作业的内容包括：检查并调整离合器踏板自由行程、检查分离轴承回位弹簧的弹力。必要时对离合器进行拆检。

12. 离合器常见故障有离合器打滑、分离不彻底、起步发抖和异响等。

思考与习题

一、判断题

1. 从动盘有安装方向要求。
2. 离合器踏板自由行程过大会导致离合器打滑。
3. 离合器传递的转矩越大越好。

二、选择题

1. 扭转减振器的作用是（　　）。
   A. 消除扭转减振　　　　　　B. 增大离合器传递的转矩
   C. 防止打滑　　　　　　　　D. 使压力分布均匀
2. 双片离合器与单片离合器相比，其传递的转矩增大（　　）。
   A. 4倍　　　　B. 3倍　　　　C. 2倍　　　　D. 1倍
3. 下列选项中不属于离合器主动部分的是（　　）。
   A. 飞轮　　　　　　　　　　B. 离合器盖
   C. 压盘　　　　　　　　　　D. 摩擦片
4. 膜片弹簧离合器的膜片弹簧起到（　　）的作用。
   A. 压紧弹簧和分离杠杆　　　B. 减振
   C. 从动盘　　　　　　　　　D. 主动盘

5. 离合器从动盘摩擦片磨损后，分离杠杆内端会（　　）移动。
   A. 向前移动　　　B. 向后移动　　　C. 不动　　　D. 径向移动
6. 离合器分离轴承与分离杠杆之间的间隙是为了（　　）。
   A. 实现离合器踏板的自由行程　　　　B. 减轻从动盘磨损
   C. 防止热膨胀失效　　　　　　　　　D. 保证摩擦片正常磨损后离合器不失效
7. 甲说离合器的主、从动部分常处于分离状态。乙说离合器的主、从动部分常处于接合状态。你认为（　　）
   A. 甲正确　　　　　　　　　　　　　B. 乙正确
   C. 两人均正确　　　　　　　　　　　D. 两人均不正确
8. 甲说离合器的摩擦衬片上粘有油污后，可得到润滑。乙说离合器的摩擦衬片上粘有油污后，会使离合器打滑，而使其传力性能下降。你认为（　　）
   A. 甲正确　　　　　　　　　　　　　B. 乙正确
   C. 两人均正确　　　　　　　　　　　D. 两人均不正确

三、简答题

1. 为什么汽车传动系要设置摩擦式离合器？
2. 还有哪些传动装置可替代摩擦式离合器？
3. 摩擦式离合器由哪几部分组成？简述其工作原理。
4. 什么是离合器踏板的自由行程？为什么要有自由行程？如何测量？
5. 膜片弹簧离合器有何优点？
6. 离合器的操纵机构有哪些类型？各有何特点？离合器踏板的自由行程分别是怎样调整的？
7. 简述液压式操纵机械的组成和工作原理。
8. 离合器的二级维护作业内容有哪些？
9. 简述离合器主要零件的检修内容和方法。
10. 简述离合器的装配技术要求。
11. 分析离合器常见故障的原因及诊断排除方法。

课题 3
手动变速器

【学习目标】
1. 熟悉手动变速器的功用、分类、结构及工作原理。
2. 熟悉同步器的工作原理。
3. 掌握三轴、两轴变速器的动力传递路线。
4. 了解变速器的分类，分动器的功用及工作原理。
5. 会正确解体与装配手动变速器。
6. 掌握汽车变速器的基本检查和维护、常见变速器的拆装和检修的技能。
7. 具备汽车变速器的故障分析、诊断与排除的能力。

【情景导入】
一辆五菱6376AV3微型汽车，行驶里程为8 120 km。据客户反映，每天早晨行驶15 km以后，当车速达到80 km/h以上时，变速箱发出"吱吱"的尖叫声，车速下降到20 km/h以下响声消失，将车速提升至80 km/h后异响又会重现。维修人员将车辆举升后听到的响声是从变速箱中间轴前轴承部位发出的。您知道什么原因引起的吗？如何进行检查？怎样排除这个故障？

实训 3 手动变速器的拆装与检修

【实训目的】
（1）了解手动变速器的构造原理、规范要求、检测方法；
（2）了解常见车型变速器的操作规范要求；掌握变速器解体、安装调整、检测方法；
（3）了解变速器可能出现的故障原因及排除方法；
（4）学会使用拆装和检测的工具和量具。

【实训器材】
三轴式手动变速器总成若干个。

【实训内容】
（1）变速器总成的解体及安装；

（2）检测齿轮、同步器、轴承、输入输出轴。

【实训步骤】

五菱之光微型汽车五挡手动变速器的拆装与调整

一、手动变速器传动部分的拆装

1. 变速器总成的分解

（1）将变速器摆放在试验台上，使变速器处于空挡位置，如图 3-1 所示。

（2）取出离合器推力轴承（分离轴承），如图 3-2 所示。

图 3-1　将变速器安置在试验台上

图 3-2　拆下推力轴承

（3）取下放油螺栓，放出变速器油，如图 3-3 所示。

（4）拆下换挡机构，如图 3-4 所示。

图 3-3　取下放油螺栓

图 3-4　拆下换挡机构

（5）卸下变速器的后壳体，由于有密封胶，拆卸时可用木槌或铜棒敲击，如图 3-5 所示。

图 3-5　拆下变速器后壳体

(6) 分解变速器上下壳体，拆下上壳体，如图3-6所示。
(7) 取出输入轴和输出轴总成，如图3-7所示。

图3-6 上下壳体分离

图3-7 拆卸输入输出轴总成

图3-8 分开第一轴和第二轴

2. 变速器输出轴总成的分解与组装

（1）将第一轴和第二轴分开，如图3-8所示。
（2）拆下三、四挡花键毂卡环，取下花键毂和三挡从动齿轮及同步器锁环，如图3-9所示。
（3）用卡环钳拆下卡环，取出车速里程表传动齿轮，如图3-10所示。

三、四挡花键毂

三挡从动齿轮

图3-9 拆下花键毂和三挡从动齿轮

（4）取下卡环并利用专用工具，拉出后端支撑轴承，如图3-11所示。

图3-10 取下卡环

图3-11 取下轴承

（5）取下五挡从动齿轮卡环，后端轴承，取下五挡从动齿轮及同步器，如图3-12所示。

（6）取下同步器卡环，拆下五挡、倒挡同步器，如图3-13所示。

图3-12 取下卡环及齿轮

图3-13 取下五挡、倒挡同步器

（7）拆卸倒挡从动齿轮，如图3-14所示。
（8）用专用工具拆卸中间支撑轴承，如图3-15所示。

图3-14 拆卸倒挡从动齿轮

图3-15 拆卸轴承

（9）分别拆卸一挡从动齿轮，一、二挡同步器，二挡从动齿轮，如图3-16、图3-17、图3-18所示。
（10）按照分解的反顺序对输出轴进行组装，如图3-19所示。

图3-16 拆卸一挡从动齿轮

图3-17 拆卸一、二挡同步器

图3-18 拆卸二挡从动齿轮

图3-19 输出轴组装总成

3. 变速器换挡机构的拆卸

（1）用专用工具取出一、二挡拨叉和三、四挡拨叉的定位销，如图 3-20 所示。

注意：在取定位销时一定要使定位销的位置与变速箱壳体上的装配工艺槽的位置相对应，如图 3-21。

（2）取下三根拨叉轴，并取出自锁和互锁弹簧、钢珠及互锁销，如图 3-22 所示。

图 3-20　取定位销

图 3-21　装配工艺槽的位置

图 3-22　取下换挡拨叉轴

（3）注意事项。

① 严格执行拆装程序并注意操作安全。

② 注意各零件、部件的清洗和润滑。

③ 分解变速器时不能用手锤直接敲击零件，必须采用铜棒或硬木垫进行冲击。

④ 拉出换挡拨叉轴时，应注意不可使锁止钢球、弹簧飞出。注意避免钢球、弹簧和互锁销丢失。

4. 变速器的装配

变速器的安装程序和分解程序相反。

安装注意事项：

（1）变速器安装时使用的所有部件，必须清洗干净。

（2）安装前，对变速器内有滑动和摩擦表面的部件，要用变速器机油润滑。

（3）在安装输出轴的同步器时，一定要将同步器毂的位置安装正确，接合套外带拨叉槽的一端应朝前。

（4）安装壳体总成时，应注意检查锁球、弹簧、互锁销不许漏装。

（5）安装倒挡齿轮时，注意齿轮牙齿的一端有倒挡角。安装输入轴及中间轴上的倒挡齿轮时，其牙齿有倒挡角的一端朝外，而倒挡滑动齿轮上牙齿有倒角的一端应朝里。

（6）将变速器各壳组装在一起时，应先擦干净各壳体的结合面，在结合面上均匀地涂上一层密封剂，经过几分钟后，再将各壳体装配在一起。组装上、下壳体时，应注意要将各换挡拨叉插入各自的同步器啮合套的槽里。壳体对齐后，均匀地依次将各紧固螺栓拧紧，注意拧力要大小一致。

二、手动变速器的检修

1. 变速叉的检查

变速叉的损坏现象是叉的弯曲和扭曲，叉上端导动块以及叉下端端面磨薄成沟槽，从而影响齿轮正常啮合，导致"跳挡"的故障。变速叉弯扭后，可用敲击法校正。导动块和端面磨损严重，应进行焊修或更换。变速叉轴弯曲、锁销及定位球磨损，定位弹簧变软和折断均会引起"跳挡"。

2. 轴和轴承内座圈的检查

（1）分别用游标卡尺测量输出轴凸缘的厚度和内座圈外径，如图3-23、图3-24所示。

图3-23 测量输也轴凸缘厚度　　　　图3-24 测量内座圈外径

（2）用外径千分尺检查各轴的轴颈及用百分表检查各轴的径向跳动，如图3-25、图3-26所示。轴颈及花键不应有严重磨损，径向圆跳动量不应超过0.05 mm，否则应更换或校正。

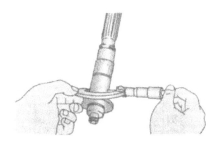 

图3-25 测量输出轴轴颈外径　　　　图3-26 测量输出轴径向跳动量

（3）装好轴承和内座圈后，用百分表检测齿轮与内座圈之间间隙，如图3-27所示。标准间隙为0.009~0.060 mm，极限间隙为0.15 mm，如果超标应更换轴承。

3. 齿轮和花键的检修

（1）目视检查所有齿轮和花键，如果有明显损坏应更换。

（2）目视检查齿轮齿面是否有斑点，如果有轻微斑点，在不影响质量的情况下可用油石修磨，如果斑点面积超过15%，必须予以更换，如图3-28所示。

（3）检查齿厚，如果齿厚磨损超过0.2 mm，则应更换齿轮。

（4）检查齿长磨损，如果磨损超过15%，则应更换齿轮。

图3-27 检查轴承间隙　　　　图3-28 检查齿轮

4. 同步器的检修

（1）检查同步器齿毂的花键部位和接合套是否损坏或磨损，如图 3-29 所示，把齿毂装配至齿套里，检查齿毂、齿套是否过松及齿毂、齿套是否歪斜。

（2）用厚薄规测量同步锁环齿端与相配合结合齿端的间隙，标准值为 0.8~1.2 mm，使用限度为 0.5 mm，当间隙达到或超过使用限度时，应更换新锁环，如图 3-30 所示。

图 3-29 检查花键毂和接合套

图 3-30 检查同步环的磨损

（3）检查同步器滑块、同步器弹簧的磨损情况，如图 3-31 所示。

图 3-31 检查同步器

（4）检查各轴弹性挡圈及卡环是否损坏变形，当损坏或变形严重时应予以更换。

（5）检查各锁球弹簧是否损坏，测量弹簧自由长度标准为 19.5 mm，使用限度为 17 mm，如果弹簧损坏或自由长度小于使用限度时，应予以更换。

（6）检查各换挡轴的磨损情况。锁球边缘磨损严重时应及时更换换挡拨叉轴，否则易引起变速器跳挡。

（7）检查各换挡拨叉是否损坏或磨损，拨叉损坏或叉脚磨损严重时应予以更换。

3.1 概　述

目前汽车上广泛采用的动力装置是汽油发动机和柴油发动机，它们的转矩与转速变化范围都较小，而汽车的行驶条件非常复杂，行驶速度和行驶阻力的变化范围很大。为了解决这一矛盾，在汽车传动系中设置了变速器。本课题主要介绍普通齿轮变速器的基本组成、工作原理及变速器的拆装、检修、故障诊断与排除。

1. 变速器的功用

（1）实现变速变扭。改变传动比，扩大驱动轮转矩和转速的变化范围，以适应汽车在各种行驶条件下所需的牵引力和合适的行驶速度，并使发动机能够经常在功率较高而油耗率较低的有利工况下工作，因此，变速器中应具有合理的挡数和合适的传动比。

（2）实现倒车。现在的内燃活塞式发动机，其旋转方向都是不变的（从曲轴前端向后看是顺时针旋转），为了使汽车能倒向行驶，变速器中设有倒挡。

（3）实现中断动力传递。在发动机起动、怠速转动、变速器换挡和进行动力输出时，都要中断发动机至传动系的动力传递，故变速器中设有空挡。

2. 变速器的分类

1）按传动比变化情况分

汽车变速器按传动比变化情况，可分为有级式、无级式和综合式三种。传动比是指输入轴转速与输出轴转速的比值。

（1）有级式变速器。此类变速器应用最广泛。其采用齿轮传动，具有若干个定值传动比。按所用轮系形式不同，有轴线固定式变速器（普通变速器）和轴线旋转式变速器（行星齿轮变速器）两种。目前轿车和轻、中型货车变速器的传动比，通常有3~5个前进挡和一个倒挡，每个挡位对应一个传动比。变速器的挡数是指其前进挡位数。

有级式变速器具有结构简单、易于制造、工作可靠、传动效率高的优点。

（2）无级式变速器。它的传动比在一定范围内是无限多级地连续变化的。如液力式传动系采用的液力变矩器、电力传动系中的直流串激电动机等均为无级变速传动元件。

（3）综合式变速器。一般是指由液力变矩器和齿轮式有级变速器组成的液力机械式变速器，其传动比是在几个区段内无级变化，为部分无级式。这种结构既可得到较大的传动比，又可实现无级变速，目前应用较多。

2）按操纵方式不同分

按操纵方式不同分，变速器又可分为手动换挡式变速器、自动操纵式变速器和半自动式变速器三种。

（1）手动换挡式变速器。靠驾驶员直接操纵变速杆进行换挡。这种变速器换挡机构简单，工作可靠，目前应用最广。

（2）自动操纵式变速器。传动比的选择和换挡是自动进行的。它是借助反映发动机负荷和车速的信号系统来控制换挡系统的执行元件来实现机械变速器的换挡，驾驶员只需操纵加速踏板以控制车速。

（3）半自动式变速器。此种变速器有两种形式：一种是几个常用挡位可自动换挡，其余几个挡位要由驾驶员手动操作；另一种是预选式的，即驾驶员先用按钮选定挡位，在踩下离合器踏板或松开加速踏板时，接通自动控制和执行机构进行自动换挡。

3. 普通齿轮变速器的工作原理

普通齿轮式变速器也叫定轴式变速器。它由一个外壳、轴线固定的几根轴和若干齿轮组成，可实现变速、变转矩和改变旋转方向。

1）变速原理

一对齿数不同的齿轮啮合传动时，若小齿轮为主动齿轮，带动大齿轮转动，转速降低了，称为减速传动，如图3-32（a）所示。若大齿轮驱动小齿轮时，转速升高，称为增速传动，如图3-32（b）所示。这就是齿轮传动的变速原理。汽车变速器就是根据这一原理利用若干大小不同的齿轮副传动而实现变速的。设主动齿轮转速为n_1，齿数为z_1；主动齿轮转速为n_2，齿数为z_2。主动齿轮（输入轴）转速与从动齿轮（输出轴）转速之比值称为传动比，传动比用字母$i_{1,2}$表示。即：

$$i_{1,2}=\frac{n_1}{n_2}=\frac{z_2}{z_1}$$

因而

$$n_2=n_1\cdot\frac{z_1}{z_2}$$

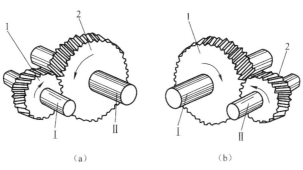

图3-32 齿轮传动的基本原理

（a）减速传动；（b）增速传动

1—主动齿轮；2—从动齿轮；Ⅰ—输入轴；Ⅱ—输出轴

如图3-33所示，发动机的转矩经输入轴Ⅰ输入，经两对齿轮传动，由输出轴Ⅱ输出，其中第一对齿轮，1为主动齿轮，2为从动齿轮；第二对齿轮，3为主动齿轮，4为从动齿轮，传动比计算过程如下：

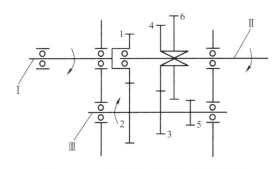

图3-33 双级齿轮传动式变速器示意图

Ⅰ—输入轴；Ⅱ—输出轴；Ⅲ—中间轴；
1—第一轴主动齿轮；2—中间轴从动齿轮；
3、5—中间轴主动齿轮；4、6—第二轴从动齿轮

$$i_{1,2}=\frac{n_1}{n_2}=\frac{z_2}{z_1}\quad\text{所以}\ n_1=\frac{z_2}{z_1}\cdot n_2$$

$$i_{3,4}=\frac{n_3}{n_4}=\frac{z_4}{z_3}\quad\text{所以}\ n_4=\frac{z_4}{z_3}\cdot n_3$$

齿轮2、3在同一中间轴Ⅲ上，转速相同，即$n_2=n_3$，总传动比：

$$i_{1,4}=\frac{n_1}{n_4}=\frac{z_2\cdot z_4}{z_1\cdot z_3}=i_{1,2}\cdot i_{3,4}$$

同理，多级齿轮传动的传动比i为：

$$i=\frac{\text{所有从动齿轮齿数的连乘积}}{\text{所有主动齿轮齿数的连乘积}}=\text{各级齿轮传动比的乘积}$$

汽车变速器某一挡位的传动比就是这一挡位各级齿轮传动比的乘积。

由于$i=n_{in}/n_{out}=M_{out}/M_{in}$（$n$表示转速，$M$表示转矩），可见传动比既是变速比又是变矩

比。降速则增转矩，增速则降转矩。汽车变速器就是利用这一关系，通过改变传动比来适应汽车行驶阻力变化需要的。

2）换挡原理

若将图 3-33 中齿轮 3 与 4 脱开，将齿轮 6 与 5 啮合，传动比变化，输出轴Ⅱ的转速和转矩也发生变化，即挡位改变。当齿轮 4、6 都不与中间轴上的齿轮 3、5 啮合时，动力不能传到输出轴，这就是变速器的空挡。

3）变向原理

由齿轮传动原理可知，一对外啮合齿轮传动时，两齿轮转向相反，每经一对齿轮副，其转向改变一次。因此，二轴式变速器在输入轴与输出轴之间、三轴式变速器在中间轴与输出轴之间均加装了一倒挡轴与一副倒挡轮（也称惰轮），其可使输出轴与输入轴的转向相反，从而可使汽车倒车行驶。

3.2 普通齿轮变速器的变速传动机构

普通齿轮变速器由变速传动机构和操纵机构两大部分组成。其中，变速传动机构是变速器的主体部分，主要由一系列相互啮合的齿轮副及其支撑轴以及作为基础的壳体组成，其主要作用是改变传动比和旋转方向；操纵机构的作用是实现换挡，如图 3-34 所示。

普通齿轮变速器按工作轴的数量（不包括倒挡轴）可分为二轴式和三轴式变速器两种（图 3-35）。

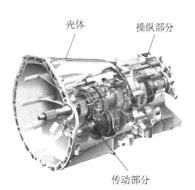

图 3-34 手动变速器的组成

二轴式手动变速

三轴式手动变速

图 3-35 二轴式与三轴式手动变速器

3.2.1 三轴式变速器

1. 基本构造和工作原理

在发动机前置后轮驱动（FR 型）的汽车上，常采用三轴式变速器。图 3-36 所示的变速器是典型的三轴式五挡变速器。该变速器由第一轴（输入轴）、第二轴（输出轴）、中间轴以及在各轴上的齿轮组成，故称三轴式。第一轴和第二轴在一条直线上。第一轴通过中间轴驱动第二轴以达到输出动力的目的。另外还有倒挡轴。

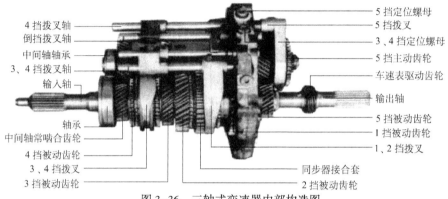

图 3-36 三轴式变速器内部构造图

图 3-37 所示为典型的三轴五挡变速器内部构造图。输入轴与输出轴在一条直线上，中间轴与输入/输出轴平行。发动机动力经过输入轴上的中间轴常啮合齿轮传递到中间轴上。中间轴上装有 1，2，3，5，倒挡主动齿轮。这些齿轮与中间轴采用花键紧配合，与中间轴一起旋转。中间轴上的这些主动齿轮将动力传递给输出轴上与之相啮合的各挡位的从动齿轮上，这些从动齿轮均与输出轴之间安装有滚针轴承，在输出轴上空转，选择某一挡位时，通过同步器啮合套将同步器齿毂与该挡齿轮啮合在一起，动力通过同步器齿毂花键传递到输出轴。

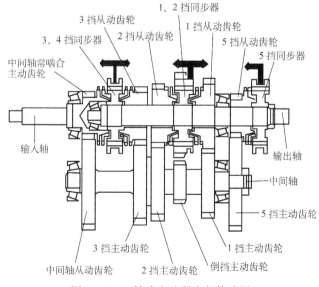

图 3-37 三轴式变速器内部构造图

这种变速器因为其结构限制只能应用于前置后驱或者四轮驱动的汽车中，四轮驱动要在变速器的后端加装分动器。

国产微型车和客货车如长安之星、五菱之光等变速器均采用这种结构，如图3-38所示。

2. 三轴式变速器各挡齿轮的传动情况

1）一、二、三挡动力传动路线

如图3-39所示，一挡主动齿轮与中间轴花键紧配合，从动齿轮与输出轴间装有滚针轴承，从动齿轮在输出轴上空转。

图3-38　五菱之光微型客车三轴五挡变速器

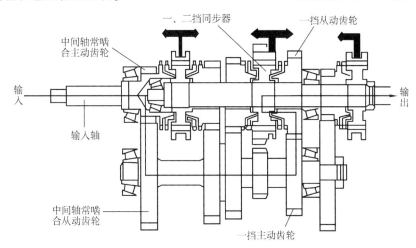

图3-39　一挡换挡原理与动力传动

选择一挡时操纵机构通过一、二挡拨叉将一、二挡同步器啮合套右移，经过同步后，同步器啮合套将一挡从动齿轮和同步器齿毂连为一体。离合器传递的动力经输入轴上的中间轴常啮合主动齿轮、中间轴上的常啮合从动齿轮传递到中间轴上的一挡主动齿轮，一挡主动齿轮将动力传给一挡从动齿轮。一挡从动齿轮再将动力传递给一、二挡同步器啮合套和同步器齿毂，通过同步器齿毂花键将动力传递给输出轴。

二、三挡的换挡原理与一挡基本相同，只是动作元件不同。这里不再赘述，下面来看四、五和倒挡的换挡原理。

2）四挡动力传动路线

四挡齿轮在输入轴末端与输入轴制为一体，如图3-40所示。

图3-40　四挡齿轮安装位置

选择四挡时，三、四挡拨叉推动同步器啮合套向左移动，推动四挡同步环与四挡齿轮锥面接触，两者达到同一转速后，啮合套在拨叉的作用下继续向左移动，将四挡同步环与四挡齿轮锁为一体。动力通过主动轴四挡齿轮传递给三、四挡同步器啮合套，再传递给同步器齿毂，经同步器齿毂花键传递给输出轴。四挡的作用是通过同步器将输入轴与输出轴锁为一体，实现动力的直接输出。四挡的传动比等于1。如图3-41所示。

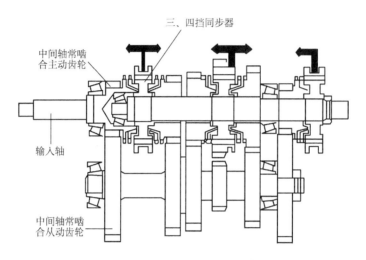

图3-41 四挡换挡原理与动力传动

3）五挡动力传动路线

五挡主动齿轮与中间轴制为一体，从动齿轮与输出轴之间装有滚针轴承。从动齿轮在输出轴上空转。

选择五挡时拨叉推动同步器啮合套向左移动，啮合套推动同步环向左移动并与五挡齿轮锥面接触产生摩擦，同步环和五挡齿轮的转速相同，此时五挡齿轮和同步环与啮合套相对静止，这时拨叉继续推动啮合套向左移动，啮合套将同步环与五挡从动齿轮啮合在一起，动力通过同步器齿毂花键传递给输出轴。五挡的传动比小于1，属于超速挡。如图3-42所示。

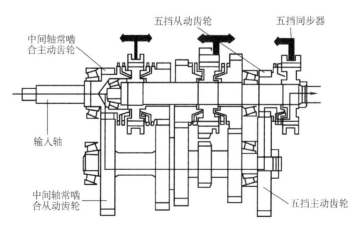

图3-42 五挡换挡原理与动力传动

4）倒挡动力传动路线

实现汽车倒挡，就变速器而言，只要使输出轴反方向旋转，为此在变速器输出轴与中间轴之间增设了一个倒挡轴和一个倒挡中间齿轮即倒挡惰轮。倒挡惰轮空套在倒挡轴上。并可在操纵机构的作用下滑动。

变速器挂倒挡时,汽车必须处于静止状态,此时变速器不输出动力。拨叉推动倒挡齿轮与倒挡主被动齿轮啮合,发动机动力经过与中间轴制为一体的倒挡主动齿轮传给倒挡惰轮,惰轮再将动力传给被动齿轮,然后经与输出轴用花键紧配合的一、二挡同步器齿毂将动力传递给输出轴,实现汽车倒挡。如图 3-43 所示。

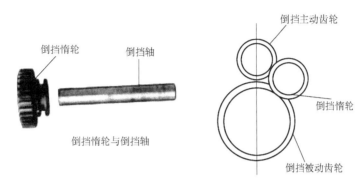

图 3-43 倒挡换挡原理与动力传动

3.2.2 二轴式变速器

二轴式齿轮变速器主要应用于发动机前置、前轮驱动(FF 型)和发动机后置、后轮驱动(RR 型)的中、轻型轿车上,以便于汽车的总体布置。目前,轿车上采用发动机前置、前轮驱动的布置形式越来越广泛。其中,前置发动机又有纵向布置和横向布置两种形式,与其配用的二轴式变速器也有两种不同的结构形式。

1. 发动机前置纵向布置的二轴变速器

图 3-44 所示为奥迪 100 型轿车变速器的结构图。它有五个前进挡和一个倒挡,并采用同步器换挡。主减速器、差速器与变速器装在同一个壳体内。因发动机前置、纵向布置、曲轴旋转方向与车轮旋转方向相垂直,所以主减齿轮为一对圆锥齿轮。

该型变速器壳体内为铝合金材料,由前壳体和后壳体(变速器盖)两部分组成。

输入轴由球轴承和两个滚针轴承支撑。一、二挡和倒挡主动齿轮直接在输入轴上加工而成;三、四挡主动齿轮分别用滚针轴承套在输入轴上,而五挡主动齿轮装在输入轴上,输入轴花键上套有三、四挡同步器的花键毂。输入轴的油封装在离合器分离轴承的定位套筒上。

输出轴与主减速器主动锥齿轮制成一体,两端用圆锥滚子轴承支撑在壳体上,且在后端轴承处有控制轴承热膨胀的调节器。一、二、五、倒挡从动齿轮分别用滚针轴承空套在输出轴上,并分别装有承受轴向力的卡环。一、二挡和五、倒挡同步器花键毂分别用花键与输出轴相连,并用卡环轴向定位。集油器将飞溅的润滑油收集起来,并通过孔道流至输入轴和输出轴右端的轴承处,以保证其充分润滑。

该变速器的传动示意图如图形 3-45 所示,其各挡传动情况如下。

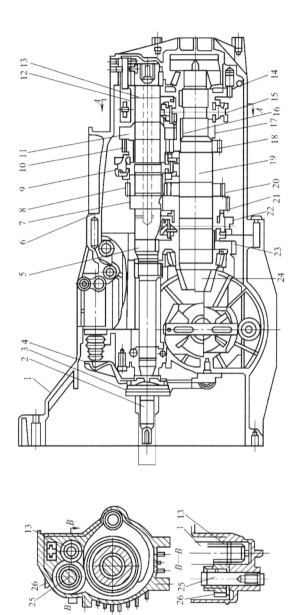

图 3-44 奥迪 100 变速器

1—变速器前壳体；2—输入轴；3—分离轴承；4,9—分离杠杆；5—输入轴一挡齿轮；6—变速器后壳体；7—输入轴二挡齿轮；8—输入轴三挡齿轮；9,15,22—接合套；10—输入轴四挡齿轮；11—输入轴五挡齿轮；12—集油器；13—输入轴倒挡齿轮；14—输出轴倒挡齿轮；16—输出轴五挡齿轮；17—隔离套；18—输出轴四挡齿轮；19—输出轴；20—输出轴三挡齿轮；21—输出轴二挡齿轮；23—输出轴一挡齿轮；24—主减速器主动齿轮；25—倒挡中间轴；26—倒挡中间齿轮

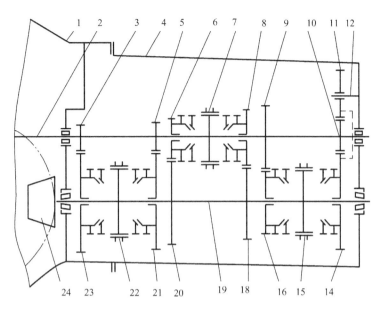

图 3-45 奥迪 100 变速器传动示意图

1—变速器前壳体；2—输入轴；3—输入轴一挡齿轮；4—变速器后壳体；
5—输入轴二挡齿轮；6—输入轴三挡齿轮；7、15、22—接合套；8—输入轴四挡齿轮；
9—输入轴五挡齿轮；10—输入轴倒挡齿轮；11—倒挡中间齿轮；12—倒挡中间轴；
14—输出轴倒挡齿轮；16—输出轴五挡齿轮；18—输出轴四挡齿轮；19—输出轴；
20—输出轴三挡齿轮；21—输出轴二挡齿轮；23—输出轴一挡齿轮；24—主减速器主动齿轮

（1）空挡。各挡同步器接合套处于中间位置，此时动力不会传给输出轴。

（2）一挡。将接合套 22 前移，动力由输入轴依次经齿轮 3、23 和 22 经同步器花键毂传给输出轴。

（3）二挡。将接合套 22 后移，动力由输入轴依次经齿轮 5、21 和 22 经同步器花键毂传给输出轴。

（4）三挡。将接合套 7 前移，动力由输入轴依次经同步器花键毂、接合套 7、齿轮 6 和 20 传给输出轴。

（5）四挡。将接合套 7 后移，动力由输入轴依次经同步器花键毂、接合套 7、齿轮 8 和 18 传给输出轴。

（6）五挡。将接合套 15 前移，动力由输入轴依次经齿轮 9 和 16、接合套 7、同步器花键毂传给输出轴。

（7）倒挡。将接合套 15 后移，动力由输入轴依次经倒挡齿轮 10、倒挡中间齿轮 11、输出轴倒挡齿轮 14、接合套 15、同步器花键毂传给输出轴。

由上述分析可知，二轴式变速器挂前进挡时，从输入轴到输出轴只经过一对齿轮传动，倒挡传动也只加一个中间齿轮，因此，其机械传动效率较三轴式高，噪声小。

上海桑塔纳轿车手动变速器与此类似，也是二轴式，主要有四挡与五挡两个系列，结构和传动原理与奥迪 100 轿车变速器相似，此不再赘述。其传动示意图如图形 3-46 所示。

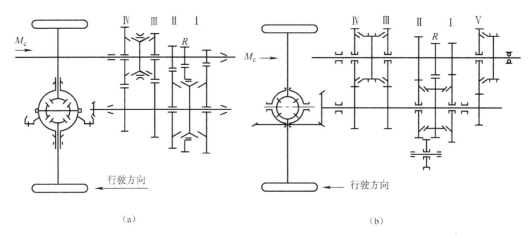

图 3-46 桑塔纳轿车变速器传动示意图
(a) 四挡变速器；(b) 五挡变速器

2. 发动机前置横向布置的二轴式变速器

与纵置式变速器相比，发动机前置横向布置的二轴式变速器输出轴与驱动桥轴线平行，故主减速器采用一对圆柱齿轮传动。横置式变速器受布置空间的限制，传递功率有限，只适合在中、低档轿车上使用，捷达、富康、夏利等轿车采用这种布置形式。

图 3-47 所示为捷达王轿车的二轴五挡变速器。它有五个前进挡和一个倒挡，全部采用同步器换挡。输入轴 5 与输出轴 3 平行，每挡齿轮均由一对常啮合齿轮组成。在输入轴上，三挡、四挡、五挡主动齿轮 9、11、12 是通过轴承活套在输入轴上的。在三挡、四挡齿轮之间与五挡齿轮之后，都有通过花键与输入轴固装的花键毂，一挡、二挡主动齿轮、倒挡主动齿轮 6、8、7 则采用紧配合花键与输入轴联成一体。在输出轴上，一挡、二挡从动齿轮 4 和 18 通过轴承活套在输出轴上，三挡、四挡、五挡从动齿轮 17、16、15 则采用紧配合花键与输出轴连成一体。在一挡、二挡齿轮之间有通过花键与输出轴固装的花键毂，在此花键毂外的接合套上制有倒挡从动齿轮。主减速器主动齿轮与输出轴做成一体，位于输出轴最右端。

该变速器的各挡传动情况如下。

（1）空挡。各挡同步器接合套处于中间位置，此时动力不会传给输出轴。

（2）一挡。将同步器 19 接合套右移，动力由输入轴依次经齿轮 6 和 4、同步器 19 花键毂传给输出轴。

（3）二挡。将同步器接合套左移，动力由输入轴依次经齿轮 8 和 18、同步器 19 花键毂传给输出轴。

（4）三挡。将同步具 10 接合套右移，动力由输入轴依次经同步器 10 花键毂、齿轮 9 和 17 传给输出轴。

（5）四挡。将同步器 10 接合套左移，动力由输入轴依次经同步器花键毂、齿轮 11 和 16 传给输出轴。

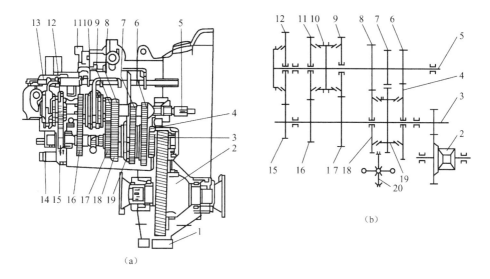

图 3-47 捷达王轿车五挡变速器及其传动示意图
(a) 捷达王轿车五挡变速器；(b) 传动示意图
1—离合器壳体；2—差速器；3—输出轴；4——挡从动齿轮；5—输入轴；6——挡主动齿轮；
7—倒挡主动齿轮；8—二挡主动齿轮；9—三挡主动齿轮；10—三、四挡同步器；
11—四挡主动齿轮；12—五挡主动齿轮；13—五挡同步器；14—变速器壳体盖；
15—五挡从动齿轮；16—四挡从动齿轮；17—三挡从动齿轮；18—二挡从动齿轮；
19——、二挡同步器；20—倒挡轴倒挡齿轮

（6）五挡。将同步器 13 接合套右移，动力由输入轴依次同步器 13 花键毂、齿轮 12 和 15 传给输出轴。

（7）倒挡。将倒挡轴上的倒挡齿轮 20 右移，动力由输入轴依次经倒挡齿轮 7 和 20、同步器 19 接合套、花键毂传给输出轴。

3.3 同步器

3.3.1 无同步器的换挡过程

图 3-48 所示为五挡变速器的四、五挡示意图（并假设在换挡机构中只有接合套而无锁环）。下面以此为例说明其换挡过程。

1. 低挡换高挡（四挡换五挡）

如图 3-49（a）所示，变速器在四挡工作时，接合套 3 与齿轮 4 上的接合齿圈接合中，两者接合齿圆周速度相等，即 $v_3=v_4$。欲换入五挡时，驾驶员先踩下离合器踏板，使离合器分离，再通过变速器操纵机构将接合套左移，使接合套 3 与齿轮 4 齿圈脱离接合，变速器处于空挡位置。因四挡齿轮 4 的转速低于齿轮 2 的转速，圆周速度 $v_4<v_2$。所以在换入空挡瞬间，$v_3<v_2$，为避免齿轮产生冲击，不应立即换入五挡，应先在空挡停留片刻。在空挡位置时，变速器输入端各零件已与发动机中断了动力传递，且转动惯性量小，再加上中间轴齿轮有搅油阻力，所以 v_2 下降较快。而整个汽车的转动惯

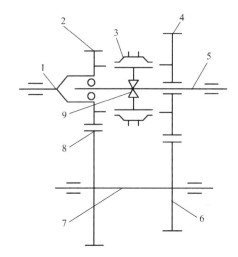

图 3-48 五挡变速器的四、五挡示意图
1—第一轴；2—第一轴常啮合齿轮；3—接合套；
4—第二轴四挡齿轮；5—第二轴；6—中间轴四挡齿轮；
7—中间轴；8—中间轴常啮合齿轮；9—花键毂

性量大，导致接合套 3（与第二轴转速相同）的圆周速度 v_3 下降慢，因图 3-49（a）中两直线 v_3、v_2 的斜率不同而相交于同步点（$v_3=v_2$）。此时将接合套左移与齿轮 2 上的齿圈相啮合，即挂入五挡，不会产生冲击。但自然减速出现同步的时刻来得太慢，应在摘下四挡后立即抬起离合器踏板，利用发动机怠速工况迫使第一轴更快地减速，使 v_2 下降较快（如图中虚线所示），同步点出现快，又缩短了换挡时间。

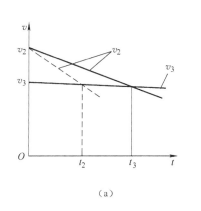

（a）

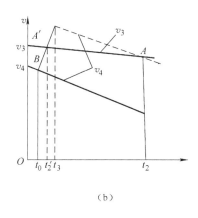

（b）

图 3-49 无同步器的换挡过程
（a）低挡换高挡；（b）高挡换低挡

2. 高挡换低挡（五挡换四挡）

如图 3-49（b）所示，变速器在五挡工作时及由五挡换入空挡的瞬间，接合套 3 与齿轮 2 接合齿圈的圆周速度相同，即 $v_3=v_2$。因 $v_2>v_4$，$v_3>v_4$。但在空挡时 v_4 下降比 v_3 快，即 v_4 和 v_3 不会出现相交点，不可能达到同步状态。所以驾驶员应在变速器退回空挡后，立即抬起离合器踏板，踩下加速踏板，使发动机同离合器从动盘和第一轴都从 B 点开始升速，让

$v_4>v_3$，如图 3-49（b）中虚线所示，再踩下离合器踏板稍等片刻，待 $v_3=v_4$，即达到同步点 A 即可换入四挡。

图 3-49（b）中还有一次同步时刻 A'，可利用此点来缩短换挡时间。但由于此点是踩油门踏板过程中出现的，因此，驾驶员需要有熟练的操作技能才能把握好时机。

上述相邻挡位相互转换时，应该采取不同操作步骤的道理同样适用于移动齿轮换挡的情况，只是前者的待接合齿圈与接合套的转动角速度要求一致，而后者的待接合齿轮啮合点的线速度要求一致，但所依据的速度分析原理是一样的。

以上变速器的换挡操作，尤其是从高挡向低挡的换挡操作比较复杂，不仅很容易产生轮齿或花键齿间的冲击，降低了齿轮的使用寿命，而且易使驾驶员产生疲劳。为了简化操作，保证换挡迅速、平顺，目前汽车手动变速器在换挡装置中基本上都设置有同步器。

3.3.2 同步器的构造与工作原理

同步器的功用是使接合套与待啮合的齿圈迅速同步，并阻止两者在同步前进入啮合，消除换挡时的冲击，缩短换挡时间，简化换挡过程，使换挡操作简便。

同步器有多种结构形式，但都由同步器装置（包括推动件和摩擦件）、锁止装置和接合装置三部分组成。目前，所用的同步器几乎都采用依靠摩擦作用实现同步的惯性式同步装置。根据锁止装置的不同，可分为锁环式惯性同步器和锁销式惯性同步器两种。

1. 锁环式惯性同步器。

1）构造

锁环式惯性同步器的结构如图 3-50 所示。花键毂 7 与第二轴用花键连接，并用垫圈和卡环作轴向定位。在花键毂 7 两端与齿轮 1 和 4 之间，各有一个青铜制成的锁环（也称同步环）5 和 9。锁环上有短花键齿圈，花键齿的断面轮廓尺寸与齿轮 1 和 4 及花键毂 7 上的外花键齿均相同。在两个锁环上，花键齿对着接合套 8 的一端都有倒角（锁止角），且与接合套齿端的倒角相同。

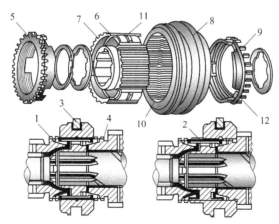

图 3-50 锁环式惯性同步器

1—第一轴齿轮；2—滑块；3—拨叉；4—第二轴二挡齿轮；5，9—锁环；6—弹簧圈；
7—花键毂；8—接合套；10—凹槽；11—3 个轴向槽；12—缺口

锁环具有与齿轮1和4上的摩擦面锥度相同的内锥面，内锥面上制出细牙的螺旋槽，以便两锥面接触后破坏油膜，增加锥面间的摩擦。三个滑块2分别嵌合在花键毂7的三个轴向槽11内，并可沿槽轴向滑动。在两个弹簧圈6的作用下，滑块压向接合套，使滑块中部的凸起部分正好嵌在接合套中部的凹槽10中，起到空挡定位作用。滑块2的两端伸入锁环5和9的三个缺口12中，但滑块的宽度较缺口的宽度小，两者之差等于锁环的花键齿宽。只有当滑块位于缺口12的中央时，接合套与锁环的齿才可能接合。

2）工作原理

以二挡换入三挡为例，如图3-51所示。

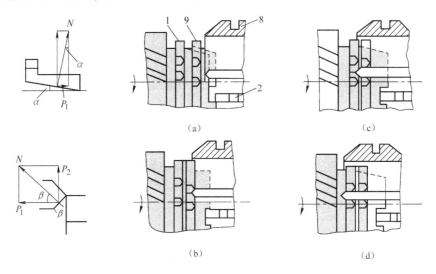

图3-51 锁环式惯性同步器工作过程示意图
(a) 接合套位于空挡位置；(b) 摩擦力矩的形式与锁止过程；
(c) 接合套与锁环花键齿圈啮合；(d) 接合套与齿轮同步啮合
1—待啮合齿轮；2—滑块；8—接合套；9—锁环

（1）空挡位置。当接合套8刚从二挡退到空挡时，如图3-51（a）所示，待啮合齿轮1和接合套8、锁环9都在其自身及所连接的一系列运动件惯性作用下，继续沿原方向（如图中箭头所示）旋转。设它们的转速分别为n_1、n_8和n_9。因接合套通过滑块推动锁环一起旋转，所以$n_8=n_9$，因为$n_1>n_8$，所以$n_1>n_9$。此时锁环9的轴向是自由的，故其内锥面与待啮合齿轮1的外锥面不接触。

（2）挂挡。欲挂入三挡时，驾驶员通过变速杆叉推动接合套8连同滑块2一起向左移动，如图3-51（b）所示。滑块2又推动锁环9移向齿轮1，使其锥面接触。由于接合齿圈1与锁环9转速不相等，即$n_1>n_9$，所以两者一经接触便在其锥面之间产生摩擦力矩M_1。通过摩擦作用，齿轮1带动锁环相对于接合套超前转过一个角度，直至滑块与锁环缺口侧壁接触时，锁环便和接合套同步转动。此时接合套的齿与锁环的齿错开了约半个齿厚，从而使接合套的齿端倒角与锁环相应的齿端倒角正好互相抵触而不能进入啮合。显然，若要使接合套的齿圈与锁环的齿圈接合，必须使锁环相对于接合套后退一个角度。

（3）锁止。由于驾驶员始终给接合套施加的一个轴向力P_1使接合套齿端倒角压紧锁环端倒角，于是在锁环锁止的锁止角斜面上作用有法向力N，力N可分解为轴向力P_1和切向

力 P_2。切向力所形成的力矩力图使锁环相对于接合套向后退转,此力矩称为拨环力矩。同步器的结构参数可以保证在同步前(存在摩擦力矩)拨环力矩始终小于摩擦力矩,所以,在同步之前无论驾驶员施加多大的操纵力,都不会挂上挡(接合套齿端与锁环齿端总是相互抵触而不能啮合),即产生锁止作用,如图 3-51(c)所示。

(4)同步啮合。只要驾驶员继续施力于接合套上,摩擦作用就迅速使待啮合齿轮 1 和转速降到与锁环 9 转速相同,而后两者保持同步旋转,于是摩擦力矩消失。此时,两个摩擦锥面还是紧密接合着。在拨环力矩的作用下,锁环 9、齿轮 1 及与之相连的所有零件一起相对于接合套向后反转一个角度,使锁环缺口又移到滑块位于缺口中央处,两个花键齿圈不再抵触,锁环的锁止作用消除。此时接合套压下滑块 2 继续左移,与锁环的花键齿圈进入啮合(如图 3-51(d)所示),变速器完成换入三挡的全过程。

锁环式同步器尺寸小、结构紧凑、摩擦力矩也小,因此被广泛应用于轿车及各种轻型货车的变速器中。

2. 锁销式惯性同步器

以东风 EQ1090E 型汽车变速器中的四挡、五挡同步器为例进行说明,如图 3-52 所示。

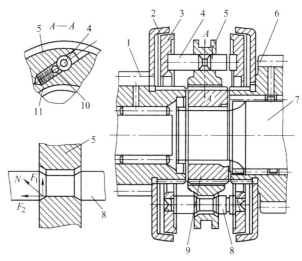

图 3-52 锁环式惯性同步器
1—第一轴齿轮;2—摩擦锥盘;3—摩擦锥环;4—定位销;
5—接合套;6—第二轴四挡齿轮;7—第二轴;8—锁销;
9—花键毂;10—钢球;11—弹簧

1)构造

该同步器主要由两个摩擦锥环、三个均布的锁销和定位销、接合套及花键毂等组成。两个有内锥面的锥盘 2 分别固定在带有外花键齿圈的第一轴齿轮 1 和第二轴四挡齿轮 6 上。与之相对应的是两个有外锥面的摩擦锥环 3。其上有均布的三个锁销 8、三个定位销 4 与接合套 5 装在一起。定位销 4 两端伸入锥环内侧面,但有间隙,故定位销可随接合套 5 轴向移动。锁销 8 的两端固定在摩擦锥环 3 的孔中。锁销 8 的中部与接合套 5 相对处比较细,在其直径变化处和接合套 5 上相应的销孔两端有角度相同的倒角——锁止角。只有在锁销与接合套孔对中时,接合套方能沿锁销轴向移动。在接合套上定位销孔中部钻有斜孔,内装弹簧

11，把钢球 10 顶向定位销中部的环槽（见 A—A 剖面图），以保证同步器处于正确的空挡位置。

2）工作原理

锁销式惯性同步器工作原理与锁环式惯性同步器类似。当接合套受到换挡拨叉的轴向推力作用时，通过钢球 10、定位销 4 推动摩擦锥环 3 向左移动，使之与左侧摩擦锥盘 2 相接触。由于摩擦锥面间的摩擦力矩的作用，使锥环 3 连同锁销 8 一起相对于接合套 5 转过一个角度，锁销与接合套上相应孔的中心线相对偏移，锁销中部倒角与接合套孔端的锥面相抵触。在同步前，作用在摩擦面的摩擦力矩总大于拨销力矩，因而阻止接合套与齿圈在同步之前进入啮合，即产生锁止作用。同步后摩擦力矩消失，拨销力矩使锁销、摩擦锥盘和相应的齿轮相对于接合套转过一个角度，锁销与接合套的相应孔对中，接合套克服弹簧 11 的张力压下钢球 10 并沿锁销向左移动，从而完成换挡。锁销式惯性同步器由于其摩擦锥面的摩擦半径大，摩擦力矩也就大，因而同步容量大，在大、中型货车变速器中应用广泛。

3.4 手动变速器操纵机构

3.4.1 功能、要求与类型

1. 变速器操纵机构的功能

变速器操纵机构的功能是保证驾驶员根据使用条件，准确地将变速器挂入所需要的挡位。

2. 对变速器操纵机构的要求

为了保证变速器能可靠地工作，变速器操纵机构应能满足以下要求。

（1）挂挡后应保证接合套与接合齿圈的全部套合（或滑动齿轮换挡时，全齿长都进入啮合）。在振动等条件下，操纵机构应保证变速器不自行挂挡或自行脱挡。为此在操纵机构中设有自锁装置。

（2）为了防止同时挂上两个挡而使变速器卡死或损坏，在操纵机构中设有互锁装置。

（3）为了防止在汽车前进时误挂倒挡，导致零件损坏，在操纵机构中设有倒挡锁装置。

3. 变速器操纵机构的类型

根据变速操纵杆（变速杆）与变速器的相互位置不同，可分为直接操纵式和远距离操纵式两种类型。

1）直接操纵式

直接操纵式通常用于发动机前置、后轮驱动的汽车变速器。因变速器距离驾驶员座位较近，变速杆及所有换挡操纵装置都设置在变速器盖上，如图 3-53 所示。驾驶员可直接操纵变速杆来拨动变速器盖内的换挡操纵装置进行换挡，具有换挡装置结构简单、换挡快、换挡平稳等优点。

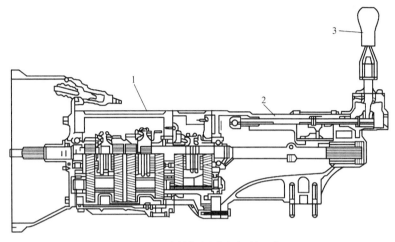

图 3-53　直接操纵式的操纵机构

2）远距离操纵式

对于平头车及发动机后置的汽车，由于汽车总体布置的需要，变速器的安装位置与驾驶员座位较远，因而需要在变速杆与拨叉之间加装一些辅助杠杆或一套传动机构，来构成远距离操纵机构。

远距离操纵式变速杆具有占据的驾驶室空间小，驾驶室乘坐方便等优点，但其换挡操作的准确性和可靠性稍差。如图 3-54 所示。

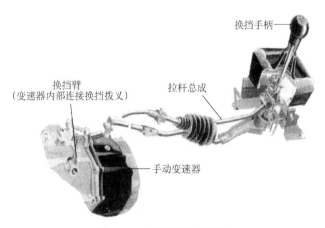

图 3-54　远距离操纵机构

3.4.2　变速器操纵机构的构造与工作原理

1. 换挡拨叉机构

换挡拨叉机构主要由换挡杆、换挡拨块、拨叉轴及拨叉等组成，如图 3-55 所示为四挡变速器直接操纵机构，三根拨叉轴的两端位于变速器盖的相应孔中，可以轴向滑动。一、二挡拨叉和三、四挡拨叉均以螺钉直接固定在相应的拨叉轴上。拨叉的顶部具有凹槽。倒挡拨叉的中部空套于固定的导向杆上，上端借螺钉与倒挡拨叉轴固定。该拨叉轴上另装一个顶部有凹槽的拨块。

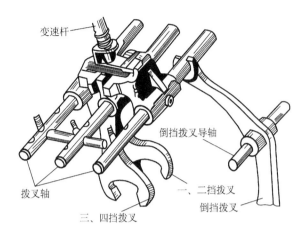

图 3-55　四挡变速器直接操纵机构图

变速器处于空挡时，一、二挡拨叉和三、四挡拨叉以及倒挡拨叉三者顶部及拨块的凹槽在横向平面内对齐。变速杆下端的球头即伸入这些凹槽中。

选挡时可使变速杆绕其中部支点横向摆动，以其下端球头对准与所选挡位相应的拨叉向前或向后移动，即实现挂挡。例如，横向扳动变速杆使其下端球头伸入一、二挡拨叉顶部凹槽中，再纵向拨动变速杆，一、二挡拨叉连同其轴即沿纵向向前移动一定距离，便挂入二挡；若向后移动一定距离，则挂入一挡。

图 3-56 为典型的五挡变速器内部操纵机构的分解图。

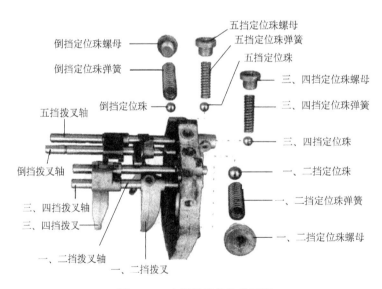

图 3-56　内部操纵机构分解图

下面以五菱之光五挡手动变速器为例加以说明，如图 3-57 所示。拨块一控制一、二挡拨叉轴和五挡、倒挡拨叉轴，拨块二控制三、四挡拨叉轴。空挡位置时，拨块一位于一、二挡拨叉轴与五挡、倒挡拨叉轴的中间位置。而拨块二位于三、四挡拨叉轴的凹槽内部，若此时往前推操纵手柄，拨块二往后拨动，控制三、四挡拨叉轴，使汽车挂上三挡，同理往后拉操纵手柄汽车挂上四挡。如果此时往左拉动操纵手柄，拨块一进入一、二挡拨叉轴凹槽内部，控制汽车换一、二挡，而拨块二同时脱离三、四挡拨叉轴的凹槽。同理往右拉动操纵手柄，拨块一进入五挡、倒挡拨叉轴凹槽内部，控制汽车五挡或者倒挡行驶。

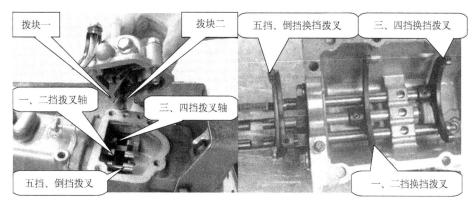

图 3-57　五菱之光五挡变速器内部操纵机构

2. 定位锁止装置

为了保证变速器在任何情况下都能够准确、可靠地工作，变速器操纵机构一般都具有换挡锁止装置，包括自锁装置、互锁装置和倒挡锁装置。

1）自锁装置

自锁装置对各挡拨叉轴进行轴向定位锁止，用于防止变速器自动脱挡或挂挡，并保证相互啮合的齿轮以全齿宽啮合。

如图 3-58 所示为五菱汽车变速器自锁和互锁装置。在变速器盖 3 中有三个凸起并钻有三个深孔，孔的中心线通过拨叉轴中心，每个孔内都装有自锁钢球 1 和自锁弹簧 2。钢球 1 在弹簧 2 的作用下压靠在拨叉轴上。因为一根拨叉轴（连同固定其上的拨叉）可以完成两个挡位的挂挡，即拨叉轴前移挂上一个挡，拨叉轴后移挂上另一挡。拨叉轴在中间位置为空挡，因此在拨叉轴上制有三个凹槽，移动拨叉

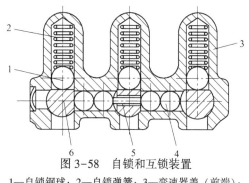

图 3-58　自锁和互锁装置

1—自锁钢球；2—自锁弹簧；3—变速器盖（前端）；
4—互锁钢球；5—互锁销；6—拨叉轴

轴，挂入某一挡位（或回到空挡）后，钢球 1 在弹簧 2 的推力作用下，正好落入拨叉轴的凹槽内，拨叉轴的轴向位置即被固定，不能自行脱出，从而滑动齿轮或接合套也被固定在某一挡位的工作位置或空挡位置，形成自锁。拨叉轴上相邻凹槽之间的距离，即等于为保证全齿宽上啮合或是完全退出啮合所必需的拨叉及其轴的移动距离。当需要换挡时，驾驶员通过变速杆对拨叉轴施加一定的轴向力，克服由于弹簧 2 加于钢球 1 的压力，将钢球经凹槽边缘挤回孔内，拨叉轴再进行轴向移动，直至钢球又落入相邻的另一凹槽，就挂上了另一挡位或退回空挡。该装置实物如图 3-59 所示。

图 3-59　五菱三四五挡式变速器
自锁和互锁装置

2) 互锁装置

由于一个拨叉轴可以控制两个挡位,故对于四、五挡变速器(再加一个倒挡)就需要三根拨叉轴,如果操纵时同时使两根拨叉轴移动,就可能会出现同时挂上两个挡的情况。这时变速器必然产生机械干涉,轻则使变速器无法工作,重则将损坏变速器零件。操纵机构中的互锁装置就是保证在换挡时只能移动一根拨叉轴并同时自动地锁住其余拨叉轴,这样就消除了同时挂上两个挡的可能性。

互锁装置的结构形式较多,但在汽车上用得最广泛的是钢球(或柱销)式互锁装置。它与自锁机构装在一起,结构紧凑,工作可靠。

互锁装置的工作情况如图3-60所示。互锁装置由互锁钢球4和互锁销6组成。每根拨叉轴的朝向互锁钢球的侧表面上均制出一个深度相等的凹槽。任一拨叉轴处于空挡位置时,其侧面凹槽都正好对准钢球4。两个互锁钢球的直径之和正好等于相邻两轴表面之间的距离加上一个凹槽的深度。中间拨叉轴上两个侧面凹槽之间有孔相通,孔中有一根可以滑移的互锁销6,锁的长度等于拨叉轴的直径减去一个凹槽的深度。

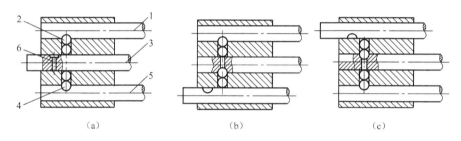

图 3-60 钢球互锁装置工作示意图

1,3,5—拨叉轴;2,4—互锁钢球;6—互锁销

当变速器处于空挡时,所有拨叉轴的侧面凹槽同钢球、互锁销都在一条直线上。当移动中间拨叉轴3时,如图3-60(a)所示,轴3两侧的内钢球从其侧凹槽中被挤出,而两外钢球2和4则分别嵌入拨叉轴1和拨叉轴5的侧面凹槽中,因而将拨叉轴1和拨叉轴5刚性地锁止在其空挡位置。若欲移动拨叉轴5,则应先将拨叉轴3退回到空挡位置,如图3-60(b)所示。于是在移动拨叉轴5时,钢球4便从拨叉轴5的凹槽中被挤出,同时通过互锁销6和其他钢球将拨叉轴3和拨叉轴1均锁止在空挡位置。同理,当移动拨叉轴1时,则拨叉轴3和拨叉轴5被锁止在空挡位置,如图3-60(c)所示。由此可知,互锁装置的作用是当驾驶员用变速杆推动某一拨叉轴时,自动锁止其余拨叉轴,从而防止同时挂上两个挡位。

3) 倒挡锁装置

当汽车在前进行驶中换挡时,由于驾驶员疏忽而误挂入倒挡,将会使轮齿间产生极大的冲击。此外,若汽车起步时误挂倒挡则容易发生事故。为防止误挂倒挡,操纵机构中应设有倒挡锁。倒挡锁的结构形式有多种,如弹簧锁销式、锁片式、扭簧式、锁块式等。但应用最多的是如图3-61所示结构简单的弹簧锁销式倒挡锁。它是由一、倒挡拨块3中的倒挡锁销1及弹簧2组成。锁销1杆部装有弹簧2,杆部右端的螺母可调整弹簧2的预压力和锁销的长度。当驾驶员要挂倒挡(或一挡)时,必须用较大的力使变速杆4下端压缩弹簧2,将锁销1推入锁销孔内,才能使变速杆下端进入拨块3的凹槽内。以拨动一、倒挡拨叉轴而挂一挡或倒挡。由此可见,倒挡锁的作用是使驾驶员必须对变速杆施加更大的力,方能挂入倒挡。只要挂入倒挡，其拨叉轴就接通装在变速器壳上的电开关，警告灯亮、报警器响，有效地防止误挂倒挡。

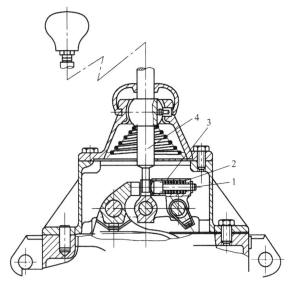

图 3-61 弹簧锁销式倒挡锁
1—倒挡锁销；2—倒挡锁弹簧；3——一、倒挡拨块；4—变速杆

3.5 分 动 器

3.5.1 分动器的功用

多轴驱动的越野汽车都装有分动器，其功用是将变速器输出的动力分配到各驱动桥，其基本结构也是齿轮传动系统。输入轴直接或通过万向传动装置与变速器第二轴相连，若干个输出轴分别经万向传动装置与各驱动桥连接。

目前，多数越野汽车都装用两挡分动器，分动器兼起副变速器的作用。

3.5.2 分动器的结构

分动器由齿轮传动机构和操纵机构两部分组成。
1）齿轮传动机构
（1）三输出轴式分动器。图 3-62 为东风 EQ2080 型越野汽车装用的三输出轴式分动器，其结构简图如图 3-63 所示。

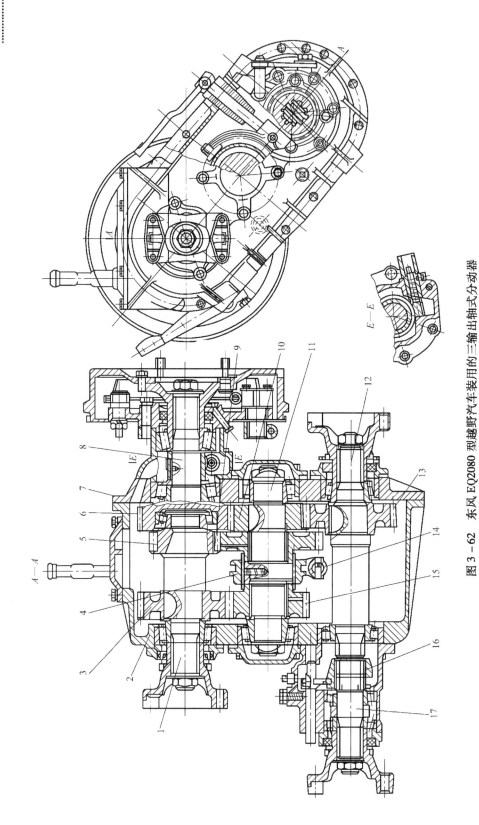

图 3-62 东风 EQ2080 型越野汽车装用的三输出轴式分动器

1—输入轴；2—分动器壳；3、5、6、9、10、13、15—齿轮；4—换挡接合套；7—分动器盖；8—通往后驱动桥的输出轴；11—中间轴；12—通往中驱动桥的输出轴；14—换挡拨叉轴；16—前桥接合套；17—通往前驱动桥的输出轴该分动器可将动力分别传给前桥、中桥和后桥。当换挡接合套 4 向右移动与齿轮 9 前端接合齿圈相套合时，便挂上了低速挡。此时变速器第二轴的动力经万向传动装置传给输入轴 1，经齿轮 5 和 9 及换挡接合套 4 传给中间轴 11，中间轴 11 后端的齿轮 10 再驱动齿轮 6 和 13，使通往后驱动桥的输出轴 8 及通往中驱动桥的输出轴 12 被驱动。由于前桥接合套 16 被向后移动，通往中驱动桥的输出轴 12 便通过前桥接合套 16 使通往前驱动桥的输出轴 17 也被驱动，低速挡传动比为 2.05。换挡接合套 4 向左移动使之与齿轮 15 的接合齿圈相套合时，分动器挂上高速挡，其传动比为 1.08。

（2）两输出轴式分动器。多数越野汽车装用两输出轴式分动器，分别驱动前桥和后桥。两输出轴式分动器齿轮机构有普通齿轮式和行星齿轮式两种。

图 3-64 为行星齿轮式分动器结构示意图，其工作原理与液力机械变速器中的行星齿轮机构相同，其动力传动过程如下：

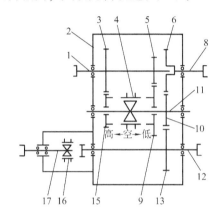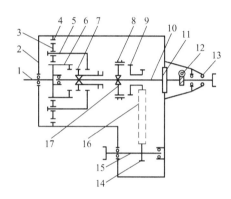

图 3-63　三输出轴式分动器结构示意图
1—输入轴；2—分动器壳；
3, 5, 6, 9, 10, 13, 15—齿轮；
4—换挡接合套；8—后桥输出轴；11—中间轴；
12—中桥输出轴；16—前桥接合套；17—前桥输出轴

图 3-64　两输出轴式分动器结构示意图
1—输入轴；2—分动器壳；3—行星轮；4—齿圈；
5—行星架；6—太阳轮；7—换挡齿毂；8—接合套；
9, 14—齿轮；10—后桥输出轴；11—转子式油泵；
12—里程表驱动齿轮；13—油封；15—前桥输出轴；
16—锯齿式链条；17—花键毂

换挡齿毂 7 左移与太阳轮 6 内齿接合时，换入高速挡（传动比为 1）。此时的动力传递路线是：输入轴 1→太阳轮 6→换挡齿毂 7→后桥输出轴 10（齿圈 4 固定在分动器壳 2 上，行星轮 3 和行星架 5 空转）。此过程为两轮驱动高挡。

当接合套 8 右移与齿轮 9 接合时，换挡齿毂 7 右移与行星架 5 接合，此时分动器处于四轮驱动低挡。其动力传递路线是：输入轴 1→太阳轮 6→行星轮 3→行星架 5→换挡齿毂 7→后桥输出轴 10→花键毂 17→后桥→齿轮 9→锯齿式链条 16→齿轮 14→前桥输出轴 15。后桥输出轴 10 与前桥输出轴 15 转速相同。

2）分动器的操纵机构

分动器的操纵机构由操纵杆、传动杆、摇臂及轴等组成。

操纵分动器时，若换入低速挡，输出转矩较大。为避免中、后桥超载，前桥需参加驱动，分担一部分载荷。为此，分动器的操纵机构应能保证：接上前桥前，不能挂上低速挡；低速挡退出前，不能摘下前桥。

图 3-65 所示为分动器操纵机构示意图。当变速操纵杆 1 向后拉动时，其下端将使传动

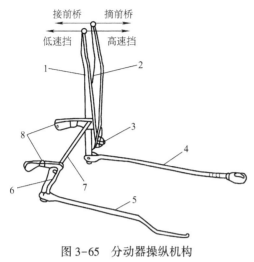

图 3-65 分动器操纵机构
1—变速操纵杆；2—前桥操纵杆；3—螺钉；
4，5—传动杆摇臂；6—摇臂；7—轴；8—支撑臂

杆摇臂 4 向前运动以挂高速挡。若变速操纵杆 1 向前挂低速挡时，其下端受螺钉 3 限制，无法挂上低速挡。欲挂上低速挡，必须先将前桥操纵杆 2 向前移动，使轴 7 转动并通过摇臂 6 使传动杆摇臂 5 后推，接上前桥动力后才能实现。因为前桥操纵杆 2 上端向前推时，下端便连同螺钉 3 向后摆动，不再约束变速操纵杆 1 挂低速挡。当挂上低速挡后，变速操纵杆 1 下端又与螺钉 3 接触，从而又限制住在低速挡位时前桥无法摘开。接上前桥驱动时，前后（或前、中、后）桥的车轮将同步转动，但前、后轮胎若气压不等、磨损不同或行驶在凸凹不平的路面上时，易产生轮胎滑移或滑转，因此在好路上应使用高速挡（分动器）且不应接前桥。当汽车在较差的路面上行驶时，应接上前桥并使用低速挡（或高速挡），以使汽车具有足够的驱动力，克服增加了的行驶阻力。

3.6 双离合变速器

3.6.1 双离合变速器的发展历程

双离合变速器（Dual Clutch Transmission）DCT 综合了手动和自动变速器的优点，除了拥有手动变速器的灵活性及自动变速器的舒适性外，还能提供无间断的动力输出。

双离合变速器（DCT）的概念到目前已经有六七十年的历史。早在 1939 年德国 Kegresse.A 第一个申请了双离合变速器的专利，提出了将手动变速器分为两部分的设计概念，一部分传递奇数挡，另一部分传递偶数挡，且其动力传递通过两个离合器连接两根输入轴，相邻各挡的被动齿轮交错与两输入轴齿轮啮合，配合两离合器的控制，能够实现在不切断动力的情况下转换传动比，从而缩短换挡时间，有效提高换挡品质，该变速器曾经在载货车上进行过试验，限于当时的控制技术，这种变速器并没有投入批量生产。

随后在 20 世纪 80 年代，保时捷也发明了专用于赛车的双离合变速器（PDK），但也未能将 DCT 技术投入批量生产。

1985 年，大众公司在奥迪 Sport Quattro S1 赛车上采用了双离合变速器技术，但直到 20 世纪 90 年代末，随着电子技术的迅速发展，双离合器控制技术逐渐得以成熟，大众汽车公

司和博格华纳首先携手合作生产将它放置在量产主流车型——奥迪车上，并给它命名为直接换挡变速器 Direct-Shift Gearbox（DSG）。并于 2002 年首次向世界展示了这一创新技术。

2003 年推出了 6 挡 DSG 变速器，成为首个提供双离合器系统的整车厂。

2006 年，大众又率先在奥迪 TT 3.2 车型上应用了 DSG 变速器，随后 DSG 产品陆续配套到了大众捷达、大众途安、大众第五代高尔夫、大众宝来、奥迪 A3、奥迪 TT、Seat、Skoda 等众多车型。目前已创下超过 100 万件的销售记录。大众公司还研发代号为 DQ200 变速器，它使用了一对干离合器片代替了原来的 6 挡 DSG 变速器的液体调节双离合器片，其换挡效率和动力传递有了明显的提升。

近期 Audi Q5 采用 OB5 型 7 挡 S tronic 双离合器变速器，该变速器与常时四驱机构配合使用纵置在车辆上。该变速器将自动变速器的优点（驾驶舒适、换挡时无牵引力中断）和手动变速器的优点（运动性和高传动效率）结合在了一起，换挡时间短且采用直接动力传递，使得驾驶员能获得一种特殊的驾驶体验。

3.6.2 双离合变速器的优点

传统的离合器位于发动机与变速器之间，是发动机与变速器动力传递的"开关"，它是一种既能传递动力，又能切断动力的传动机构。它的作用主要是保证汽车能平稳起步，变速换挡时减轻变速齿轮的冲击载荷并防止传动系过载。在一般汽车上，汽车换挡时通过离合器分离与接合实现，在分离与接合之间就有动力传递暂时中断的现象。这在普通汽车上没有什么影响，但在争分夺秒的赛车上，如果离合器掌握不好导致动力跟不上，车速就会变慢，影响成绩。

新一代双离合变速器采用了两个离合器和 7 个前进挡的传统齿轮变速器作为动力的传送部件，这是目前世界上最先进的变速器系统。

双离合变速器旨在满足消费者对驾驶运动感和车辆节油的双重要求，为那些酷爱手动变速器的驾驶者们提供了最佳选择。双离合变速器带来低油耗的同时，车辆性能方面没有任何损失，同样具有出色的加速性和最高时速，并且与传统自动变速器一样可以实现顺畅换挡，不影响牵引力。配备了双离合变速器的发动机，由于快速的齿轮转换能够马上产生牵引力和更大的灵活性，加速时间比手动变速器更加迅捷。以 Golf GTI 为例，带有双离合变速器的车型，0 到 100 公里加速只需 6.9 秒，这个成绩比手动挡的车型更快，达到最高时速 235 公里的用时也在同一水平。更加令人印象深刻的是，在性能提高的同时，配备双离合变速器的车型百公里油耗只有 8.0 升，与手动挡车型相当。

与传统的手动和自动变速器相比双离合变速器具备以下优点：

（1）双离合变速器没有变矩器，也没有离合器踏板。

（2）双离合变速器在传动过程中的能耗损失非常有限，大大提高了车辆的燃油经济性。

（3）双离合变速器的反应非常灵敏，具有很好的驾驶乐趣。

（4）车辆在加速过程中不会有动力中断的感觉，使车辆的加速更加强劲、圆滑。百公里加速时间比传统手动变速器还短。

（5）双离合变速器的动力传送部件是一台三轴式 7 前进挡的传统齿轮变速器，增加了速比的分配。

(6）双离合变速器的多片湿式双离合器是由电子液压控制系统来操控的。双离合器的使用，可以使变速器同时有两个挡位啮合，使换挡操作更加快捷。

(7）双离合变速器也有手动和自动两种控制模式，除了排挡杆可以控制外，方向盘上还配备有手动控制的换挡按钮，在行驶中，两种控制模式之间可以随时切换。

(8）选用手动模式时，如果不做升挡操作，即使将油门踩到底，双离合变速器也不会升挡。

(9）换挡逻辑控制可以根据司机的意愿进行换挡控制。

(10）在手动控制模式下，可以跳跃升降挡。

3.6.3 双离合变速器的组成与工作原理

1. 双离合变速器的组成

双离合变速器的总体结构大致可以分为5个部分：动力输入装置、双离合器、传动轴、从动轴和动力输出端。其中最具创意的核心部分是双离合器和三轴式齿轮箱。如图3-66所示为奥迪Q50B5型7挡双离合变速器的结构图。

1）动力输入装置

发动机的动力经飞轮传到双离合器的外壳上，离合器壳体连同离合器的主动部分始终与发动机同速运转。一旦离合器接合，发动机的动力就传递到离合器的从动部分，与此同时，动力也传递到与离合器从动片通过花键连接的传动轴上，带动从动轴一起转动，如图3-67所示。

2）双离合器

双离合器是DCT的核心部分，主要由驱动盘、离合器K1、离合器K2、离合器内片支架、离合器外片支架、输入花键和密封圈组成。结构如图3-68所示。

根据离合器类型的不同，可分为湿式多片双离合器和干式双离合器两大类。湿式双离合器是靠液压控制实现起步和换挡操作的，因此，对液压系统控制精度要求非常高。干式双离合器的散热和摩擦片的磨损补偿问题是控制的关键。DCT中双离合器中一组离合器控制奇数挡的动力输出，另一组离合器控制偶数挡的动力输出。

3）传动轴

离合器从动片上的动力通过花键传递到传动轴上，DCT的传动轴分为奇数挡传动轴（实心轴）和偶数传动挡轴（空心轴），它们同心布置在双离合器的轴线上，如图3-67所示。奇数挡传动轴上有奇数挡的主动齿轮和奇数挡转速传感器的脉冲发射装置，偶数挡具有相似的结构。

4）从动轴

从动轴上空套着各挡的从动齿轮和同步器，同步器挂接挡位的齿轮传递动力（或准备传递动力），没有挂接的齿轮在从动轴上空转。

5）动力输出端

经DCT变速后的动力通过固联在从动轴上的动力输出齿轮（即差速器输入齿轮），分别传至差速器输出齿轮，经DCT减速增扭的动力传递到差速器上进一步减速增扭，最终动力由差速器分流后由半轴向车轮输出。

奥迪 Q50B5 型 7 挡双离合变速器内部结构如图 3-67 所示，主要包含有两根同轴心的输入轴，输入轴 1 装在输入轴 2 里面。输入轴 1 和离合器 K1 相连，输入轴 1 上的齿轮分别和 1 挡齿、3 挡齿、5 挡齿、7 挡齿相啮合；输入轴 2 是空心的，和离合器 K2 相连，输入轴 2 上的齿轮分别和 2 挡齿、4 挡齿、6 挡齿相啮合；倒挡齿轮通过中间轴齿轮和输入轴 2 的齿轮啮合。通俗地讲，离合器 K1 管 1 挡、3 挡、5 挡和 7 挡，在汽车行驶中一旦用到上述挡位中任何一挡，离合器 K1 是接合的；离合器 K2 管 2 挡、4 挡、6 挡和倒挡，当使用 2、4、6 挡中的任何一挡，离合器 K2 接合。发动机动力经传动盘→双质量飞轮→双离合器→输入轴→输出轴，经过中间差速器将 60% 扭矩分配给后桥，40% 扭矩分配给前桥。

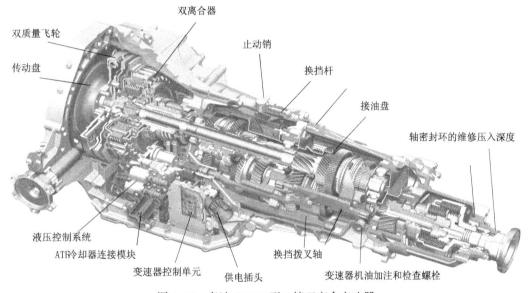

图 3-66　奥迪 Q50B5 型 7 挡双离合变速器

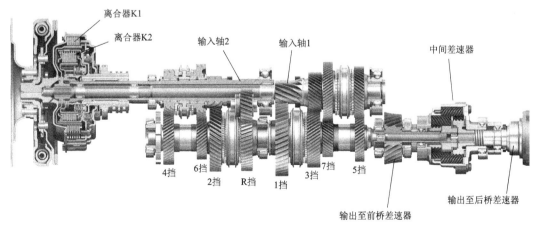

图 3-67　双离合变速器内部结构

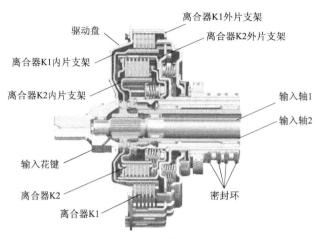

图 3-68 双离合器的结构组成

2. 双离合变速器的工作原理

DCT 配置了两组离合器（双离合器），一组负责奇数挡的动力传动，一组负责偶数挡的动力传递。由于使用两组离合器并且在换挡之前下一挡位已先进入啮合状态，因此 DCT 的换挡速度非常的快，不到 0.2 s，是一种无动力中断换挡的自动变速器，因此，使 DCT 的舒适性和加速性更好。

DCT 的动力传递路线：

传统的挂接式变速器的换挡过程是这样的：首先驾驶员踏下离合器踏板，使离合器分离，从而脱开发动机与变速器的链接；然后摘下当前挡位，根据当前车速、发动机转速和车辆负荷等因素选择合适的挡位，经同步器同步使挂接齿轮达到同步运转，挂上目标挡位；最后松开离合器踏板，重新接合离合器使发动机与变速器恢复动力连接，至此完成一个换挡过程，换挡过程用时约为 1 s。

由于采用了双离合器双动力输入的特殊结构，DCT 的换挡步骤可以"重叠"进行，可使换挡时间大大缩短。下面以奥迪 Q50B5 型 7 挡双离合变速器 D1 挡换 D2 挡的过程为例说明 DCT 换挡过程及其动力传递路线。当 DCT 处于 1 挡时，奇数挡离合器接合，动力经过发动机飞轮→双离合器壳体→奇数挡离合器主动片→奇数挡离合器从动片→奇数挡花键轴→奇数挡输入轴 1（实心轴）→1 挡主动齿轮→1 挡从动齿轮→1、3 挡同步器→从动轴 1→中间差速器主动齿轮→差速器从动齿轮→差速器壳体→差速器半齿轮→半轴→车轮的传递路径驱动车轮，如图 3-67 和 3-69 所示。

与此同时，在 DCT 偶数挡传动轴 2 上（空心轴），2 挡的主动齿轮与 2 挡的从动齿轮进入挂接啮合状态，但此时由于偶数挡离合器没有接合，所以相互啮合的 2 挡齿轮只是空转。车辆运行过程中，DCT 的控制器实时监测奇数挡传动轴转速、偶数挡传动轴转速、发动机转速、当前挡位、行驶车速等相关信息，一旦控制器判断进入换挡阈值，DCT 立即进行换挡操作。换挡时，只需控制奇数挡离合器以一定速度分离，同时，控制偶数挡离合器以与奇数挡离合器分离相适应的速度接合就完成了换挡操作。换入 2 挡后 DCT 的动力传递路线为：发动机飞轮→双离合器壳体→偶数挡离合器主动片→偶数挡离合器从动片→偶数挡花键轴→偶数挡输入轴 2（空心轴）→2 挡主动齿轮→2 挡从动齿轮→2、R 挡同步器，其余与 1 挡动力路线相同，如图 3-67 和 3-69 所示。

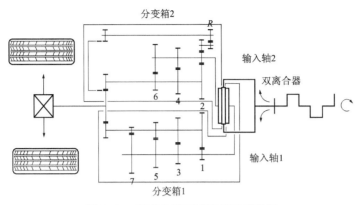

图 3-69 双离合器变速器传动示意图

DCT 是兴起于 1990 年代末期的汽车变速器，在结构上大部分零件与传统的挂接式变速器相似，有利于大产量的迅速推广。与传统挂接式变速器相比，DCT 省略了摘挡、选挡和同步换挡等过程，实现无动力中断换挡，换挡时间更短，动力性更强，换挡过程无冲击，使汽车的平顺性、舒适性都得到了提高。受到越来越多人的青睐。

3.7 变速器常见故障的诊断与排除

随着变速器零件的磨损、变形的增加，变速器会出现异常响声、挂挡困难、跳挡、乱挡、发热、漏油等故障。

3.7.1 变速器的异常声响

1. 空挡发响

1）现象

发动机怠速运转，变速器处于空挡位置有异响，踏下离合器踏板时响声消失。

2）原因

（1）变速器与发动机安装时曲轴与变速器第一轴中心线不同心，或变速器壳变形。

（2）第二轴前轴承磨损、有污垢、起毛。

（3）变速器常啮齿轮磨损、齿侧间隙过大或个别齿轮牙齿破裂。

（4）常啮合齿轮未成对更换、啮合不良。

（5）轴承松旷、损坏、齿轮轴向间隙大。

（6）拨叉与接合套间隙过大。

3）故障诊断与排除

应结合产生原因的各部位，逐项检查予以排除。

2. 挂挡后发响

1）现象

（1）变速器挂入挡位后发响。

（2）当汽车以高于 40 km/h 的车速行驶时发出一种不正常声响，且车速越高响声越大，而当滑行或低速时响声减小或消失。

2）原因

（1）轴弯曲变形、轴的花键与滑动齿轮毂配合松旷。

（2）齿轮啮合不当或轴承松旷。

（3）操纵机构各连接处松动、变速叉变形。

（4）主从动锥齿轮配合间隙过大。

3）故障诊断与排除

变速器产生响声是由齿轮或轴的振动及其他声源开始，扩散到变速器壳壁产生共振而形成的，诊断步骤如下。

（1）发动机怠速运转，变速器空挡有异响，踩下离合器踏板后声响消失，多为常啮合齿轮啮合不良。

（2）变速器各挡均有声响，多为基础件、轴、齿轮、花键磨损使形位误差超限。

（3）挂入某挡后声响严重，则说明该挡齿轮磨损严重。

（4）起动后尚未挂挡就发响，且在汽车运行中车速变化时声响严重，说明输出轴前后轴承响。

3.7.2 变速器跳挡

1）现象

汽车行驶中，变速杆自动跳入空挡位置（一般多在中、高速负荷时突然变化或汽车剧烈振动时发生）。

2）原因

由于齿轮磨损形成锥形，啮合时产生轴向力，加上工作过程振抖、转速变化，迫使啮合齿轮沿变速器轴向脱开。具体表现如下。

（1）变速器齿轮或齿套磨损过量，沿齿长方向磨成锥形。

（2）变速叉轴凹槽及定位球磨损，以及定位弹簧过软或折断，使自锁装置失效。

（3）变速器轴、轴承磨损松旷或轴向间隙过大，使轴转动时齿轮啮合不好发生轴向窜动。

（4）操纵机构变形松旷，使齿轮在齿长位置啮合不足。

3）诊断

（1）发现某挡跳挡时，仍将变速杆挂入该挡，然后拆下变速器盖察看齿轮啮合情况。如啮合良好，应检查换挡机构。

（2）用手推动变速杆，如无阻力或阻力甚小，说明自锁装置失效，应检查自锁钢球和变速轴上的凹槽是否磨损严重、自锁钢球弹簧是否过软、折断。如是应更换。

（3）如齿轮未完全啮合，应检查拨叉是否磨损或变形，如是应校正。

(4) 如换挡机构良好，应检查齿轮是否磨成锥形、轴承是否松旷，必要时应拆下修理或更换。

3.7.3 变速器挂挡困难

1) 现象

挂挡时，不能顺利挂入挡位，常有齿轮撞击声。

2) 原因

(1) 变速叉轴弯曲变形。
(2) 自锁或互锁钢球破裂、毛糙卡滞。
(3) 变速连接杆调整不当或损坏。
(4) 同步器耗损或有缺陷。
(5) 变速器轴弯曲变形或花键损坏。

除了变速器故障外，离合器分离不彻底、齿轮油规格不符也会造成挂挡困难。

3) 故障诊断与排除

(1) 检查变速叉是否弯曲变形、自锁和互锁钢球是否损坏、弹簧是否过硬。
(2) 检查操纵机构是否变形或卡滞。
(3) 如上述检查正常，应检查同步器是否损坏，主要检查：同步器是否散架、同步器锁环内锥面螺纹是否磨损、滑块是否磨损、弹簧是否过软。
(4) 如同步器正常，应进一步检查变速器第一轴是否弯曲、其花键是否耗损。

3.7.4 变速器乱挡

1) 现象

汽车起步挂挡或行驶中换挡时所挂挡与需要挡位不符，或虽然挂入所需挡位但不能回空挡，或一次挂入两个挡位。

2) 原因

(1) 变速杆下端弧形工作面磨损过大或拨叉轴上导块的导槽磨损过大。
(2) 变速杆球头定位销折断或球孔、球头磨损过于松旷。
(3) 拨叉轴互锁凹槽、互锁钢球和互锁销磨损过大，失去互锁作用。

3) 故障诊断与排除

(1) 变速杆如能任意摆动，则为球头定位销钉折断或失落所致。
(2) 挂挡时，变速杆稍偏离一点位置就会挂上不需要的挡位，这是变速杆下端弧形工作面磨损过大导致。
(3) 如同时能挂上两个挡位，则是互锁机构失效所致。

3.7.5 变速器发热

1) 现象

汽车行驶一段路程后，用手触摸变速器时，有烫手的感觉。

2) 原因

(1) 轴承装配过紧。

(2) 齿轮啮合间隙过小。

(3) 缺少齿轮油或齿轮油黏度太小。

(4) 故障诊断与排除。

应结合发热部位，逐项检查予以排除。

3.7.6 变速器漏油

1) 现象

变速器周围出现齿轮润滑油，变速器齿轮箱的油量减少，则可判断为润滑油泄漏。

2) 原因及排除方法

(1) 润滑油选用不当，产生过多泡沫，或润滑油量太多，此时需更换润滑油或调节润滑油。

(2) 侧盖太松，密封垫损坏，油封损坏，密封垫和油封损坏应更换新件。

(3) 放油塞和变速器箱体及盖的固定螺栓松动，应按规定力矩拧紧。

(4) 变速器壳体破裂或延伸壳油封磨损而引起的漏油，必须更换。

(5) 里程表齿轮限位器松脱破损，必须锁紧或更换；变速杆油封漏油应更换油封。

3) 故障诊断与排除

可根据油迹部位来诊断漏油原因。

小　结

1. 手动变速器的功用是实现变速变扭、实现倒车、实现中断动力传递。

2. 手动变速器的类型。按传动比变化方式分为有级式变速器、无级式变速器、综合式变速器；按操纵方式不同分为手动换挡式变速器、自动操纵式变速器、半自动式变速器。

3. 手动变速器由壳体、传动部分和操纵部分组成。

4. 二轴式变速器和三轴式变速器各挡位的传动路线。

5. 锁环式同步器的功用。使接合套与待接合的齿圈之间迅速达到同步，并阻止两者在同步前进入啮合；消除换挡时的冲击，缩短换挡时间；简化换挡过程，使换挡操作简便。

6. 变速器操纵机构中，为保证变速器在任何情况下都能准确、可靠地工作，变速器操纵机构一般具有换挡锁止装置，包括自锁装置、互锁装置和倒挡锁装置。

思考与习题

一、判断题

1. 变速器的挡位越低，传动比越小，汽车的行驶速度越低。

2. 无同步器的变速器，在换挡时，无论从高速挡换到低速挡，还是从低速挡换到高速挡，其换挡过程完全一致。

3. 变速器换挡时，为避免同时挂入两挡，必须设置互锁装置。
4. 换挡时，一般用两个拨叉轴同时工作。
5. 同步器能够保证：变速器换挡时，待啮合齿轮圆周速度迅速达到一致，以减少冲击和磨损。

二、选择题

1. 手动变速器的自锁装置失效时变速器容易造成（　　）故障。
   A. 乱挡　　　　　　　　　　　　B. 跳挡
   C. 挂挡困难　　　　　　　　　　D. 异响
2. 用来确保将主轴和变速器齿轮锁在一起同速转动的部件称为（　　）
   A. 同步器　　　　　　　　　　　B. 换挡杆系
   C. 换挡拨叉　　　　　　　　　　D. 分动器
3. 变速器工作时的"咔哒"噪声可能是（　　）
   A. 输入轴磨损　　　　　　　　　B. 同步器故障
   C. 油封失效　　　　　　　　　　D. 齿轮磨损、折断、齿面剥落
4. 下列哪个齿轮传动比 i_{12} 表示超速传动（　　）
   A. 2.15 :1　　　B. 1 :1　　　C. 0.85 :1　　　D. 以上都不是
5. 对于五挡变速器而言，传动比最大的前进挡是（　　）
   A. 一挡　　　　B. 二挡　　　C. 三挡　　　D. 五挡
6. 二轴式变速器适用于（　　）的布置形式。
   A. 发动机前置前驱　　　　　　　B. 发动机前置全驱
   C. 发动机后置后驱　　　　　　　D. 发动机前置后驱

三、简答题

1. 变速器出现乱挡的现象和原因是什么？
2. 自锁机构和互锁机构的工作原理？
3. 二轴式和三轴式变速器分别有何特点？
4. 驾驶员在操纵无同步器的变速器换挡时，怎样保证换挡平顺？并分析其原因。
5. 变速器常见的故障有哪些？分别由哪些原因引起的？

课题 4
万向传动装置

【学习目标】
1. 掌握万向传动装置的功用、组成和使用场合。
2. 掌握万向传动装置的布置形式及装配、结构特点。
3. 掌握万向节的功用、种类、构造及速度特性。
4. 掌握传动轴与中间支撑的构造。
5. 掌握万向传动装置的维护、检修及常见故障的诊断与排除。

【情境导入】
某一后轮驱动的车辆，行驶约10万公里后，据用户反映，该车辆存在低速行驶时，有"咣咣"有规律的响声，中速行驶时，变为"嗡嗡"有规律的响声，高速行驶时，更甚。经维修人员检查，确认该车辆故障由万向传动装置引起。您知道什么原因引起的吗？如何检查？并通过实施解决问题。

万向传动装置的拆装与检修

【实训目的】
（1）掌握万向传动装置在汽车上的布置、构造原理及润滑方式，零件的相互装配关系。
（2）掌握各种万向节的构造原理及润滑方式。
（3）掌握万向传动装置的拆卸、解体与维护。
（4）掌握传动轴、中间支撑及各种万向节的检修。
（5）能对万向传动装置常见故障进行诊断和排除。

【实训器材】
万向传动装置、十字轴式刚性不等角速（普通）万向节、等角速万向节若干套。

【实训内容】
（1）分组进行万向传动装置的解体及安装，认识其在汽车上的布置，了解润滑方法。
（2）熟练掌握万向传动装置的维护与万向节、传动轴及中间支撑的检修。
（3）掌握万向传动装置常见故障的诊断与排除。

（4）掌握万向传动装置竣工验收标准。

【实训步骤】

1. 万向传动装置的拆卸

拆下万向传动装置总成前，将汽车升起悬空并确认安全后，用冲子或（鲜艳的）油漆在万向节的主动叉、从动叉和花键副两端处做"标记"（见图4-1和图4-3）。修理时，要保护好"标记"，以便重新装配传动轴时，对正原正确的位置，避免因为装配错误使传动轴产生振动。

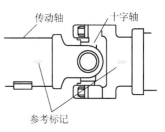

图4-1 在传动轴上做"标记"

图4-2所示为在小轿车上常用的万向传动装置总成。拆下传动轴时，用套筒扳手卸下传动轴与主减速器凸缘的四个螺栓和螺母。使用扳手前，先撬开每个螺母上的防松锁片。螺栓很难一次用扳手全部拧松，可把变速器放在空挡，适当转动传动轴即可拧松所有螺栓或螺母。从凸缘上拆下螺栓后，可使用一字螺丝刀或撬棍适当向前撬动传动轴，使两凸缘连接处分离后并放低传动轴。往汽车后面拖，直到滑动花键套接头脱离变速器，便可将传动轴总成取下来。

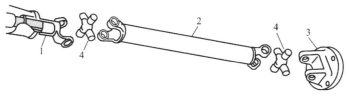

图4-2 万向传动装置总成示意图
1—滑动花键凸缘叉；2—传动轴总成；3—主减速器凸缘；4—十字轴式万向节

拆下传动轴前，在变速器轴端外伸壳密封处的下面放一个接油盘，接住变速器油，防止油滴到车间地板。也可以在外伸壳上使用专用传动塞或备用滑动花键套。这样可避免变速器油的大量泄漏（见图4-3）。

如果汽车装有两段式传动轴（见图4-4），则要在中间支撑及每个零件上都做"标记"，包括与中间支撑外壳接触的轴的端部。

拧松中间支撑上的螺栓时，要用千斤顶支架或找助手支撑好传动轴，以免滑落伤人或损伤传动轴。

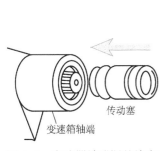

图4-3 变速器端泄漏的堵塞

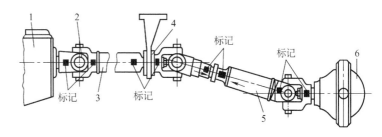

图4-4 载货车加长万向传动装置总成示意图
1—变速箱总成；2—十字轴式万向节；3—中间传动轴；
4—中间支撑；5—后传动轴总成；6—主减速器总成

传动轴从汽车上拆下的拆卸过程如表 4-1 所示。

2. 单十字轴万向节的拆卸

把传动轴固定在台虎钳上，不要拧得过紧而损坏传动轴。为避免损坏，台虎钳钳口应垫上软铜或铅，注意不能夹住轴的平衡片或滑动叉的轴柄。

表 4-1 传动轴从汽车上拆下的拆卸过程

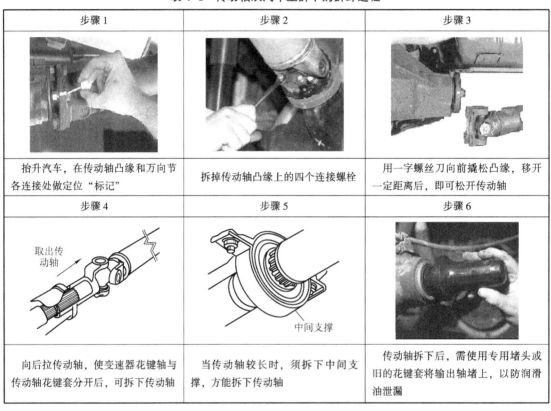

万向节与轴承之间的配合不允许有间隙和空旷现象，与轴承配合的表面不允许有任何磨损痕迹，一旦发现必须更换。也不允许使用其他万向节的零件组装成一个新万向节。更换万向节时，必须先拆下传动轴，再分解万向节。单万向节的连接类型很多，但拆卸步骤基本一致，表 4-2 所示为单十字轴万向节拆卸的过程。

表 4-2 单十字轴万向节的拆卸过程

步骤 1	步骤 2	步骤 3
把花键套叉端夹紧在台虎钳上，支撑住传动轴的另一端	拆下顶端的锁圈，在叉上做记号，以便组装时能正确到位	把滚针轴承盖压出传动轴叉

续表

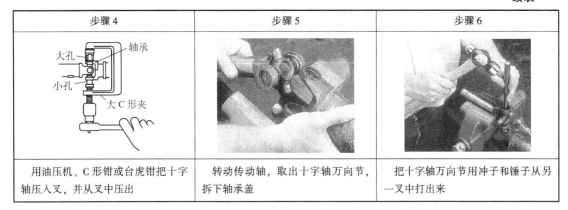

步骤4	步骤5	步骤6
用油压机、C形钳或台虎钳把十字轴压入叉，并从叉中压出	转动传动轴，取出十字轴万向节，拆下轴承盖	把十字轴万向节用冲子和锤子从另一叉中打出来

如遇到较难拆卸的万向节时，注意如下几点：

（1）无法把轴承盖从叉中压出时，可用夹具拉出轴承盖。

（2）用夹具还不能拆下轴承盖时，则可以用台虎钳夹住传动轴部分，用锤子和铜冲子把轴承盖从叉中打出来，如图4-5所示。

另一种常用的拆卸万向节的方法是把它"打出来"。先用锤子和铜冲子把每个轴承盖从叉中打出来，朝一个方向把十字轴敲打到最远处，卸下轴承盖和轴承。然后朝相反方向敲打十字轴，卸下另一个轴承盖。

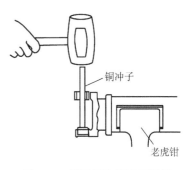

图4-5 用手锤和铜冲子拆卸轴承盖

拆卸完万向节后，检查传动轴叉有无毛刺和粗糙点。用细锉刀去除所有毛刺，检查传动轴叉是否破裂或有无裂纹。如有任何损坏的迹象，必须更换传动轴。

3. 万向传动装置的检修

1）传动轴的检修

轴管不得有裂纹及凹瘪。全轴上的径向全跳动公差应符合如表4-3所述的规定。

表4-3 传动轴轴管的径向全跳动公差　　　　　　　　　　mm

轴　　长	≤600	600～1 000	>1 000
径向全跳动公差	0.6	0.8	1.0

轿车全轴径向全跳动公差值应比表4-3所列数据小0.2 mm。中间传动轴支撑轴颈的径向圆跳动公差为0.10 mm。如超过表4-3所述的规定，应对传动轴进行校正或更换。也可将车辆顶起，使车轮腾空。起动发动机，使车辆高速运转，如传动轴甩动明显或伴有"呜呜"的响声，则说明传动轴的动不平衡已超规定允许限度，或径向全跳动已超过规定值，此时必须更换传动轴。

传动轴花键的配合侧隙：轿车不大于 0.15 mm，其他类型的车辆不大于 0.30 mm，装配后应滑动自如。

2) 万向节叉、十字轴及轴承的检修

万向节叉和十字轴上不得有裂纹；十字轴轴颈表面有疲劳剥落、磨损沟槽或滚针压痕深度在 0.10 mm 以上（用手能感觉到）时，应更换。滚针轴承的油封失效、滚针断裂、轴承内圈有疲劳剥落时，应更换。

十字轴与轴承的配合间隙应符合表 4-4 的规定。十字轴及轴承装入万向节叉后的轴向间隙：剖分式轴承承孔为 0.10~0.50 mm；整体式轴承承孔为 0.02~0.25 mm；轿车为 0~0.05 mm。

表 4-4　十字轴轴承的配合间隙　　　　　　　　　　　　　　　　　　　　　　　　　mm

轴颈直径	≤18	18~23	>23
最大配合间隙	符合原厂规定	0.10	0.14

3) 中间支撑的检修

中间支撑的常见故障是橡胶老化和轴承磨损所引起的振动和异响等，如橡胶垫环开裂、油封失效、轴承松或内孔磨损时，均应更换新的中间支撑。

中间支撑轴承磨损后，应及时检查和调整。如解放 CA1091 型汽车，其中间支撑为双列圆锥滚子轴承，其中间有一个隔套，专供调整轴向间隙用。中间支撑轴向间隙超过 0.30 mm 时，会发出响声，并使传动轴严重振动。调整方法：拆下凸缘和中间轴承，使轴承处于自由状态，适当磨薄调整隔板，此时，轴向间隙为 0.15~0.25 mm，再用 195~245 N·m 的扭矩拧紧凸缘螺母，保证轴承轴向间隙为 0.05 mm 左右（手感觉不到窜动，但转动自如）。最后从润滑油嘴注入适当的润滑油脂，检修完成。

4) 传动轴轴管焊接组合件的检修

传动轴轴管焊接组合件不宜自行焊接修复。如必须进行此项工作，其组合件（包括滑动套）应重新进行动平衡试验。传动轴的动不平衡量：轿车不大于 10 g·cm；其他车型不大于表 4-5 所列的值。传动轴管焊接组合件的动不平衡可在轴管的两端加焊平衡片，每端最多不得多于 3 片。

表 4-5　传动轴轴管焊接组合件的允许动不平衡量

轴管外径/cm	≤58	58~80	>90
最大动不平衡量/(g·cm)	30	50	100

4. 单十字轴万向节的装配

万向节的基本装配步骤与拆卸万向节的步骤相同。

装配万向节时，全部黄油嘴必须位于同一条线，并使黄油嘴对着传动轴叉，这可以在保养时方便对万向节进行润滑。

万向节的组装是指把万向节装入传动轴叉。表 4-6 所示为装配万向节的步骤。

表 4-6 装配单万向节的步骤

步骤 1	步骤 2	步骤 3
从万向节上取出轴承盖，并对滚针轴承和万向节轴颈涂一薄层润滑油脂	把十字轴装入滑动花键套组件的叉中，推到一边，把一个轴承盖装入叉耳，套在万向节的轴颈上	把万向节十字轴装入滑动花键套组件的叉中，安装另一个轴承盖
步骤 4	步骤 5	步骤 6
把轴放在台钳上，拧紧钳口把轴承盖压入叉耳中	在叉口安装弹簧挡圈	把组件装入传动轴叉，安装余下的两个轴承盖和弹簧挡圈

万向节装配好后，需要注意如下事项。

（1）安装轴承和弹簧挡圈前，要清理叉孔或挡圈凹槽，不得有脏物。否则弹性挡圈不能准确定位。当传动轴转动时，万向节易脱开。

（2）装好传动轴后，反复转动十字轴，使轴承能自由转动。如转动困难，则要检查万向节，确保滚针轴承到位，且在保持架内不倾斜。

（3）要检查轴承盖（可用套筒压）是否有一定的窜动量，给固定挡圈留一定空间，使其不致太紧自动弹出。不能留窜动量时，在一端装上弹簧挡圈，然后压另一边以安装固定挡圈。

（4）装好弹簧挡圈后，用黄铜冲子和锤子往外轻轻敲打十字轴，使之靠近新的轴承盖。

（5）大多数新万向节装有黄油嘴。装好传动轴后，必须用润滑脂填满万向节，直到少许润滑脂溢出。

5. 万向传动装置的安装

装配时，装配的顺序与拆卸相反，装配一定要注意以下几点：

（1）严格按拆卸前做的记号进行装配；

（2）重新装配后的传动轴、黄油嘴应在一条线上；

（3）安装好的传动轴第一主动叉、第二主动叉（有中间支撑时）、第三被动叉应在一个平面内；

（4）中间支撑与中间梁上的固定螺栓、中间支撑轴承盖的螺栓先不要完全拧紧，待整车装复，短距离路试后再紧固。

(5)装好传动轴后,必须检查变速器内的润滑油油面高度。否则,在缺油状态下工作会使变速器在短时间造成严重损坏。

4.1 概述

4.1.1 万向传动装置的功用及组成

万向传动装置的功用是在两轴相交和相对位置经常发生变化的转轴之间传递动力。万向传动装置主要由万向节、传动轴组成,对于传动距离较远的分段式传动轴,为提高传动轴的刚度,还加装中间支撑。图4-6所示即为变速器与驱动桥之间万向传动装置的示意图。

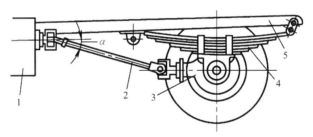

图4-6 万向传动装置的位置示意图
1—变速器;2—万向传动装置;3—驱动桥;
4—后悬架;5—车架

4.1.2 万向传动装置的应用

万向传动装置在汽车上的应用主要有以下几个方面。

(1)用于变速器与驱动桥之间:一般汽车的变速器、离合器与发动机三者合为一体装在车架上,驱动桥通过悬架与车架相连,如图4-4所示。在负荷变化及汽车在不平路面行驶时引起的跳动,会使驱动桥输入轴与变速器输出轴之间的夹角和距离发生变化。

(2)用于越野汽车变速器与分动器之间:为消除车架变形及制造、装配存在的误差等因素引起的其轴线同轴度误差对动力传递的影响,装有万向传动装置,如图4-7所示。

(3)汽车转向驱动桥的半轴是分段的,转向时两段半轴轴线相交且交角随时在较大范围内变化,需用万向节相连(见4.2.3等速万向节)。

(4)断开式驱动桥的半轴:主减速器是固定在车架上的,半轴上下摆动须用万向节。

(5)某些汽车的转向轴装有万向传动装置,有利于转向机构的总体布置(见课题10汽车转向系统)。

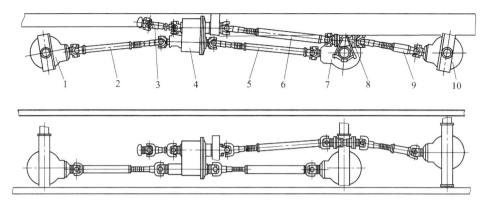

图 4-7 三桥越野汽车传动轴的布置
1—前驱动桥；2—前桥传动轴；3—传动轴；4—分动器；5—中桥传动轴；
6—后桥中间传动轴；7—中驱动桥；8—中间支撑；9—后桥传动轴；10—后驱动桥

4.2 万 向 节

万向节的功用是在轴间夹角及相互位置不断变化的两转轴之间传递动力。按其在扭转方向上有无明显的弹性分为刚性和挠性万向节。前者为刚性铰链式零件传力，后者则靠弹性元件传力，并具缓冲减振作用。汽车上普遍使用刚性万向节（这里只讨论刚性万向节）。刚性万向节又可分为不等角速万向节（常用的为普通十字轴式）、准等角速万向节（双联式）和等角速万向节（三销轴式、球笼式等）。

4.2.1 普通万向节

普通万向节又称普通十字轴式刚性万向节，如图 4-10 所示。它允许相邻两轴的最大交角为 15°~20°。其结构简单，因此在汽车上得到了广泛应用。

1. 普通十字轴式刚性万向节的结构

图 4-10 所示为普通十字轴式刚性万向节。它主要由万向节叉 2 和 6、十字轴 4 和传动轴组成。两万向节叉 2 和 6 上的孔分别活套在十字轴 4 的两对轴颈上。当主动轴转动时，从动轴不仅随着转动，又可绕十字轴中心任意摆动。十字轴轴颈和万向节叉孔间装有滚针轴承 8 和滚针轴承座 9，并用螺钉和轴承盖 1 将滚针轴承座 9 固定在万向节叉上。然后用锁片将螺钉锁紧，以防止松动。为了润滑轴承，十字轴有油路通向轴颈，润滑油脂从黄油嘴注入十字轴内腔。为避免油脂流出及尘垢进入滚针轴承，在十字轴的轴颈装有油封 7。近年来在十字轴式刚性万向节上多用橡胶油封，其密封性能好，且当十字轴内腔润滑脂压力超过允许值

时，润滑脂能从油封与轴颈配合面溢出，均不需装安全阀 5。

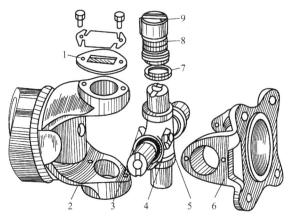

图 4-10 普通十字轴式刚性万向节
1—轴承盖；2，6—万向节叉；3—黄油嘴；
4—十字轴；5—安全阀；7—油封；
8—滚针轴承；9—滚针轴承座

万向节中常用滚针轴承轴向定位方式，除上述盖板式外，还可采用卡簧固定式结构，如图 4-8 图 4-9 所示。

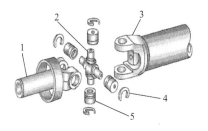

图 4-8 十字轴式万向节结构图
1—滑动花键凸缘叉；2—十字轴；
3—传动轴凸缘叉；4—卡簧；5—滚针轴承

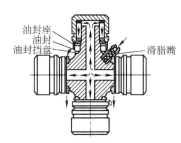

图 4-9 十字轴润滑结构图

上述刚性万向节的优点是：可保证在轴向交角变化时可靠地传动，结构简单，并有较高的传动效率，因此在现代汽车上被广泛采用。缺点是：单个万向节在输入轴和输出轴之间有夹角时，两轴的瞬时角速度不相等。

2. 普通十字轴式刚性万向节的速度分析

下面用图 4-11 来分析普通十字轴式刚性万向节运动情况。如果其主动叉是等角速转动，则从动叉应是不等角速的。

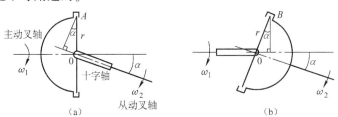

图 4-11 普通十字轴式刚性万向节的速度特性分析

当万向节处于图 4-11（a）的位置，设主动叉以等角速 ω_1 旋转，A 点的瞬时线速度为：

$$v_A = \omega_1 r = \omega_2 r \cos \alpha$$

则

$$\omega_1 = \omega_2 \cos \alpha$$

即

$$\omega_1 < \omega_2$$

旋转 90°后万向节处于如图 4-11（b）所示的位置，十字轴上 B 点的瞬时线速度为：

$$v_B = \omega_1 r \cos \alpha = \omega_2 r$$

即

$$\omega_1 = \omega_2 / \cos \alpha$$

则

$$\omega_1 > \omega_2$$

从上可知，主动叉轴以等角速度旋转时，从动叉轴为不等角速旋转。从图 4-11（a）旋转 90°至图 4-11（b）位置，从动叉轴的角速度由最大值 $\omega_1/\cos \alpha$，变至最小值 $\omega_1 \cos \alpha$。主动叉轴再转 90°，从动叉轴的角速度由最小值变至最大值，即从动叉轴角速度变化的周期为 180°。不等角速程度随夹角 α 的增大而变大，但平均速度相等，即主动轴转一圈从动轴也转一圈。其不等角速特性仅指从动叉轴在转动一圈内的情况变化而言。

单个普通万向节的不等角速特性，会使从动轴和与其相连的零部件产生扭转振动，形成附加的交变载荷及振动噪声，影响零部件的使用寿命。

在两轴之间以图 4-12 所示的方式安装两个普通万向节，则可实现主动轴与从动轴的等角速传动，但需满足以下两个条件。

（1）第一个万向节的从动叉和第二个万向节的主动叉与传动轴相连，且传动轴两端的万向节叉在同一平面内；

（2）输入轴、输出轴与传动轴的夹角相等，即 $\alpha_1 = \alpha_2$。

若以上两个条件成立，则输出轴与输入轴的角速度就可相等，至于等角速传动只是针对传动轴两端的输入轴和输出轴。对传动轴来说，只要夹角不为零，则永远是不等角速转动。

只有采用驱动轮独立悬架时，条件 $\alpha_1 = \alpha_2$ 才

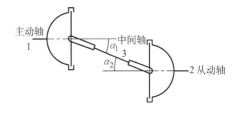

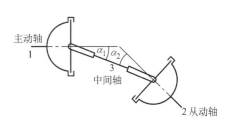

图 4-12　双万向节等速传动布置图

可能实现。若驱动轮采用非独立悬架时，由于弹性悬架的振动，主减速器输入轴与变速器输出轴的相对位置不断变化，不可能保证在任何情况下 $\alpha_1 = \alpha_2$，只能使传动的不等角速值相差尽可能的小。交角越大，摩擦损失越大，故在汽车总体布置时应尽量减小交角。

4.2.2　准等角速（双联式）万向节

双联式准等角速万向节来源于两个普通万向节等速传动的原理而设计，实际上是将不等角速部分缩短至最小的双万向节传动装置。

如图 4-13 所示为双联式万向节示意图，双联叉为一刚性钢制零件，相当于两个在同一平面内的万向节叉。要使两传动叉轴的角速度相等，应保证 $\alpha_1 = \alpha_2$。结构上如图 4-14 所示，将内半轴或外半轴用轴承定位在半轴壳体（图中为内半轴）上，可保证汽车直线行驶时万

向节中心点位于主销轴线与半轴线的交点。

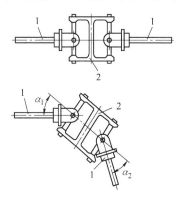

图 4-13　双联式万向节示意图
1—传动叉轴；2—双联叉

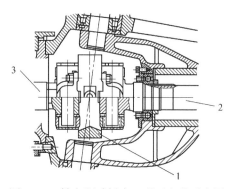

图 4-14　转向驱动桥中双联万向节示意图
1—双联式万向节；2—内半轴；3—外半轴

若外半轴（与转向轮相连）相对内半轴在一定范围内摆动，双联叉也转动相应角度，两传动叉轴中心连线与两传动轴轴线的交角基本相等，则内、外半轴的角速度也基本相等，也就达到了其准等角速特性。

这种万向节最常安装在前置发动机、后轮驱动的豪华型轿车上，双联万向节可以在不考虑主动件和从动件轴交角的情况下平稳地传递转矩。因此这种万向节常归类于等速万向节（见图 4-15）。当单万向节要控制的轴交角太大时，常使用这种万向节。在有些汽车上，双万向节使用在传动轴的两端或传动轴的驱动端。

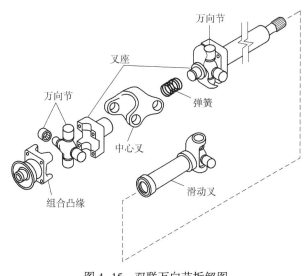

图 4-15　双联万向节拆解图

双联式万向节允许的轴间夹角最大可达近 50°，且结构简单，制造方便。因此，在载重越野汽车上也得到了广泛应用。

4.2.3　等速万向节

等速万向节的基本原理是保证传力点永远位于两轴交点的平分面上。其过程如图 4-16 所示，犹如一对大小相同的锥齿轮传动。由齿轮传动原理可知，两啮合锥齿轮的啮合点位于角平分线上的线速度和角速度相等。与此相似，当万向节的传力点在其交角变化时，始终位于角平分面上，则两万向节叉保持等角速的关系。

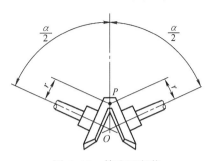

图 4-16　等速万向节

1. 等速万向节类型

等速万向节的类型按位置的不同分为内侧型和外侧型，按作用的不同分为固定式和插入式，按设计的不同分为球型或三销轴型。

等速万向节按功能分类，可分为固定式万向节（不能作伸缩移动，只产生角度变化）和插入式万向节（既可作伸缩的进出移动，又可允许大角度的变化）。

前轮驱动汽车一般为独立悬架，随着汽车悬架的运动，内侧至外侧等速万向节的距离是变化的，以致驱动轴的有效长度也在变化。内侧等速万向节必须能使传动轴随前车轮既做上下运动，又能自由出入变速驱动桥（见图 4-17）。外侧万向节（最靠近车轮的）为固定式，不需作伸缩运动。外侧万向节的转向角必须比插入式（可伸缩）万向节的可旋转角大得多。

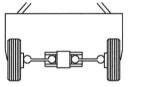 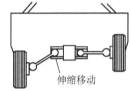

图 4-17　悬架的运动致内侧万向节产生较大伸缩移动量

带独立悬架的后轮驱动汽车上，其中一个万向节可为固定式，另一个可为插入式或者两个都是插入式。由于车轮并不一定要转向，可旋转角就不是很大，因此插入式万向节可用在半轴的任一端或两端。

前轮驱动汽车转向时可达 40°，随悬架的上下运动可达 20°（见图 4-18）。每一根轴均有两个等速万向节，一个为内侧万向节连于差速器，另一个为外侧万向节连于转向节。驱动轴（半轴）一般为三段，这三段连接在一起的方式能使车轮转弯和随悬架移动。半轴通过内侧等速万向节与差速器相连。外侧等速万向节与车轮总成配合，如图 4-19 所示。

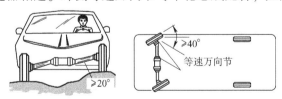

图 4-18　前轮驱动轴角度

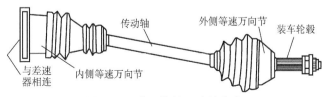

图 4-19　典型前轮驱动轴总成

对于横置发动机，变速驱动桥偏置，一根驱动轴总比另一根要长，如图4-20所示。这会产生力矩偏向。

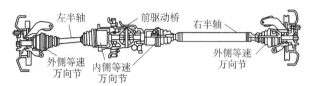

图4-20 前轮驱动左右半轴长度不相等时的状态

力矩偏向一般发生在驱动轴（半轴）左右等速万向节的工作角度不相等的时候。右半轴侧的万向节工作角度总是小于左半轴侧万向节的工作角度。因此，动力传至车轮时，长轴的阻力较小，大多数动力传递到右半轴上，这就会发生一侧车轮的牵引力大于另一侧车轮的情况。牵引阻力最小的车轮会获得大多数的动力，此即为力矩偏向。这种情况在防滑差速器上是不会发生的。

为了不致产生力矩偏向，将左右半轴设计为等长轴，即右半轴分为两段（见图4-21）。右半轴的一段从前变速驱动桥伸出并由轴承支撑；另一段做成与左半轴等长。中间轴处于左、右驱动轴（半轴）之间，使驱动轴（半轴）的长度相等。

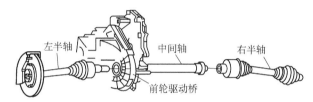

图4-21 左右半轴相等时的等长驱动轴状态

2. 内侧万向节和外侧万向节

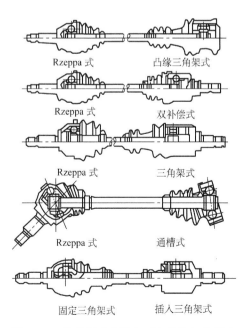

图4-22 前轮驱动半轴上万向节的组合形式

在前轮驱动系统中，每根半轴上使用两个等速万向节。靠近前变速驱动桥的万向节称为内侧万向节；靠近车轮的万向节称为外侧万向节。在带有独立悬架（ISR）的后轮驱动汽车上，靠近差速器的万向节为内侧万向节；靠近于车轮的万向节为外侧万向节。

外侧等速万向节分为：球笼固定式等速万向节和固定三销轴式等速万向节。常使用的有三种基本类型的内侧等速万向节：双补偿式等速万向节（DOJ）、插入三销轴式等速万向节和通槽插入式万向节（见图4-22）。

等速万向节亦可分为两种基本类型：球笼型和三销轴架型。两者均可用于内侧或外侧万向节，也均适合于固定式或插入式设计。

等速万向节固定在半轴上的方法分为非正定位、正定位和单独定位。大多数内侧万向节采用正定位，而外侧万向节则可用三种方法中的任一种加以固定。非正定位使用过盈配合将万向节压入轴中。

正定位的万向节则是使用弹性挡圈将三销轴万向节固定在半轴上（见图4-23），三销轴万向节为内花键孔，直接套在相应的半轴花键处。拆卸时，取出半轴后，先用带子将三销轴予以固定，以防三销轴上的滚子和滚针丢失或混淆。再取下弹性挡圈，后将万向节从车轴上轻轻敲出。

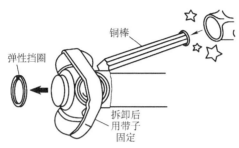

图4-23 正定位三销轴的结构与拆装示意图

单独定位是采用非常紧的过盈配合将万向节压入轴中，通常无法拆除，除非破坏万向节或轴。

3. 三销轴式等速万向节

插入式三销轴式万向节的毂（即星形套）内槽比固定式万向节长，这可使枢轴在套内滑入或移出。在有些三销轴式万向节上，星形套外壳是封闭的，也就是滚子轨道整个包在星形套外壳内（见图4-24）。国产小轿车多数为此类结构。还有一些三销轴式万向节，星形套的漏斗形口是张开的，滚子轨道做在壳外面（如图4-25和图4-26所示）。插入式三销轴式万向节用在许多美国和欧洲轿车上，包括福特（Ford）、克莱斯勒（Chrysler）、通用汽车（General Motors）和法国轿车。

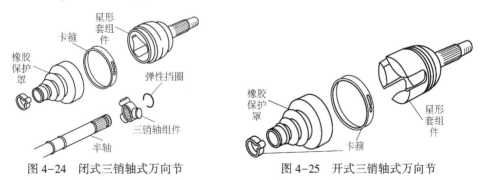

图4-24 闭式三销轴式万向节　　　图4-25 开式三销轴式万向节

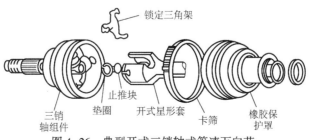

图4-26 典型开式三销轴式等速万向节

固定式三销轴式万向节使用星形套和三销轴组件，三销轴上有三根轴，与滚针轴承上的球面滚子相配（如图4-27）。这些球面滚子或滚珠装在与前轮相连的星形套外壳的槽中（如图4-28）。由于球面滚子未固定，因而可在星形套内前后自由移动。这可使万向节保持等速，而不必考虑三销轴组件随转向系统或悬架系统的运动。这种类型的等速万向节使用在大多数法国轿车上，其适应角的适应能力很强。

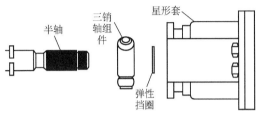

图4-27 检查万向节的裂纹、磨损和损坏

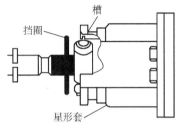

图4-28 从星形套上的槽拆下挡圈

4. 球型万向节

万向节最常用类型的等速万向节是以其最初设计者A.H Rzeppa而命名的，依据球窝座的原理而设计（如图4-29）。球笼式外侧万向节的内座圈与驱动轴相连。内座圈上均布有几条精密加工的槽，槽的数量与万向节上钢球的数量相等。这类万向节上设计的钢球至少有三个，最多有六个。轴承保持架压入外壳，并用来使万向节的钢球定位在内座圈的槽中。

当驱动轴（半轴）旋转时，内轴承座圈和钢球随之转动，钢球使保持架和外滚道随之转动（如图4-30）。内座圈和外滚道上加工的槽允许万向节发生扭转，即内座圈中心线和外滚道中心线之间产生了一定的夹角。钢球既作为内座圈之间的轴承，又是传递转矩的主要元件。除大多数法国设计的轿车外，这种类型的等速万向节几乎在每种前轮驱动轿车中都有应用。

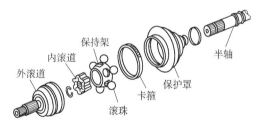

图4-29 Rzeppa等速万向节分解图

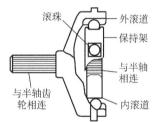

图4-30 Rzeppa等速万向节示意图

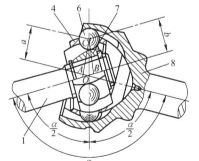

图4-31 Rzeppa球笼式万向节等速性示意图
O—万向节中心；A—外滚道中心；B—内滚道中心；
C—钢球中心；α—两轴交角

图4-31所示为Rzeppa型球笼式万向节实现等速传动的示意图。外滚道中心A与内滚道中心B分别位于万向节中心O的两边，且距离相等。钢球中心C到A、B两点的距离也相等。内滚道的外球面和星形套的内球面均以万向节中心O为球心。因此，两轴交角变化时，球笼可沿内外球面滑动，保持钢球在一定位置。

因为$OA=OB$，$CA=CB$，CO为公共边，则三角形△COA与△COB全等，因此，∠COA与∠COB相等，即两轴相交任意角度α时，传力的钢球C都位于交角平分面上。从而保证了两轴以相等的角速度旋转。

若从侧面看去，无论轴交角有多大，万向节中的钢球总是等分由万向节任一侧上轴形成的角度（见图4-31）。保持架将钢球定位在其受力点上，从理论上消除了易产生的振动问题。使用一段时间后，保持架易出现磨损或变形，在钢球和保持架之间产生间隙，通常会在转动中产生滴答的声音。需要说明的是，在球笼式等速万向节中，钢球总是与相互对面的钢球一对一起工作的。在槽中一个钢球出现严重磨损时，相对应的钢球槽中的钢球也同样产生相同的磨损。

图4-32 仔细检查球笼式万向节的球、圈和外壳

Rzeppa型球笼式万向节最大摆角达47°，且在工作时，无论传动方向如何，六个钢球全部传力。其承载能力大，结构紧凑，磨损小，拆装方便，因此应用越来越广泛。

图4-32所示为其结构示意图，并说明了维护时需检查的项目。图4-33所示为其典型结构分解图。

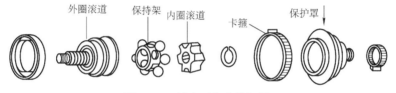

图4-33 等速万向节分解图

另一种球笼型万向节为盘型等速万向节，主要使用在大众（Volkswagen）型汽车以及许多德国后轮驱动轿车中。与以上万向节非常相似。

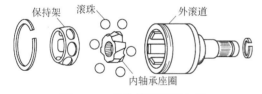

图4-34 双补偿等速万向节

球笼式等速万向节可改装为插入式万向节，只需将内座圈中沟槽加长（见图4-34）。球笼式万向节内座圈中较长的槽，可供轴承保持架进出滑动。这种类型的万向节称为双补偿式万向节，通常用在要求较高轴交角（高达25°）和较大插入深度（高达60 mm）的场合。这种类型的万向节可在有些前轮驱动半轴以及一些四轮驱动汽车的传动轴的内侧位置上使用。

图4-35所示说明了在维护拆卸万向节前，同样需要做好"标记"，以保持其原有装配位置的正确性，不致因为维修拆装使驱动轴（半轴）产生振动和其他损坏。图4-36所示说明了装入时要使用软金属锤，按原"标记"打入相应的位置。

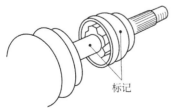

图4-35 维护时在外壳上标记万向节总成的位置

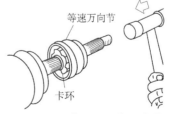

图4-36 用软金属锤把万向节打入相应的位置

5. 通槽型等速万向节

通槽型等速万向节与球笼式万向节类似，在保持架和内外座圈中同样采用六个钢球（见图4-37）。但座圈中的沟槽不是直线的形状，而是切削成一定的角度。其设计要扁平得多。该万向节伸缩量达（45 mm）。内、外座圈可等同地做伸缩插入运动，所以其轴线方向要求的深度较小。通槽式万向节的轴交角可达22°。在德国轿车应用较多，常用在前轮驱动半轴上的内侧位置或后轮驱动悬架系统半轴的任一端。

许多装备有 ABS（防抱死制动系统）的新型车辆，都装有速度传感器的齿形环与等速万向节外壳相配（见图4-38）。称为传感器环、ABS 环，其作用是提供每一车轮速度的信息给 ABS 处理器。对等速万向节进行维修时，需要进行仔细检查和处理，以保持正常的 ABS 状态。

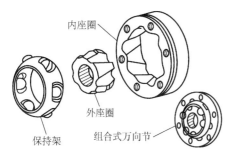

图4-37 通槽型等速万向节

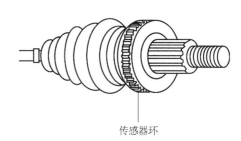

图4-38 与外侧万向节相配的 ABS 速度传感器

6. 等速万向节的磨损

外侧万向节比内侧万向节产生磨损的概率要高许多。可想象得到外侧万向节经受的工作角度范围要大许多。内侧万向节随悬架经过振动和回弹，其角度改变只在10°~20°范围内变化。外侧万向节除随车轮转向产生振动和反弹外，其转弯时的工作角度还可达40°~50°。其橡胶保护罩产生的挠度更大，所以外侧万向节失效的概率较高。一般每更换一个内侧万向节要更换九个外侧万向节。内侧万向节同样也会产生磨损。每次悬架经过振动和回弹过程，内侧万向节必做相应的伸缩运动，以适合传动轴和悬架的运动。三销轴式内侧万向节可能会在三个滚轮中的任何一个和相应的星形套轨道上产生独特的磨损和噪声。

4.3 传动轴与中间支撑

4.3.1 传动轴

传动轴一般较长，转速高，对于轻型车和货车为连接变速器与驱动桥间的传动部件。主要由传动轴及其两端焊接的花键轴和万向节叉组成。在转向驱动桥和断开式驱动桥中，用来连接差速器和驱动轮。

传动轴有实心轴和空心轴之分。为提高轴的强度、刚度及临界转速，并节省材料，减轻质量，传动轴多为空心轴，厚度一般为 1.5~3.0 mm，可用钢板卷焊而成，大多直接采用无缝钢管。转向驱动桥、断开式驱动桥传动轴（也称为半轴）或微型汽车的传动轴通常制成实心轴。

汽车行驶的过程中，变速器与驱动桥的位置经常变化，传动轴中间设有花键连接，以保证传动轴的长度可在一定范围内自如的变动，不致产生运动干涉。并装有加注润滑油脂的油嘴、油封、堵盖和防尘套。

传动轴两端的连接件连接好并与万向节装配后，必须进行动平衡试验。并补焊平衡片，使其动平衡量符合规定值。为防止装错位置和破坏平衡，必须刻有带箭头的记号，且不能随意更换规格。

为方便加注润滑油脂，万向传动装置的润滑油嘴应在一条直线上，且万向节上的滑脂嘴应朝向传动轴。

传动轴过长，自振频率会降低，容易产生共振，故将其分成两段并加中间支撑。前段称为中间传动轴，后段称为主传动轴。

载货汽车传动轴的典型结构如图 4-39 所示。中间传动轴 4 前端有万向节叉，后端为花键轴，并带有内花键凸缘盘。主传动轴 16 前端有花键轴，并套装滑叉 13 可在花键轴上做轴向滑动，以适应其长度变化，滑动部分用润滑脂润滑，用油封 15（伸缩套）防漏、防水、防尘，滑动叉 13 前端有带小孔的堵盖 12，使花键部位易于伸缩。

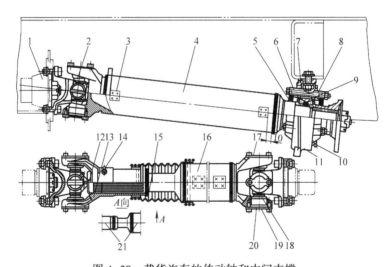

图 4-39 载货汽车的传动轴和中间支撑
1—凸缘叉；2—十字轴式万向节；3—动平衡片；4—中间传动轴；5，15—油封；
6，8—中间支撑盖；7—橡胶垫环；9—轴承；10，14—润滑油嘴；11—支架；
12—堵盖；13—万向节滑动叉；16—主传动轴；17—锁片；18—万向节油封；
19—万向节轴承；20—万向节轴承盖；21—装配位置标记

4.3.2 中间支撑

传动轴分段后，中间传动轴必须加装中间支撑，中间支撑一般安装在车架横梁上，以补偿传动轴轴向和角度方向误差、车辆行驶和发动机窜动或车架变形等造成的位移。

如图 4-40 所示为使用摆动式中间支撑的示意图，中间传动轴可绕支撑轴摆动，发动机轴向窜动时，轴承的受力状况得以改善。橡胶衬套能适当允许传动轴轴线在横向平面内有少量的位置变化。

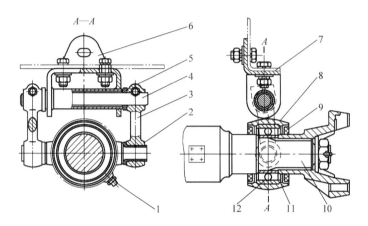

图 4-40 摆动式中间支撑
1—滑油嘴；2—衬套；3—摆臂；4—支撑轴；5—橡胶衬套；6—支架；
7—车架横梁；8—支撑座；9—油封；10—中间传动轴；11—卡环；12—轴承

图 4-41 所示，支撑在中驱动桥上的三轴越野汽车后桥万向传动装置的中间支撑，中间支撑用两个 U 形螺栓紧固在中桥上，支撑轴两端用锥形轴承支撑在壳体内，油封座与壳体间的垫片调整两锥形轴承的预紧度。两端的万向节叉用花键套在中间支撑轴上，用螺母紧固。

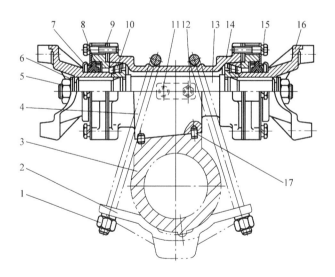

图 4-41 载货车传动轴的中间支撑
1—螺母；2—托板；3—中桥壳；4—U 形螺栓；5—紧固螺母；6—垫片；7—防尘罩；
8—油封；9—调整垫片 10—轴承；11—通气塞；12—滑油嘴；13—中间支撑轴；
14—壳体；15—油封；16—万向节叉；17—定位销

4.4 万向传动装置的维护

万向传动装置在使用过程中，会出现各种耗损，或传动轴弯曲、扭转和磨损，产生振动、异响等故障，从而影响汽车的动力性和经济性。

一级维护时应进行润滑和紧固作业。对传动轴的十字轴、万向节滑动叉、中间支撑轴承等加注润滑脂（通常为锂基2号润滑脂）；检查传动轴各部螺栓和螺母的紧固情况，特别是万向节叉凸缘连接螺栓和中间支撑的固定螺栓等，应按规定的力矩拧紧。

二级维护时，可按图4-42所示检查传动轴十字轴轴承的间隙。其配合以手不能感觉到间隙为准。对传动轴中间支撑轴承，检查有无松旷及运转中有无异响，径向间隙超过规定或轴承出现磨损时，应更换轴承。

传动轴的拆卸，必须先防止汽车移动，再做好标记，以保证原位装复，不然易造成万向传动装置的动不平衡，极易造成运转噪声和强烈振动。

拆卸时，先把传动轴后端凸缘与驱动桥连接处的螺栓取下，然后将中间传动轴凸缘连接的螺栓取下，传动轴总成即可拆下。后拧开中间支撑与车架的连接螺栓，松开前端凸缘，即可拆下中间传动轴。

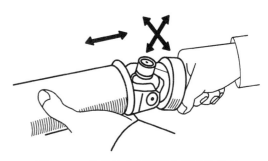

图4-42 传动轴十字轴配合间隙的检查

装配万向传动装置时，应注意以下几点。

（1）清洁零件。彻底清洗待装零件，并用压缩空气吹干。如十字轴的油道、轴颈和滚针轴承。装配时，注意避免磕砸，并检查平衡片是否脱落。

（2）对正装配标记。必须按原标记装配。核对十字轴与万向节叉、十字轴滑动叉及与花键连接等的装配标记。在安装滑动叉时，要保证传动轴两端万向节叉的轴承承孔轴线位于同一平面上。

（3）十字轴的安装。十字轴上的注油螺孔，要朝向传动轴以便注油，两偏置润滑油嘴应间隔180°，不致对传动轴的平衡造成破坏。剖分轴承孔的U形固定螺栓应按规定拧紧力矩拧紧。

（4）中间支撑的安装。将中间支撑对正后压入中间传动轴的花键凸缘内。不允许敲打轴承。轴承盖上的三颗螺栓拧紧时，先支起后轮，一边转动驱动轮一边紧固，以利自动找正中心。也可先适度拧紧，适当走合自动找正中心后再拧紧至规定力矩。

（5）加注润滑脂。用黄油枪加注汽车通用的锂基2号或二硫化钼锂基润滑油脂。加注时，以从油封刃口处或中间支撑的气孔见到少量新润滑油被挤出为宜。

4.5 万向传动装置常见故障的诊断与排除

万向传动装置受汽车在复杂道路上行驶的影响，传动轴在角度和长度不断变化情况下承受很大的转矩以及冲击载荷，高速转动时还伴随着振动。常见的故障有传动轴异响、振动，起动撞击及滑行异响等。产生这些故障的原因是零件的磨损、动平衡被破坏、材料质量不佳和加工缺陷等。

1. 传动轴的异响故障

1）现象

（1）传动轴万向节响声。

① 起步时，车身发抖，有"咔啦、咔啦"的撞击声，车速变化时更明显；② 高速挡、小油门行驶，响声增强，抖动更严重。

（2）中间轴承响声。

行驶时，有无节奏的"嗡嗡"或"呜呜"响声，速度高时响声更明显，有时也为"咯啦、咯啦"响声。

2）原因

（1）传动轴万向节响声。

① 长期缺油，十字轴、滚针磨损松旷或滚针碎裂；② 花键磨损松旷；③ 变速器输出轴花键磨损严重；④ 车辆过多使用高速挡制动、停车；⑤ 各部位连接螺栓松动。

（2）中间轴承发响。

① 轴承磨损、缺润滑油或损坏；② 支架橡胶垫损坏或支架装配位置不当等使轴承偏斜；③ 支架螺栓松动。

3）故障诊断与排除

传动轴异响故障诊断过程如图4-43所示。

2. 振动故障

1）现象

行驶中有周期性的"隆隆"声，车速越快，响声越大，严重时车身发抖，驾驶室振动。

2）原因

（1）传动轴动不平衡；（2）传动轴弯曲或扭曲；（3）传动轴各部连接螺栓松动；（4）万向节十字叉花键磨损或间隙大；（5）中间支撑轴承磨损或轴承支架安装松动。

3）故障诊断与排除

传动轴振动故障诊断过程如图4-44所示。

课题 4
万向传动装置

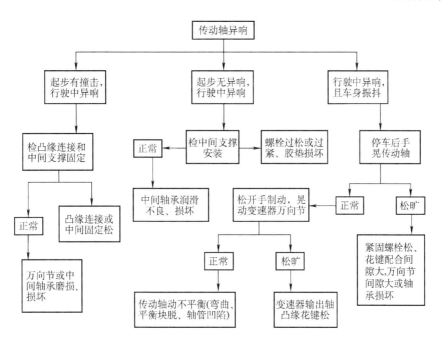

图 4-43 传动轴异响故障诊断图

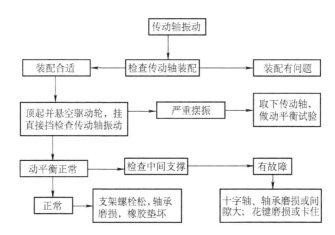

图 4-44 传动轴振动故障诊断过程

小　　结

1. 万向传动装置的功用是在两轴相交和相对位置经常发生变化的转轴之间传递动力。
2. 万向传动装置主要由万向节、传动轴、中间支撑轴（必要时加装）组成。
3. 万向传动装置安装在变速器（或分动器）与驱动桥之间；越野汽车安装在变速器与分动器之间；安装在转向操纵机构中，以及转向驱动桥、断开式驱动桥的半轴。
4. 万向节按其速度特性分为普通刚性十字轴式万向节、准等角速万向节和等角速万向节。按刚度又分为刚性万向节和柔性万向节。
5. 传动轴按结构分为实心轴和空心轴。传动轴是主要传力部件。半轴（也为传动轴）

在转向驱动桥和断开式驱动桥中用来连接差速器和驱动轮。

6. 普通刚性十字轴式万向节的不等速性是指在转动一圈内的角速度不相等。实现等角速传动的条件为：传动轴上第一个万向节的从动叉和第二个万向节的主动叉叉口必须在同一平面内；输入、输出轴与传动轴的夹角相等。

7. 万向传动装置维护：一级维护以润滑和紧固作业为主。对传动轴的十字轴、传动轴的滑动花键、中间支撑轴承等加注润滑油；检查传动轴各部位螺栓和螺母的紧固情况。二级维护时，除作一级维护外，还得检查十字轴轴承的间隙、中间支撑轴承的松旷及运转中有无异响。

8. 万向节、传动轴及中间支撑的主要损坏形式为磨损、变形和老化；传动轴装好后，应做动平衡试验，使其动不平衡量不超过规定。

9. 万向传动装置的主要故障是动不平衡、松旷、异响等。装配时，应注意装配记号。

10. 传动轴异响：传动轴动不平衡、变形或平衡块脱落；中间支撑固定螺栓松动或万向节凸缘盘连接螺栓松动等。

思考与习题

一、判断题

1. 传动轴万向节叉等速排列不当，必然使万向传动装置有异响。
2. 传动轴总成装复后，应先做动平衡试验。
3. 滚针轴承油封失效或滚针断裂、缺针的，均应更换。
4. 传动轴连接螺栓松动，会使传动轴发响。
5. 装复万向节时，十字轴上滑脂嘴必须朝向传动轴一方。
6. 十字轴万向节传动时主动叉与从动叉的转速时刻相等。
7. 传动轴两端的万向节叉，安装时应在同一平面上。
8. 传动轴中间支撑安装时不要拧紧，走合一段时间自动定心后再拧紧。
9. 万向传动装置由万向节、传动轴、伸缩节及中间支撑组成。
10. 普通刚性十字轴式万向节允许相连两轴的最大夹角为 25°~30°。

二、选择题

1. 球叉式万向节每次传力时，（　　）。
   A. 只有两个钢球传力　　　　　　B. 只有三个钢球传力
   C. 只有四个钢球传力　　　　　　D. 五个钢球全部传力
2. 所有普通十字轴式刚性万向节"传动的不等速性"是指主动轴匀角速度旋转时，（　　）。
   A. 从动轴的转速不相等　　　　　B. 从动轴在一周中的角速度是变化的
   C. 从动轴的转速是相等的　　　　D. 从动轴在一周中的角速度是相等的
3. 传动轴管焊接组合件的平衡可在轴管的两端加焊平衡片，每端最多不得多于（　　）。
   A. 两片　　　B. 三片　　　C. 四片　　　D. 五片
4. 中间支撑轴向间隙超过（　　）时，将引起中间支撑发响和传动轴的严重振动，导致各传力部件损坏。
   A. 0.10 mm　　　B. 0.30 mm　　　C. 0.05 mm　　　D. 以上都不对

5. 十字轴式万向节允许相邻两轴的最大交角在（　　）范围内。
   A. 10°~15°　　　　B. 15°~20°　　　　C. 20°~25°　　　　D. 25°~30°
6. 万向传动装置异响的现象之一是（　　）时，车身发抖并能听到"咯噔"的撞击声。
   A. 起步　　　　B. 匀速行驶　　　　C. 低速行驶　　　　D. 急加速
7. 汽车起步或行驶中，始终有明显的异响并伴有振抖，这说明（　　）松旷。
   A. 中间支架固定螺栓　　　　　　　　B. 万向节十字轴
   C. 连接螺栓　　　　　　　　　　　　D. 万向节十字轴轴承
8. 传动轴装复时，传动轴上的防尘罩应配备齐全，并用卡箍紧固，两只卡箍的锁扣应错开（　　）装配。
   A. 180°　　　　B. 120°　　　　C. 90°　　　　D. 以上都不对
9. 为实现刚性十字轴式万向节的等角速度传动，将两个万向节（　　）安装。
   A. 并联　　　　B. 串联　　　　C. 固联　　　　D. 焊接
10. 后传动轴采用（　　）结构，以补偿汽车行驶中传动轴长度的变化。
    A. 半圆键　　　　B. 花键套　　　　C. 法兰连接　　　　D. 卡箍
11. 万向传动装置由万向节、（　　）、伸缩节及中间支撑等组成。
    A. 半轴　　　　B. 传动轴　　　　C. 主轴　　　　D. 平衡轴
12. 一般汽车的变速器与驱动桥之间相距较远，故采用（　　）连接，实现转矩的传递。
    A. 齿轮装置　　　　B. 连杆装置　　　　C. 皮带传动　　　　D. 万向传动装置
13. 安装传动轴时，应使两端万向节叉位于（　　）内。
    A. 同一平面　　　　B. 两个平面　　　　C. 垂直平面　　　　D. 相交平面
14. 安装传动轴时，主动轴和从动轴与传动轴的夹角（　　）。
    A. 等于从动轴与传动轴的夹角　　　　B. 小于从动轴与传动轴的夹角
    C. 大于从动轴与传动轴的夹角　　　　D. 可相等，也可不相等。

三、问答题

1. 万向传动装置起什么作用？由哪几部分组成？
2. 试述普通刚性十字轴式万向节传动的不等角速性。
3. 等角速万向节有哪几种结构形式？各有何特点？
4. 万向传动装置有哪些常见故障？
5. 万向传动装置有哪些损坏形式？如何检修？

课题 5

驱 动 桥

【学习目标】
1. 掌握驱动桥的功用、组成及动力的传递路线。
2. 掌握单级主减速器的构造及调整项目；了解双级主减速器的结构特点。
3. 掌握行星齿轮式差速器的构造及工作原理。
4. 熟悉半轴的支撑形式及受力分析；了解桥壳的作用及特点。
5. 掌握驱动桥的检测及故障的诊断与维修方法。

【情境导入】
　　某一重载的车辆行驶时，突遇红灯停车，听到底盘传来一声不太大的响声。绿灯亮后挂挡起步，车辆一动不动，不能行驶。做正常的起步操作，传动轴仍能高速运转，同时能听到驱动桥至车轮毂有不太正常的响声，但车辆就是不能行驶。后经有经验的人员检查，确认该车辆故障为有响声一边的半轴断。您能判断这一故障吗？又是什么原理呢？如何检查？并通过实施解决问题。

实训 5　驱动桥的拆装与调整

【实训目的】
（1）了解驱动桥的构造原理、规范要求，能够正确进行驱动桥的拆卸和装配。
（2）掌握驱动桥、主减速器、差速器、半轴与桥壳的装配、调整方法及检修。
（3）能正确分析驱动桥及各总成常见故障的原因，并进行诊断和排除。

【实训器材】
丰田轿车、东风 EQ1090E 型汽车驱动桥各若干组。

【实训内容】
（1）分组进行，熟练掌握驱动桥的解体、检测、装配。
（2）掌握主减速器、差速器中主要零件及半轴与桥壳的检修。
（3）掌握主减速器、差速器的维护与调整，常见故障的诊断与排除。
（4）掌握驱动桥的规范要求，并能进行竣工验收。

【实训步骤】

1. 可拆式主减速器和差速器的拆卸

不同的生产厂家生产的主减速器总成的结构各不相同，则拆卸和分解的步骤有很大的区别。因此，在对该总成进行维修之前必须对其结构和特点有充分的了解。

可拆卸式驱动桥主减速器的维修，一般要在将其从驱动桥拆下之后进行。要在驱动桥中直接进行维修的主减速器总成，为整体式驱动桥。拆卸可拆式驱动桥中主减速器总成的步骤见表5-1。尽管厂家和各自的产品结构千差万别，但拆卸方式和基本步骤是一致的。

表5-1 可拆式驱动桥中主减速器总成的拆卸步骤

步骤1	步骤2	步骤3
升起汽车，并予以固定后放油	做"标记"后，把传动轴拆下来	拆掉螺母，取下主减速器总成
步骤4	步骤5	步骤6
在轴承盖和轴承底座上做"标记"，并检查齿侧的侧隙	拆掉调整螺母锁片	拆下轴承盖和调整螺母，把差速器从主减速器壳上取出
步骤7	步骤8	步骤9
用轴承拉马拆下差速器端轴承	按图做"标记"，拆连接螺栓后，取下齿圈	拆下差速器壳螺栓，并按图做"标记"后，拆下差速器壳

续表

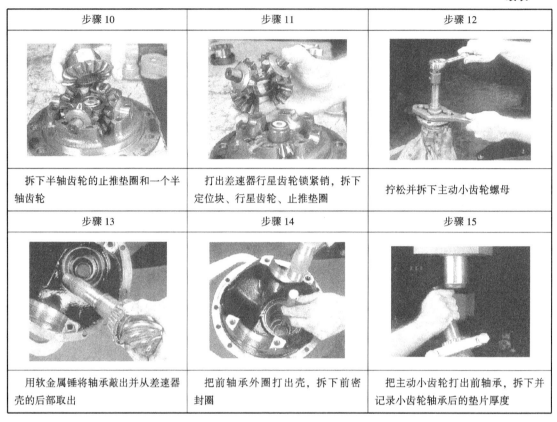

步骤 10	步骤 11	步骤 12
拆下半轴齿轮的止推垫圈和一个半轴齿轮	打出差速器行星齿轮锁紧销,拆下定位块、行星齿轮、止推垫圈	拧松并拆下主动小齿轮螺母
步骤 13	步骤 14	步骤 15
用软金属锤将轴承敲出并从差速器壳的后部取出	把前轴承外圈打出壳,拆下前密封圈	把主动小齿轮打出前轴承,拆下并记录小齿轮轴承后的垫片厚度

经过一段时间的使用,有些汽车的半轴较难拆出,可以使用滑锤敲出(见图 5-1),然后用手拉出半轴。载货汽车使用一组螺钉把半轴固定在轮毂上,必须先拆掉螺钉及锥面弹簧垫圈后,再对称拧入两颗螺钉把半轴拉出车轮毂,才能再取出半轴。

主减速器壳上的螺母拧松之后,为了比较容易地拆下主减速器壳,在拉出主减速器壳时应上下晃动,使主减速器壳与后桥壳先分离后,才容易取出。

主减速器壳总成很重,需要一个助手帮助拆卸,拆卸时需注意防止突然滑出伤人或损坏零件。

拆卸差速器总成前,先检查齿圈和主动小齿轮的磨损和有无损坏后,再检查差速器的轴向窜动量(见图 5-2)。使用一字螺丝刀来回撬动差速器壳组件,观察有否窜动量。有轴向

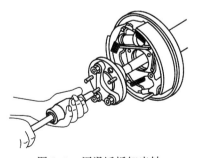

图 5-1 用滑锤拆卸半轴

图 5-2 检查差速器的轴向窜动量

窜动量表明差速器轴承磨损，一般为预紧力调整不当所产生，则必须更换轴承，甚至更换差速器壳后，重新调整轴承预紧力。

许多载货汽车在差速器轴承两端、主动小齿轮轴承两端使用选配垫片，在拆下轴承时，应使垫片有序排列，并放在各自的一边，以备选用。对于止推垫圈和垫片也应分放在组件两边，以免混淆。

有些载货汽车差速器中使用导向轴承或轴套，支撑在主动小齿轮轴的端部，用来改善主动小齿轮轴的受力情况，也应仔细检查该轴承并拆下来。

2. 整体式驱动桥中主减速器与差速器的拆卸

整体驱动桥中的主减速器与差速器是在桥壳内进行修理。表 5-2 为整体式驱动桥主减速器与差速器的拆卸步骤。拆下传动轴前，在传动轴和主动小齿轮凸缘上做"标记"。同样，在拉出传动轴滑动花键套之前要放油盆在变速器下面，接住可能漏出的变速器油。一旦拉出滑动花键套，就要在变速器端开口处装堵油塞，以防再漏油。

表 5-2 整体式驱动桥主减速器总成的拆卸步骤

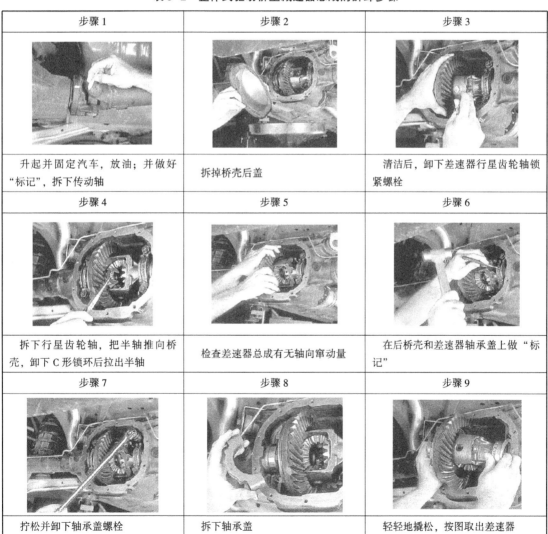

步骤 1	步骤 2	步骤 3
升起并固定汽车，放油；并做好"标记"，拆下传动轴	拆掉桥壳后盖	清洁后，卸下差速器行星齿轮轴锁紧螺栓
步骤 4	步骤 5	步骤 6
拆下行星齿轮轴，把半轴推向桥壳，卸下 C 形锁环后拉出半轴	检查差速器总成有无轴向窜动量	在后桥壳和差速器轴承盖上做"标记"
步骤 7	步骤 8	步骤 9
拧松并卸下轴承盖螺栓	拆下轴承盖	轻轻地撬松，按图取出差速器

续表

步骤10	步骤11	步骤12
放在夹具上,拆下齿圈螺栓	拆下齿圈	拆下行星齿轮、半轴齿轮、止推垫
步骤13	步骤14	步骤15
拆下两端轴承	拆下主动小齿轮螺母和垫圈,检查小齿轮密封状况	拆下主动小齿轮轴。拆掉轴承、可拆卸垫片,并测量其厚度

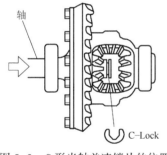

图5-3 C形半轴差速锁片的位置

有时,直接把整体式驱动桥总成从汽车上拆下来修理更为得当。直接放在维修工作台上,对全部零件进行大修。

整体式驱动桥中的半轴有些使用C形锁环卡住驱动轴(半轴),锁环必须打开差速器壳后盖后,才能将其拆下来(如图5-3)。因此,维修前必须熟悉车辆的技术情况。

检查差速器壳是否有轴向窜动(即侧隙),使用一字螺丝刀,看是否能撬动。应无轴向窜动量。如有轴向窜动量存在,与可拆式驱动桥的修理方法一样。

齿圈的径向圆跳动在差速器拆下之前进行测量。在最大径向圆跳动点做"记号"。

轴承盖和轴承外圈拆下后,分清其位置予以保存。

拆卸后,对所有零件进行仔细检查,看是否有损坏、损伤、磨损及各种不应存在的缺陷。并全面清洗主减速器壳、桥壳及所有其他零件,去掉所有金属屑或磨粒。分别清洗每个零件将有助于检查。必须更换任何损坏零件。清洗零件前,不能有任何溶剂进入防滑离合器,因为溶剂会导致离合器表面损坏。离合器损坏是差速器振动的最常见原因。

3. 差速器总成的装配

安装主减速器壳或把桥壳盖装在桥壳上之前,必须全面清洁桥壳的底座和密封表面。使用新的衬垫,各密封口处使用密封胶密封。

表5-3为可拆式驱动桥主减速器和差速器总成的装配步骤,其装配是在工作台上完成的。装配前,必须润滑驱动桥主减速器壳内的轴承孔,使轴承在调整侧隙和预紧力时可以较容易地移动。装配过程中必须做一定的检查和测量,同时必须遵照制造厂的技术条件。

表5-3 可拆式驱动桥主减速器和差速器总成的装配步骤

步骤1	步骤2	步骤3
把轴承压到差速器壳上	装入行星齿轮组件	装入半轴定位块
步骤4	步骤5	步骤6
装入另一个半轴齿轮,两半差速器壳定位和对正	装齿圈。有时,装入之前,必须加热齿轮	安装新的齿圈螺栓,拧紧到规定力矩
步骤7	步骤8	步骤9
把主动小齿轮轴承压到轴上,轴承后面要加适当尺寸的垫片	主动小齿轮轴连同垫片一起装入主减速器壳	安装主动小齿轮密封圈、凸缘和螺母,拧紧螺母至规定预紧力
步骤10	步骤11	步骤12
装入差速器组件,齿轮一定要恰好对准,然后装上轴承盖	用百分表检查轴向窜动量,并检查端轴承预紧力	装入并拧紧调整螺母锁片

续表

步骤13	步骤14	步骤15
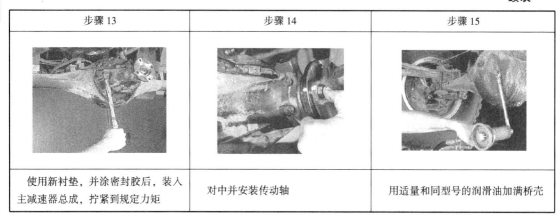		
使用新衬垫，并涂密封胶后，装入主减速器总成，拧紧到规定力矩	对中并安装传动轴	用适量和同型号的润滑油加满桥壳

表5-4为整体式驱动桥主减速器的装配步骤。

表5-4 整体式驱动桥主减速器的装配步骤

步骤1	步骤2	步骤3
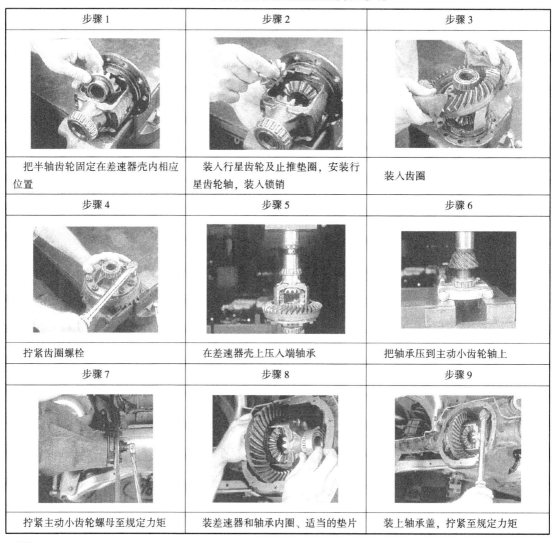		
把半轴齿轮固定在差速器壳内相应位置	装入行星齿轮及止推垫圈，安装行星齿轮轴，装入锁销	装入齿圈
步骤4	步骤5	步骤6
拧紧齿圈螺栓	在差速器壳上压入端轴承	把轴承压到主动小齿轮轴上
步骤7	步骤8	步骤9
拧紧主动小齿轮螺母至规定力矩	装差速器和轴承内圈、适当的垫片	装上轴承盖，拧紧至规定力矩

续表

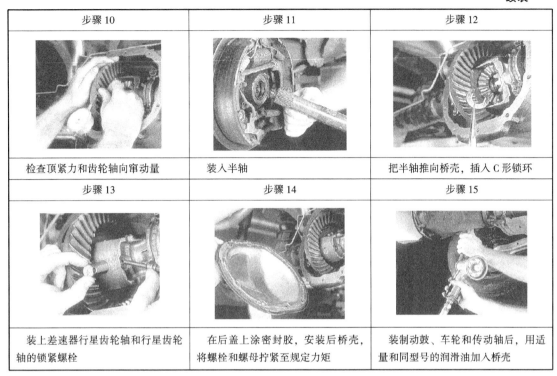

步骤 10	步骤 11	步骤 12
检查顶紧力和齿轮轴向窜动量	装入半轴	把半轴推向桥壳，插入 C 形锁环
步骤 13	步骤 14	步骤 15
装上差速器行星齿轮轴和行星齿轮轴的锁紧螺栓	在后盖上涂密封胶，安装后桥壳，将螺栓和螺母拧紧至规定力矩	装制动鼓、车轮和传动轴后，用适量和同型号的润滑油加入桥壳

齿圈和主动小齿轮的安装方法如下。

齿圈或主动小齿轮如需要更换，则必须配对使用新的齿轮。配对的两个齿轮已由生产厂家磨合过，比没经过磨合的齿轮寿命更长，运转声音更小。齿轮对通常有一个预先印上的接触区，根据它在主动小齿轮上适当加垫片即可。

当齿圈安装到差速器壳上时，压力要均匀，并对准螺栓孔（见图 5-4）。同样，在拧紧螺栓时，必须交叉，并逐渐拧紧至规定力矩。有的齿圈紧固螺栓下面有锁止片，必须将锁止片锁住（见图 5-5），以防止螺栓松动。

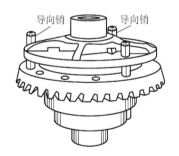

图 5-4　锥齿轮与差速器壳的装配

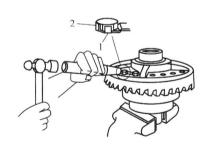

图 5-5　锁住锁止片

装配新的齿圈和主动小齿轮对时，要找出生产厂家磨合齿轮时的配对"记号"。通常，主动小齿轮的一个齿侧上切有槽，并刷上漆，齿圈上两个刷了漆的齿之间有切口。如不明显时，可找出切口。齿轮的同步调整就是把开了槽的小齿轮轮齿放在做了记号的齿圈两个齿之间。有的齿轮没有同步"记号"，这种齿轮为"自稳定"齿轮，不需要作同步调整。对于新的齿轮对，需用磨石磨去齿圈内圈上的所有尖角、毛刺。

4. 主要零件的检修

国产汽车驱动桥的检修应执行《汽车驱动桥修理技术条件》（GB 8825—1988），如表 5-5 所示。

表 5-5 主要零件的检修项目

零部件	检查项目	处理办法
后桥壳和半轴套管	无裂纹存在	半轴套管探伤处理
		各部螺纹损伤不超过 2 牙
	钢板弹簧座定位孔磨损≥1.5	超限，先补焊，再重新钻孔
	后桥壳半轴套管两内端的公共轴线，两外轴颈的径向圆跳动≥0.30	校正后，径向圆跳动≥0.08
	桥壳承孔与半轴套管的配合及伸出长度应符合原厂规定	否则，更换
	滚动轴承与桥壳的配合应符合原厂规定（如配合松旷）	可刷镀修复，或打花，或镀锡
半轴	无裂纹	进行隐伤检查
	花键无明显扭转变形	
	未加工圆柱体圆跳动≥1.3；花键外圆柱面的径向圆跳动误差≥0.25；	冷压校正
	半轴凸缘内侧端面圆跳动误差不得大于 0.15；	可车削端面进行修正
	半轴花键侧隙增大量≥0.15	
前驱动半轴总成	外端球笼万向节用手感检查，无径向间隙	否则，更换
	防尘套是否有老化破裂，卡箍是否有效可靠	换新
轮毂	无裂纹	否则，更换
	各部位螺纹的损伤不得多于 2 牙	
	与半轴凸缘及制动鼓的结合端面对轴承孔轴线端面圆跳动≥0.15	车削修复
	轮毂轴承承孔与轴承的配合应符合原厂规定	刷镀或喷焊修理
主减速器壳	无裂损，各部位螺纹损伤不多于 2 牙	否则换新
	差速器左、右轴承承孔同轴度为 0.10	
	圆柱主动齿轮轴承（或侧盖）承孔轴线及差速器轴承承孔轴线对减速器壳前端面的平行度：轴线长度为 200 以上，其值为 0.12；轴线长度小于或等于 200 mm，其值为 0.10	
	主减速器壳纵轴线对横轴线的垂直度：纵轴线长度在 300 以上，其值为 0.16；纵轴线长度小于或等于 300，其值为 0.12；轴线在同一平面（双曲线齿轮除外），其位置为 0.08	
主减速器锥齿轮副	齿轮表面不得有明显斑点、剥落、缺损和阶梯形磨损	
	主动圆锥齿：锥面径向圆跳动为 0.05；前后轴承与轴颈、承孔配合应有规定；从动锥齿轮铆钉连接牢靠；或连接螺栓的紧固、锁止可靠	
	齿轮必须成对更换	
差速器	差速器壳无裂纹	应更换
	行星齿轮、半轴齿轮垫片接触面光滑、无沟槽（沟槽用砂纸打磨）	换新半轴齿轮垫片
	齿轮无裂纹，工作表面无明显斑点、脱落	

续表

零部件	检查项目	处理办法
滚动轴承	轴承钢球（或柱）和滚道上无伤痕、剥落、严重黑斑或烧损变色等缺陷	否则应更换
	轴承架无缺口、裂纹、铆钉松动或钢球（或柱）脱出等现象	

5.1 概述

5.1.1 驱动桥的功用及基本组成

驱动桥的功用是将万向传动装置传来的发动机转矩传给驱动轮，并实现减速增矩、改变动力传递的方向，使汽车行驶，并允许左右驱动轮以不同的转速旋转。

驱动桥主要由主减速器、差速器、半轴和驱动桥壳等组成，为传动系的最后一个总成。其结构示意图如图 5-6 所示。

5.1.2 驱动桥的类型

1. 整体式驱动桥

一般汽车的驱动桥由主减速器、差速器、半轴、桥壳和轮毂等组成。如图 5-6 所示。转矩传到主减速器，实现减速增扭后，经差速器分配给左右两半轴，再通过半轴外端的凸缘盘传至驱动轮毂。

驱动桥按悬架结构，可分为非断开式驱动桥和断开式驱动桥。非断开式驱动桥又称为整体式驱动桥。驱动桥通过弹性悬架与车架连接，半轴套管与主减速器壳刚性连为一整体，左右半轴在一条直线上，即左右驱动轮不能各自独立地跳动。如一侧车轮通过地面的凸凹处升高或下降时，则驱动桥和车身都随之倾斜，车身波动大。

2. 断开式驱动桥

断开式驱动桥采用的是独立悬架，如图 5-7 所示。车辆的全部或部分驱动轮采用独立悬架，广泛应用于微型车、轿车和越野车，提高了车辆的行驶平顺性和通过性。将两侧的驱动轮分别用弹性悬架与车架相连，两轮可彼此独立地相对于车架上下跳动。主减速器壳固定在车架上，驱动桥壳制成分段，并通过铰链使主减速器与驱动轮连接，半轴分为两段并用万向节连接。

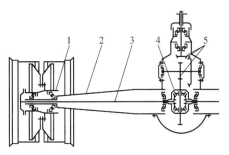

图 5-6 整体式驱动桥结构示意图
1—轮毂；2—桥壳；3—半轴；
4—差速器；5—主减速器

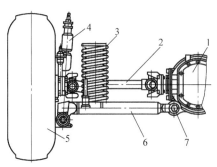

图 5-7 断开式驱动桥结构示意图
1—主减速器；2—半轴；3—弹性元件；
4—减振器；5—驱动轮；6—摆臂；7—摆臂轴

5.2 主减速器

5.2.1 主减速器的功用及基本类型

主减速器的功用是将发动机输入功率实现减速增扭，并改变动力传递的方向，然后（某些横向布置的发动机除外）再将动力传给差速器。

根据使用条件的不同，其结构又存在较大的差异。

按齿轮传动副数目，分为单级式主减速器和双级式主减速器。重型汽车、工程机械在两侧驱动轮处设置第二级圆柱（或斜齿圆柱）齿轮传动减速器或行星齿轮减速器，为独立部件，称为轮边减速器。

按主减速器传动速比有无挡位，可分为单速式和双速式主减速器。单速式的传动比只有一个定值传动比，双速式有两个传动比（即两条传动路线）供驾驶员依使用条件选择。

按齿轮副结构形式，分为圆柱齿轮式（又分为定轴轮系和行星轮系）主减速器和圆锥齿轮式（又分为螺旋锥齿轮式和双曲面锥齿轮式）主减速器。

5.2.2 主减速器的结构和工作原理

1. 单级主减速器

单级主减速器具有结构简单、体积小、质量轻、传动效率高等优点。广泛应用于轿车、轻型、中型货车，其结构特点足够满足该类车辆的动力性要求。

图 5-1~图 5-5 所示、表 5-1~表 5-4 所示的拆卸与装配过程所谈到的均为单级主减速

器，从中可知其应用的广泛程度。

图 5-8 所示为某载货汽车的单级主减速器。其减速传动机构是一对准双曲面齿轮 18 和 7。主动齿轮有 6 齿，从动齿轮有 38 齿，故主传动比 $i_o = 38/6 = 6.33$。

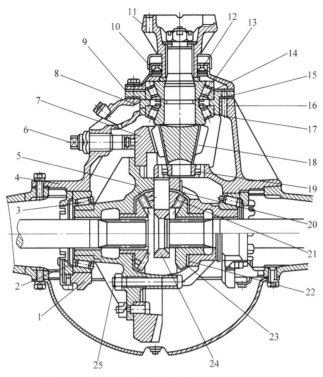

图 5-8 某载货汽车单级主减速器及差速器图

1—差速器轴承盖；2—轴承调整螺母；3，13，17—圆锥滚子轴承；4—主减速器壳；5—差速器壳；
6—支撑螺栓；7—从动锥齿轮；8—进油道；9，14—调整垫片；10—防尘罩；11—叉形凸缘；
12—油封；15—轴承座；16—回油道；18—主动锥齿轮；19—圆柱滚子轴承；
20—行星齿轮垫片；21—行星齿轮；22—半轴齿轮推力垫片；23—半轴齿轮；
24—（行星齿轮）十字轴；25—螺栓

主动锥齿轮与轴制成一体，满足主动锥齿轮足够的支撑刚度，前端支撑在相向的两个圆锥滚子轴承 13 和 17 上，后端支撑在圆柱滚子轴承 19 上，该结构称为跨置式支撑。保证主动和从动齿轮间正确的啮合位置，达到使轮齿沿长度方向磨损一致的目的。从动锥齿轮的后面，装有支撑螺柱，以限制从动锥齿轮过度变形。装配时，支撑螺柱与从动锥齿轮端面之间的间隙为 0.3~0.5mm。从动锥齿轮连接在差速器壳上，差速器壳则用两个圆锥滚子轴承支撑在主减速器壳的座孔中。

圆锥滚子轴承需有一定的装配预紧度，既不能过紧，也不能过松，否则传动效率低，或轴承易发热，加速轴承磨损。因此，在两轴承内座圈之间的隔离套的一端装有一组厚度不同的调整垫片 14，以调整圆锥滚子轴承的预紧度。若过紧，则增加垫片的总厚度；反之，减少垫片的总厚度。应该特别注意：圆锥滚子轴承预紧度的调整必须在锥齿轮啮合调整之前进行。

锥齿轮啮合的调整是指齿面啮合印痕和齿侧啮合间隙的调整，啮合间隙的调整方法是：拧动调整螺母 2 以改变从动锥齿轮的位置。轮齿啮合间隙应为 0.15~0.40 mm。若间隙过大时，应使从动锥齿轮靠近主动锥齿轮；反之则离开。为保持已调好的差速器圆锥滚子轴承预紧度不变，一端调整螺母拧入的圈数应等于另一端调整螺母拧出的圈数。同理，主动锥齿轮的整个主减速器总成也可依靠增减轴承座 15 前端的调整垫片 9 来达到调整主、从动锥齿轮啮合印痕和齿侧间隙的目的。

准双曲面齿轮传动的优点是工作稳定性好，轮齿承受的弯曲强度和接触强度更高，还有其主动齿轮的轴线可相对偏离从动齿轮轴线，以降低车辆的重心。所以，广泛用于轿车上，也越来越多地应用于中、重型货车上。其缺点是工作齿面间的相时滑动较大，齿面的压力也很大，齿面油膜易被破坏。因此，为减少摩擦，提高效率，必须采用双曲面齿轮油，绝不允许用普通齿轮油代替，否则会大大降低使用寿命。

圆锥滚子轴承工作中需要可靠的润滑，因此，在主减速器壳体和轴承座上铸有孔，形成了进油道和回油道，主减速器壳中所储存的齿轮油，依靠从动锥齿轮转动时将油甩动飞溅到齿轮轴和轴承上进行润滑。主减速器壳体上装有通气塞，防止壳内气压过高而使润滑油渗漏。

图 5-9 所示为上海桑塔纳轿车主减速器及差速器的结构简图。图 5-10 所示为其安装示意图。该车采用发动机纵向前置、前轮驱动的布置形式。为一对准双曲面锥齿轮单级主减

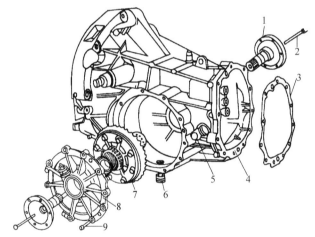

图 5-9 上海桑塔纳轿车主减速器及差速器的结构简图
1—半轴；2—半轴固定螺栓；3—密封垫；4—变速器前壳体；5—油螺塞；6—放油螺塞；
7—主减速器从动圆锥齿轮及差速器总成；8—轴承盖；9—螺栓

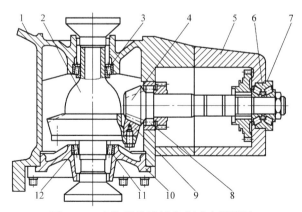

图 5-10 上海桑塔纳轿车主减速器简图
1—变速器前壳体；2—差速器；3、7、11—调整垫片；4—主动锥齿轮；5—变速器后壳；
6—双列圆锥滚子轴承；8—圆柱滚子轴承；9—从动锥齿轮；10—传动器盖；12—圆锥滚子轴承

速器，变速器前端的主动锥齿轮将动力直接传给变速器前壳体中的主减速器和差速器壳。其主动锥齿轮与变速器输出轴制成一体，用双列圆锥滚子轴承和圆柱滚子轴承支撑在变速器壳体内。环状的从动锥齿轮靠凸缘定位，用螺钉与差速器连接。从动锥齿轮固定在差速器壳凸缘上，差速器壳使用两端的圆锥滚子轴承支撑在变速器的前壳体中。

发动机与传动系集中布置在一起，主减速器安装在变速器壳体中，省去了专门的主减速器壳体和变速器到主减速器之间的万向传动装置。

轴承的预紧度通过调整垫片调整，主动锥齿轮轴的轴承预紧度不需调整，齿轮啮合印痕和间隙调整，用增减垫片 7 厚度，使主、从动锥齿轮做轴向移动，来达到其调整目的。

当发动机为横向前置时，主减速器主动齿轮轴线与差速器轴线平行，主减速器采用一对（或斜齿）圆柱齿轮传动即可，此时不需改变动力的传递方向。

以上两种发动机布置形式（即发动机纵置或横置时的前置），使传动系结构大为简化。大幅降低汽车的生产成本，因此，广泛应用于目前的轿车上。

2. 双级主减速器

当汽车需要主减速器具有较大的传动比时，一对锥齿轮传动设计的单级主减速器已不能保证足够的离地间隙，同时单级主减速器又会造成设计尺寸过大，这时就需要采用两对齿轮降速的双级主减速器。

图 5-11 所示为另一载货汽车的双级主减速器及差速器剖面简图，其结构即为双级主减速器，第一级传动比为一对螺旋锥齿轮副，第二级传动比为一对斜齿圆柱齿轮副。目前，该车主减速器主传动比有三种情况：其一主动圆锥齿轮和从动圆锥齿轮的齿数分别为 13 和 25，第二级主、从动斜齿圆柱齿轮齿数分别为 15 和 45，主传动比为 $i_o = 25/13 \times 45/15 = 5.77$；其二主传动比为 $i_o = 25/12 \times 45/15 = 6.25$；其三主传动比为 $i_o = 25/11 \times 47/14 = 7.63$。

主动锥齿轮 11 与轴 9 设计制造成一体，采用悬臂式支撑。主动锥齿轮轴支撑在齿轮同一侧两个相距较远的圆锥滚子轴承上，主动锥齿轮悬伸在轴承之外。这种支撑形式的结构简单，但支撑刚度不如跨置式的，一般双级主减速器中，主动齿轮轴多采用悬臂式支撑，其原因有两点：第一级齿轮传动比较小，从动锥齿轮直径也相应较小，在主动齿轮外端再加一个支撑，设计上无法做到；第二点是传动比小时，主动锥齿轮及轴颈尺寸可以设计得较大，同时尽可能将两轴承的距离加大，同样可得到足够的支撑刚度。

锥齿轮轴轴承预紧度的调整方法如下。

(1) 主动锥齿轮轴轴承的预紧度，用调整垫片 8 的厚度来调整。厚度增加，轴承预紧度变松；反之，变紧。

(2) 中间轴圆锥滚子轴承预紧度用改变两边侧向轴承盖 4、15 和主减速器壳 12 间的调整垫片 6 和 13 的总厚度来调整。与主动锥齿轮轴轴承的预紧度的调整法一致。

(3) 支撑差速器壳的圆锥滚子轴承的预紧度是依靠旋动调整螺母 3 调整的。左端旋入的圈数与右端旋出的圈数相等。

锥齿轮啮合副的啮合间隙和印痕的调整：

主动和从动锥齿轮的轴向位置均可以略加调整后，使其做一些轴向移动。增加轴承座 10、主减速器壳 12 和调整垫片 7 的厚度，主动锥齿轮 11 会沿轴向离开从动锥齿轮很小一段距离；反之则靠近。当减少左轴承盖 4 处的调整垫片 6，同时将卸下来的垫片增加到右轴承盖 15 处，从动锥齿轮 16 右移相应所减少垫片厚度的距离；反之，左移相应厚度距离。两组

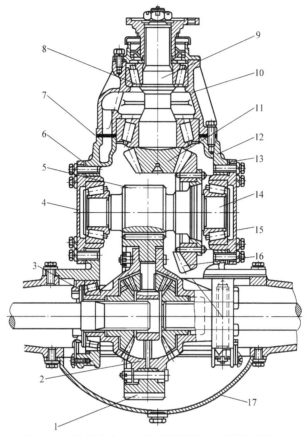

图 5-11 载货汽车双级主减速器及差速器剖面简图

1—第二级从动齿轮；2—差速器总成；3—调整螺母；4，15—轴承盖；5—第二级主动齿轮；
6，7，8，13—调整垫片；9—第一级主动齿轮轴；10—轴承座；11—第一级主动齿轮；
12—主减速器壳；14—中间轴；16—第一级从动齿轮；17—后盖

垫片 6 和 13 的总厚度增减量应相等，如不相等，调整好后的中间轴轴承预紧度将受到破坏。被破坏后的轴承预紧度的调整会显得非常困难和麻烦。

3. 斜齿轮传动主减速器

主减速器传动组件使用斜齿轮副（如图 5-12 所示），要求小齿轮轴线与齿圈轴线平行。小齿轮与变速器输出轴制成一体，并由圆锥滚子轴承支撑。小齿轮与齿圈相啮合，提供所要求的不断增大的转矩。由于齿圈装在差速器壳上，因此差速器壳由小齿轮带动运转。

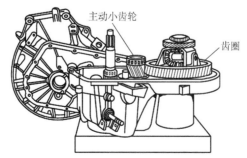

图 5-12 变速器驱动桥中主减速器的主传动

5.3 差 速 器

5.3.1 差速器的功用和类型

差速器的功用是将主减速器传来的动力经左、右两半轴后,传给两侧驱动轮,必要时允许两侧驱动轮以不同转速旋转,满足两侧驱动轮差速的需要。

1. 汽车在行驶过程中,车轮相对路面的运动状态

纯滚动和滑动是汽车在行驶过程中,车轮相对路面的两种运动状态。滑动又分为滑转和滑移。

（1）如果车轮中心相对路面的移动速度为 v,车轮旋转角速度为 ω,车轮滚动半径为 r, $v=\omega r$ 时,车轮对路面的运动为纯滚动;

（2）如果 $\omega \neq 0$, $v=0$,此时,车轮在旋转,汽车并未向前（或向后）移动,则车轮的运动称为滑转;

（3）如果 $v \neq 0$, $\omega=0$,此时,车轮未转动,汽车在向前（或向后）移动,则车轮的运动称为滑移。

2. 汽车在行驶状态,车轮运动的实际情况

图 5-13 所示为汽车转向时的驱动轮运动示意图。此时,内外两侧车轮中心在同一时间内移过的弧线距离不相等,外侧车轮移过的距离大于内侧车轮移过的距离。

当两侧车轮用同一刚性转轴连接,两轮角速度相等时,外侧轮必定边滚动边滑移,内侧轮必定是边滚动边滑转。

当汽车行驶于不平路面时,两侧车轮实际走过的曲线距离必定不相等。如果驱动轮角速度相同,在较凸起路面上运动的一侧车轮是边滚动边滑移,另一侧车轮是边滚动边滑转。即使汽车按理想直线

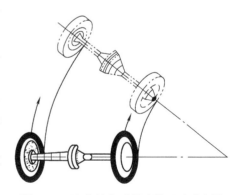

图 5-13 汽车转向时驱动轮运动示意图

行驶,路面不平或其他因素造成的轮胎有效半径不相等,也使两侧车轮实际移过的距离不相等,则始终会出现滑转和滑移的现象。

车轮滑动会使轮胎磨损,增加汽车的动力消耗,还会造成转向和制动性能的恶化。为使车轮尽可能不发生滑动。在汽车结构上,由设计保证各个车轮随时可能以不同的角速度旋转。也就是在结构上,增设了差速器。

3. 差速器的类型

增设的差速器可使两侧驱动轮以不同的角速度旋转，由主减速器从动齿轮通过差速器分别驱动两侧半轴和驱动轮。这种装在同一驱动桥两侧驱动轮之间的差速器称为轮间差速器。多轴驱动的汽车驱动桥之间也装有差速器，称为轴间差速器。为保证汽车在遇到左、右或前、后驱动轮与路面之间的附着条件相差较大时，得到足够的牵引力，设计采用抗滑差速器。它可以将输入转矩更多地、甚至全部分配到附着条件较好、滑转程度较小的驱动轮，使汽车得以正常行驶。

差速器（无论是轮间差速器还是轴间差速器），按其工作特性可分为普通齿轮式差速器和抗滑差速器。抗滑差速器有强制锁止式齿轮差速器、高摩擦自锁差速器及自由轮式差速器等。

5.3.2 齿轮式差速器

齿轮式差速器分为锥齿轮式和圆柱齿轮式。锥齿轮式差速器结构简单紧凑，工作平稳，应用最广。

按两侧输出的转矩是否相等，齿轮差速器分对称式和不对称式。对称式用作轮间差速器或由平衡悬架联系的两驱动桥之间的轴间差速器。不对称式用作前、后驱动桥之间或前驱动桥与中、后驱动桥之间的轴间差速器。

1. 对称式锥齿轮差速器的结构

对称式锥齿轮轮间差速器由圆锥行星齿轮、行星齿轮轴、圆锥半轴齿轮和差速器壳组成，如图5-14所示。差速器壳为1和5两部分组成，用螺栓紧固在一起。主减速器的从动齿轮固定在差速器壳左半部1的凸缘上。装配时，十字形的行星齿轮轴8的轴颈嵌在差速器壳两半端面上相应的凹槽孔内。每个轴颈浮套着一个直齿圆锥行星齿轮4，均与两个直齿圆锥半轴齿轮3啮合。半轴齿轮的轴径分别支撑在差速器壳的左右座孔中，其花键孔与半轴上的花键相连。发动机传来的扭矩自主减速器从动齿轮依次经差速器壳、十字轴、行星齿轮、半轴齿轮、半轴再传给驱动轮。

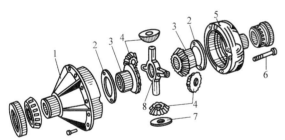

图5-14 对称式锥齿轮差速器零件结构简图
1，5—差速器壳；2—半轴齿轮推力垫片；
3—半轴齿轮；4—行星齿轮；6—螺栓；
7—行星齿轮球面垫片；8—行星齿轮轴（十字轴）

如果两侧车轮以同一转速旋转，行星齿轮绕半轴轴线与差速器壳体一起整体作大回转运动——公转。当两侧车轮遇到不同阻力，行星齿轮除作上述公转运动外，还绕自身轴线转动——自转，正是这一自转，才使得两半轴齿轮带动两侧车轮以不同转速转动。

行星齿轮和半轴齿轮为锥齿轮啮合，工作时沿其相应轴线的轴向力很大，所以，在半轴齿轮和差速器壳之间装有推力垫片2。行星齿轮的背面与差速器壳相应位置的内表面做成球面，以保证行星齿轮对正中心与两半轴齿轮正确地啮合，同时，还在行星齿轮与差速器壳之间装有球面垫片7，以减少齿轮和壳的磨损。磨损后，可换上新垫片，使差速器的使用寿命得以提高。垫片通常用铜或者聚甲醛塑料制成。

差速器靠主减速器壳体中的润滑油润滑。在差速器壳体上开有窗口，供润滑油进出。行星齿轮和十字轴轴颈之间的润滑，依靠十字轴轴颈上铣出的一个平面和行星齿轮齿间钻有的油孔。

中级以下轿车，主减速器输出的转矩不大，可以只使用两个行星齿轮，行星齿轮轴为一根直销轴，差速器壳制成整体式，其前后两侧都开有大窗孔，以便拆装行星齿轮和半轴齿轮。上海桑塔纳轿车差速器即为此种结构，如图 5-15 所示。差速器壳 9 为框架结构，行星齿轮轴 5 用止动销 6 定位在差速器壳中。半轴齿轮 2 背面也为球面，背面的推力垫片与行星齿轮背面的推力垫片为整体复合式推力垫片。螺纹套 3 用来固定半轴齿轮。

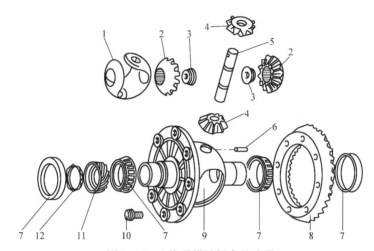

图 5-15　上海桑塔纳轿车差速器

1—复合式推力垫片；2—半轴齿轮；3—螺纹套；4—行星齿轮；5—行星齿轮轴；6—止动销；
7—圆锥滚子轴承；8—主减速器从动锥齿轮；9—差速器壳；10—螺栓；
11—车速表齿轮；12—车速表齿轮锁紧套筒

2. 锥齿轮差速器的差速原理

差速原理可见图 5-16 所示差速器中各元件的运动关系。

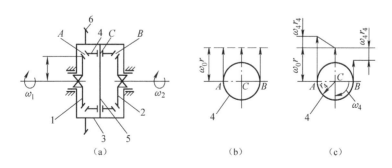

图 5-16　差速器运动原理

1，2—半轴齿轮；3—差速器壳；4—行星齿轮；5—行星齿轮轴；6—主减速器从动齿轮

对称式锥齿轮差速器为行星齿轮传动机构。差速器壳 3 与行星齿轮轴 5 形成行星架，为一整体，它又与主减速器的从动齿轮 6 紧固在一起，一同为主动件。设角速度为 ω_0，半轴

齿轮1和2为从动件，各相应的角速度为 ω_1 和 ω_2。A、B 两点分别为行星齿轮4与两半轴齿轮啮合点。行星齿轮的中心点为 C（轴心），A、B、C 点到差速器旋转轴线的距离均为 r。

若行星齿轮只随行星架绕差速器旋转轴线（即两半轴中心线）公转，则处在同一半径 r 上的 A、B、C 三点的圆周速度相等，如图 5-16（b）所示，其值等于 $\omega_0 r$。即 ω_1、ω_2、ω_0 均相等，差速器不起差速作用，两半轴角速度等于差速器壳3（即从动锥齿轮）的角速度。

行星齿轮除公转外还绕本身的轴5以角速度 ω_4 自转，如图 5-16（c）所示时，啮合点 A 的圆周速度为 $\omega_1 r = \omega_0 r + \omega_4 r_4$，啮合点 B 的圆周速度为 $\omega_2 r = \omega_0 r - \omega_4 r_4$。

可得 $\omega_1 r + \omega_2 r = (\omega_0 r + \omega_4 r_4) + (\omega_0 r - \omega_4 r_4)$

即
$$\omega_1 + \omega_2 = 2\omega_0$$

如果角速度以每分钟转数 n 表示，则
$$n_1 + n_2 = 2n_0$$

这就是两半轴齿轮直径相等的对称式锥齿轮差速器的运动方程式。

这说明，汽车左右两侧半轴齿轮的转速之和等于差速器壳转速的两倍，与行星齿轮自转的转速无关。即可得出这样的结论：汽车在任何行驶条件下，借行星齿轮相应的自转，使两侧驱动轮以不同转速在地面上滚动无滑动。

$n_1 + n_2 = 2n_0$ 还告诉我们：①如差速器壳的转速为零（用中央制动器刹住传动轴）时，转动一侧半轴齿轮，另一侧半轴齿轮同样以相同转速反转；②如任何一侧半轴齿轮的转速为零，则相对应的另一侧半轴齿轮的转速为差速器壳转速的两倍。

3. 锥齿轮差速器的扭矩分配

差速器扭矩分配如图 5-17 所示。从主减速器传来的扭矩 M_0，经差速器壳、行星齿轮轴和行星齿轮传给半轴齿轮。行星齿轮此时为一等臂杠杆。两半轴齿轮半径相等，当行星齿轮无自转时，分配给左右两半轴齿轮的扭矩 M_0 是相等的，即 $M_1 = M_2 = M_0/2$。

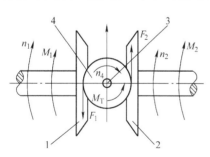

图 5-17 差速器扭矩分配图
1，2—半轴齿轮；3—行星齿轮轴；4—行星齿轮

假若两半轴齿轮以不同转速朝同一方向转动，左半轴转速 n_1，大于右半轴转速 n_2，行星齿轮将以 n_4 的转速绕行星齿轮轴3自转，旋转方向如图5-17所示。此时行星齿轮孔与行星齿轮轴轴颈间、齿轮背部与差速器壳之间产生摩擦。行星齿轮所受的摩擦力矩 M_T 方向与其转速 n_4 方向相反，该摩擦力矩使行星齿轮分别对左、右半轴齿轮附加作用了大小相等而方向相反的两个圆周力 F_1 和 F_2。F_1 使转得快的左半轴上的转矩 M_1 减小，F_2 使转得慢的右半轴上的转矩 M_2 增加。左右驱动车轮存在转速差，$M_1 = (M_0 - M_T)/2$，$M_2 = (M_0 + M_T)/2$。其差值等于差速器的内摩擦力矩 M_T。

实际中，M_T 小到可忽略不计，则 $M_1 \approx M_2 \approx M_0/2$。可得出以下结论：差速器无论差速与否，行星锥齿轮差速器的转矩是等量分配的。这一分配比例对汽车行驶时是恰当的。但在泥泞或冰雪路面上，即便有一侧车轮在良好的路面，往往汽车无法行驶。因为此时，泥泞路面车轮与路面附着力很小，路面对半轴作用很小的反作用扭矩，尽管另一侧车轮与好路面间的附着力较大，因差速器扭矩平均分配的特点，也使得另一侧车轮得到的扭矩与滑转车轮上的很小的扭矩相等。因此汽车产生的牵引力不能克服行驶阻力，汽车也就无法行驶。

各种形式抗滑差速器的采用,可大大提高汽车在坏路面上的行驶能力。于是设计出当一个驱动轮滑转时,将大部分扭矩甚至全部输送给不滑转的驱动轮,让不滑转一侧的驱动轮依靠其高附着力,产生足够牵引力使汽车继续行驶。

5.3.3 防滑差速器

为了实现让驱动轮产生足够的转矩,使汽车在坏路面上继续行驶,最简单的方法就是当出现打滑时,能迅速将左右半轴连接为一体,使差速器不起差速作用。如在对称式锥齿轮差速器上设置差速锁,称为强制锁止式差速器。

1. 摩擦片式差速器

图 5-18 所示为摩擦片式差速器。普通对称式锥齿轮差速器的特性是扭矩平均分配。为增加差速器内摩擦力矩,在半轴齿轮与差速器壳 1 之间装有摩擦片组 2。十字轴由两根互相垂直的行星齿轮轴组成,其端部切出凸 V 形斜面 6,相应地差速器壳孔也有凹 V 形斜面,两根行星齿轮轴的 V 形面反向安装。每个半轴齿轮的背面有推力压盘 3 和主、从动摩擦片 8、9。推力压盘为内花键与半轴相连,轴颈处用外花键与从动摩擦片相连。主动摩擦片用花键与差速器壳 1 相连。推力压盘和主、从动摩擦片均可做微小的轴向移动。

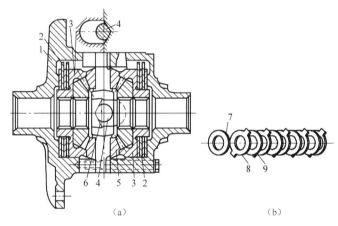

图 5-18 摩擦片自锁差速器
1—差速器壳;2—主,从动摩擦片组;3—推力压盘;4—十字轴;5—行星齿轮;
6—V 形斜面;7—薄钢片;8—主动摩擦片;9—从动摩擦片

汽车直线行驶时,两半轴无转速差,扭矩是平均分配的,工作状态是:差速器壳通过斜面对行星齿轮轴两端压紧,斜面上产生的轴向力迫使两行星齿轮轴分别向左、右两方向略微移动,通过行星齿轮使推力压盘压紧摩擦片。此时扭矩经两条路线传给半轴:一路经行星齿轮轴、行星齿轮和半轴齿轮将大部分转矩传给半轴;另一路则由差速器经主、从动摩擦片、推力压盘传给半轴。

假如一侧车轮在坏路面上滑转或转弯时,差速器差速,两半轴转速不等,一侧转速高于另一侧转速。此时,主、从动摩擦片间产生摩擦力矩,并经从动摩擦片及推力压盘传给两半轴的摩擦力矩与快转半轴的方向相反,与慢转半轴的转向相同。则慢转半轴得到的扭矩大于快转半轴所得到的扭矩。内摩擦力矩越大,则两半轴得到的扭矩差越明显。最大可达 5~7

倍。该结构简单,工作平稳,多用于轿车或轻型货车。

图 5-19 所示为摩擦片式差速器中,离合器摩擦片组件的安装示意图。

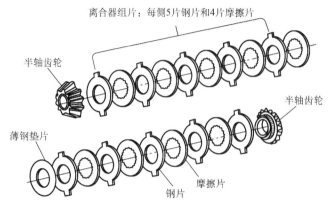

图 5-19 限滑差速器总成中的离合器组片

有的车辆使用五个弹簧预紧的圆锥离合器（见图 5-20）。圆锥离合器是用摩擦材料覆盖的圆锥,摩擦材料与差速器中内圆锥的内侧面相配合（见图 5-21）。两个圆锥压在一起时,摩擦力使两部件一同地旋转。圆锥摩擦面上切有螺旋形沟槽,允许润滑油流过圆锥。当车辆直线行驶的时候,弹簧的压力和来自行星齿轮（即主动小齿轮）的力推动圆锥向差速器壳中的内圆锥运动。转弯的时候,离合器的正常运作克服了弹簧的压力,从而允许车轮转弯。

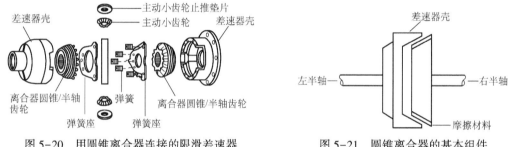

图 5-20 用圆锥离合器连接的限滑差速器　　图 5-21 圆锥离合器的基本组件

有的圆锥离合器限滑差速器,小轴末端有一个斜面,与差速器壳上的斜形开口相配合（例如,克莱斯勒的 Sure-Grip 差速器）。当转矩作用在斜型差速器上的时候,斜面就会促使半轴齿轮分离,并且将压力作用在附着力最大的半轴离合器上。圆锥离合器同时夹住半轴齿轮差速器壳的内部。

2. 强制锁止式差速器

图 5-22 所示为某进口重型汽车强制锁止式差速器。为牙嵌接合套式。牙嵌式接合器的固定接合套 15 用花键与差速器壳 13 左端连接,用弹性挡圈套 16 轴向限位。滑动接合套 17 用花键与左半轴 18 连接,且可在轴上轴向滑动。操纵机构的拨叉 8 装在拨叉轴 7 上,并可沿导向轴 10 轴向滑动,叉形部分插入滑动接合套 17 的环槽。

汽车在好路面上行驶时,牙嵌式接合器的固定接合套 15 与滑动接合套 17 不嵌合,即处于分离状态,此时为普通行星锥齿轮差速器。

汽车通过坏路面需要锁止时,驾驶员操纵开关,压缩空气由气管接头 1 进入气动活塞缸

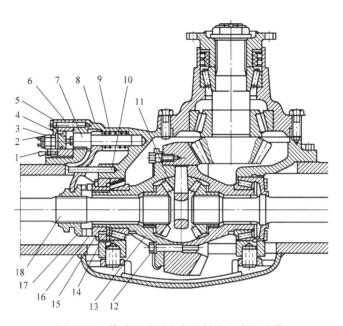

图 5-22 某进口重型汽车强制锁止式差速器

1—气管接头；2—带密封圈的活塞；3—差速锁指示灯开关；4—调整螺钉及其锁紧螺母；5—缸盖；
6—缸体；7—拨叉轴；8—拨叉；9—弹簧；10—导向轴；11—行星齿轮；12—螺栓；13—差速器壳；
14—调整螺母；15—固定接合套；16—弹性挡圈；17—滑动接合套；18—左半轴

左腔，推动活塞 2 右移，并经调整螺钉 4 和拨叉轴 7 推动拨叉 8 压缩弹簧 9 右移，再拨动滑动接合套 17 右移与固定接合套 15 嵌合，将左半轴 18 与差速器壳 13 连成一整体。则左右两半轴被锁成一体随差速器壳 13 一起转动，差速器被锁止，不起差速作用。转矩可全部分配给好路面上的车轮。同时，差速锁指示灯开关 3 接通，驾驶室内指示灯亮，提醒驾驶员差速器处于锁止状态，驶出坏路面后，及时摘下差速锁。

反向操纵开关，解除差速器的锁止，排出气缸内压缩空气后，拨叉 8 及滑动接合套 17 在弹簧 9 的作用下左移回位，接合器分离，差速器恢复差速作用，差速器指示灯熄灭。强制锁止式差速锁结构简单，易于制造。缺点是操纵不便，需要在停车时进行；还有，如果过早接合或过晚摘下差速锁时，在好路段上行驶，左、右车轮为刚性连接，有可能产生严重后果。如高速行驶时，可能转向不起作用。

3. 托森差速器

奥迪 80 和奥迪 90 全轮驱动的轿车上采用中央轴间差速器，又称托森差速器。图 5-23 所示为其在整车传动系中的安装位置。

从图中可见，发动机传来的扭矩从输入轴 1 输入后，经某一挡位，从输出轴 6（空心轴）传入托森差速器 3 的外壳，起差速作用后，一部分扭矩经齿轮轴 8 传至前桥，另一部分从凸缘盘 4 传到后桥，实现前、后轴同时驱动及扭矩自动调节。

图 5-24 所示为托森差速器的结构简图。组成有差速器外壳 3、蜗轮 8、蜗轮轴 7、空心轴 2、前轴蜗杆 9、后轴蜗杆 5、直齿圆柱齿轮 6 等。空心轴 2 和差速器外壳 3 用花键连接。蜗轮 8 依托蜗轮轴 7 固定于差速器外壳 3，三对蜗轮各自与前轴蜗杆 9、后轴蜗杆 5 啮合，每个蜗轮上有两个直齿圆柱齿轮 6。与前、后轴蜗杆啮合的蜗轮 8 经直齿圆柱齿轮 6 啮

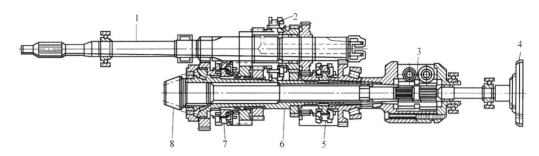

图 5-23 奥迪全驱动轿车变速器和托森差速器传动位置图

1—输入轴；2—三、四传动齿轮齿轮组；3—托森差速器；4—驱动轴凸缘盘；
5—五挡、倒挡传动齿轮组；6—空心轴；7——挡、二挡传动齿轮组；8—差速器齿轮轴

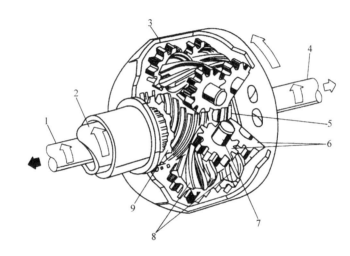

图 5-24 托森差速器结构简图

1—差速器齿轮轴；2—空心轴；3—差速器外壳；4—驱动轴凸缘盘；5—后轴蜗杆；
6—直齿圆柱齿轮；7—蜗轮轴；8—蜗轮；9—前轴蜗杆

合，前轴蜗杆 9 和前桥差速器齿轮轴为一体，后轴蜗杆 5 和后桥凸缘盘 4 为一体。汽车行驶时，驱动力从空心轴 2 传到差速器外壳 3，再经蜗轮轴 7 传到蜗轮 8，后又传到前轴蜗杆 9 经齿轮轴 1 到前桥。后轴蜗杆 5 经凸缘盘 4 将驱动力传到后桥，前后驱动桥的驱动得以实现。

汽车转向时，前、后驱动轴就会有转速差，通过啮合的直齿圆柱齿轮的相对转动，使前、后轴的某一轴转速加快，另一轴转速下降，实现差速。转速低的轴比转速高的轴得到较大的驱动扭矩，其实质为附着力大的轴比附着力小的轴得到较大的驱动扭矩。因此，差速器内速度平衡是由直齿圆柱齿轮完成的。

"托森"（格里森公司的注册商标）表示"转矩—灵敏差速器"。来自蜗轮—蜗杆传动的基本原理，螺旋升角越小，自锁值越大；相反，螺旋升角越大，自锁越小。自锁值的大小取决于蜗杆的螺旋升角及传动的摩擦条件。托森差速器锁紧系数大约为 3.5。这就是说，如果某一驱动轴的附着力下降得较低时，甚至一侧驱动轮在冰面，另一侧驱动轮在雪地，托森差速器可使较大驱动力分配到附着作用较好的驱动轮上，传递足够的驱动力驱动车轮。

5.4 半轴与桥壳

5.4.1 半轴

半轴的功用是将差速器传来的动力传给驱动轮。因其传递转矩较大,常制成实心轴。半轴的内端与差速器的驱动齿轮连接,外端与驱动轮的轮毂相连。

半轴与驱动轮的轮毂在桥壳上的支撑形式,决定了半轴的受力状况。半轴的支撑形式分为两种:全浮式半轴支撑和半浮式半轴支撑。

1. 全浮式半轴支撑

各型货车均使用全浮式半轴支撑,这种设计半轴与桥壳没有直接联系,可减轻半轴的负荷,减小半轴尺寸。图 5-25 所示为某型载货汽车全浮式半轴支撑,图 5-26 为其结构简图,两图说明了汽车半轴外端与轮毂及桥壳的连接情况。半轴外端凸缘较大,用螺柱和轮毂连接。轮毂用两个相距较远的圆锥滚子轴承支撑在半轴套管上。半轴套管与桥壳为静配合。半轴的内端用花键与差速器的半轴齿轮连接。

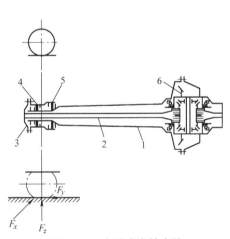

图 5-25 全浮式半轴支撑
1—桥壳;2—半轴;3—半轴凸缘;
4—轮毂;5—轴承;6—从动锥齿轮

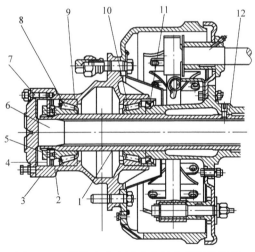

图 5-26 载货汽车全浮式半轴支撑结构简图
1—半轴套管;2—调整螺母;3—油封;4—锁紧垫圈;
5—锁紧螺母;6—半轴;7—轮毂螺栓;
8,10—圆锥滚子轴承;9—轮毂;11—油封;12—桥壳

轮毂内的两个圆锥滚子轴承的安装方向能分别承受向内和向外的轴向力,可防止轮毂连同半轴在侧向力作用下发生轴向窜动。轴承的紧度用调整螺母调整,再用垫圈和螺母锁紧。

这种半轴支撑形式，使半轴只承受转矩，而两端均不承受其他任何反力和弯矩，所以称为全浮式半轴支撑。所谓"浮"是对卸出半轴的弯曲载荷而言。

全浮式支撑的半轴容易拆装，拧下半轴凸缘上的螺钉和锥形弹簧垫，即可从半轴套管中抽出半轴，车轮与桥壳仍可支撑住汽车。

2. 半浮式半轴支撑

图 5-27 所示为高级小轿车半浮式半轴支撑形式的驱动桥。半轴外端的锥形锥面上有键槽，最外端有螺纹。半轴内端的支撑方法与全浮式半轴支撑相同，半轴内端不承受重力和弯矩。轮毂上的锥形孔与半轴配合，用键传力，并用螺母紧固。半轴用轴承直接支撑在桥壳凸缘内。此时，作用在车轮上的各反力都经过半轴外端传给驱动桥壳。这种支撑形式只使半轴内端免受弯矩，外端既承受扭矩，又承受全部弯矩，因此称为半浮式。

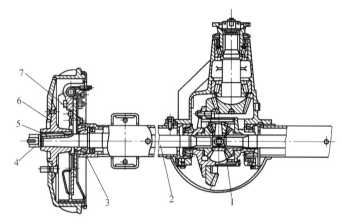

图 5-27　小轿车半浮式半轴支撑形式的驱动桥
1—止推块；2—半轴；3—圆锥滚子轴承；4—锁紧螺母；5—键；6—轮毂；7—桥壳凸缘

半浮式支撑，半轴与桥壳间的轴承一般只用一个。轴承必须能承受向外的轴向力，以免半轴和车轮被向外的侧向力拉出。还有，半轴上必须设有止推装置（不管是在行星齿轮中部，还是在半轴外端）以免半轴在侧向力的作用下向内窜动。

在转向驱动桥中，半轴分内、外半轴中间用等角速万向节连接；在断开式驱动桥中，半轴分段后用万向节和滑动花键或伸缩型等角速万向节连接。

半浮式半轴支撑结构简单。但半轴受力情况复杂，不易拆装。多用于反力及弯矩较小的各类轿车和微型车上。

5.4.2　桥壳

驱动桥壳的功用是用来安装主减速器、差速器、半轴以及悬架或轮毂，与从动桥一起支撑汽车悬架以上各部分质量，承受驱动轮传来的反力和力矩。因此，桥壳必须有足够的强度和刚度，质量小，易于拆装和调整主减速器。

驱动桥壳分为整体式桥壳和分段式桥壳。

1. 整体式桥壳

图 5-28 所示为某型载货汽车的整体式桥壳。由中部的空心梁、半轴套管、主减速器壳

及后盖等组成。空心梁用球墨铸铁铸成，前端环形大通孔用来安装主减速器及差速器总成。后端大孔用来检查驱动桥内主减速器和差速器的工作情况。后盖用螺钉装于后端面，上面装有检油螺塞。另有加油孔和放油孔。空心梁上凸缘盘用以固定制动底板，两端压入钢制半轴套管，并用止动螺钉限位。半轴套管外端轴颈用来安装轮毂轴承。最外端的螺纹，用来对轴承调整轴承预紧度及进行限位。

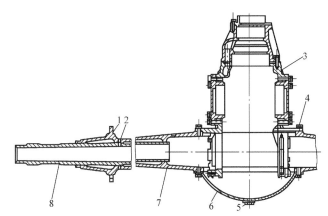

图5-28 某型载货汽车整体式桥壳

1—凸缘盘；2—止动螺钉；3—主减速器壳；4—固定螺钉；5—油面检查螺塞；
6—后盖；7—空心梁；8—半轴套管

整体式桥壳的刚度和强度较大，且易于主减速器的装配、调整和维修，普遍应用于各类汽车。

图5-29所示为某轻型汽车的钢板冲压成形焊接驱动桥壳。主要由冲压成形的上、下两个桥壳主件、四块三角形镶块、前后两加强环、一个后盖、两端两个半轴套管组合件焊合而成。为了防止桥壳内润滑油外溢，有的汽车在桥壳轴管处焊有挡油环或加装油封。轻型和微型车多用此类结构。

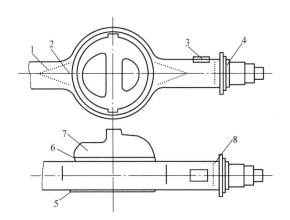

图5-29 轻型汽车的冲压焊接驱动桥壳

1—桥壳主件；2—三角形镶块；3—钢板弹簧座；
4—半轴套管；5—前加强环；6—后加强环；
7—后盖；8—焊缝

125

2. 分段式桥壳

分段式驱动桥壳是将桥壳分为两段，用螺栓将两段连成一体。它由主减速器、盖、两个半轴套管及凸缘盘等组成。分段式桥壳比整体式桥壳容易铸造，加工简便，但维修保养不便。当拆检主减速器时，必须把整个驱动桥从汽车上拆卸下来，目前已基本不采用。

5.5 四轮驱动系统

5.5.1 四轮驱动系统概述

四轮驱动系统中，分动器及在轻型载货汽车、各种轿车及越野汽车上的应用（见图5-30）。四轮驱动的变速器、传动轴、差速器和驱动桥等与两轮驱动系统相同。尽管对所有的四轮驱动装置来说，其运行原理是相同的，即四轮驱动系统是基于两轮驱动系统发展改造而来的。但各种系统的部件、位置及其控制，依制造商和应用场合的不同而不同。

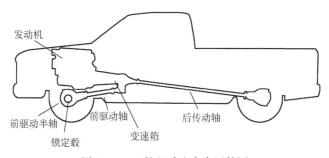

图 5-30 四轮驱动汽车布置简图

四轮（和全轮）驱动系统显著增大了车辆的附着力和雨天、下雪或越野行驶时的操控能力。全时四驱系统在通过天气变化多端和路面状况时好时坏的情况下最为理想。例如，驶入和驶出雨天天气或行驶在分布有几片积雪几乎洁净的路面上。附着力的增加可使传动系统给车辆施加更大的动力。当负荷平均分摊在四个车轮时，驾驶和操控性能会有极大地改善。动力的传递由四轮驱动系统的组成决定。车辆装有开式差速器时，动力传递给两组驱动轮（一组前轮一组后轮）。若车辆装有带差速锁的差速器，转矩可能会传递给全部车轮也可能只驱动一个车轮。

转弯时，前轮驶过的距离比后轮要长得多。这是由于前轮驶过的弧度大于后轮。全时四驱系统中，开式差速器可使前轮行驶快于后轮，而不引起滑动。

5.5.2 四轮驱动系统的种类

1. 由后轮驱动发展而来的四轮驱动系统

汽车在越野或在深泥、雪中行驶时,四轮驱动最为有用。为越野设计的四轮驱动车辆加上一个分动器、前驱动轴、前差速器与驱动轴组成(见图5-31)。四轮驱动系统一般包括前置纵向的发动机,自动或手动变速器(与两轮驱动相同),有三根传动轴。一根短轴连接着变速器的输出轴和分动器(见图5-32)。分动器的输出由两根独立的传动轴传递到前传动轴和后传动轴。

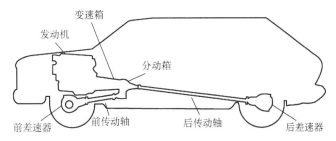

图5-31 从后轮驱动底盘发展而来的全轮驱动系统

全轮驱动系统就是持续提供动力给所有驱动轮(见图5-33),四轮驱动系统是需要驾驶员来控制使用四轮驱动的系统,还可提供重载或剧烈越野时的低速行驶。通常,全时四驱表示全轮驱动。

图5-32 分动器总成

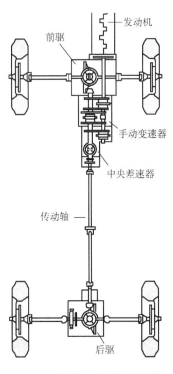

图5-33 全轮驱动系统示意简图

全轮驱动和全时四驱系统永远是全轮驱动的。不管在什么路况下都给四轮提供转矩,驾驶员不能选择两轮驱动。

按需分配的四驱系统是自动控制的系统,为一轴驱动。当有滑动检测到时,并达到预期值,系统就会将转矩传递到相应的轴上,传递到另一根轴上转矩的大小取决于滑动的多少和系统本身。

有的四轮驱动系统为驾驶员提供全时四驱或两轮驱动的选择。在许多情况下,全时四驱是四驱系统的要求。当驾驶员选择四轮驱动时,几乎所有的转矩都传递给一组驱动轴。一旦该轴出现一点滑动,一部分转矩就会传递给另外一组驱动轴。例如,福特的 Control-Ttac 系统。当选择四驱模式时,96%的转矩传递到后轴,直到检测到后车轮出现滑动为止。控制电脑给分动器中的电磁离合器一个响应电压。离合器动作将转矩传递给前轴,传递给前轴转矩的大小取决于后轮滑动量的大小。传递到前轴的转矩最高可高达 96%。

2. 由前轮驱动发展而来的四轮驱动系统

前驱汽车的四轮驱动系统多见于轿车和小型 SUV 车。一般由变速驱动桥、驱动前轮的差速器、将变速驱动桥和后轴连接起来的附加装置——离合器和差速器组成。

若是全时四驱,分动器中安装有可控制的离合器。中间轴差速器的作用是补偿任何前后驱动轴的差异,使前后轴以各自的转速运转。

为改进汽车的操纵性,许多高性能的轿车装备了四轮驱动。而且都是由前轮驱动发展为四轮驱动的。大多是增加分动器、后传动轴和带有差速器的后桥。有些汽车是采用中间差速器(见图 5-34)来代替分动器。中间差速器可使后车轮和前车轮以不同速度运转。

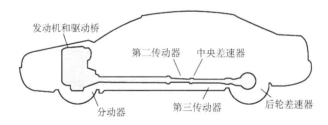

图 5-34　由前轮驱动发展的带轴间差速器的全轮驱动系统

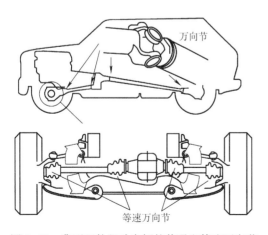

图 5-35　典型四轮驱动车辆的普通和等速万向节

万向节或等速万向节用来把传动轴连接到差速器和分动器上。后桥或直接连接到车轮轮毂上,或通过万向节连接到轮毂上。载货汽车通常也用万向节把前桥连接到车轮毂上。轻型载货汽车和四轮驱动轿车一般在其前桥总成中使用半轴和等速万向节(见图 5-35)。

3. 全轮驱动系统

全轮驱动系统不提供选择两轮驱动或四轮驱动。全部车轮始终参与驱动。全轮驱动的车辆不是为了用于越野行驶。是为了增加车辆在低附着力路况下的性能,如冰雪路面,或者紧急时刻,极大地提高了驾驶员在不利的驾驶条件下对车辆的控制能力。在需要时,可适时地将驱动力分配到四个车轮。全轮驱动系统自动适应普通或湿滑路况,在附着力小的情况下有更好的性能。全轮驱动车辆将一大部分转矩传递到附着力最大的车轮从而提供最佳的操控性能。

全轮驱动系统无两速分动器,多由前轮驱动系统发展而来。在传动轴上加一个单速分动器,或者一个中间轴差速器将转矩分流到前轴和后轴(见图5-36)。有些中间差速器能自动锁止,或者驾驶员通过开关来锁止。有的备有黏性联轴器,或代替中间差速器(见图5-37)。黏性联轴器只允许前后驱动轴之间有限的滑动。将转矩传递给四个车轮并防止传动系干涉(终结,即功率内循环,消耗了发动机功率)。

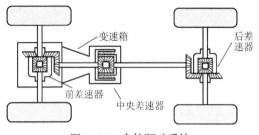

图 5-36 全轮驱动系统

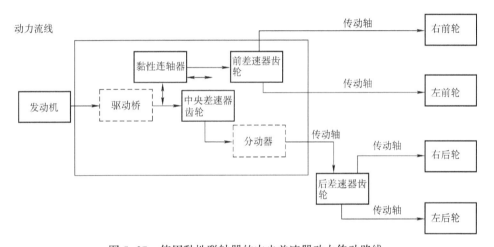

图 5-37 使用黏性联轴器的中央差速器动力传动路线

许多自动全轮驱动系统是电子控制的。分动器的运转就如同轴间差速器,将95%的转矩分配到前桥,5%的转矩分配到后桥,直至将50%转矩分配给前桥,50%转矩分配给后桥。这一过程发生得很快,驾驶员不会感觉到牵引力产生了变化。

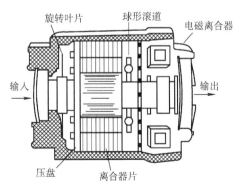

图 5-38 带 CPU 控制的电磁离合器分动单元

4. 按需四轮驱动系统

按需四轮驱动系统主要是一种能够根据需要传递力矩到另外两驱动轮的四轮驱动系统,能够根据情况在两轮之间分配力矩。普通四轮驱动的力矩分配是固定不变的。

动力的中断或输出控制是通过在分动器或中央差速器处的离合器(如图5-38)来实现的。

5.5.3 分动器

常用的分动器有很多不同的型号,每种都有各自的特点、性能和维修步骤。

分动器通常装在变速器的侧面或后部,常使用链传动或齿轮传动(见图5-39、图5-40)。分动箱的构造同典型的变速器类似。

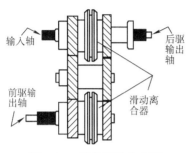 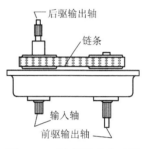

图5-39 齿轮驱动分动箱　　　　图5-40 链条驱动分动箱

车辆加装分动器后前驱动轴和后驱动轴之间的传动比不同,会导致推拉干涉现象。这种现象叫动力传动系的干涉(终结),即功率内循环。

动力传动系的干涉(终结)会引起操纵问题,特别是在干燥路面上转弯时。这是因为在车辆转弯时前轮的行驶距离比后轮长。这种现象的产生会导致使用四轮驱动时,出现安全问题和燃油经济性问题。

1. 分动器从车上的拆卸

拆下分动器的步骤各不相同。以下为拆下分动器的通用步骤(见图5-41)。

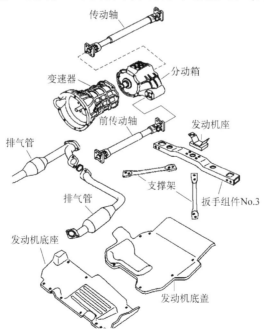

图5-41 从汽车上拆卸分动箱时的简图

（1）升起汽车，将放油盘放在分动器下面，放油。
（2）拆下与分动器相连的所有电线和关联件，并做好"标记"。
（3）拆下前、后传动轴；拆下车速表软轴。
（4）用变速器专用举升器支撑分动器。
（5）拆下连接分动器的螺栓。并将其从汽车上拆下来。

重新安装分动器与此相反。分动器用自动变速器用油润滑，并加至注油口底部。

2. 分动器的拆卸

不同型号的分动器其拆卸步骤也不同。图 5-42 所示为某分动器的结构示意图，表 5-6 为某分动器的拆卸步骤。

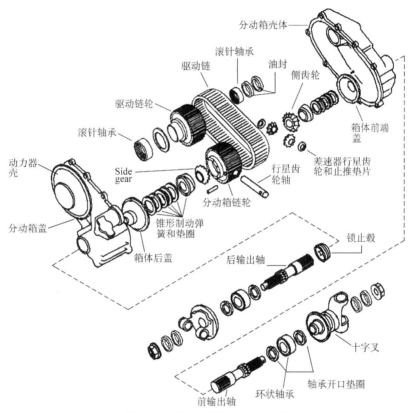

图 5-42 某分动器的结构示意图

如果分动器是链传动型，应特别注意链轮两侧的薄、厚止推轴承座圈。薄轴承座圈通常和链轮固定在一起，而厚轴承座圈通常和箱体固定在一起。如果推力轴承座圈位置安装错误，会产生咔嗒声。

3. 分动器的装配

装配分动器前，应彻底检查，清洗全部零件，并涂上自动变速器油，更换全部衬垫和密封圈，螺纹涂上螺纹密封胶。

表 5-7 所示为某分动器的装配步骤。

表 5-6 分动器的拆卸步骤

序号 1	序号 2	序号 3
拆下两输出轴凸缘、螺母、垫圈、橡胶密封和输出轴叉	拆下四轮驱动指示开关	拆下电力换挡电动机
序号 4	序号 5	序号 6
记下内三角形轴和槽的位置	拆下前、后箱体的固定螺栓	打开箱体
序号 7	序号 8	序号 9
拆下电动换挡滑动杆	从主轴上拆下离合器圈	拉出两轮驱动—四轮驱动换挡拨叉和锁紧组件
序号 10	序号 11	序号 12
将链、从动链轮和主动链轮作为总成一起拆下	一起拆下油泵组件和主轴	从换挡凸轮的内圈取出高—低换挡拨叉
序号 13	序号 14	序号 15
从换挡拨叉中拆下高—低换挡啮合套，从箱体上拆下固定座	取下螺栓，从箱体上面拆下行星齿轮固定座	将行星齿轮装置从固定座内拉出来

课题5 驱动桥

表 5-7 分动器的装配步骤

序号1	序号2	序号3
在壳体上装入输入轴和前输出轴的轴承	在内齿圈的外壳上涂密封胶	装入输入轴及行星齿轮装置,固定螺栓拧紧到规定力矩
序号4	序号5	序号6
将高—低换挡接合套装入换挡拨叉内	将高—低挡换挡组件装入分动器	将主轴及油泵组件装入分动器
序号7	序号8	序号9
将主动、从动链轮及链总成安装到分动箱内的指定位置	安装拨叉轴	在主轴上安装两轮驱动—四轮驱动换挡拨叉和锁紧组件
序号10	序号11	序号12
在主轴上安装离合器	清洁分动器的配合表面	对正装入后,将分动器合在一起,拧紧连接螺栓至规定力矩

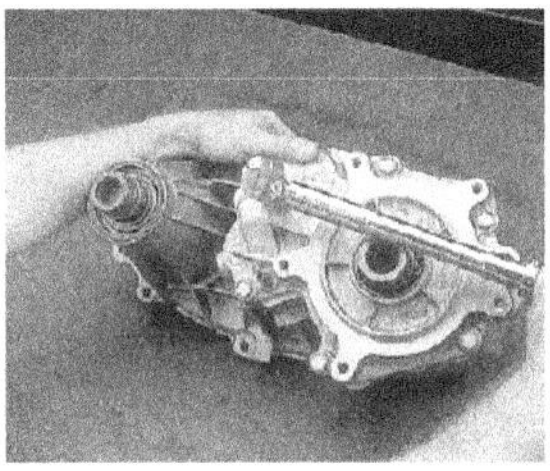

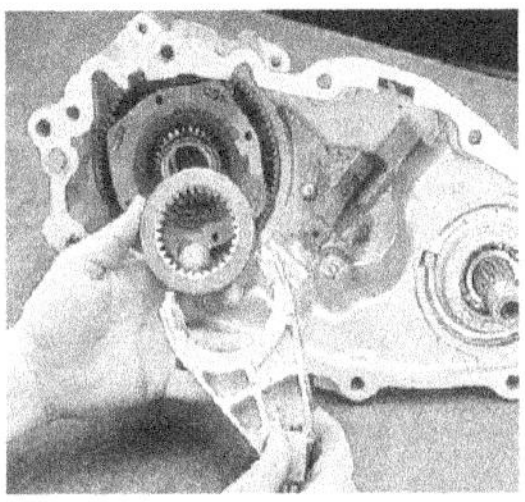

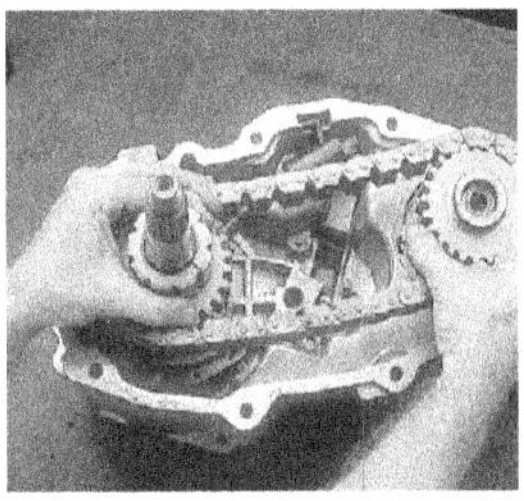

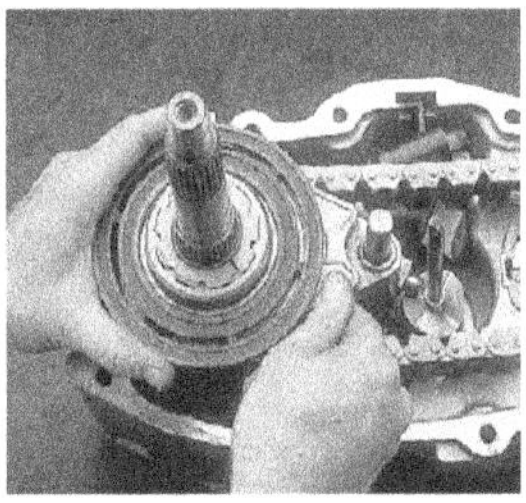

133

续表

序号 13	序号 14	序号 15
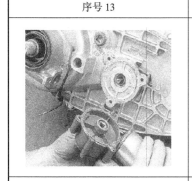		
涂密封胶后，将三角形槽与形轴对准，将电动机装在轴上，晃动电动机，确保完全固定在轴上	拧紧电动机的紧固螺栓至规定力矩，将电线插入连接盒中，连接所有的电传感器	装入配对法兰的密封圈、垫圈和螺母，然后拧紧螺母到规定力矩

4. 分动器的工作原理

分动器的作用是把来自变速器的转矩传递到前、后驱动轴。是安装在主变速器侧面或后部的辅助变速器（见图5-43）。分动器的分类通常有三种：分时式，它提供了以下范围，空挡、两轮驱动高挡、四轮驱动高挡和四轮驱动低挡；全时式，它提供了两轮驱动高挡、四轮驱动高挡和四轮驱动低挡；分时/全时式，它提供了两轮驱动高挡、全时四驱高挡和分时四驱低挡。

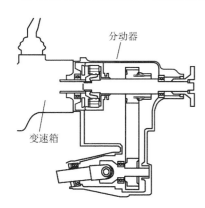

图5-43 变速箱上分动箱的位置

高速至低速之间的转换是通过分动器变速操纵杆完成的。高速为直接传动，$i=1$。低速通常产生约2:1的传动比。

低速挡可实现减速增扭，是变速器和主减速器减速的补充。高挡时，无此作用。分动器还有一个空挡位置。有的四轮驱动汽车只有一个挡位，无低速挡。

大多数分动器使用行星齿轮组（见图5-44）提供不同的挡位。换挡机构有较大差异，但动力的传递基本相同。换挡机构使不同的齿轮接合或脱开，从而产生不同的挡位。两挡分动器的动力传递如下。

在空挡位置，分动器由变速器输出轴直接驱动。分动器处于空挡（见图5-44），无动力传输到驱动桥。空挡时，太阳轮转动行星齿轮，行星齿轮驱动齿圈（常称为内齿轮），行星齿轮架保持不动，所以无动力传递。

高挡时，离合器拨叉把滑动离合器固定在两轮驱动位置。随着行星齿轮组向后移动，将行星架锁定，阻止了行星齿轮在其轴上转动，行星齿轮、行星架和齿圈以一个整体转动。输入轴与后传动轴以相同的转速旋转（见图5-45），即为直接传动。

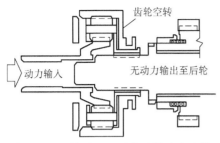 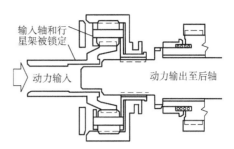

图 5-44 空挡时，通过分动器动力流线　　图 5-45 高挡两轮驱动时动力流线

当位于高挡时，若四轮驱动离合器拨叉向前移动。花键与传动链轮齿轮接合的滑动离合器接合（见图 5-46）。离合器弹簧把滑动离合器推进到与后输出轴接合，则链条驱动前输出轴，且与后输出轴的速度相同。将动力送至两驱动桥，向四个车轮提供动力。

低挡时，四轮驱动处于四轮驱动模式。换挡操纵杆将太阳轮和行星齿轮组件向后移动，使齿圈与轴承保持架组件的锁定环相啮合（见图 5-47），固定齿圈，行星齿轮绕齿圈旋转。则行星架以比输入轴速度慢的速度转动。行星架用花键与输出轴连接，所以输出轴以较慢的速度旋转。即达到了减速增扭的作用。

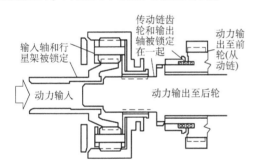 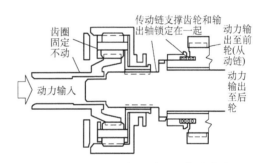

图 5-46 传动链轮齿轮和输出轴锁定在一起　　图 5-47 低挡四轮驱动时的传动路线

分动器也有采用直齿轮或斜齿轮组来进行变速及四轮驱动的接合与分离。通过改变滑动的或接合的齿轮，与分动器内的从动齿轮相啮合或分离（见图 5-39），达到变速或四轮与两轮驱动之间的转换。滑动齿轮和接合器（即换挡接合套）通过轴上的花键进行驱动。

主轴上的滑动齿轮用来将低挡齿轮或高挡齿轮锁定到主轴上。在许多分动箱中，只有接合器处于空挡时才能实现这种换挡。因为分动器主轴和与其用花键相连的滑动齿轮会以与低挡或高挡齿轮不同的速度转动（即换挡时的不同步），此时会发生齿轮碰撞。

在一些四轮驱动系统上，汽车必须在换挡之前先被制动至停车状态。同样，换挡进入四轮驱动低挡时，通常也要求先制动汽车至停车，才能换入四轮驱动低挡。

有些分动器为单一速度，仅能在两轮驱动和四轮驱动之间进行变换。

5. 分动器的主要结构形式

有些分动器，特别是载货汽车完全靠齿轮组传递动力。

大多数吉普车使用齿轮和链条的组合。使用链条驱动，减少了分动器的质量，改善了燃料经济性。

链传动常用来连接分动器中的输入和输出轴。链条仅用作连接而不改变传动比。链传

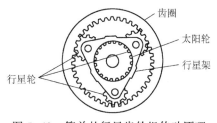

图 5-48 简单的行星齿轮组传动原理

动通常与行星齿轮组一起使用。链传动效率高,无噪声,可适应分动器中部件的灵活定位。

行星齿轮传动可减少质量和提高效率,分时分动器的汽车以两轮驱动时,内部部件不发生旋转,可获得进一步的高效率。

简单的行星齿轮组的传动原理,可从机械设计原理中理解时更为清楚(见图5-48)。固定齿圈和驱动太阳轮,则行星架的输出便实现降速。

5.5.4 限滑差速器

许多全时分动器装备了限滑差速器。使用黏液离合器、圆锥离合器(见图5-49),或多片离合器来控制差速器的动作。当使用了限滑差速器,传递到附着力小的车轮上的转矩就会减小。这便使更多的转矩传递到附着力更大的轴上。

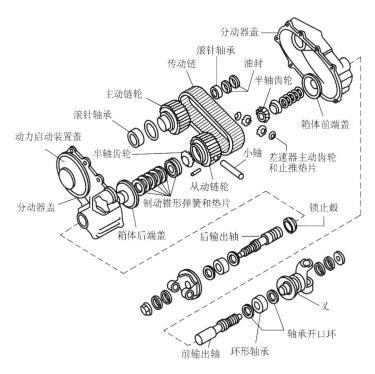

图 5-49 装备有限滑差速器的四轮驱动分动器,通常使用的分动箱中装备有限滑差速器的全轮驱动系统称为 Quadr-Trac

当不需要差速器动作的时候,一些中间差速器的模块会被锁止,使转矩传递到四个车轮上。锁定的位置只能使用在软的路面上,如沙地、泥地和雪地。通常差速器是由一个电磁离合器锁定的。离合器可能有仪表盘上的一个开关驱动或者由计算机根据轮速传感器的信号控制(通常和 ABS 的传感器相似)。

1. 中央差速器

当车辆处于四轮驱动工况，前后轴就会以相同的速度旋转，这会导致传动系干涉（终结）。全时四驱使用中央差速器来防止传动系干涉。它安装在分动器中，位于前桥输出轴和后桥输出轴之间。中央差速器允许前后桥以不同的速度旋转。消除了传动系干涉，并增加了转弯时的操控性能。中央差速器常安装在黏性联轴器上（见图 5-50）来传递转矩到另外一根轴上。

一些高性能的全轮驱动车辆使用真空系统让驾驶员锁止中央差速器或后差速器。这种控制使驾驶员能够选择哪个车轮接受大部分的转矩。

2. 黏性联轴器

黏性联轴器用在车辆的传动系中，用来驱动低牵引力作用的驱动桥，代替了中间轴差速器。安装黏性联轴器的目的是在艰难的驾驶条件下改善驾驶因素。黏性联轴器自动运行，一旦需要改善车轮的牵引力时，便不断地传递动力给驱动桥总成。也就是将驱动转矩偏置到驱动轴上的牵引力效应。黏性联轴器将动力传递到附着力最大的车轮或轴上。

黏性联轴器（见图 5-51）通常是一个鼓状物内部装有一些黏稠的液体，壳体上紧密地安装着薄钢片。一副盘片连接到前轮，另外一副连接到后轮。黏性联轴器的优点就是它能根据每根轴的需要分配发动机的转矩。

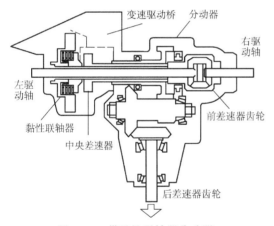

图 5-50 带黏性联轴器分动器

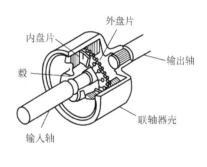

图 5-51 黏性联轴器主要组件

5.5.5 分动器的操纵机构

1. 换挡操控系统

换挡操纵装置（见图 5-52），应当保证不过紧也不太松。换挡操纵装置能防止分动器进入和脱离四轮驱动。经常润滑可保持分动器和变速器换挡操纵装置状态良好。

驾驶室内，可进行四轮驱动与两轮驱动的转换（见图 5-53）。

大多数四轮驱动装置都装备有使驾驶员来选择进入和退出四轮驱动的系统。两轮或四轮驱动的选择由转换器、电子开关或锁定毂（见图 5-54）来控制。换挡装置的换挡位置如图 5-55 所示。

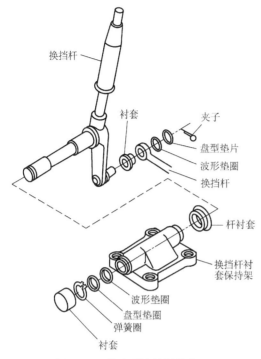

图 5-52 分动器换挡操纵装置

图 5-53 两轮与四轮驱动选择示意图

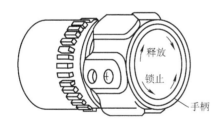

图 5-54 锁定毂

图 5-55 变速杆位置

2. 锁定毂

载货汽车和轻型越野汽车上的大多数四轮驱动系统使用前轮驱动毂。在汽车以两轮驱动方式运行时，从前轮脱离接合。手动锁定毂要求驾驶员手动转动杆或转动按钮来进行两轮驱动或四轮驱动的锁定（见图 5-56）。

图 5-56 手动锁定毂旋钮的位置

自动锁定毂可以自动转化到四轮驱动状态并向前缓慢行驶。有一些需要慢慢倒车来解除锁定状态。

锁定毂是使车轮毂与半轴外端啮合和分离用的离合器。转动位于手动毂中心的手柄可锁定毂或使毂脱离锁定状态。这个控制手柄可施加或释放在毂离合器上的弹簧张力。当毂处于锁定位置时，弹簧压力使离合器接合到与半轴相连的花键（见图 5-57）。当毂处于未锁定位置时，弹簧的张力使离合器环脱离轴，由此分离轴毂和半轴。

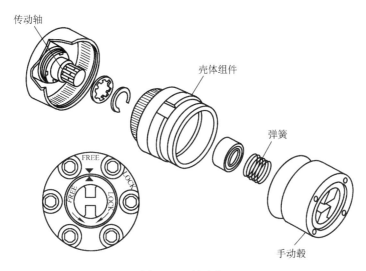

图 5-57 锁定毂

自动毂（见图 5-58）可能更为方便些。但当汽车倒车时，许多自动锁定毂的设计形式为脱离锁定状态。这样，如果汽车深陷而需要倒车来脱离困境时，只能采用后车轮驱动来开动汽车。当在不必倒车就脱离开四轮驱动状态时，自动毂立刻脱离锁定。在这些系统上，不论汽车正在行驶的方向如何，毂都自动地锁定。

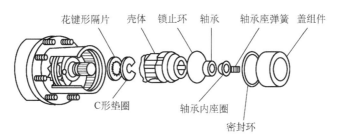

图 5-58 自动锁定离合器

5.6 驱动桥常见故障的诊断和排除

汽车行驶时，驱动桥各零件接近最终传动，受力远大于传动系的其他部位。后轮驱动的汽车，桥壳承受大部分载荷；前轮驱动的轿车，半轴在外，使用相当长时间后，两端万向节传动间隙增大，易出现异响、主减速器和差速器温度过高、漏油等现象，以致汽车不能正常使用。在维护和维修时，应有针对性的进行。

5.6.1 驱动桥的维护

一、二级维护在国产中型载货汽车后桥的维护中，显得十分重要。

1. 驱动桥和车轮的一级维护包含以下需要检查的内容

（1）后桥壳有否裂纹及不正常的渗漏。否则予以排除。
（2）各处螺栓、螺母的连接是否可靠。
（3）推动轮毂检查轴承的预紧度，无明显手感的空旷量。
（4）轮胎和半轴上的外露螺栓、螺母，无松动现象。

2. 二级维护内容

二级维护内容除包括一级维护所有项目外，还包括以下内容。
（1）半轴无弯曲、裂纹，键槽无过度磨损。若有可见的键槽磨损，左右半轴应换位。
（2）半轴套管无配合松旷和裂纹，螺纹损伤不得超过两牙。
（3）后桥壳是否有裂纹。
（4）主减速器与差速器中的齿轮、轴承及各螺栓紧固情况。
（5）主减速器的油封有无漏油，凸缘螺母是否松动，连接螺栓的紧固情况。
（6）轮毂轴承按技术条件的要求校紧。

3. 二级维护时的附加检查项目

主减速器有无异响、啮合间隙是否过大。如轮齿磨损严重或啮合间隙过大，应调整啮合间隙并检查齿面接合状况。

后桥正常工作时，油温不得超过60℃。否则调整轴承预紧度，拆检主减速器和差速器。检查完毕，装复后桥壳的后盖，按规定加注齿轮油至油面高度。

5.6.2 驱动桥的检修、装配、调整

1. 主减速器的拆装与调整

主、从动锥齿轮轴承为圆锥滚子轴承，圆锥滚子轴承安装时必须有一定的预紧力，以消除轴承多余的轴向间隙，平衡前后轴承轴向负荷，对主、从动锥齿轮工作时保持正确的啮合和前后轴承均匀的磨损，是很有必要的。因此，在装配调整时，必须遵守主减速器的以下调整规则。

首先调整轴承的预紧度，再调整啮合印痕，最后调整啮合间隙。

第二，主、从动圆锥齿轮轴承的预紧度必须按原厂规定的数值和方法进行调整与检查，并始终遵循原厂规定值。

其三，在保证啮合印痕已调整合适的情况下，调整啮合间隙。啮合印痕、啮合间隙和啮合间隙变化量必须符合技术条件，否则成对更换齿轮副。

第四，准双曲线圆锥齿轮以移动主动圆锥齿轮调整啮合印痕，以移动从动圆锥齿轮调整啮合间隙为主。

1）主、从动锥齿轮轴承预紧度的装配与调整

实际中，广泛使用调整垫片调整主动锥齿轮轴承预紧度，设计时，多半都是已确定两轴承外环距离，再用改变两轴承内环之间的距离来调整，如图5-59（a）和（b）所示。其

中，图 5-59（a）两轴承之间有隔套 2。图 5-59（b）主动齿轮轴上有轴肩。在隔套或轴肩前面装有调整垫片 3，增减垫片 3 的厚度就可改变两锥轴承内环之间距离的长短。垫片厚度增加，距离加大，轴承预紧度减小；反之，轴承预紧度加大。EQ1090，CA1091，广州标致等汽车的调整均使用以上办法。

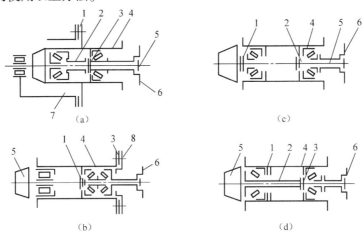

图 5-59 主动锥齿轮的支撑形式和调整装置
1—啮合状态调整垫片；2—隔套；3—轴承预紧度调整垫片；4—轴承座；
5—锥齿轮；6—突缘叉；7—主减速器壳；8—油封盖

有的车一般不用垫片，用精选隔套长度来调整，如南京依维柯 S 系列。许多小轿车使用的隔套为波形套，如丰田 CORONA、STARLET 和日产 200SX。轴承预紧后，波形套超过弹性极限后进入塑性变形范围，可在较宽的变形范围内保持轴向支持力不变，从而使轴承预紧度始终处于规定范围。

图 5-59（c）所示为设计时已确定两轴承内环之间的距离，用改变两轴承外环之间的距离来调整。此时，在主减速器油封盖后面装有调整垫片 3。垫片厚度增加，距离加大，轴承预紧度减小；反之，轴承预紧度增加。奥迪 100 组合式变速器主减速器为类似结构。

图 5-60 所示为主减速器主、从动锥齿轮轴承预紧度检查方法。

不装油封的情况时，用手抓住突缘来回推拉，无间隙感觉，转动突缘，轴承应转动灵活，无卡滞。在突缘螺栓孔处用弹簧秤测量圆周切向拉力（见图 5-60），其拉力极限值（见表 5-8）即为主动锥齿轮的轴承预紧度。

2）主减速器从动锥齿轮轴承预紧度的调整

图 5-60 主、从动锥齿轮轴承预紧度

表 5-8 主动锥齿轮轴承预紧度及凸缘螺栓的拉力

车型	凸缘螺母扭矩/(N·m)	轴承预紧力矩/(N·m)	圆周力/N
CA1091	200~290	1.47~3.43	25~58
EQ1090	196~294	1.33~2.67	16~33.3

单级主减速器从动锥齿轮轴承为差速器轴承，对整体式桥壳（如 EQ1090）预紧度调整，是调整两差速器轴承外侧的螺母。旋进螺母预紧力加大，反之则减小。

双级主减速器第一级为锥齿轮（如CA1091）时，从动锥齿轮与第二级主动圆柱齿轮支撑于中间轴，轴承预紧度的调整为中间轮两端轴承盖处的垫片。两组垫片总厚度增加，轴承预紧度减小；反之，轴承预紧度增加。第二级从动圆柱齿轮轴承预紧度的调整与单级主减速器从动锥齿轮轴承预紧度调整方法相同。

3）主、从动锥齿轮啮合印痕的检查与啮合间隙的调整

两齿轮副正常地工作，必须有正确的啮合印痕和齿侧间隙。从动锥齿轮轴向位移的调整装置与轴承预紧度的调整为共享。预紧度调好后，将调整垫片从一侧调到另一侧，或将一侧的调整螺母松出多少，另一侧等量拧紧多少，就可保持轴承预紧度不变时，调整啮合状况。

设计规定，齿轮制造时，两齿轮接触时，轮齿不允许全长接触，只沿齿长方向接触$1/2$~$1/3$，且接触区偏向于小端。如图5-61所示，这样可保证工作时，在负荷的作用下接触区逐渐移向大端，且长度和高度均有所扩大。修理时，不能只更换齿轮副中的某一件，也不能将配好的齿轮副搞乱；否则，调整过程会很困难。

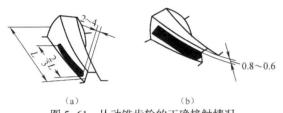

图5-61 从动锥齿轮的正确接触情况
(a) 装配时的检查；(b) 有负荷时的检查

检查啮合印痕时，将从动锥齿轮的轮齿齿面沿圆周大致等距分为三处，用机械油调和的红丹油或蓝油均匀地涂在齿轮凸凹面齿部，然后用手转动主动齿轮，此时，啮合印痕应符合下列规定：接触长度不小于齿长的50%，高度方向不小于齿高40%，否则，应予以调整。

检查齿侧间隙时，在主、从动锥齿轮处于啮合的状态下，使百分表触头与主动锥齿轮齿面接触，慢慢转动从动锥齿轮，即可测出。或原始办法：使用保险丝适当锤扁，加适量润滑油，一同放入锥齿轮啮合副，以适度力量转动几次后，取出被压扁的保险丝片，测量其厚度，即为此时的齿侧间隙。几种车型的齿侧间隙见表5-9。

主、从动锥齿轮的啮合间隙和啮合印痕，是用调整主、从动锥齿轮沿各自轴向的位移来实现的。

主动锥齿轮轴向位移，为增减主动锥齿轮轴承壳与减速器壳之间的调整垫片。从动锥齿轮轴向位移，为拧松或拧紧差速器轴承调整环实现的（不得改变轴承预紧度）。调整过程见表5-10。

表5-9 主、从动齿轮的啮合间隙

车型	主、从动齿办的啮合间隙/mm
CA1091	0.15~0.40
EQ1090	0.15~0.40
桑塔纳	0.08~0.15

表5-10 主减速器锥齿轮啮合印痕和齿侧间隙的调整

主、从动齿轮面接触区		调整方法	齿轮移动方向
向前行驶	向后行驶		
		将从动齿轮向主动齿轮移近，若此时齿隙过小，将主动齿轮向外移开	

续表

主、从动齿轮面接触区		调整方法	齿轮移动方向
向前行驶	向后行驶		
		将从动齿轮自主动齿轮移开，若此时齿隙过大，将主动齿轮移近	
		将主动齿轮向从动齿轮移近，若此时齿隙过小，将从动齿轮向外移开	
		将主动齿轮自从动齿轮移开，若此时齿隙过大，将从动齿轮向内移近	

　　双级主减速器，从动锥齿轮的轴向位移，前提是不得改变主减速器壳左、右主动圆柱齿轮轴承盖下调整垫片总厚度，将适当厚度的调整垫片从一侧移到另一侧即可实现。

　　单级主减速器，从动锥齿轮的轴向位移，可用转动两个差速器轴承调整螺母来实现，但不能改变差速器轴承预紧度。

　　各车型给定的主减速器锥齿轮齿侧间隙，为齿面啮合印痕正确时的间隙。因此，调整间隙应与调整啮合印痕同步进行。调整啮合间隙和啮合印痕时，以调整啮合印痕为主，满足啮合印痕后，可将啮合间隙适当放大。一般货车的最大齿侧间隙为 0.8~1，小汽车为 0.3~0.5。

2. 差速器的装配

1）装差速器轴承

安装差速器轴承内圈时，只准使用压力机平稳地压入，不得以手锤敲击，以免损伤轴承或破坏配合性质。

2）装齿轮

在行星齿轮和半轴齿轮的配合表面涂以机油，先装入垫片和半轴齿轮，然后装入已装好的行星齿轮及垫片的十字轴，并使行星齿轮与半轴齿轮正确啮合。

在行星齿轮上装入另一侧半轴齿轮及垫片，扣上另一侧的差速器壳。装入另一侧壳体时，应使两侧壳体上的位置标记对正，以免破坏齿轮副的正常啮合。

3）从动齿轮的安装和差速器的装合

将从动锥齿轮装于差速器壳体，将紧固螺栓按规定方向穿过壳体，套入垫片，按规定力矩交替拧紧螺母，锁死锁片。

4）轮毂轴承的润滑与调整

轮毂轴承的润滑和调整，都属一、二级维护作业项目。其状况的好坏，直接影响车辆的动力性、经济性和行驶安全性。

5）轮毂轴承的润滑

二级维护时，拆检轮毂轴承后，采用汽车通用的锂基润滑脂 2 号，轴承缝隙间应充满润滑脂，可采用专用加注机，可以边转动轴承边涂抹润滑脂。

6）轮毂轴承的调整

各种类型汽车后轮毂锁紧装置、后轮毂的安装与轮毂轴承的调整方法尽管有差异，但大体相同。

加注好润滑脂的内轴承装入半轴套管，装入轮毂和外轴承，边拧动调整螺母，边正反两个方向转动轮毂，使轴承滚子正确就位。以规定力矩拧紧调整螺母（CA1091 型汽车为 98~147 N·m；EQ1090 型汽车为 196~245 N·m），将螺母退回一定圈数（CA1091 型汽车为 1/5 圈；EQ1090 型汽车为 1/4~1/3 圈），然后装上油封和锁紧垫圈，并使调整螺母上的销子穿入锁紧垫圈的孔内。最后将锁紧螺母以规定力矩拧紧（CA1091 型汽车为 196~245 N·m；EQ1090 型汽车为 245~294 N·m）。调整后，轮毂应能自由旋转，无明显的轴向松动和摆动现象。

7）驱动桥的磨合试验

驱动桥装配后需要进行磨合试验，其目的是检验修理和装配的质量、齿轮的啮合噪声、轴承区的温度和渗漏现象。

驱动桥装合后，按规定加注润滑油进行磨合试验。磨合转速一般为 1 400~1 500 r/min（EQ1090 型汽车原厂规定为 800~1 200 r/min）。在这一转速下做正、反转试验，各项试验不得少于 1 分钟。

试验中，各轴承区的温升不得超过 25℃，齿轮啮合无敲击声和高低变化的响声，各结合部位无漏油现象。试验后，清洗并换装规定的润滑油。

对汽车驱动桥的修理应符合《汽车驱动桥修理技术条件》（GB 8825—1988）。可适当利用车轮制动器施加负荷进行试验，用来诊断是否存在故障，但不宜作长时间的运转，否则制动系技术状况会恶化。

5.6.3 驱动桥的故障诊断

驱动桥的主减速器、差速器、半轴、轴承和油封等长期承受冲击载荷，会使磨损加剧、各零部件损坏。导致驱动桥过热、漏油和异响等故障发生。

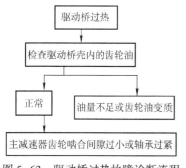

图 5-62 驱动桥过热故障诊断流程

1. 过热

1）现象

汽车行驶一段里程后，用手触摸，有非常烫手的感觉。

2）原因

（1）齿轮油变质、缺油或牌号不符合要求；（2）紧或损坏；（3）轮齿侧间隙过小或过度磨损。

3）故障诊断与排除方法

故障诊断与排除方法如图 5-62 所示。

2. 漏油

1) 现象

从驱动桥加油口、放油口螺塞处或油封及各结合面处可见到明显漏油痕迹。

2) 原因

(1) 油口、放油口螺塞松动或损坏；(2) 油封磨损、或装配不当；(3) 结合平面变形，密封垫坏，紧固螺钉松动或损坏；(4) 堵塞；(5) 有铸造缺陷或裂纹。

3) 故障诊断与排除方法

故障诊断与排除方法如图 5-63 所示。

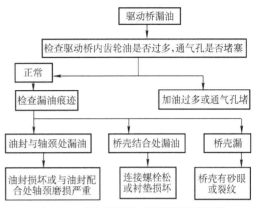

图 5-63 驱动桥漏油故障诊断流程图

3. 异响

1) 故障现象

(1) 主减速器齿轮响。

① 汽车起步时，"刚、刚"响；行进中突然抬油门，或"脱挡"滑行，听到"刚当"撞击声；② 加速或减速时，主减速器处出现"嗯、嗯"声，伴随驱动桥发热；③ 行驶时，驱动桥发出间断的"哽、哽"，随车速提高而增大。

(2) 差速器响。

① 直驶或空挡滑行，响声较轻或无响声。挂挡转弯时，响声严重，转弯越急响声越大；② 直驶且速度较慢，有"咝咝"的齿面摩擦声；③ 转弯时，出现"嗯、嗯"的响声，速度越快，响声越大；时有"咯叭、咯叭"的响或"唷、唷"的金属撞击声。

(3) 半轴和半轴套管响。

① 半轴或套管弯曲，两者相互碰撞，轻微时出现"呲哽、呲哽"的撞擦声，严重时为"咕隆"的撞击声；② 花键磨损与半轴齿轮间隙过大，出现"咯唷"的碰撞声。③ 半轴花键损坏，为"咔、咔"响声，甚至不能传递动力。

(4) 轴承响。轴承响为杂乱且连续的响声。

① 行驶时，有连续的"咯啦、咯啦"响声；② 行驶中，发出"嗯、嗯"的响声或连续"咕咚、咕咚"响声。车速越快，响声越大。

2) 故障原因

(1) 主减速器齿轮响。

啮合间隙太大：① 主、从动齿轮磨损或调整不当；② 主、从动齿轮轴承磨损、松旷；③ 主动齿轮轴紧固螺母松动或调整不当；④ 双级减速器圆柱主、从动齿轮磨损严重；⑤ 从动齿轮铆钉或螺栓松动；⑥ 圆柱从动齿轮固定螺栓松动。

啮合间隙过小：① 主、从动齿轮装配间隙过小；② 啮合间隙不均匀；③ 润滑油不足、变质、润滑不良。

(2) 差速器响。

① 齿轮啮合间隙小；② 行星齿轮有阻滞甚至卡住。

(3) 半轴和半轴套管响。

① 半轴弯曲、扭曲、折断；② 半轴花键损坏、磨损松旷等。

3）故障诊断与排除方法

故障诊断与排除方法如图 5-64 所示。

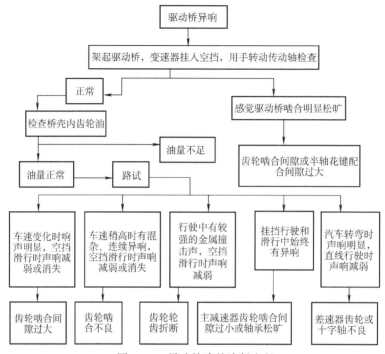

图 5-64 异响故障的诊断流程

小　　结

1. 驱动桥由主减速器、差速器、半轴和桥壳组成。

2. 驱动桥的功用是将万向传动装置输入的动力经减速增扭、改变动力传递方向后，分配至左右驱动轮，使汽车行驶，并允许左右驱动轮以不同的转速旋转。

3. 驱动桥按配用不同结构的悬架，分为整体式和断开式；整体式驱动桥采用非独立悬架，断开式驱动桥采用独立悬架。

4. 主减速器的功用是将输入的转矩增大、转速降低，改变动力传递的方向，并传给差速器。

5. 主减速器结构类型：按齿轮副数目，分为单级主减速器和双级主减速器；按传动比个数，分为单速和双速式主减速器；按齿轮副结构形式，分为圆柱齿轮式和圆锥齿轮式。

6. 单级主减速器采用一对圆锥齿轮传动。

7. 主减速器的调整项目有：轴承预紧度；齿轮啮合印痕；啮合间隙的调整；并按一定顺序和要求进行。

8. 差速器的功用是将主减速器传来的动力传给左、右两半轴，在必要时允许左、右半轴以不同转速旋转，满足两侧驱动轮差速的要求。

9. 差速器按工作特性分为普通齿轮式差速器和防滑差速器。

10. 行星锥齿轮差速器由四个（或两个）行星锥齿轮、十字行星齿轮轴、两个半轴锥齿轮、两半差速器壳、行星锥齿轮球面垫片和半轴锥齿轮推力垫片组成。

11. 半轴的功用是将差速器传来的动力传给驱动轮。
12. 半轴的支撑形式为：全浮式半轴支撑和半浮式半轴支撑。
13. 桥壳可分为整体式桥壳和分段式桥壳两种类型。
14. 驱动桥的维护分为一级维护和二级维护，主要内容有润滑、检查、紧固等。
15. 驱动桥的主要故障为过热、漏油、异响等。

思考与习题

一、判断题

1. 差速器可保证两侧驱动轮在任何道路条件下均能保持纯滚动和等角速转动。
2. 汽车后桥壳内的齿轮油不足，不会导致后桥有异响。
3. 主减速器的功用是将输入的扭矩减小并相应升高转速，当发动机纵置时还具有改变扭矩旋转方向的作用。
4. 主减速器按参加减速传动的齿轮副数目分为单速式和双速式两类。
5. 单级主减速器由两对圆锥齿轮组成。
6. 双级主减速器由一对圆锥齿轮和一对圆柱齿轮组成。
7. 汽车直线行驶时，行星齿轮没有公转，故主减速器传来的扭矩平均分给两个半轴齿轮。
8. 全浮式半轴在汽车行驶过程中，既传递转矩，又承受其他反力和反力矩。
9. 装有普通差速器的汽车一边车轮陷入烂泥坑时无法自行驶出。
10. 越野汽车的前桥通常是转向兼驱动。

二、选择题

1. 半轴是在汽车（　　）与驱动轮之间传递转矩的轴。
A. 差速器　　　　B. 主减速器　　　C. 传动轴　　　　D. 变速器
2. 主减速器（　　）损坏，可引起汽车在转弯时产生异响，而在直线行驶时没有异响。
A. 圆锥齿轮　　　B. 行星齿轮　　　C. 圆柱齿轮　　　D. 轴承
3. 驱动桥由主减速器、差速器、半轴和（　　）等组成。
A. 万向传动装置　　　　　　　　B. 变速器
C. 驱动桥壳　　　　　　　　　　D. 离合器
4. 分动器空挡时，后输出轴上换挡齿套与输入轴齿轮和行星齿轮架短齿均不接触，输入轴（　　），输出轴不转动，汽车不能行驶。
A. 转动　　　　　B. 不转动　　　　C. 加速转　　　　D. 减速转
5. 单级主减速器由（　　）圆锥齿轮组成。
A. 两对　　　　　B. 一对　　　　　C. 三对　　　　　D. 四对
6. 汽车直线行驶时，差速器中的行星齿轮（　　）。
A. 只有自转，没有公转　　　　　B. 只有自转，没有公转
C. 既不公转，又不自转　　　　　D. 只有公转，没有自转

7. 差速器两端用（　　）装在主减速器壳体内。
A. 半轴　　　　　B. 花键　　　　　C. 套管　　　　　D. 轴承
8. 汽车上装有差速器后，转弯时两侧驱动轮能以不同转速沿地面（　　）。
A. 滑动　　　　　B. 滚动　　　　　C. 滑拖　　　　　D. 滑转
9. 汽车上装有差速器后，转弯时可以使内侧车轮转速（　　），外侧车轮转速（　　）。
A. 增高　增高　　B. 降低　降低　　C. 降低　增高　　D. 增高　降低
10. 越野汽车的前桥属于（　　）。
A. 转向桥　　　　B. 驱动桥　　　　C. 转向驱动桥　　D. 支撑桥

三、简答题

1. 驱动桥的功用是什么？它由哪几部分组成？有哪些类型？
2. 驱动桥为什么设差速器？画简图并叙述行星锥齿轮差速器的工作原理。
3. 常见的半轴支撑形式有哪几种？分析其受力情况。
4. 分析驱动桥过热的现象、原因及排除方法。
5. 分析驱动桥漏油的原因。
6. 后轮毂的安装与轮毂轴承调整的具体方法是什么？
7. 驱动桥的维护作业有哪些项目？
8. 主减速器装配中，如何调整轴承预紧度、啮合印痕、啮合侧隙？
9. 简述四轮驱动系统的构成，分动器的作用和结构形式。

课题 6
汽车行驶系概述

【学习目标】
1. 掌握行驶系的组成及功能。
2. 了解行驶系的分类。
3. 掌握行驶系的受力分析及行驶原理。

汽车行驶系的认识

【实训目的】
掌握各种驱动形式汽车的行驶系的结构和各部的技术要求。

【实训器材】
含有四驱、前驱、后驱、独立悬架、非独立悬架的整车四辆。

【实训内容】
1. 认识车架，区分边梁式车架、中梁式车架、综合式车架、承载式车身四种结构形式，了解车架的损坏形式和修理方法。
2. 认识转向桥、驱动桥、转向驱动桥和支持桥的结构，说出其异同。了解车轮定位的调整方法。
3. 认识独立和非独立悬架机构，找出其区别，了解拆装方法。
4. 了解汽车行驶原理。

【实训步骤】
（1）车辆和工具准备。
（2）由实训教师根据理论部分内容结合实际车辆讲解，操作示范。
（3）学生分组练习讲解行驶系的部件名称和技术规范并进行操作练习。
（4）由实训教师对每一位学生进行讲解和操作的考核。

6.1 行驶系的功用与组成

6.1.1 汽车行驶系的功用

（1）接受传动系统传来的发动机转矩并产生驱动力；
（2）承受汽车的总质量，传递并承受路面作用于车轮上的各个方向的反力及转矩；
（3）缓冲减振，保证汽车行驶的平顺性；
（4）与转向系统协调配合工作，控制汽车的行驶方向。

6.1.2 行驶系的组成

汽车行驶系的组成：车架、车桥（前、后桥）、悬架、车轮。如图 6-1 所示。

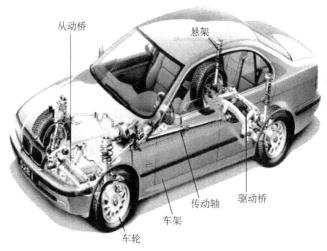

图 6-1 汽车行驶系的组成

1. 车架

车架的功用主要是支撑连接汽车的各零部件；承受来自车内外的各种载荷。载重车和越野车多有车架，轿车一般采用承载式车身，用来支撑连接汽车的各零部件，并承受来自车内外的各种载荷。如图 6-1 所示的宝马轿车，车架与车身融为一体。

2. 车桥

车桥主要功用是用来传递车架与车轮之间的各方向作用力，目前几乎所有的轿车、跑车都是断开式车桥，与独立悬架配合使用。车桥还包括转向桥、转向驱动桥、支持桥。

3. 车轮与轮胎

车轮主要由轮毂与轮辋及辐板组成。轮胎装在车轮上，承载汽车的质量与地面摩擦，产生附着力，同时起减振和缓冲作用。

4. 悬架

悬架系统主要部件为弹簧和减振器。汽车行驶的稳定性和舒适性主要取决于这两个部件。另外，一些高档汽车还采用了主动控制的悬架系统，主要由计算机根据行驶条件控制车身高度及减振阻尼，从而提高驾驶与乘坐的舒适性。

6.1.3 行驶系统的类型

行驶系统可分为轮式、半履带式、全履带式、车轮履带式四种。

1. 轮式汽车行驶系统

采用轮子与地面接触，绝大多数汽车采用轮式形式系统，是应用最广的类型。如图 6-1 所示的轿车。

2. 半履带式汽车行驶系统

半履带是指汽车的后桥采用履带式，前桥用车轮。

履带可以减少汽车对地面的比压，控制汽车下陷，履刺还能加强履带与土壤间的相互作用，增加汽车的附着力，提高通过性，主要用于在雪地或沼泽地带行驶的汽车。如图 6-2 所示。

图 6-2 半履带式装甲运兵车

3. 全履带式汽车

前后桥都用履带的称为全履带式汽车，如图 6-3 所示。

4. 车轮—履带式汽车

前后桥即可装车轮，也可装履带的，称为车轮—履带式汽车，如图 6-4 所示。

图 6-3 全履带式汽车

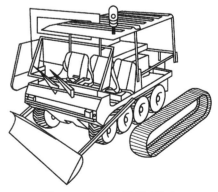

图 6-4 车轮—履带式汽车

6.2 行驶系的受力分析

轮式汽车行驶系统受力如图6-5所示,汽车的总重力 G_a。通过前后车轮传到地面,引起地面支反力 Z_1 和 Z_2。当驱动轮受到驱动扭矩 M_k 作用时,通过车轮与路面的附着作用,即轮缘作用于地面一个向后的力,同时,路面对轮缘产生向前的纵向反力——牵引力 F_1。牵引力除用以克服驱动轮的滚动阻力外,其余大部分经过桥壳和悬架传到车架。其中一部分用于克服空气阻力和上坡阻力,另一部分由车架经前悬架传到从动桥,作用在从动轮中心,使从动轮克服滚动阻力向前滚动,于是整个汽车便向前运动。

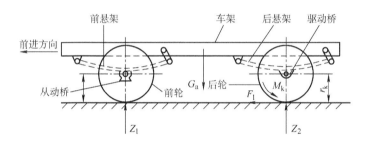

图6-5 轮式汽车行驶系统的组成及部分受力分析

由于牵引力是作用在轮缘上的,此力对驱动轮中心形成一个反力矩 $F_1 r_k$,并力图使驱动桥壳前端向上抬起。牵引反力矩经后悬架传给车架,结果使车架连同整车都有绕后轮中心向上抬起的趋势。由此导致了前轮上的垂直载荷减少而后轮上的垂直载荷增加。

同理,汽车制动时,制动力与驱动力方向相反,其作用结果恰好反之。

汽车在弯道上或横向坡道上行驶时,车轮与路面之间将产生侧向力,此力也是由行驶系承受和传递。

汽车要正常行驶,必须满足如下条件:

$$F_\phi \geq F_1 \geq F_f + F_w + F_i + F_j$$

其中:

F_ϕ:附着力;F_w:空气阻力;F_1:驱动力;

F_i:上坡阻力;F_j:加速阻力;F_f:滚动阻力。

小 结

1. 汽车行驶系统一般由车架、车桥、车轮和悬架等组成。

2. 车架是全车装配与支撑的基础,它将汽车的各相关总成连接成一个整体,并与行驶系统共同支撑汽车的质量,车轮分别安装在前桥和后桥上,支撑着车桥和汽车。

3. 为了减少汽车在行驶中受到的各种冲击与振动,车桥与车架之间通过弹性系统(悬架）和从动轮悬架进行连接。

4. 汽车行驶系统的功用是支撑汽车的总质量；接受传动系统输出的转矩，通过驱动轮与路面的附着作用，转化为汽车行驶的驱动力；减少不平路面对车身的振动，缓和冲击，保证汽车平顺行驶。

思考与习题

1. 汽车行驶系的功用有哪些，由哪几部分组成？
2. 什么力驱使汽车前进和停下来？

课题 7
车架与车桥

【学习目标】
1. 掌握车架的功用、类型、构造及检修方法。
2. 掌握车轮定位的概念、作用及原理。
3. 掌握车轮定位参数的调整方法。
4. 能排除转向桥的常见故障。

【情境导入】
一辆一汽大众生产的捷达轿车，更换轮胎后，行驶了 5 000 公里，发现两个前轮胎内侧磨损严重，车辆行驶噪声大，方向不稳定。车辆行驶的道路为一般沥青路面，你认为故障的原因是什么？该如何修理？

车桥的拆装与检修

【实训目的】
（1）了解车桥的构造原理、能说出车桥的结构组成、功用和安装位置。
（2）了解常见车型车桥规范要求，掌握解体、安装调整、检测方法。
（3）了解可能发生的故障及原因，以及排除方法。
（4）掌握车桥的例行保养方法。
（5）会使用四轮定位仪，能进行车轮定位角的检测与调整。

【实训器材】
汽车整车四辆、汽车举升机四台、四轮定位仪一台、工具车四辆。

【实训内容】
分组进行转向桥、转向驱动桥车桥的解体与安装；半轴、前轮轴承、横拉杆球铰的检测。使用四轮定位仪进行车轮定位角的检测。

【实训步骤】
1. 转向驱动桥的拆装

前桥和前悬架的结构如图 7-1 所示。

课题7

车架与车桥

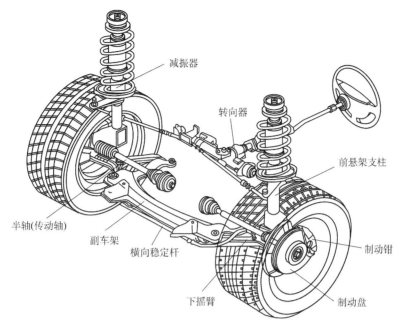

图 7-1　前桥和前悬架结构图

（1）车着地取下车轮装饰罩。
（2）旋下轮毂与传动轴的紧固螺母（拧紧力矩 230 N·m）。
（3）卸下垫圈。旋松车轮紧固螺母（拧紧力矩 110 N·m）。升起车辆，拆下车轮。
（4）旋下制动钳紧固螺栓（拧紧力矩 70 N·m），拆下制动盘。
（5）取下制动软管支架，并用铁丝将制动钳固定在车身上。拆下球形接头紧固螺栓。
（6）用专用工具球头夹压下横拉杆球接头，如图 7-2 所示。
（7）旋下两侧横向稳定杆的紧固螺栓（拧紧力矩 25 N·m）。
（8）从法兰盘上拆下传动轴内万向节，向下压下臂，从车轮轴承壳内拉出传动轴。或利用两个固定车轮凸缘上的螺孔，将压力装置 V.A.G1389（见图 7-3）固定在轮毂上，用液压装置从轮毂中压出传动轴。

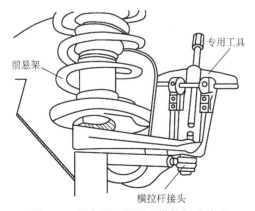

图 7-2　用专用工具压下横拉杆球接头

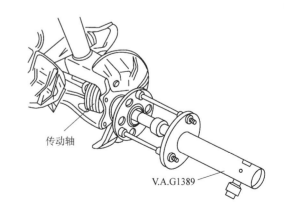

图 7-3　用液压装置压出传动轴下球头

（9）拆掉压力装置。取下减振器上盖，支撑减振器支柱下部，用内六角扳手阻止减振器活塞杆的转动，旋下减振器活塞杆的螺母。取下悬架、转向节总成。

（10）旋下副车架与车身固定的前支撑橡胶垫螺栓（拧紧力矩 70 N·m），拆下副车架下摇臂与稳定杆组合件。

（11）安装按相反顺序操作。

2. 调整定位参数

实训 8 四轮定位检测

【实训目的】

（1）掌握电脑四轮定位仪的原理及组成。

（2）掌握电脑四轮定位仪的安装及使用方法。

（3）了解有关车轮定位的调整方法及有关技术要求。

【实训器材】

电脑四轮定位仪：一套。

汽车：一辆。

气泵：一台。

四柱举升机：一台。

【实训要求】

实训前学习实训指导书内容，实训中严格遵守实验指导步骤进行仪器的操作。

【实训内容及检测步骤】

1. 对有关车辆四轮定位基本情况的了解

（1）车辆行驶方面的问题及出现故障的现象。

（2）检查各零部件有无异常现象，必要时进行检修或更换，以确保检测质量。

2. 检测仪器的安装

（1）将电子转盘按其标记"L"和"R"分别放置在四柱举升机器左右支撑板凹槽内。

（2）将被测车辆停放在举升机上，并将前轮停放在转盘上（车轮与转盘对正）。

（3）将仪器的四个夹具分别安装在前后轮上，同时将测试头装在夹具上。

（4）测试仪连线：分别将每侧前后车轮上的测试头连线，接口的"O"口分别连到控制柜相应接口上，电子转盘分别与对应车轮测试头连接。

（5）分别调整四个测试头的水平位置。

（6）连接控制柜电源线。

3. 测试

（1）接通电源，开启计算机。

（2）被测车辆数据输入：可得到被测车辆的标准数据（用以与检测数据对照，便于调整）。

（3）轮胎压力（按所设车辆的标准压力测试）。

（4）轮辋跳动补偿操作：分别将前、后轮利用二次举升机举起，车轮每次转动90°，按补偿输入键（测试头中间键），转动四次完成跳动补偿（此程序不做会导致测量数值有0.1°~0.5°误差）。

（5）使用抵压板将制动压板压下，并固定。

（6）拔下电子转盘固定销。

（7）按显示屏幕上所提示的项目操作：分别将方向盘转至"车轮正直方向""右侧至极限位置""右侧测量位置""左侧测量位置""左侧极限位置"；每次须出现"绿柱"并待消失后再进行下一程序。

（8）测试完毕，显示出测试数据与标准数据。

4. 车辆调整

（1）调整时按照先调后轮，再调前轮。

（2）后轮先调外倾角，后调束角。

（3）前轮先调主销后倾角，后调车轮外倾角，再调车轮束角。

（4）可对照显示数据调整到数字变绿为合格。

5. 试车

四轮定位检测调整后，应进行试车，以检查车辆异常行驶情况是否解除，如未达到标准应当（再次）进行检测和调整。

6. 打印结果

（1）将A4打印纸放入打印纸插入口，按打印键即可打印出测试报告。

（2）下一车辆的测试应在前辆车完成后，进入"下一车辆"测试操作。

7. 四轮定位的故障分析

1）跑偏

造成跑偏的原因如下。

（1）前轮主销后倾角左、右不对称，偏差超过0.5°，车辆朝主销后倾角大的一侧跑偏。

（2）前轮外倾角左、右不对称，偏差超过0.5°，车辆朝外倾角正值大的一侧跑偏。

（3）后轮外倾角左、右不对称，偏差超过0.5°，车辆朝后轮外倾角大的一侧跑偏。

（4）根据前后轴的退缩角可以观察到车辆轴距的变化，前后退缩角之和超过0.2°，就会出现跑偏，偏向朝轴距小的一侧。

四轮定位仪无法检测的跑偏因素还有以下各项。

（5）轮胎引起侧滑。

（6）胎压不均匀。

（7）制动不对称，打滑。

（8）转向动力不平衡。

（9）悬挂零件磨损。

2）轮胎磨损

（1）前轮同时磨外侧或同时磨内侧——前轮前束不对。

（2）前轮单轮磨胎，外倾角不对。
（3）后轮磨胎：外倾角，前束角原因。
四轮定位仪无法测知磨胎因素还有以下各项。
（4）轮胎气压过高：磨轮胎面中心附近。
（5）轮胎气压过低磨轮胎两侧。
（6）底盘零件有问题。
3）车辆发飘
主销后倾角接近于零或主销后倾角为负。
4）转向盘沉重
（1）主销后倾角过大。
（2）外倾角不正确。
（3）悬挂零件变形。
5）转向盘回正能力差
（1）主销后倾角过小。
（2）转向机有故障。
（3）主销内倾角过小。
（4）轮胎有问题。
遇到轻微颠簸后或加速时车辆甩尾，主要是由后轮前束角不正确引起。

7.1 车 架

7.1.1 车架的构造

1. 车架的功用与要求

车架是汽车上各部件的安装基础。如发动机、变速器、车身或驾驶室通过弹性支撑安装于车架上；前、后桥通过悬架连接在汽车车架上；而转向器则直接安装在车架上。车架承受着全车的大部分质量，在汽车行驶时，它承受来自装配在其上的各部件传来的力及其相应的力矩的作用。当汽车行驶在崎岖不平的道路上时，车架在载荷作用下会产生扭转变形，使安装在其上的各部件相互位置发生变化。当车轮受到冲击时，车架也会相应受到冲击载荷。因而要求车架具有足够的强度，合适的刚度，同时尽量减轻质量。在良好路面行驶的汽车，车架应布置得离地面近一些，使汽车重心降低，有利于汽车稳定行驶，车架的形状尺寸还应保证前轮转向要求的空间。

2. 车架的类型和构造

车架的类型主要有边梁式车架、中梁式车架（也称脊骨式车架）和综合式车架 3 种。

（1）边梁式车架。

边梁式车架由比较明显的纵梁和横梁组成，结构较方正。这种车架结构简单、便于整车的布置，所以在各种类型的汽车上都广泛应用。如图 7-4 所示。边梁式车架的结构要点是具有纵梁、横梁的结构、作用，前窄后宽和前宽后窄等形式的特点。

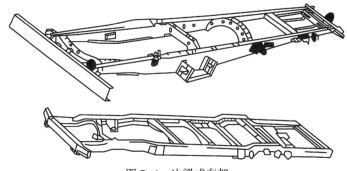

图 7-4 边梁式车架

（2）中梁式车架只有一根位于中央贯穿前后的纵梁，因此亦称为脊梁式车架，如图 7-5 所示。这种车架可以有很强的扭转刚度和较大的前轮转向角，允许车轮有较大的跳动空间，适合越野车使用，但制造工艺复杂、制造精度要求高，总成安装困难，目前应用不多。

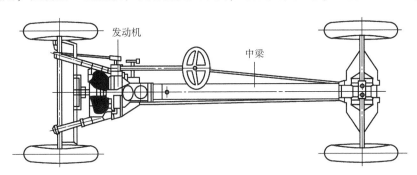

图 7-5 具有中梁式车架的汽车发动机及底盘示意图

（3）综合式车架前部是边梁式，而后部是中梁式，前部的边梁用以安装发动机，后部悬伸出来的支架可以固定车身。它同时具有中梁式和边梁式车架的特点。如图 7-6 所示。

另外，大多数轿车取消了车架，如图 7-7、图 7-8（桑塔纳轿车车身总成）所示，而以车身兼代车架的作用，这种车身称为承载式车身，即将所有部件固定在车身上，所有的力也由车身来承受，这种车身称为承载式车身。承载式车身，可以减轻整车质量；可以使地板高度降低，使上、下车方便，重心低，空间大。

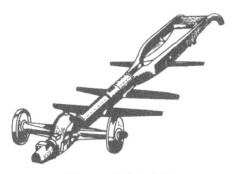

图 7-6 综合式车架

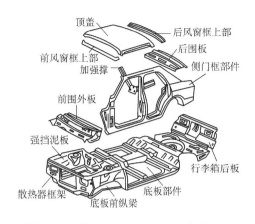
图 7-7 承载式轿车车身壳体零件分解图

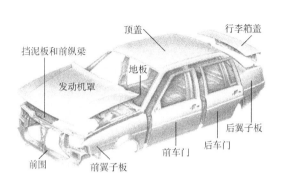
图 7-8 桑塔纳轿车车身总成

7.1.2 车架的检修

1. 车架的失效形式

车架在使用过程中往往会出现变形、裂纹、锈蚀、螺栓和铆钉松动等失效形式。车架承受各种载荷的作用，车架的变形会导致汽车各总成之间的装配、连接位置发生变化，可能引起轮胎的异常磨损、汽车操纵性变差、制动性能下降等。

为了汽车整体布局、安装的需要，车架常要制成各种形状，在形状急剧变化的地方往往会由于应力集中而易导致裂纹、断裂，所以早期发现车架的裂纹对于汽车的安全非常重要。

恶劣的使用环境往往会使汽车车架锈蚀，降低车价的抗疲劳强度。路面不平产生的冲击振动会使螺栓、铆钉等连接松动等。这些情况都会影响汽车的正常使用。因此对车架的维护和检修十分重要。

2. 车架的检修

1）外观检查

从外观上检查车架是否有严重的变形、裂纹、锈蚀、螺栓或铆钉松动等现象。

2）车架变形的检修

车架弯曲的检查可以通过拉线、直尺等来测量、检查。一般要检查车架上平面和侧平面的直线度误差。车架纵梁直线度允许误差为 1 000 mm，长度上不大于 3 mm。

车架扭转通常采用对角线法进行测量。如图 7-9 所示，分段测量车架各段对角线 1-1，2-2，3-3，4-4 长度差，不应超过 5mm。如果车架的各项形位误差超过标准值，则应进行校正。

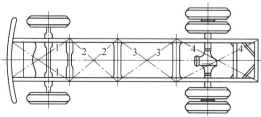

图 7-9 车架扭转的检查

3）裂纹的检修

车架出现裂纹，应根据裂纹的长短及所在部位的不同，采取不同的修复方法。微小的裂纹可以采用焊修的方法。裂纹较长但未扩展至整个断面，且受力不大的部位，应先进行焊修，再用三角形腹板进行加强，如图7-10所示。

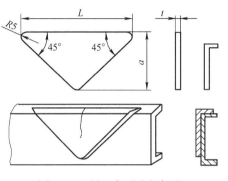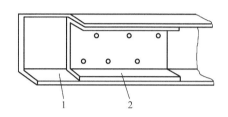

图7-10 用三角形腹板加强

图7-11 用槽形腹板加强
1—纵梁；2—槽形腹板

如果裂纹已扩展到整个断面，或虽未扩展到整个断面但在受力较大的部位时，应先对裂纹进行焊修，然后用角形或槽形腹板进行加强，如图7-11所示。加强腹板在车架上的固定可以铆接、焊接或铆焊结合。采用铆接方法时，铆钉孔应上下交错排列。采用铆焊结合的方法时，应先铆后焊，以免降低铆接质量。采用焊接方法时，应尽量减少焊接部位的应力集中。

7.2 车桥

7.2.1 车桥功用与类型

车桥通过悬架与车架（或承载式车身）相连，两端安装车轮。其功用是传递车架（或承载式车身）与车轮之间各方向的作用力及其力矩。

根据车辆悬架类型以及传动系不同，车桥的类型可分为以下几种。

（1）按悬架的结构不同，车桥分为整体式、断开式。整体式车桥的中部是刚性实心或空心梁，与非独立悬架配用；断开式车桥为活动关节式结构，与独立悬架配用。

（2）按车桥上车轮的作用不同，分为转向桥、驱动桥、转向驱动桥、支持桥四种类型。所有车桥都有承载的作用，转向桥还有转向作用，驱动桥还有驱动作用，转向驱动桥既有转向又有驱动作用。只有支持桥只起到承载作用。

7.2.2 车桥的构造

1. 转向桥

转向桥能使装在前端的左右车轮偏转一定的角度来实现转向，还应该承受垂直载荷和由道路、制动等力产生的纵向力和侧向力以及这些力所形成的力矩。

汽车转向桥的结构大致相同，主要由前轴、转向节、主销和轮毂组成。转向桥可以与独立悬架匹配，也可以与非独立悬架匹配。

1）与非独立悬架匹配的转向桥

如图 7-12 所示为东风 EQ1090E 型汽车转向桥。

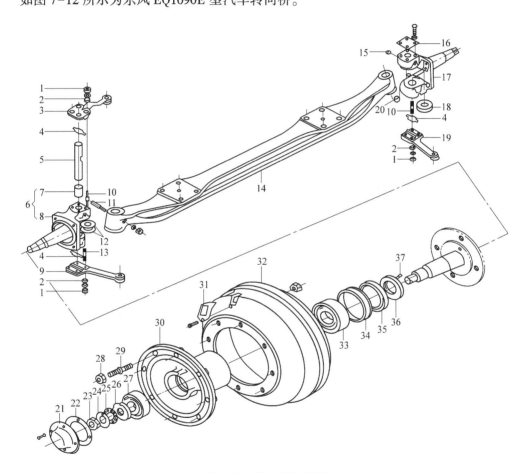

图 7-12 转向桥分解图

1—紧固螺母；2—锥套；3—转向节臂；4—密封垫；5—主销；6—左转向节总成；
7—衬套；8—左转向节；9—左转向梯形臂；10，13—双头螺柱；11—楔形锁销；12—调整垫片；
14—前轴；15—油嘴；16—右转向节上盖；17—右转向节；18—止推轴承；19—右转向梯形臂；
20—限位螺栓；21—轮毂盖；22—衬垫；23—锁紧螺母；24—止动垫圈；25—锁紧垫圈；26—调整
螺母；27—前轮毂外轴承；28—螺母；29—螺栓；30—车轮轮毂；31—检查孔堵塞；32—制动鼓；
33—前轮毂内轴承；34—轮毂油封外圈；35—轮毂油封总成；36—轮毂油封内圈；37—定位销

前轴是转向桥的主体,一般由中碳钢经模锻而成。其端面采用工字形断面以提高抗弯强度;接近两端逐渐过渡为方形,以提高抗扭刚度。中部加工出两处用以支撑钢板弹簧座(图上未画出),其上钻有四个安装 U 形螺栓、骑马螺栓的通孔和一个位于中心的钢板弹簧定位凹坑。中部向下弯曲,使发动机位置得以降低,从而降低汽车质心,扩展驾驶员视野,并减小传动轴与变速器输出轴之间的夹角。前轴两端各有一个加粗部分,呈拳形,称为拳部,其中有通孔,主销即装入此孔内。用带有螺纹的楔形锁销将主销固定在拳部孔内,使之不能转动。

转向节是一个叉形部件。上下两叉制有同轴销孔,通过主销与前轴的拳部相连,使前轮可以绕主销偏转一定角度而使汽车转向。为了减小磨损,转向节销孔内压入青铜衬套,衬套上的润滑油槽在上面端部是切通的,用装在转向节上的油嘴注入润滑脂润滑。为使转向灵活轻便起见,在转向节下耳与前轴拳部之间装有滚子推力轴承。在转向节上耳与拳部之间装有调整垫片,以调整其间的间隙。在左转向节的上耳上装有与转向节臂制成一体的凸缘,在下耳上则装有与转向梯形臂制成一体的凸缘,此两凸缘上均制有一矩形键,因此在左转向节的上、下耳上都有与之配合的键槽。转向节即通过矩形键及带有锥形套的双头螺栓与转向节臂及梯形臂相连。

车轮轮毂通过两个圆锥滚子轴承支撑在转向节轴颈上。轴承的松紧度可用调整螺母加以调整。轮毂外端用冲压的金属罩盖住。转向节上还装有限位螺栓,与前轴上的限位凸台相配合,可以限制并调整转向轮的最大偏转角。

2) 与独立悬架匹配的转向桥

断开式转向车桥与非断开式转向桥一样,所不同的是断开式转向车桥与独立悬架相匹配。其组成与非断开式相比有较大的不同,主要是断开式车桥与转向节连接为活动关节式结构,非断开式车桥则通过主销与转向节连接。如图 7-13 所示。有关独立悬架的结构、工作原理将在后面讲解。

2. 驱动桥

驱动桥由主减速器、差速器、半轴、万向节、驱动桥壳(或变速器壳体)和驱动车轮等零部件组成。奥迪 A4 轿车的断开式后驱动桥结构如图 7-14 所示,其结构内容参考其他章节,这里不详述。

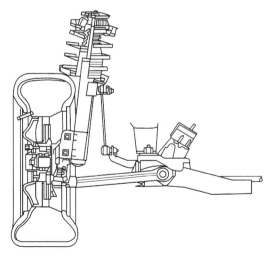

图 7-13 与独立悬架匹配的转向桥

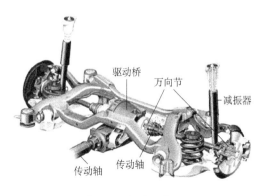

图 7-14 奥迪 A4 轿车的断开式后驱动桥

3. 转向驱动桥

前轮驱动和全轮驱动的汽车的前桥既是转向桥又是驱动桥，称为转向驱动桥。桑塔纳2000轿车的前桥总成如图7-15所示。由主减速器、差速器（前置前驱动的轿车装在变速器内未画出）、传动轴、转向节、主销等组成。采用的是断开式、独立悬架转向驱动桥。

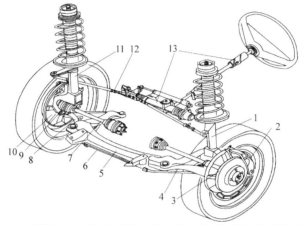

图7-15 桑塔纳2000轿车的转向驱动桥（主减速器和差速器未画出）
1，11—悬架；2—前轮制动器总成；3—制动盘；4，8—下摆臂；5—副车架；6—横向稳定器；7—传动半轴总成；9—球形接头；10—车轮轴承壳；12—转向横拉杆；13—转向装置总成

车桥上端通过左、右悬架与承载式车身相连接，下端通过左、右下摆臂与固定在车身上的副车架相连接。悬架车轮轴承壳与下摆臂之间通过可移动球形接头连接，从而使前轮固定，并通过下摆臂上的长孔可调整车轮外倾角，为了减小车辆转向时的车身倾斜，在副车架与下摆臂之间还装有横向稳定器。

目前，许多现代轿车采用了发动机前置前驱动的形式，其前桥既是转向桥又为驱动桥，如图7-15所示。此种类型的转向驱动桥多采用麦弗逊式独立悬架，其结构特点是结构简单，布置紧凑，具有良好的接近性，便于维修。且转弯直径小，机动性好。

4. 支持桥

既无转向功能又无驱动功能的桥称为支持桥，前置前驱轿车的后桥为典型的支持桥。如图7-16所示。

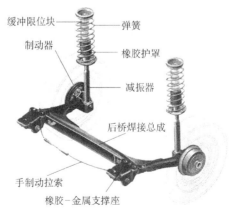

图7-16 支持桥（桑塔纳轿车后桥与后悬架）

7.3 车轮定位

7.3.1 转向轮定位

为了保持汽车直线行驶的稳定性、转向的轻便性和减小轮胎与机件间的磨损,转向轮、转向节和前轴三者之间与车架必须保持一定的相对位置,这种具有一定相对位置的安装称为转向轮定位,也称前轮定位。正确的前轮定位应做到:可使汽车直线行驶稳定而不摆动;转向时转向盘上的作用力不大;转向后转向盘具有自动回正作用;轮胎与地面间不打滑以减少油耗;延长轮胎使用寿命。

转向轮的定位参数:主销后倾角、主销内倾角、前轮外倾角、前轮前束。

1. 主销后倾角 γ

主销装在前轴上后,在纵向平面内,其上端略向后倾斜,这种现象称为主销后倾。在纵向垂直平面内,主销轴线与垂线之间的夹角叫主销后倾角。如图 7-17 所示;其作用是保持汽车直线行驶的稳定性,并力图使转弯后的前轮自动回正。

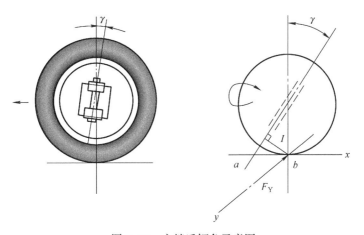

图 7-17 主销后倾角示意图

原理:主销倾斜后,如图 7-18 所示,使主销延长线与地面的交点 a 向前偏移了一段距离 L,转向后,地面作用在车轮上的侧向力 F_Y 对主销形成一个转矩 $F_Y L$,其方向正好与车轮偏转方向相反。在此力矩作用下,将使车轮回复到原来中间位置,从而保证了汽车稳定的直线行驶。但此力矩不能过大,否则在转向时为了克服此稳定力矩,驾驶员须在转向盘上施加较

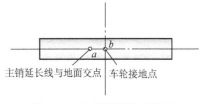

图 7-18 主销后倾角的作用

大的力（即所谓转向沉重）。

主销后倾角越大、车速越高，回正力矩越大，转向轮偏转后自动回正的能力也越强，但主销后倾角也不宜过大，一般不超过2°~3°。主销后倾角一般是将前轴连同悬架安装在车架上，使前轴向后倾斜而形成。

2. 主销内倾角 β

主销内倾角是指汽车横向平面内，主销向内倾斜一个角度后，主销中心线与铅垂线之间的夹角，如图7-19所示。它的作用是：

（1）使前轮自动回正；
（2）使转向操纵轻便；
（3）减小转向盘上的冲击力。

原理：如图7-19所示，主销内倾后，主销轴线的延长线与地面交点到车轮中心平面与地面交线的距离c减小，从而可减小转向时驾驶员加在转向盘上的力，使转向操纵轻便，也可减少从转向轮传到转向盘上的冲击力；与此同时，当车轮转向或偏转时，车轮有向下陷入地平面的倾向，但事实上这是不可能的，而只能使转向轮连同整个汽车前部向上抬起一个相应的高度，这样在汽车本身重力的作用下，迫使车轮自动回到原来的中间位置。

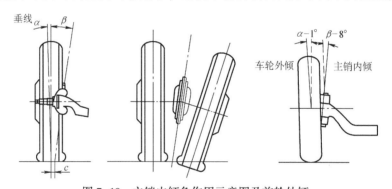

图7-19 主销内倾角作用示意图及前轮外倾

由此可见，主销内倾的作用是使前轮自动回正，转向轻便。主销内倾角越大或前轮转角越大，则汽车前部抬起就越高，前轮的自动回正作用就越明显，但转向时转动转向盘费力，转向轮的轮胎磨损增加。一般主销内倾角控制在5°~8°为宜。主销内倾角是由前轴制造时使主销孔轴线的上端向内倾斜而获得的。

主销后倾和主销内倾都有使汽车转向自动回正，保持直线行驶位置的作用。但主销后倾的回正作用与车速有关，而主销内倾的回正作用几乎与车速无关。因此，高速时主销后倾的回正作用起主导地位，而低速时则主要靠主销内倾起回正作用。此外，直行时前轮偶尔遇到冲击而偏转时，也主要依靠主销内倾起回正作用。

独立悬架主销内倾角是可调的，一般通调节下球头（或下控制臂）伸缩长度调节。

3. 前轮外倾角 α

前轮外倾角是指车轮平面向外倾斜，与汽车纵向平面形成一个夹角α。前轮旋转平面与纵向垂直平面之间的夹角称为前轮外倾角。前轮外倾的作用在于提高了前轮工作的安全性和操纵轻便性。由于主销与衬套之间，轮毂与轴承等处都存在有间隙，若空车时车轮垂直地面，则满载后，车桥将因承载变形，可能会出现车轮内倾，这样将会加速汽车轮胎的磨损。

另外，路面对车轮的垂直反作用力沿轮毂的轴向分力将使轮毂压向轮毂外端的小轴承，加重了外端小轴承及轮毂紧固螺母的负荷，严重时使车轮脱出。因此，为了使轮胎磨损均匀和减轻轮毂外轴承的负荷，安装车轮时预先使车轮有一定的外倾角，以防止车轮出现内倾。前轮外倾角大虽然对安全和操纵有利，但是过大的外倾角将使轮胎横向偏磨增加，油耗增多，一般前轮外倾角为1°左右。

前轮外倾角是由转向节的结构确定的。当转向节安装到前轴上后，其转向节轴颈相对于水平面向下倾斜，从而使前轮安装后出现前轮外倾。

有些轿车制造商提供了在上控制臂支架与车架内侧之间增减垫片的垫片型外倾角调整法。在这种外倾角的调整中，增加垫片的厚度就会使得外倾角移向负的位置，而减小垫片的厚度就会使得外倾角移向正的位置。应当在两个上控制臂支架螺栓上增加或者减少相同的垫片厚度，这样才会在改变外倾角的同时，对后倾角不产生影响。有的车辆在上控制臂的里端安装有偏心凸轮，来调整外倾角，还有的车辆在下控制臂的里端安装有偏心凸轮，来调整外倾角。

4. 前轮前束

如图7-20所示，从俯视图看，两侧前轮最前端的距离B小于后端的距离A，（$A-B$）称为前轮前束。前轮前束的作用是消除汽车行驶过程中因前轮外倾而使两前轮前端向外张开的不利影响。由于前轮外倾，当车轮在地面纯滚动时，车轮将向外侧方向运动，实际上装在汽车上的两个前轮只能向正前方滚动，当两车轮具有前束时，两车轮在向前滚动时会产生向内侧的滑动。这样，由外倾

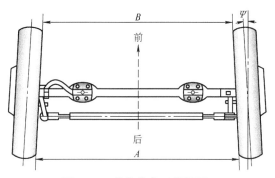

图7-20 前轮前束（俯视图）

和前束使两前轮产生的滑动方向相反，可以互相抵消从而使两前轮基本上是纯滚动而无滑动地向前运动。此外，前轮前束还可以抵消滚动阻力造成的使两前轮前部向外张开的作用，使两前轮基本上是平行地向前滚动。前轮前束可通过改变横拉杆的长度来调整。调整时，根据各厂家规定的测量位置，使两轮前后距离差（$A-B$）符合规定的前束值。测量位置除图示的位置外，还可取两车轮钢圈内侧面处的前后差值，也可以取两轮胎中心平面处的前后差值。一般前束值为0~12 mm。其值可通过调整横拉杆调节。

7.3.2 后轮定位

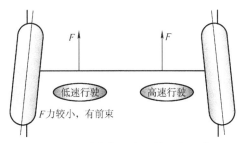

图7-21 驱动力作用在后轴上的示意图

后轮定位参数有：推力角、后轮的外倾角和前束。后轮推力角是指其走过的轨迹与汽车纵向中心线的夹角，如图7-21所示，其值应为零。后轮的外倾角和前束定义与前轮类似，其作用是：

（1）后轮的负外倾可增加车轮接地点的跨度，增加汽车的横向稳定性；

（2）前束可抵消汽车高速行驶且驱动力F较大时，车轮出现的负前束（前张），减少轮胎的

磨损。

7.3.3 四轮定位仪的使用

要对车轮定位参数进行检测，需使用四轮定位仪。由于目前的四轮定位仪种类太多，工作原理各异，无统一操作程序，所以以下只给出一般性的步骤，调整方法因实际车型和四轮定位仪各异，本书只在实训项目中举一实例供参考。四轮定位检查一般性的步骤如下。

1. 车辆检查，修复损坏部件

对车辆进行初检，首先检查四个轮胎的磨损情况和轮胎型号，一个车辆上轮胎胎纹必须相同，深度最多允差2mm。轮胎充气压力合乎规定，轮胎新旧、胎纹深浅搭配好后，要检查四个钢圈是否有变形，旧车一定要做钢圈补偿。定位前，详细检查悬挂和转向系统重点部位胶套、胶垫老化程度和磨损情况，减振器的外形有无变化、性能如何；各球头支撑拉杆外观状况和性能；前悬挂下摆臂、前横梁有无损伤；车轮轴承是否松框；车身，尤其是减振器上座的固定部位有无错位或松动。对损坏部位进行修复。

2. 车辆定位参数检测

将被测车辆停放在举升机上，并将前轮停放在转盘上，振动车辆前后悬架，使其回位，对中锁定车辆，安装传感器，从四轮定位仪中选取测量车辆的参数（车型选择）。

3. 调整车辆定位参数

按主销外倾角、主销后倾角、前轮外倾角、前轮前束的顺序调整定位参数，直到全部显示合格为止。

4. 试车验证故障排除情况

7.4 车桥常见故障诊断与排除

转向桥、转向驱动桥常见的故障有转向沉重、低速摆头、行驶跑偏、高速摆振等同时引起轮胎不正常磨损。

1. 转向沉重

1）故障现象

（1）汽车转弯时，转动方向盘感到沉重、费力。

（2）无回正感。

2）故障原因

除了转向器等故障外，转向桥部分的故障原因有如下。

（1）转向节臂变形。

（2）转向节止推轴承缺油或损坏。

（3）转向节主销与衬套间隙过小或缺油。

（4）前轴或车架变形引起前轮定位失准。

（5）轮胎气压不足。

3）故障诊断与排除

由于导致转向沉重的故障因素很多，诊断时应首先判明故障所在部位，然后再进一步确定为哪一个部件。诊断时先支起前桥，用手转动转向盘，若感到转向很容易，没有转动困难的感觉，这说明故障部位在前桥与车轮。因为支起前桥后，转向时已不存在车轮与路面的摩擦阻力，而只是取决于转向器等的工作状况。此时应仔细检查前轮胎气压是否过低、前轴有无变形；同时也要考虑检查前钢板弹簧是否良好、车架有无变形。必要时，检查车轮定位角度是否正确。

2. 低速摆头

1）故障现象

汽车低速直线行驶时前轮摇摆，感到方向不稳。转弯时大幅度转动方向。

2）故障原因

除转向系统故障外，还有如下原因。

（1）转向节臂装置松动。

（2）转向节主销与衬套磨损松旷，配合间隙增大。

（3）轮毂轴承间隙过大。

（4）前束过大。

（5）轮毂螺栓松动或数量不全。

3）故障诊断与排除

前轮低速摆头和转向盘自由空程大，一般是各部分间隙过大或有连接松动现象，诊断时应采用分段区分的方法进行检查。可支起前桥，并用手在水平和竖直方向摆动前轮，凭感觉判断是否松旷。若水平方向松旷，竖直方向不松，说明横拉杆球头松旷。若水平不松旷，竖直方向松旷，说明下球头松旷，若水平和竖直方向同样松旷可能是轴承松。若非上述原因，应检查前轮定位是否正确、前轴是否变形。如果前轮轮胎异常磨损，则应检查前束是否正确。

3. 高速摆振

1）故障现象

高速摆振有两种情况：一种是随着车速的提高，摆振逐渐增大；一种是在某一较高车速范围内出现摆振，出现行驶不稳，甚至还会造成方向盘抖动。

2）故障原因

高速摆振可能由以下原因引起。

（1）轮毂轴承松旷，使车轮歪斜，在运行时摇摆。

（2）轮盘不正或制动鼓磨损过度失圆，歪斜失正。

（3）使用翻新轮胎。

（4）转向节主销或止推轴承磨损松旷。

（5）横、直拉杆弯曲。

(6) 前轮定位值调整不当。前束失调，两前轮主销后倾角或内倾角不一致等，汽车向前行驶时，前轮摇摆晃动。

(7) 轮胎钢圈偏摇，前轮胎螺栓数量不等引起车轮动不平衡。

(8) 转向节弯曲。

(9) 前钢板弹簧刚度不一致。

3) 故障诊断与排除

(1) 在进行高速摆振故障的诊断时，应先检查前桥、转向器以及转向传动机构连接是否松动，悬架弹簧是否固定可靠。

(2) 支起驱动桥，用楔块固定非驱动轮，起动发动机并逐步换入高速挡，使驱动轮达到产生摆振的转速。若这时转向盘出现抖动，说明是传动轴动不平衡引起的，应拆下传动轴进行检查；若此时不出现明显抖动，则说明摆振原因在汽车转向桥部分。

(3) 怀疑摆振的原因在前桥部分时，应架起前桥试转车轮，检查车轮是否晃动，车轮静平衡是否良好，以及车轮钢圈是否偏摆过大。

(4) 检查车架是否变形，铆钉有无松动以及前轴是否变形。另外还需检查前钢板弹簧的刚度。

(5) 检查前轮定位是否正确。

(6) 检查高速摆振的故障，有时还需借助一定的测试仪具。当缺少必要的测试仪具时，也可以采用替换法。例如在怀疑某车轮有动不平衡时，可以另换一车轮试验，或者将可能引起的高速摆振的车轮拆装到不发生摆振的车辆上进行对比试验。

4. 行驶跑偏

1) 故障现象

汽车在直线行驶时，必须紧握转向盘，才能保持直线行驶。若稍放松转向盘，汽车会自动偏向一侧行驶。

2) 故障原因

(1) 前轮定位值不正确，前束调整不当，过大或过小。

(2) 左、右前轮主销后倾角或车轮外倾角不相等。

(3) 制动鼓与制动蹄摩擦片间隙调整不均匀，一边过紧，一边过松。

(4) 钢板弹簧一边折断，造成两边弹力不等。

(5) 转向节或转向节臂弯曲变形。

(6) 前轴或车架弯曲或扭转。

(7) 右两边轮胎气压不相等，一边高，一边低。

(8) 车架变形或左、右轴距不相等。

(9) 前轮毂轴承调整不当，左、右轮毂轴承松紧度不一致。

3) 故障诊断与排除

(1) 检查左、右前轮轮胎气压是否一致。如果是在换上新轮胎后出现跑偏现象，则应检查左、右轮胎规格以及轮胎花纹是否一致。

(2) 检查跑偏一侧的制动鼓和轮毂轴承部位是否发热。若发热，说明制动拖滞或是车轮受轴承调整过紧，造成一边紧一边松的现象。

(3) 测量左右轴距是否相等。

(4) 检查前钢板弹簧有无折断，前轴是否变形。

(5) 若以上均正常，应对前轮定位进行检查调整。

5. 轮胎不正常磨损

1) 轮胎磨损特征

轮胎在使用中出现磨损速度加快，胎面形状异常磨损，如图7-22所示。

(1) 胎肩处磨损［见图7-22(a)］：轮胎长时间气压不足。

(2) 胎面中央磨损［见图7-22(b)］：轮胎长时间气压过高。

(3) 胎面内侧磨损［见图7-22(c)］：前轮负外倾或前束调整不当。

(4) 胎面外侧磨损［见图7-22(d)］：前轮外倾过大或前束调整不当。

(5) 胎面呈羽状磨损斜面［见图7-22(e)］：前束过大。

(6) 倒羽状磨损［见图7-22(f)］：前束过小。

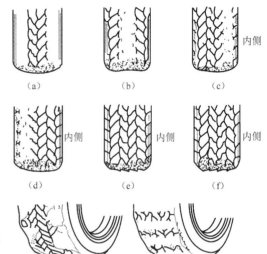

图7-22 轮胎不正常磨损形式

(7) 胎肩碟片状磨损和波浪状磨损［见图7-22(g)］：车轮不平衡，轮毂轴承松旷，轮辋变形，经常使用紧急制动或制动拖滞。

2) 故障原因

轮胎不正常磨损与转向桥部分有关的故障原因如下。

(1) 前轮定位调整不正确，或其他零件有故障所造成的影响。

(2) 前轮轮毂轴承调整不当，过松或过紧。

(3) 转向节主销与前轴主销孔磨损，止推轴承磨损，止推轴承座孔不平整。

(4) 车轮盘的损伤或制动鼓磨损不匀。

(5) 制动鼓与制动蹄摩擦片调整不当，结合不紧密。

(6) 转向节臂弯曲变形。

(7) 转向节弯曲变形。

(8) 轮胎气压不足，或左、右两轮胎气压不相等。

由上可知，影响汽车操纵和行驶性能的故障因素很多与车桥有关，分析判断故障时，必须明确汽车操纵的稳定性主要取决于前轮定位参数的准确程度。前轮定位调整不准确，前桥各配合部位松旷，非独立悬架的前轴的变形，独立悬架支撑架、摆臂、稳定杆与支撑架的变形，以及车架的变形，都会破坏前轮定位的准确性，产生一系列故障，影响汽车操纵的稳定性和轻便性。

小　　结

1. 车桥按配用悬架结构的不同可分为整体式与断开式两种类型；按车桥的作用不同可

分为转向桥、驱动桥、转向驱动桥和支持桥 4 种类型。

2. 转向桥主要由前轴、转向节、主销和轮毂等 4 部分组成。

3. 前轴是转向桥的主体，其断面形状一般采用工字形或管状，用以提高前轴的抗弯强度，同时减轻自重。

4. 为了防止转向时轮胎与转向直拉杆或翼子板相碰擦，在转向节上装有限位螺栓，与前轴两端的限位凸块相配合，可以调整转向轮的最大转角。

5. 车轮定位是指汽车的每个车轮、转向节、车桥与车架的安装应保持一定的相对位置。转向轮定位参数有主销后倾、主销内倾、前轮外倾和前轮前束 4 个参数。

6. 主销后倾与主销内倾都有使汽车转向后自动回正、保持汽车直线行驶的作用。两者主要的区别在于主销后倾的回正作用与车速有关，而主销内倾的回正作用与车速无关。

7. 转向驱动桥由主减速器、差速器、半轴和桥壳组成。半轴必须分成内外两端（内半轴和外半轴），其间用万向节连接，同时主销也因此而分制成两段（或用球头销代替）。转向节轴颈部分做成中空的，以便外半轴穿过其中。

8. 前轮前束可通过改变横拉杆的长度来调整。

9. 车桥的检查与调整包括：转向节和前轴的检查与调整、前轮最大转向角的检查与调整、前轮轮毂轴承的调整以及前束的检查与调整等。

思考与习题

一、判断题

1. 前轮前束可通过改变横拉杆的长度来调整。
2. 汽车在较高速度行驶时，转向轮自动回正主要靠主销内倾角保证。
3. 汽车前轮定位不准，特别是前束不正确，对燃油消耗影响很大。

二、选择题

1. 车架上常见的损伤形式有（　　）。
   A. 裂纹　　　　　B. 弯曲　　　　　C. 扭曲　　　　　D. 锈蚀
2. 对于非独立悬架而言，能够调整的定位参数是（　　）。
   A. 主销后倾　　　B. 主销内倾　　　C. 前轮外倾　　　D. 前轮前束

三、简答题

1. 汽车转向桥由哪些部件组成？其装配关系如何？
2. 四轮定位的概念是什么？前轮定位的参数有哪些？各自的定义和功用是什么？
3. 转向驱动桥与转向桥在结构上有何区别？
4. 车桥常见的故障现象有哪些？应如何诊断排除？

课题 8
车轮与轮胎

【目标要求】
1. 了解车轮与轮胎的功用、性能、类型及结构组成。
2. 了解车轮与轮胎的使用性能。
3. 掌握车轮与轮胎的分类、规格标志及检测标准。
4. 掌握车轮与轮胎使用中产生的问题及解决措施。
5. 掌握更换车轮或轮胎的原则。
6. 掌握车轮动平衡的原理及方法。

【情景导入】
一辆全新大众捷达轿车,在第一次保养时发现前轮磨损严重,4S店维修人员说只要将轮子调整一下即可。一段时间后,汽车开到4S店做第二次保养,结果发现前轮的磨损程度又大大加重了。经4S店工作人员认真检查,并做了一次四轮定位后,问题得到解决,你知道是什么原因引起的吗?如何检查?通过实施解决问题。

车轮与车胎的检测

【实训目的】
(1) 了解车轮及轮胎的类型及构造。
(2) 掌握车轮及轮胎的检测标准。
(3) 掌握根据轮胎的磨损情况判断故障的基本技能。
(4) 掌握更换车轮或轮胎的原则,并能熟练进行车轮的动平衡。

【实训器材】
车轮及车胎4副、气压表一个、轮胎充气机一台、轮胎平衡机一台、扒胎机一台。

【实训内容】
根据轮胎的花纹详细检查轮胎磨损状况,判断磨损是否超标以及磨损部位是否异常,进行扒胎作业并更换轮胎、给车轮充气并进行车轮的动平衡。

【实训步骤】

1. 轮胎技术状况检查

（1）轮胎的内侧花纹磨损严重时，通常是没有定期更换轮胎位置所致。

（2）轮胎表面中间磨损较小，而胎面两边的花纹磨损较大，通常是由于轮胎长时间在气压过低状况下行驶造成的。

（3）轮胎表面中间磨损严重，而胎面两边的花纹磨损轻微，通常是由于轮胎长时间在气压过高状况下行驶造成的。

（4）轮胎表面两侧的花纹磨成锯齿状，通常是前轮前束调整不当所致。

（5）后轮内侧轮胎沿整个圆周表面出现波浪形磨损，通常是制动过于频繁或制动拖滞所造成的。

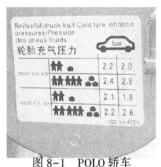

图 8-1　POLO 轿车标准胎气压

（6）沿轮胎周围出现局部偏磨，通常是由轮毂变形引起的。如果轮胎花纹的沟槽有多处被磨秃，就必须尽早更换新轮胎。因为磨损较重的轮胎排水性差，在雨天容易打滑，驾驶时容易出事故。

2. 给轮胎充气到达规定的压力标准

注意：轮胎充气时一定要注意安全，要注意观察压力表，以免轮胎跳起造成人员伤害，必要时可以安装安全带。如大众 POLO 轿车的轮胎气压标示位于油箱盖内侧，如图 8-1 所示。

3. 用压力表多次检验轮胎压力以检查轮是否存在漏气现象

如有漏气现象应在扒胎后进行补胎作业（对于缓慢漏气请使用轮胎泡水法检测）。

4. 使用扒胎机拆换轮胎（以百斯巴特扒胎机 MS43 为例）

1）拆卸轮胎

（1）将轮胎内的气放干净。

（2）去掉钢圈上所有铅块。

（3）将轮胎放到图 8-2（a）所示的位置上，反复转动轮胎并压下 E，然后踩下 B，使轮胎和钢圈彻底分离。

（4）将钢圈放在卡盘 L 上踩下踏板 C 锁住钢圈，如图 8-2（b）所示。

 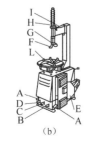 

（a）　　　　　　（b）　　　　　　（c）

图 8-2　MS43 扒胎机

（5）在轮胎内圈抹好润滑脂。

（6）将拆装臂拉下使卡头内滚轮与钢圈边缘贴住，用 H 杆将扒胎臂卡紧。

（7）用撬棍将轮胎挑到扒胎机鸟头的位置（见图8-2（c）所示），踩下踏板C使卡盘旋转，将一侧轮胎扒出。

2）安装轮胎

（1）先在轮胎内侧边缘涂抹润滑脂。

（2）用如拆胎同样的方法将钢圈固定，在卡盘上将轮胎放到钢圈上沿上，同时确定好气眼位置。

（3）移动拆装臂压住轮胎边缘，踩下踏板，逐渐将轮胎压入钢圈内。

（4）用同样的方法将另一侧轮胎压入钢圈，完成轮胎安装。

5. 车轮动平衡

汽车运行时车轮高速转动，车轮不平衡能够引起振动，当拆卸车轮时或更换轮胎后都要进行动平衡试验。本案例使用以KWB-402平衡机（见图8-3）为例进行作业，操作步骤如下。

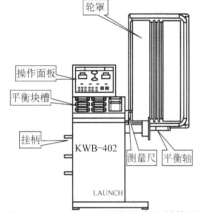

图8-3　KWB-402平衡机主机结构图

图8-4　平衡机主轴

（1）将要做动平衡的车轮总成装到车轮平衡机带夹具的轴上，如图8-4所示。

（2）慢慢转动车轮，用车轮轴端夹具将车轮夹紧，并转动自如。

（3）输入测量项目，用环形卡尺（见图8-5）测量轮圈宽度L，找到轮辋上标记的名义直径"d"，按动面板上D旁边的[+]和[-]按钮，直至显示器显示值跟实际值一致，此时左侧显示器显示"d"轮圈直径。

（4）拉出卡尺，测量车轮内缘至车轮平衡机间的距离A（见图8-6）。然后按动面板上A旁边的[+]和[-]按钮，[+]表示增加，[-]表示减少，直至显示器显示值跟测量值一致，此时左侧显示器显示"A"。

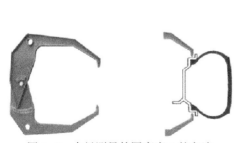

图8-5　卡尺测量轮圈宽度L的方法

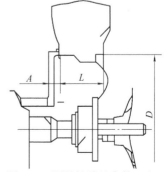

图8-6　测量轮胎的参数A和L

（5）旋下半圆形的护轮板，自动接通电源开关，车轮动平衡机仪表板起动运转。

（6）测试完成后，车轮防护罩自动停转，并能听到完成提示音响。

（7）向上旋起车轮护轮板。

（8）在车轮动平衡仪表板上显示车轮两侧不平衡量的数据。

（9）平衡块有各种质量规格的（见图8-7），按指示质量选择平衡块。

- 粘贴式平衡块：
- 卡钩式轿车平衡块：

图8-7 平衡块样式及形状

（10）小心地将平衡块敲入车轮轮圈的夹槽中。

（11）旋下防护罩，重新启动车轮动平衡机。

（12）重新读取不平衡量的显示数据，应在限定的5g范围内，如不合格应重新安装平衡块，再做测试，直到合格为止。

（13）抬起防护罩，取下车轮，可以装车使用。

8.1 车　轮

8.1.1 车轮的功用、组成与分类

车轮是介于轮胎和车桥之间承受负荷的旋转组件，其功用是安装轮胎，承受轮胎与车桥之间的各种作用力和力矩。车轮由轮毂、轮辋及轮辐（轮毂与轮辋的连接部分）组成。按轮辐的结构不同，车轮分为两种形式：辐板式和辐条式。

8.1.2 车轮的构造

1. 辐板式车轮

目前在轿车和货车上广泛采用辐板式车轮，其结构如图8-8所示。辐板式车轮由挡圈1、轮辋2、辐板3和气门嘴伸出口4组成。车轮中用以连接轮毂和轮辋的钢质圆盘称为辐板，大多是冲压制成的，少数是和轮毂铸成一体，后者主要用于重型汽车。

轿车的辐板所用板料较薄，常冲压成起伏多变的形状，以提高其刚度。有些轿车为了减轻车轮的质量和有利于制动毂的散热，采用了铝合金铸造加工。辐板上的孔既可以减少质量

又有利于制动鼓的散热，同时，它的存在还可以作为安装时的把手，充气时方便接近气门嘴，辐板上的六个孔可加工成锥形，以便于用螺栓把辐板固定在轮毂上时对中。轮辋和辐板焊接在一起，并用螺栓将其安装在车轮轮毂或制动鼓上，组成车轮。为了保证车辆高速行驶时轮胎旋转的平衡性，车轮还装有平衡块，以便对车轮进行动平衡，车轮装饰罩装在辐板外面。

货车后轴载荷比前轴大得多，为了使后轮轮胎不致过载，前后轮胎磨损趋于相等，后桥一般使用双式后轮，如图 8-9 所示。即在同一轮毂上安装了两套辐盘和轮辋，内外可互换。内轮盘 1 紧靠在轮毂 2 凸缘的外端面上，用具有锥形端面的套螺母 4 拧紧在双头螺栓 3 上，内轮盘 1 被紧固。轮盘 6 靠在内轮盘 1 上，用螺母 5 拧紧在套螺母的外螺纹上。这种固定方法保证了车轮正确定位，使内外轮盘不致同时松动。

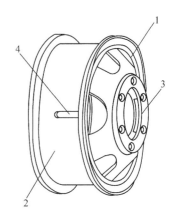

图 8-8　辐板式车轮
1—挡圈；2—轮辋；
3—辐板；4—气门嘴

为了防止汽车行驶中固定轮盘的螺母自动松脱，一般采用不同螺纹旋向的螺栓。左侧车轮用左旋螺纹，右侧用右旋螺纹。也有的将螺栓 5 右端的球面单独制成球面弹性垫圈，螺栓的结构稍加改动，即可采用单螺母固定形式且能有效地防止螺母自行松动。故汽车左右车轮上的紧固螺栓均可用右旋螺纹（见图 8-10），从而减少了零件品种。

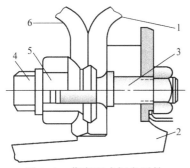

图 8-9　货车双式辐盘后轮
1—内轮盘；2—轮毂；3—双头螺栓；
4—套螺母；5—螺母；6—轮盘

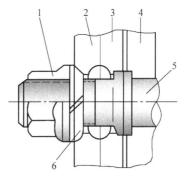

图 8-10　单螺母固定双轮盘的形式
1—螺母；2—外轮盘；3—内轮盘；
4—轮毂；5—螺栓；6—球面弹簧垫圈

2. 辐条式车轮

这种车轮的轮辐是钢丝辐条或者是与轮毂铸成一体的铸造辐条。钢丝辐条车轮由于价格昂贵，维修安装不便，故仅用于赛车和某些高级轿车上。铸造辐条式车轮用于装载质量较大的重型汽车上。图 8-11 是铸造件辐条式车轮，它的轮辐是与轮毂 6 铸成一体的辐条 4，轮辋 1 用螺栓 3 和特殊形状的衬块 2 固定在辐条 4 上。为了使轮辋与辐条很好的对中，在轮辋和辐条上都加工出配合锥面。

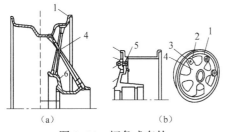

图 8-11　辐条式车轮
1—轮辋；2—衬块；3—螺栓；4—辐条；5—轮辐；6—轮毂

3. 轮辋

轮辋是轮胎的装配和固定的基础，当轮胎装入不同轮辋时，其形变位置与大小是不同的。因此，每一种规格的轮胎，最好配用规定的标准轮辋，必要时也可配用规格与标准轮胎相近的轮辋。如果轮辋选用不当，会造成轮胎早期损坏。轮辋的常见形式主要有两种：深槽轮辋和平底轮辋。此外，还有对开式轮辋、半深槽轮辋、深槽宽轮辋、平底宽轮辋以及全斜底轮辋等，轮辋的结构形式如图 8-12 所示。

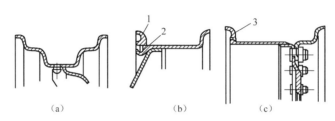

图 8-12 轮辋的结构形式
(a) 深槽轮辋；(b) 平底轮辋；(c) 对开式轮辋
1，3—挡圈；2—锁圈

1) 深槽轮辋

这种轮辋是整体的，其断面中部为一深凹槽，主要用于轿车及轻型越野汽车。它有带肩的凸缘，用以安放外胎的胎圈，其肩部通常略向中间倾斜，其倾斜角一般是 5°左右。倾斜部分的最大直径即称为轮胎胎圈与轮辋的着合直径。断面的中部制成深凹槽，以便于外胎的拆装。深槽轮辋的结构简单，刚度大，质量较小，对于小尺寸弹性较大的轮胎最适宜。但是尺寸较大又较硬的轮胎，则很难装进这样的整体轮辋内，如图 8-12 (a) 所示。

2) 平底轮辋

这种轮辋的结构形式很多，是我国货车上常用的一种形式。挡圈是整体的，用一个开口弹性锁圈来防止挡圈脱出。在安装轮胎时，先将轮胎套在轮辋上，然后套上挡圈，并将它向内推，直至越过轮辋上的环形槽，再将开口的弹性锁圈嵌入环形槽中。东风 EQ1090E 型和解放 CA1091 型汽车车轮，均采用这种形式的轮辋，如图 8-12 (b) 所示。

3) 对开式轮辋

这种轮辋由内外两部分组成，其内外轮辋的宽度可以相等，也可以不等，两者用螺栓连成一体。拆装轮胎时相对较方便，只要拆卸连接螺栓上的螺母，将轮辋内外分开，轮胎即可拆下。多用于越野汽车，东风 EQ2080 汽车即采用这种形式的轮辋，如图 8-12 (c) 所示。

除了深槽式轮辋和平底式轮辋以外，还有半深槽式轮辋，一般用于轻型货车上。

由于轮辋是轮胎的装配和固定的基础，当轮胎装入不同轮辋时，其变形位置与大小也发生变化。因此，每种规格的轮胎，最好配用规定的标准轮辋，必要时也可配用规格与标准轮胎相近的轮辋（容许轮辋）。如果轮辋使用不当，会造成轮胎早期损坏，特别是使用在过窄的轮辋上时。

近几年来，为了适应提高轮胎负荷能力的需要，开始采用宽轮胎。实验表明，采用宽轮辋可以提高轮胎的使用寿命，并可改善汽车的通过性和行驶稳定性。

4) 国产轮辋轮廓类型及其代号

正如上文所述，目前轮辋轮廓类型有 7 种，其代号分别如下。

深槽轮辋：代号 DC；深槽宽轮辋：代号 WDC；半深槽轮辋：代号 SDC；平底轮辋：代号 FB；平底宽轮辋：代号 WFB；全斜底轮辋：代号 TB；对开式轮辋：代号 DT。其轮廓类型代号如图 8-13 所示。

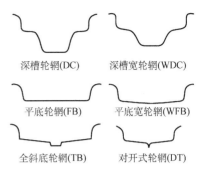

图 8-13　轮辋轮廓类型代号

轮辋的结构形式根据其主要由几个零件组成分为：一件式轮辋、二件式轮辋、三件式轮辋、四件式轮辋和五件式轮辋。一件式轮辋具有深槽的整体式结构；二件式轮辋可以拆卸为轮辋体和弹性挡圈两个主要零件；三件式轮辋可以拆卸为轮辋体、挡圈和锁圈三个主要零件；四件式轮辋可以拆为轮辋体、挡圈、锁圈和座圈四个主要零件，也可以拆为轮辋体、锁圈和两个挡圈；五件式轮辋可以拆卸为轮辋体挡圈、锁圈、座圈和密封环五个主要零件。

轮辋规格用轮辋名义宽度代号、轮缘高度代号、轮辋结构形式代号、轮辋名义直径代号和轮辋轮廓类型代号来共同表示。轮辋名义宽度和名义直径代号的数值是以 in（英寸）表示（当新设计轮胎以 mm 表示直径时，轮辋直径用 mm 表示）。直径数字前面的符号表示轮辋结构形式代号，符号"×"表示该轮辋为一件式轮辋，符号"-"表示该轮辋为两件或两件以上的多件式轮辋。在轮辋名义宽度代号之后的拉丁字母表示轮缘的轮廓（E、F、J、JJ、KB、L、V 等）。有些类型的轮辋（如平底宽轮辋），其名义宽度代号也代表了轮缘轮廓，不再用字母表示。最后面的代号表示了轮辋轮廓类型代号。

例如：北京 BJ2020 型汽车轮辋为 4.50E×16，表示该轮辋名义宽度 4.5 in，名义直径 16 in，轮缘轮廓代号为 E 的一件式深槽轮辋。对于平底式宽轮辋，只有表示轮辋名义宽度和名义直径的数字，而没有表示轮缘轮廓的拉丁字母代号。例如，东风 EQ1090 型汽车轮辋规格为 7.0-20；解放 CA1091 型汽车轮辋规格为 6.5-20。

8.2　轮　胎

轮胎由橡胶制成，安装在轮辋上，并与轮辋组成车轮与地面接触。

8.2.1　轮胎的功用和类型

1. 功用

现代汽车都采用充气式轮胎，轮胎安装在轮辋上，直接与路面接触，它的功用如下。

（1）支撑汽车的质量，承受路面传来的各种载荷的作用。

（2）和汽车悬架共同来缓和汽车行驶中所受到的冲击，并衰减由此而产生的振动，以保证汽车有良好的乘坐舒适性和行驶平顺性。

(3) 保证车轮和路面有良好的附着性,以提高汽车的动力性、制动性和通过性。

2. 类型

(1) 按轮胎内空气压力的大小,轮胎分为高压胎 (0.5~0.7 MPa)、低压胎 (0.2~0.5 MPa) 和超低压胎 (0.2 MPa 以下) 三种。低压胎弹性好、减振性能强、壁薄散热性好、与地面接触面积大、附着性好,因而广泛用于轿车。超低压胎在松软路面上具有良好的通过能力,多用于越野汽车及部分高级轿车。

(2) 按轮胎有无内胎,轮胎分为有内胎轮胎和无内胎轮胎(俗称真空胎)两种。目前轿车上普遍采用无内胎轮胎。

(3) 按胎体帘布层结构的不同,轮胎分为斜交轮胎和子午线轮胎。目前,子午线胎在汽车上广泛应用。

8.2.2 轮胎的结构

1. 有内胎轮胎

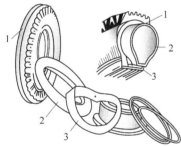

图 8-14 有内胎的充气轮胎
1—外胎;2—内胎;3—垫带

图 8-14 所示为有内胎的充气轮胎,这种轮胎主要由外胎 1、内胎 2 和垫带 3 组成。内胎中充满压缩空气,外胎用来保护内胎不受损伤且具有一定弹性,垫带放在内胎下面,防止内胎与轮辋硬性接触受损伤。

内胎是一个环形的橡胶管,上面装有气门嘴,以便充入或排出空气,为使内胎在充气状态下不产生褶皱,其尺寸应稍小于外胎的内壁尺寸。

垫带是一个环形的橡胶带,它垫在内胎与轮辋之间,以保护内胎不被轮辋和胎圈磨伤。

2. 无内胎轮胎

无内胎轮胎俗称真空胎,在外观上与普通轮胎相似,但是没有内胎及垫带。它的气门嘴用橡胶垫圈和螺母直接固定在轮辋上,空气直接充入外胎中,其密封性由外胎和轮辋来保证。如图 8-15 所示,为无内胎的充气轮胎,其组成部分别是橡胶密封层 1、自粘层 2、槽纹 3、轮辋 4 和气门嘴 5。

无内胎轮胎的内壁有一层橡胶密封层 1,有的在该层下面还有一层自粘层,能自行将刺穿的孔黏合。在胎圈外侧也有一层橡胶密封层,用以加强胎圈与轮辋之间的气密性。无内胎轮胎一旦被刺破,穿孔不会扩大,故漏气缓慢,胎压不会急剧下降,仍能继续行驶一定距离,可消除爆胎的危险。因无内胎,摩擦生热少、散热快,适用于高速行驶;此外,结构简单、质量较轻,维修也方便。但密封层和自粘层易漏气,途中修理也较困难。无内胎轮胎必须配用深槽轮辋,故目前在轿车上应用较多。

3. 外胎的结构

外胎由胎面、帘布层、缓冲层和胎圈组成,如图 8-16 所示。

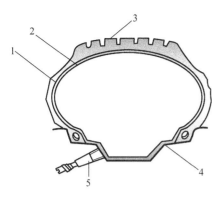

图 8-15 无内胎的充气轮胎
1—橡胶密封层；2—自粘层；
3—槽纹；4—轮辋；5—气门嘴

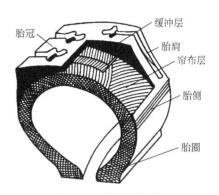

图 8-16 外胎的结构

1) 胎面

胎面是轮胎的外表面，可分为胎冠、胎肩和胎侧三部分。

胎冠与路面直接接触，并产生附着力，使车辆行驶和制动。为使轮胎与地面有良好的附着性能，防止纵、横向滑移，在胎面上制有各种形状的花纹。如图 8-17 所示，主要有普通花纹、组合花纹、越野花纹等。普通花纹中的纵向折线花纹，如图 8-17（a）所示，最适合于在较好的硬路面上高速行驶，广泛用于轿车、客车及货车等各种车辆；横向花纹，如图 8-17（b）所示，仅用于货车。组合花纹由纵向折线花纹和横向花纹组合而成，如图 8-17（c）所示，在好路面和不良路面上都可提供稳定的驾驶性能，广泛用于客车和货车。越野花纹的凹部深而粗，如图 8-17（d）所示，在软路面上与地面附着性好，越野能力强，适用于矿山、建筑工地及其他一些在松软路面上使用的越野汽车轮胎。

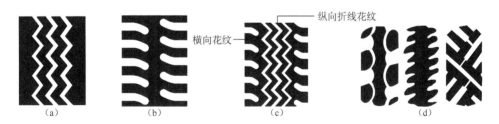

图 8-17 胎面花纹
(a) 纵向折线花纹；(b) 横向花纹；(c) 组合花纹；(d) 越野花纹

胎肩是较厚的胎冠和较薄的胎侧间的过渡部分，一般也制有各种花纹，以提高该部位的散热性能。

胎侧又称胎壁，它由数层橡胶构成，覆盖轮胎两侧，保护内胎免受外部损坏。胎侧在行驶过程中，不断地在载荷作用下挠曲变形。胎侧上标有厂家名称、轮胎尺寸及其他资料。

2) 帘布层

帘布层是外胎的骨架，主要用于承受载荷，保持外胎的形状和尺寸，并使其具有足够的强度。帘布层通常由成双数的多层帘布用橡胶贴合而成，相邻层的帘线交叉排列。帘布层数越多，轮胎的强度越大，但弹性下降。帘线可以是棉线、人造丝、尼龙和钢丝。

按照帘布层帘线排列方式的不同，外胎可以分为斜交轮胎和子午线轮胎，如图 8-18

所示。

斜交轮胎帘布层的帘线按一定角度交叉排列，帘线与轮胎横断面的交角通常为50°，如图8-18（a）所示。子午线轮胎帘布层帘线排列的方向与轮胎横断面一致，即垂直于轮胎胎面中心线，类似于地球仪上的子午线，如图8-18（b）所示。子午线轮胎胎侧比斜交轮胎软，在径向上容易变形，可以增加轮胎的接地面积，即使在充足气后，两侧壁上也有一个特殊的凸起部，如图8-19所示。

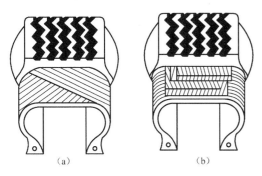

图8-18 轮胎的结构形式
（a）斜交轮胎；（b）子午线轮胎

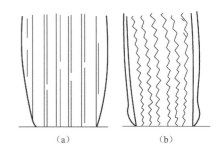

图8-19 子午线轮胎与斜交轮胎胎侧比较
（a）斜交轮胎；（b）子午线轮胎

子午线胎与斜交轮胎相比较具有行驶里程长、滚动阻力小、节约燃料、承载能力大、减振性能好、附着性能好、不易爆胎等优势，目前在汽车上应用广泛。

3）缓冲层

缓冲层夹在胎面和帘布层之间，由两层或数层较稀疏的帘布和橡胶制成，弹性较大。其作用是加强胎面与帘布层之间的结合，防止汽车紧急制动时胎面与帘布层脱离，并缓和汽车行驶时所受到的路面冲击。

4）胎圈

胎圈由钢丝圈、帘布层包边和胎圈包布组成，有很大的刚度和强度，可以使外胎牢固地安装在轮辋上。

8.2.3 轮胎的规格与标记

汽车轮胎是汽车的重要部件，在汽车轮胎上的标记有十余种，正确了解汽车轮胎知识对轮胎的选配、使用、保养十分重要，对于保障行车安全和延长轮胎使用寿命具有重要意义。

1. 轮胎的规格

轮胎的规格可用外胎直径D、轮辋直径d、断面宽B和断面高度H的名义尺寸代号表示（见图8-20）。

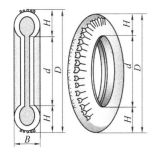

图8-20 轮胎尺寸标记
D—轮胎外径；d—轮胎内径；
H—轮胎断面高度；B—轮胎断面宽度

1）斜交轮胎规格

我国采用国际标准，斜交轮胎的规格用$B-d$表示，载重汽车斜交轮胎和轿车斜交轮胎的尺寸B和d均使用英寸

（in）为单位，B 为轮胎名断面宽度，d 为轮辋名义直径代号。示例如下：

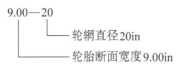

2）子午线轮胎规格

国产子午线轮胎规格用 BRd 表示，其中 R 代表子午线轮胎（即"Radial"的第一个字母）。国产轿车子午线轮胎断面宽 B 已全部改用公制单位 mm；载重汽车轮胎断面宽 B 有英制单位（in）和公制单位两种。而轮辋直径 d 的单位仍为英寸（in）。

随着轮胎的扁平化，仅用断面宽 B 和轮辋直径 d 已不能完全表示轮胎的规格。即在断面宽 B 相同的情况下，断面高 H 随不同扁平率而变化。轮胎按其扁平率—高宽比划分系列，目前国产轿车子午线轮胎有 80、75、70、65、60 等 5 个系列，数字分别表示断面高 H 是断面宽 B 的 80%、75%、70%、65% 和 60%。显然，数字越小，胎越矮，即轮胎越扁平。

子午线轮胎规格示例如下。

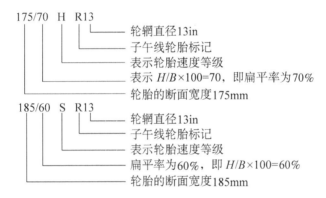

3）无内胎轮胎规格

按国标 GB 2977—1997 规定，载货汽车普通断面子午线无内胎轮胎规格用 BRd 表示。有些子午线轮胎，采用在规格中加"TL"标志。例如：轮胎 195/70SR14TL 表示轮胎的断面宽度为 195 mm，扁平率为 70%，即 $H/B \times 100 = 70$，表示轮胎速度等级为 S 级，子午线轮胎，轮辋直径为 14in [①]，最后"TL"表示无内胎轮胎。

此外，目前国产轿车均使用子午线无内胎轮胎。普通桑塔纳轿车使用的轮胎规格为 185/70SR13；桑塔纳 2000 轿车使用轮胎规格为 195/601485H。神龙富康轿车使用轮胎规格为 165/70R14，普通捷达轿车使用轮胎规格为 175/70R13T。

2. 速度等级

近年来，汽车和轮胎的性能都有很大的提高，要求轮胎的速度性能和汽车的最高速度相匹配。为此，轮胎需标明其速度等级。国际标准化组织（ISO）制定的，并且已被一些国家所采用的速度标志的特点是对各种速度均给一个代号。该表规定的速度等级代号既适用于轿车轮胎，也适用于货车轮胎，但是他们的含义不完全相同。对于轿车轮胎（P 到 S 级），是指不许超过的最高速度；对于货车轮胎（F 到 N 级），是指随负荷降低可以超过的参考速度。

---

① 英寸（in）为非许用单位，1in = 25.4 mm。

我国参照采用了国际标准化组织（ISO）规定的速度标志。根据 GB 2978—1997《轿车轮胎系列》规定，轿车轮胎采用速度标志符号及对应的最高行驶速度。同时还要求对于不同轮辋直径的轮胎，最高行驶速度应符合下表的规定。

例如轿车子午线轮胎 185/70SR13 规格中的 S 即表示速度等级为 S，允许的最高行驶速度为 180 km/h。速度标志表如表 8-1 所示。

表 8-1 速度标志

速度标志	速度/(km·h^{-1})	速度标志	速度/(km·h^{-1})
A_1	5	J	100
A_2	10	K	110
A_3	15	L	120
A_4	20	M	130
A_5	25	N	140
A_6	30	P	150
A_7	35	Q	160
A_8	40	R	170
B	50	S	180
C	60	T	190
D	65	U	200
E	70	H	210
F	80	V	240
G	90		

3. 负荷能力

轮胎的负荷能力是指在一定行驶速度和相应充气压力时的最大载质量。它的表示方法有三种：

1）以"层级"（PR）表示

这是最早的表示方法。轮胎上表示的层级并不代表实际的帘线层数，只代表近似于棉帘线层数的载质量。例如：9.00-20-14 层级全钢丝子午线轮胎，实际胎体钢丝帘线只有一层，但它的载质量却相当于 14 层棉帘线 9.00-20 斜交轮胎。

2）以"负荷指数"表示

这是目前国际上子午线轮胎普遍采用的表示方法，以阿拉伯数字标记在轮胎侧面。如 9.00R20 原来 14 层级的子午线轮胎，如今在轮胎侧上标为 900R20140137，表示单胎负荷指数为 140，相当于载质量 2 500 kg，双胎负荷指数为 137，相当于载质量为 2 300 kg。

3）以"负荷级别"表示

这是美国为了避免"层级"这种表示方法容易同实际层数混淆而采用的替代方法，以拉丁字母表示。例如："G"表示相当于同规格轮胎 14 层级的载质量。负荷级别与层数的对应关系如表 8-2 所示。

表 8-2 负荷级别与层数的对应关系

负荷级别	对应层数	负荷级别	对应层数	负荷级别	对应层数
A	2	E	10	J	18
B	4	F	12	L	20
C	6	G	14	M	22
D	8	H	16	N	24

我国国家标准规定以"层级"表示负荷能力。但用引进技术生产的子午线轮胎，以及有的国内轮胎厂生产的子午线轮胎，还同时标明"负荷指数"或"负荷级别"。

在这 3 种表示方法中，因为"负荷指数"直接代表载质量，而且可以在轮胎上同时标明单胎和双胎的"负荷指数"，所以对使用者来讲是最方便的。而要知道每一个轮胎规格的"层数"和"负荷级别"所代表的载质量，还要查每个轮胎规格的标准规定，则相对较麻烦。

8.3 轮胎的使用与检修

轮胎的合理使用是延长其使用寿命的根本途径。只有合理使用轮胎，才能防止轮胎的异常磨损和诸如爆胎、划伤、漏气等致命损坏，而提高轮胎的行驶里程。

8.3.1 轮胎的使用

1. 保持轮胎气压正常

轮胎工作气压直接关系到汽车行驶的安全性和经济性。轮胎气压与轮胎接地面积的关系如图 8-21 所示。

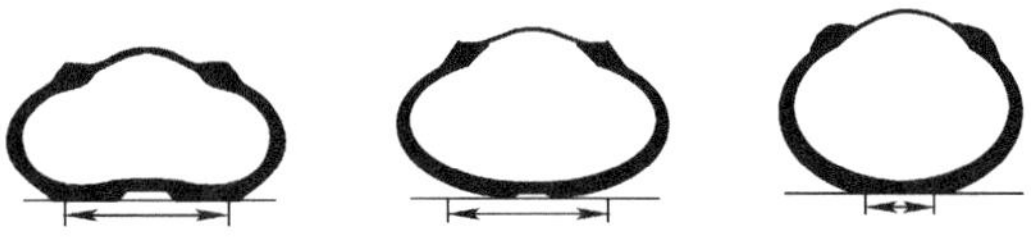

气压不足　　气压合适　　气压过高

图 8-21　轮胎气压与轮胎接地面积的关系

轮胎制造厂在设计各种规格的轮胎时，都规定了其最大负荷量和相应的充气压力，使用时应按轮胎规定的气压标准进行充气，否则，将造成轮胎早期磨损和损坏。

轮胎气压低于标准值行驶时，其径向变形增大，轮胎两侧将发生过度挠曲，胎侧内壁受压，胎侧外壁受拉，胎体内的帘线产生较大的变形和交变应力。周期性的压缩变形，会加速帘线的疲劳损坏。变形也使轮胎帘布层和轮胎与地面间相对滑移增大，摩擦产生的热量多，轮胎温度急剧上升。轮胎的应力增大和温度升高，降低了橡胶的抗拉强度，使帘线松散和局部脱层，在遇有障碍受到冲击时，极易爆破。轮胎气压过低，轮胎在接触面上的压力不均匀，轮胎向里弯曲，胎面的中部负荷要小一些，因而胎面的边缘负荷急剧增大，使材料的应力增大，有时称这种现象为"桥式效应"。产生"桥式效应"时，胎面磨耗不均匀，行驶面的中部几乎保持不变，而胎肩部分严重磨损，通常形成齿状或波浪状，这是胎压过低时轮胎磨损的特征。

在胎压过低时，轮胎花纹凹部最易嵌入道路上的钉子和石块，引起机械性损伤。并装的双胎在低压下行驶时，由于胎侧挠屈变形特别大，两个相近的轮胎侧壁易接触，相互摩擦而磨损，然后磨坏胎体；若并装双胎中有一只轮胎气压过低时，行驶中轮胎负荷将由另一只轮胎承担而超载，加剧轮胎的损坏。

轮胎气压过低，还将使滚动阻力加大，降低行车速度，增加燃料的消耗。试验表明，当汽车的各轮胎的气压均较标准降低 49 kPa，则会增加 5% 的油耗；而仅一侧两个轮胎较标准降低 49 kPa，则增加 2.5% 油耗。前轮一只轮胎较标准降低 49 kPa，则增加 1.5% 的油耗。当轮胎气压低于标准的 20%~25% 时，就会减少 20% 的轮胎行驶里程，相应增加 10% 的油耗。

轮胎气压高于标准行驶时，将使轮胎的帘线受到过度伸张，胎体帘线的应力增大，帘线疲劳过程加快，引起帘线拉断，造成轮胎早期爆破。胎压过高时，轮胎与路面的接触面积减小，增加了单位面积上的负荷，将加速胎冠中部的磨耗，这是胎压过高时轮胎磨损的特点。并装双胎中的一只胎压过高，特别是内侧轮胎气压过高，受道路拱形路面的影响，更易造成超载而过早损坏。胎压过高还使汽车平顺性降低，加速汽车部件的磨损和损坏；在不平路面上行驶时，胎压过高，汽车振动加剧，汽车垂直位移增加而消耗能量，使汽车的燃料消耗增加。

试验表明，轮胎气压过低或过高，轮胎的使用寿命都会缩短，如图 8-22 所示，轮胎气压降低 20%，轮胎的使用寿命会缩短 15%。

2. 严禁超载

当汽车超载或装载不均衡时，便引起轮胎超载。

超载时轮胎损坏的特点和胎压过低行驶时的损坏相似。但是，超载时轮胎损坏更严重。因为，在这种情况下，胎体帘线的应力加大，轮胎材料的疲劳强度下降，产生热量大（特别是在轮胎胎肩部位），而且轮胎与路面接触面积上的压强增大，分布更不均匀。

轮胎超载不许用提高胎压方法补偿。因为这会引起胎体帘线的应力显著增大，造成轮胎的早期报废。

超载的轮胎碰上障碍物时，常发生对角线形成十字形、直线形及 Y 形胎冠爆破。超载还能引起胎体脱层，胎面和胎侧脱空。当悬架的弹簧变形时，超载可能使轮胎与车身相接触，引起轮胎损坏。

轮胎负荷对使用寿命的影响如图 8-23 所示。

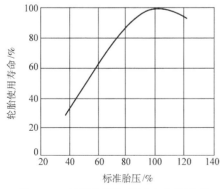

图 8-22 轮胎气压与使用寿命的关系

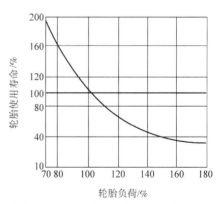

图 8-23 轮胎负荷与使用寿命的关系

3. 合理控制车速

随着车速的增加，轮胎的变形频率、胎体的振动以及轮胎的圆周和侧向扭曲变形（即形成静止波）也随之增加。当车速达到某一速度时，此能量大部分转换成热量，使轮胎的工作温度和气压升高，加速老化。此外，车速过高，胎体受力增加，还容易产生帘布层破裂和胎面剥落现象，严重时造成轮胎爆裂，这在高速公路行驶时是非常危险的。据统计，我国高速公路交通事故30%以上（甚至80%）都是因爆胎引起的。车速过高，轮胎所受动载荷增大，在不平路面时更为严重。因此，控制车速是非常必要的。

4. 注意胎温

轮胎的工作气压应与胎温相适应。汽车在行驶时，其轮胎断面产生变形形成挠曲变形，轮胎产生内部摩擦，引起轮胎发热，胎温升高，胎内气体受热膨胀，致使胎压升高。

胎温升高，对轮胎的使用寿命有很大影响。它会使橡胶老化，降低物理性能，产生龟裂，同时还会发生胎体帘布层脱层以致破坏。当胎温超过95℃，就有爆破危险。试验表明，轮胎内部的温度与轮胎的负荷和速度的乘积成正比，与外胎的厚度平方成反比。在负荷和胎压正常的情况下，轮胎升温的主要原因是天气炎热，散热条件差。

大气温度每上升10℃，行驶时轮胎温升控制系数应下降10℃。我国北方地区冬季时间长，气温较低，每年从11月中旬至次年3月上旬，大气温度大都低于13℃，从而有利于充分发挥轮胎的最佳性能，可适当增加轮胎的气压29~49 kPa。短途运输也可参考这个数值。但在炎热的夏季，轮胎内的摩擦产生的热量不易散发出去，应适当降低轮胎的充气压力。所以，夏季行车时，要特别注意爆胎问题。在行驶中如果发现胎温过高，应将汽车停在阴凉地点，待胎温降低后再继续行驶，不得采用泼冷水或放气降压。

不同车速下温度对轮胎的使用寿命影响是不同的，试验表明，以车速为55 km/h行驶，当气温为22℃时，轮胎的使用寿命为100%；而当气温上升至36℃时，若车速为35 km/h时，其使用寿命尚可达50%以上，车速达75 km/h时，其使用寿命为38%，若车速超过100 km/h时，其使用寿命只有25%。所以，胎温的变化，也可通过控制车速来实现。

5. 保持车况良好

保持车况完好，尤其汽车底盘技术状况良好，是防止轮胎早期损坏的有效措施。当底盘机件装配不当或出现故障时，轮胎不能平稳滚动，产生滑移、拖曳或摆振，使轮胎遭到损坏；漏油故障，使油类滴落到轮胎上浸蚀橡胶，也会造成轮胎早期损坏。

6. 正确驾驶

汽车驾驶方法，涉及轮胎与路面相互作用的所有受力情况。不正确或不经心地驾驶汽车，都能使轮胎使用寿命急剧缩短。与驾驶员操作直接有关的缩短轮胎使用寿命的主要问题有：急加速，急剧制动，超速行驶和急剧转弯，以及不经心驶过和碰撞障碍物等。

8.3.2 轮胎的拆装、检查及故障诊断

1. 轮胎的拆装

（1）拆装轮胎要在清洁、干燥、无油污的地面上进行。

（2）拆装轮胎要用专用工具，不允许用大锤敲击或其他尖锐的用具拆胎。

(3)外胎、内胎、垫带、轮辋必须符合规格要求,才能组装。要特别注意子午线轮胎胎圈部分的完好。

(4)内胎装入外胎前,须紧固气门嘴,以防漏气,并在外胎内部和垫带上涂上滑石粉。

(5)气门嘴的位置应装在轮辋气门嘴孔中。胎侧有平衡标记(彩色胶片)的,标记应在与气门嘴相对的位置上,以便于平衡。轮辋上有平衡块的,应用动平衡机进行平衡调整。

(6)安装有向花纹的轮胎,应注意滚动方向的标记。拆装子午线胎应做记号,使安装后的子午线胎滚动方向保持不变。

提示:目前轿车几乎都是采用无内胎的子午线轮胎,最常见的拆装轮胎的专用设备是轮胎拆装机。

2. 轮胎的检查

轮胎的检查主要是检查轮胎的磨损程度和轮胎气压,轮胎的磨损程度的检查包括胎面花纹深度的检查和轮胎异常磨损的检查。

轮胎磨损过甚,花纹过浅,是行车重要的不安全因素。过度磨损的轮胎,除容易爆破外,还会使汽车操纵稳定性变坏。汽车在雨中高速行驶时,由于不能把水全部从胎下排出,轮胎将会出现水滑现象,致使汽车失控。花纹越浅,水滑的倾向越严重。而轮胎(包括备胎)气压的检查对于行车也是非常重要的。轮胎气压不足,会导致轮胎过热,并因轮胎的接地面积不均匀,而产生不均匀磨损或胎肩和胎侧快速磨损,缩短轮胎的使用寿命。同时会增加滚动阻力、加大耗油,而且影响车辆的操控,严重时甚至引发交通事故;轮胎气压过高则使车身质量集中在胎面中心上,导致胎面中心快速磨损,不但缩短轮胎的使用寿命,而且降低车辆的舒适性。所以进行日常维护和各级维护时,对于轮胎的检查是非常必要的。

1)胎面花纹深度的检查

GB 7258—2012《机动车运行安全技术条件》规定,轿车轮胎胎冠上花纹磨损至花纹深度小于1.6 mm(磨损标志),载货汽车转向轮胎冠上的花纹深度小于3.2 mm,其余轮胎胎冠花纹深度小于1.6 mm时,应停止使用。

轮胎花纹深度可用深度尺进行测量。

图8-24 轮胎磨损极限标志

胎面磨耗标志位于胎面花纹沟底部,当胎面磨损到此处时,花纹沟断开,表明轮胎必须停止使用并送去翻新。为便于用户找到磨耗标志所在的位置,通常在磨耗标志对应的胎肩处标出"TWI"或者"△"等符号,如图8-24所示。这种磨耗标志按国家标准GB 1191—1989、GB 9743—2007和GB 516—1989的规定,每条轮胎应沿周向等距离地设置不少于4个。

2)轮胎异常磨损的检查

检查轮胎的异常磨损,可以发现故障的早期征兆和原因,以便及时排除影响轮胎寿命的不良因素,防止早期磨损和损坏。具体内容见下面的轮胎常见故障诊断。

3)轮胎气压的检查

轮胎气压可用气压表进行检查。

注意:不同的车辆,轮胎的气压值也许不同,检查时应参看相应车辆的维修手册。一般桑塔纳 2000 轿车前轮的胎压为 0.18 MPa，后轮的胎压为 0.22 MPa，即平时所说的前轮 1.8atm[①]，后轮 2.2atm[①]。

3. 轮胎常见故障诊断

轮胎的常见故障是轮胎的异常磨损。

1) 胎肩或胎面中间磨损

（1）现象。如图 8-25 所示，轮胎的胎肩和胎面出现了磨损。

图 8-25　胎肩或胎面中间磨损

（2）故障原因。集中在胎肩上或胎面中间的磨损，主要是由于未能正确保持充气压力所致。如果轮胎充气压力过低，轮胎的中间便会凹入，将载荷转移到胎肩上，使胎肩磨损快于胎面中间。另一方面，如果充气压力过高，轮胎中间便会凸出，承受了较大的载荷，使轮胎中间磨损快于胎肩。

（3）故障排除步骤。

① 检查是否超载。

② 检查充气压力。如果充气过量或充气不足，应调整充气压力。

③ 调换轮胎位置。

2) 内侧或外侧磨损

（1）现象。如图 8-26 所示为轮胎的内侧或外侧磨损。

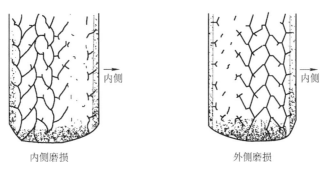

图 8-26　内侧或外侧磨损

（2）原因。

① 在过高的车速下转弯会造成转弯磨损。转弯时轮胎滑动，便产生了斜形磨损。这是较常见的轮胎磨损原因之一。驾驶员所能采取的唯一补救措施，就是在转弯时减低车速。

---

① 标准大气压（atm）为非许用单位，1atm=101325Pa。

② 悬架部件变形或间隙过大，会影响前轮定位，造成不正常的轮胎磨损。

③ 如果轮胎面某一侧的磨损快于另一侧的磨损，其主要原因可能是外倾角不正确。由于轮胎与路面接触面积大小因载荷而异，对具有正外倾角的轮胎而言，其外侧直径要小于其内侧直径。因此胎面必须在路面上滑动，以便其转动距离与胎面的内侧相等。这种滑动便造成了外侧胎面的过量磨损。反之，具有负外倾角的轮胎，其内侧胎面磨损较快。

（3）故障排除步骤

① 询问驾驶员是否高速转弯，如果是则要避免。

② 检查悬架部件。如松动则将其紧固；如变形和磨损，应修理或更换。

③ 检查外倾角。如不正常，应校正。

④ 调换轮胎位置。

3）前束和后束磨损（羽状磨损）

（1）现象。如图 8-27 所示，车轮出现了前束和后束磨损。

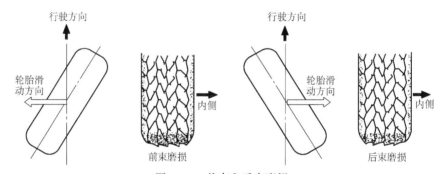

图 8-27　前束和后束磨损

（2）故障原因。胎面的羽状磨损，主要是由于前束调节不当所致，过量的前束，会迫使轮胎向外滑动，并使胎面的接触面在路面上朝内拖动，造成前束磨损。如图 8-26 所示，胎面呈明显的羽毛形。用手指从轮胎的内侧至外侧划过胎面，便可加以辨别。另一方面，过量的后束，会将轮胎向内拉动，并使胎面的接触面在路面上朝外拖动，造成如图 8-26 所示的后束磨损。

（3）故障排除步骤。

① 检查前束和后束。如果前束过量或后束过量，应该加以调整。

② 调换轮胎位置。

4）前端和后端磨损

（1）现象。如图 8-28 所示为前端和后端磨损。

（2）故障原因。

① 前端和后端磨损是一种局部磨损，常常出现在具有横向花纹和区间花纹的轮胎上，胎面上的区间发生斜向磨损（与鞋跟的磨损方式相同），最终变成锯齿状。

② 具有纵向折线花纹的胎面，磨损时会产生波状花纹。

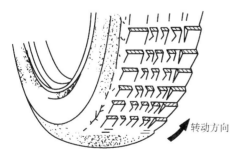

图 8-28　前端和后端磨损

③ 非驱动轮的轮胎只受制动力的影响，而不受驱动力的影响，因此往往会有前后端形式的磨损，如反复使用和放开制动器，便会使轮胎每次发生短距离滑动而磨损，前后端磨损的形式便与这种磨损相似。

④ 另一方面，如果是驱动轮的轮胎，则驱动力所造成的磨损，会在制动力所造成的磨损的相反的方向上出现，所以驱动轮轮胎极少出现前后端磨损。客车和大货车由于制动时产生了大得多的摩擦力，故具有横向花纹的轮胎，便会出现与非驱动轮相似的前后端磨损。

（3）故障排除步骤。

① 检查充气压力。如果充气不足，就将其充至规定值。

② 检查车轮轴承。如果磨损或松动，应更换或调整。

③ 检查外倾角和前束。如果不正确，应加以调整。

④ 检查轴颈或悬架部件。如果损坏，应修理或更换。

⑤ 调换轮胎位置。

8.4 车轮与轮胎的维护

车轮和轮胎的维护应结合车辆的维护强制执行。因为车轮和轮胎的维护以轮胎的维护侧重，所以我们将详述轮胎的维护。车辆分日常维护、一级维护和二级维护。轮胎维护的分级和周期与车辆维护相同。

8.4.1 一级维护轮胎作业项目

（1）紧固轮胎螺母，检查气门嘴是否漏气、气门帽是否齐全，如发现损坏或缺少应立即修理或补齐。

（2）挖出轮胎夹石和花纹中的石子、杂物，如有较深伤洞应用生胶填塞。特别是子午线胎，刺伤后若不及时修补，水汽进入胎体锈蚀钢丝帘线，造成早期损坏。

（3）检查轮胎磨损情况，如有不正常磨损或起鼓、变形等现象，应查找原因，予以排除。

（4）如需检查外胎内部，应拆卸解体，如有损伤应及时修补。

（5）检查轮胎搭配和轮辋、挡圈、锁圈是否正常。

（6）检查轮胎（包括备胎）气压，并按标准补足。

注意：备胎气压应高于使用中轮胎的气压。

提示：厂家一般推荐至少每月或每次长途旅行前检查一次胎压，包括备胎。

（7）检查轮胎有无与其他机件刮碰现象，备胎架是否完好、紧固，如不符合要求，应予排除。

（8）必要时（如单边偏磨严重）应进行一次轮胎换位，以保持胎面花纹磨耗均匀。

完成上述作业后应填写维护记录。

8.4.2　二级维护轮胎作业项目

除执行一级维护的各项作业外，还应进行下列项目。

（1）拆卸轮胎，按轮胎标准测量胎面花纹磨耗、周长及断面宽的变化，作为换位和搭配的依据。

（2）轮胎解体检查。

① 胎冠、胎肩、胎侧及胎内有无内伤、脱层、起鼓和变形等现象。

② 内胎、垫带有无咬伤、折皱现象，气门嘴、气门芯是否完好。

③ 轮辋、挡圈和锁圈有无变形、锈蚀，并视情涂漆。

④ 轮辋螺栓承孔有无过度磨损或损裂现象。

（3）排除解体检查所发现的故障后，进行装合和充气。

（4）高速车应进行轮胎的动平衡试验。

（5）按规定进行轮胎换位。

（6）发现轮胎有不正常的磨损或损坏，应查明原因，予以排除。

完成上述作业后应填写维护记录。

8.4.3　轮胎维护操作要点

1. 充气

（1）轮胎充气应按照该型汽车使用说明书上规定的标准气压执行，并在冷态时用气压表测量，若在热态时测量，应略高于标准气压，取适当的修正值。气压表应定期校准，以保证读数准确。

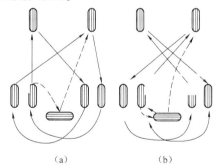

图8-29　六轮二桥汽车轮胎换位法
（a）循环换位；（b）交叉换位

（2）轮胎装好后，先充入少量空气，待内胎充气伸展后再继续充至要求气压。

（3）充气前应检查气门芯与气门嘴是否配合平整，并擦净灰尘。充气后应检查是否漏气，并将气门帽装紧。

（4）充入的空气不得含有水分和油雾。

（5）充气时应注意安全防护，充气开始时用手锤轻击锁圈，使其平稳嵌入轮辋圈槽内，以防锁圈跳出。

2. 轮胎换位

（1）按时换位可使轮胎磨损均匀，约可延长20%的使用寿命，应结合车辆二级维护定期换位。在路面拱度较大的地区或夏季，轮胎磨损差别较大，可适当增加换位次数。

提示：厂家一般推荐8 000~10 000 km应将轮胎换位一次。

（2）轮胎换位方法常用的有交叉换位法、循环换位法和单边换位法，如图8-29和图8-30

所示。

装用普通斜交轮胎的六轮二桥汽车,常用图 8-29 中的交叉换位法,具体做法是:左右两交叉,主胎(后内)换前胎,前胎换帮胎(后外)、帮胎换主胎。这样,通过三次换位每只轮胎就可轮到一次担负内挡(主力)胎。

四轮二桥汽车,斜交胎也可采用交叉换位法,如图 8-30(a)所示。子午线胎宜用单边换位法如图 8-30(b)所示。

子午线轮胎的旋转方向应始终不变。若反向旋转,会因钢丝帘线反向变形产生振动,汽车平顺性变差。所以一些轿车使用手册推荐单边换位法。

(3)轮胎换位后,应按所换的胎位要求,重新调整气压。

(4)轮胎换位后须做好记录,下次换位仍要按上次选定的换位方法换位。

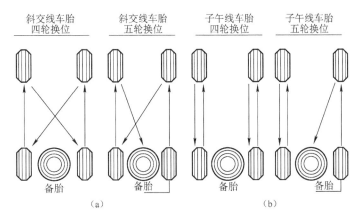

图 8-30　四轮二桥汽车轮胎换位法
(a)交叉换位;(b)单边换位

8.4.4　轮胎的动平衡

1. 车轮不平衡的危害及原因

1)车轮不平衡的危害

汽车车轮是旋转构件。如果车轮不平衡,在高速行驶时会引起车轮上下跳动和横向摇摆,不仅影响汽车乘坐舒适性,而且使驾驶员难以控制行驶方向,以及汽车制动性能变差,影响行车安全。车轮不平衡还会大大增加各部件所受的力,加大轮胎的磨损和行驶噪声等。因此,汽车在使用和维修中必须进行车轮平衡试验和校准。

2)车轮不平衡的原因

(1)质量分布不均匀,如轮胎产品质量欠佳,翻新胎、补胎、胎面磨损不均匀及在外胎与内胎之间垫带等。

(2)轮辋、制动鼓变形。

(3)轮毂与轮辋加工质量不佳,如中心不准、轮胎螺栓孔分布不均、螺栓质量不佳等。

2. 车轮动平衡试验

由于车轮动不平衡对汽车危害很大，因此，必须对车轮的动不平衡进行试验，并进行调平衡工作。车轮的不平衡包括静不平衡和动不平衡，由于动平衡的车轮一定处于静平衡状态，因此，只要检测了动平衡，就没有必要检测静平衡。

车轮的动平衡试验有离车式和就车式两种方法。

1）离车式车轮动平衡机及使用方法

利用离车式车轮动平衡机对车轮进行动平衡检测时，需将车轮从车上拆下。如图8-31所示为常见的车轮动平衡机。该动平衡机主要由驱动装置、转轴与支撑装置、显示与控制装置、制动装置及防护罩组成。

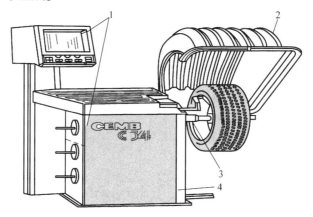

图8-31 离车式车轮动平衡机
1—显示与控制面板；2—车轮防护罩；3—转轴；4—机箱

使用方法如下：

（1）对被测车轮进行清洗，去掉泥土、砂石，拆掉旧平衡块；

（2）检查轮胎气压，并充气至规定气压值；

（3）根据轮辋中心孔的大小选择锥体，将车轮安装于平衡机上；

（4）打开电源开关，检查指示装置是否指示正确；

（5）键入轮辋直径、宽度，测出轮辋边缘到机箱之间的距离并键入；

（6）放下防护罩，按下启动键，开始测量；

（7）当车轮自动停转后，从指示装置读出车轮内、外动不平衡量和位置；

（8）抬起车轮防护罩，用手慢慢旋转车轮，当动平衡机指示装置发出信号时，停止转动车轮；

（9）根据启平衡机显示的动不平衡量，在轮辋内侧或外侧的上部（时钟十二点位置）的边缘加装平衡块。内、外侧要分别进行，平衡块要装卡牢固；

（10）重新起动动平衡机，进行动平衡试验，直至动不平衡量<5 g，机器显示"00"或"OK"时为止；

（11）取下车轮，关闭电源，测试结束。

2）就车式车轮动平衡机及使用方法

就车式车轮动平衡机可以在汽车不拆卸车轮前提下，对汽车进行车轮平衡检测，其结构与测量原理如图8-32所示。

对车轮进行动平衡检测时，方法如下。

首先应对车轮进行清洁，并去掉旧平衡块，将轮胎充气到规定气压，轮毂轴承松紧度合适，支起前桥，使两侧车轮离地间隙相等，然后，用粉笔在轮胎任意位置做出标记。

将传感器头吸附在制动底板边缘，并使车轮在规定转速下旋转。

观察轮胎标记位置，在指示装置上读取不平衡量，停转车轮，加装平衡块，再进一步复查，直至合格，测试结束。

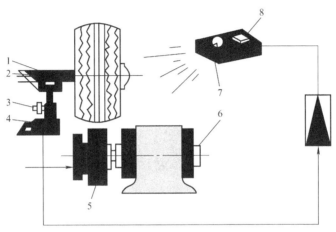

图 8-32　就车式车轮动平衡机示意图
1—转向节；2—传感磁头；3—可调支杆；4—底座；5—转轮；
6—电动机；7—频闪灯；8—不平衡度表

测从动轮时，利用动平衡机转轮驱动车轮转动；测驱动车轮时，则直接用汽车发动机、传动系来驱动车轮转动。

8.5 车轮及轮胎常见故障及排除方法

车轮及轮胎常见故障主要有：汽车跑偏、前轮摆振、乘坐振动和轮胎异常磨损等。

1. 汽车跑偏

1) 汽车跑偏的现象

汽车行驶时偏向一侧，驾驶员要把住转向盘或把转向盘加力于一侧，汽车才能正常行驶，否则极易偏离行驶方向。

2) 可能导致汽车跑偏的轮胎原因

(1) 装用了不合乎规格的或磨损的轮胎，两侧轮胎大小不一（轮胎外径不相等）。车辆往往会向左或向右改变方向。

(2) 两侧轮胎气压不相等，或一侧轮胎磨损过甚，各轮胎的滚动阻力不同，车辆因此往往向左或向右改变方向。

3）排除方法

轮胎换位，轮胎气压要一致。

2. 前轮摆振

1）前轮摆振的现象

汽车行驶中前轮左右摆振，前轮垂直颠簸。严重时影响汽车速度发挥。乘坐不舒服（车辆在相对低速下 20~60 km/h 持续出现的振动；只在高于 80 km/h 的一定车速时才会出现的振动称为"颤动"）。

2）可能导致前轮摆振的轮胎原因

（1）轮胎气压不一致；轮胎大小不一；磨损。

（2）车轮动不平衡（车轮总成不平衡、偏摆过量或轮胎刚度均匀性不足）。

3）排除方法

（1）检查调整轮胎气压；更换新轮胎。

（2）汽车行驶速度较高，一定要对车轮总成做平衡试验，使不平衡量控制在允许值内。

3. 轮胎异常磨损

正常车况下的轮胎磨损应该是均匀的，如果发现磨损不均匀，就表示汽车的某个地方可能存在故障了，因此，可根据轮胎磨损情况来发现汽车隐藏故障。

1）两边磨损严重

如果轮胎的两侧磨损过大，主要原因可能是轮胎充气量不足，或汽车长期超负荷行驶，当轮胎充气量不足或超负荷行驶时，轮胎与地面的接触面会增大，如此使得轮胎的两侧与地面长时间接触而形成早期磨损。

解决方法：定期检查轮胎胎压，保持胎压在规定范围内，且不要长期超载行驶。

2）中部磨损异常

如果轮胎中央部分磨损异常，则可能是充气量过大。不可否认，适当提高轮胎的充气量，可减少轮胎滚动阻力，节约燃油。但当胎压过大时，不但会影响轮胎的减振性能，还会使轮胎变形量过大，与地面接触面积减小，因此轮胎与地面磨损只能由胎面中央部分承担，从而形成早期磨损。

解决办法：定期检查轮胎胎压，保持胎压在规定范围内。

3）一侧磨损过大

如轮胎呈现一侧磨损过大，可能是前轮定位失准，而当前轮外倾角过大，轮胎外边过多地与地面接触，形成过度磨损。同理，当前轮外倾角过小或没有时，轮胎的内边容易形成过度磨损。

解决办法：检测前轮定位。

4）个别轮胎磨损大

如果四个轮胎里，只有某个轮胎磨损量过大，则有可能是车轮的悬挂系统失常、支撑件弯曲或个别车轮不平衡从而造成个别轮胎早期磨损。

解决办法：检查磨损车轮的定位情况、独立悬挂弹簧和减振器的工作情况，同时应缩短车轮换位周期。

5）斑秃状磨损

如果轮胎的个别部位出现斑秃状磨损，则有可能是轮胎平衡性差，当不平衡的车轮高速转动时，个别部位受力大，从而造成轮胎磨损加快。与此同时，车轮不平衡同样会造成转向不顺，操纵性能变差。

解决办法：若在行驶中发现某一个特定速度方向有轻微抖动时，就应该对车轮进行平衡，以防出现斑秃状磨损。

6）锯齿状磨损

如果轮胎胎面出现锯齿状磨损，则有可能是前轮定位调整不当或前悬挂系统位置失常、球头松动等，从而使正常滚动的车轮发生滑动或行驶中车轮定位不断变动而形成轮胎锯齿状磨损。

解决办法：检测前轮定位以及前悬挂系统。

小　　结

1. 车轮由轮毂、轮辋及轮辐（轮毂与轮辋的连接部分）组成。按轮辐的结构不同，车轮分为两种形式：辐板式和辐条式。

2. 目前轮辋轮廓类型有7种，其代号分别为：深槽轮辋：代号DC；深槽宽轮辋：代号WDC；半深槽轮辋：代号SDC；平底轮辋：代号FB；平底宽轮辋：代号WFB；全斜底轮辋：代号TB；对开式轮辋代号：DT。

3. 车轮和轮胎的维护应结合车辆的维护强制执行。因为车轮和轮胎的维护以轮胎的维护侧重，所以我们将详述轮胎的维护。车辆分日常维护、一级维护和二级维护。轮胎维护的分级和周期与车辆维护相同。

4. 轮胎换位方法常用的有交叉换位法、循环换位法和单边换位法。

5. 车轮不平衡的原因包括：质量分布不均匀，如轮胎产品质量欠佳，翻新胎、补胎、胎面磨损不均匀及在外胎与内胎之间垫带；轮辋、制动鼓变形；轮毂与轮辋加工质量不佳，如中心不准、轮胎螺栓孔分布不均、螺栓质量不佳等。

6. 可能导致汽车跑偏的轮胎原因包括：装用了不合乎规格的或磨损的轮胎，两侧轮胎大小不一（轮胎外径不相等）。车辆往往会向左或向右改变方向；两侧轮胎气压不相等，或一侧轮胎磨损过甚，各轮胎的滚动阻力不同，车辆因此往往向左或向右改变方向。

思考与习题

一、判断题：

1. 轮胎胎面是轮胎的外表面，可分为胎冠、胎肩和胎侧三部分。

2. 轮胎的检查主要是检查轮胎的磨损程度和轮胎气压，轮胎的磨损程度的检查包括胎面花纹深度的检查和轮胎异常磨损的检查。

3. 集中在胎肩上或胎面中间的磨损，主要是由于未能正确保持充气压力所致。

4. 轮胎充气应按照该型汽车使用说明书上规定的标准气压执行，并在热态时用气压表测量，气压表应定期校准，以保证读数准确。

5. 如轮胎呈现一侧磨损过大，可能是前轮定位失准，而当前轮外倾角过大，轮胎外边过多地与地面接触，形成过度磨损。

二、选择题：

（1）技术员甲说，轮胎压力不正确会引起车辆侧倾；技术员乙说，轮胎缘距和后倾角调整不正确会使车辆侧倾。谁正确？（　　）

A. 只有甲正确；　　　　　　　　　　B. 只有乙正确；
C. 两人均正确；　　　　　　　　　　D. 两人均不正确。

（2）下列哪项会引起胎面中央磨损？（　　）

A. 轮胎不经常旋转换位　　　　　　　B. 外倾角不适当
C. 轮胎充气压力过低　　　　　　　　D. 轮胎充气压力过大

（3）6.5-20WFB 型轮辋是属于（　　）轮辋。

A. 一件式　　　　　　　　　　　　　B. 多件式
C. A、B 均有可能　　　　　　　　　 D. 无法确定

（4）7.0-20WFB 型轮辋的名义直径是（　　）。

A. 7.0mm　　　B. 20mm　　　C. 7.0 英寸　　　D. 20 英寸

（5）有内胎的充气轮胎由（　　）等组成。

A. 内胎　　　　B. 外胎　　　C. 轮辋　　　　　D. 垫带

三、简答题：

1. 如何正确识读轮胎的规格和标记？
2. 子午线轮胎有哪些优点？
3. 如何延长轮胎的使用寿命？
4. 在进行轮胎换位时应注意哪些问题？
5. 如何进行车轮的动平衡，在做车轮动平衡时应注意哪些问题？

课题 9

悬　架

【学习目标】

1. 了解悬架系统的构造原理，能说出悬架的结构组成、功用和安装位置。
2. 掌握悬架系统的功用、结构原理以及非独立悬架和独立悬架的结构类型。
3. 熟悉典型车型的非独立悬架系统和独立悬架系统。
4. 掌握悬架系统各元件的检修方法及悬架系统的故障诊断方法。
5. 掌握悬架系统可能发生的故障及原因及排除方法。
6. 掌握悬架的竣工验收方法。

【情景导入】

一辆 QQ 轿车的故障现象如下：

1. 在通过减速带或者坎坷的地方，左前轮的避震会有"咔咔"的异响。
2. 方向跑偏，要把方向盘稍微打左才能保持直线行车。
3. 向右打方向快要到底时，会有"刺刺"的异响，似乎遇到阻力，不顺畅。
4. 停车后看左前轮，有一些内偏，不像右轮是平直的。

通过分析上面 4 个故障现象，基本上可以确定问题都是左前轮悬挂出了问题，你知道是什么原因引起的吗？如何检查？通过实施解决问题。

实训 10　悬架系统的拆装与检测

【实训目的】

（1）了解悬架系统的构造原理，能说出悬架的结构组成、功用和安装位置。

（2）掌握悬架的规范要求，掌握其解体、安装调整和检测方法。

（3）掌握悬架系统可能发生的故障及原因及排除方法。

（4）掌握悬架的竣工验收方法。

【实训器材】

轿车一部、汽车举升机一台、工具车一台、空压机一台、棉纱及油盆等清洗工具一套，清洗剂、润滑油、润滑脂等少许。

【实训内容】

前悬架支柱总成的拆卸与安装。解体及复装悬架系统，检测减振弹簧、减振器、缓冲块、上下球铰的技术状态，检测上下摆臂与摆轴的间隙，根据技术规范判断系统是否正常。

【实训步骤】

1. 拆卸与安装前悬架前支柱总成（以吉利自由舰汽车为例）

（1）拆下前轮。

（2）从转向节上拆下 ABS 传感器，并将传感器信号线拆离前减振器上线束支架。注意图 9-1（a）、图 9-1（b）两幅图的区别。

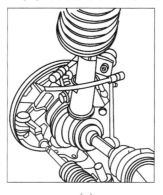 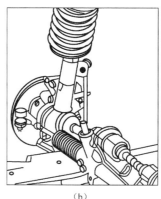

（a）　　　　　　　　　　（b）

图 9-1　ABS 传感器及信号线

（3）脱开前制动软管。

拆下两个夹片，将前制动软管从前减振器支架上脱开。

（4）拆离稳定杆连接撑杆总成。

（5）拆下稳定杆连接撑杆总成与减振器上的连接螺母。

（6）拆下带螺旋弹簧的前减振器。

① 拆下减振器与制动器之间的连接螺母与螺栓。

② 拆下前减振器与车身的 4 个螺母。

（7）注意：应用可靠物体支撑住制动器总成！注意图 9-2（a）、图 9-2（b）两幅图的区别。

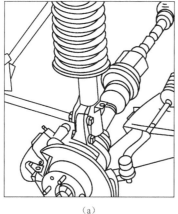 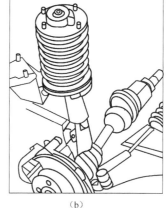

（a）　　　　　　　　　　（b）

图 9-2　拆卸减振器的螺母

(8) 分拆前支柱总成。

① 拆下减振器上面的螺母。并注意弹簧的弹性复原！

② 拆下垫圈、限位罩、减振器安装座、大垫圈。

③ 拆下弹簧上座、前螺旋弹簧、前减振器保护套、前缓冲块、前悬架弹簧下胶垫。

(9) 分装前支柱总成（见图9-3）。

按拆卸的逆向过程进行前支柱总成的分装。

注意：

① 安装减振器活塞杆上面的螺母时，要使用专用夹具，小心弹簧反弹！拧紧力矩：80~90 N·m。

② 安装前支柱总成与车身连接的4个螺栓，拧紧力矩：25~30 N·m。

③ 安装前支柱总成与制动器的两个螺栓和螺母，拧紧力矩：90~100 N·m。

④ 稳定杆连接撑杆总成与减振器上的连接螺母，拧紧力矩：50~60 N·m。

⑤ 安装ABS传感器及信号线的固定。

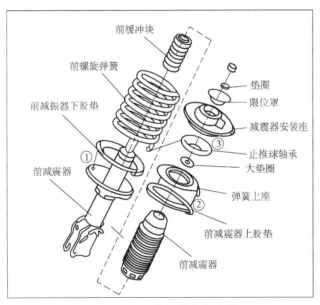

图9-3 ABS分解前支柱总成

9.1 概 述

汽车车架或车身如果直接安装在车桥上，那它们之间就是刚性连接，汽车则会由于道路不平而上下颠簸振动，从而使车上的乘员感到不舒服或者使货物损坏。因此，汽车上必须装上具有缓冲、减振和导向作用的悬架装置。汽车悬架是车架（或车身）与车桥之间各种传力装置的总称，它弹性地连接车桥与车架（或车身）。富康988EX车型前悬架总成如图9-4所示。

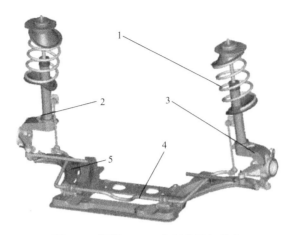

图 9-4　富康 988EX 车型前悬架总成
1—螺旋弹簧；2—减振器；3—转向节；4—横向稳定杆；5—横摆臂

9.1.1　功用

汽车悬架是车架（或承载式车身）与车桥（或车轮）之间传力装置的总称。它具有以下功用。

（1）对不平整路面所造成的汽车行驶中的各种摇摆和振动等，与轮胎一起，予以吸收和减缓，从而保障乘客和货物的安全，并提高驾驶稳定性。

（2）将路面与车轮之间的摩擦所产生的驱动力和制动力，传输至车架和车身。

（3）支撑车桥上的车身，并使车身与车轮之间保持适当的几何关系。

9.1.2　组成

悬架系统由弹性元件、减振器和导向装置三部件组成。

（1）弹性元件：承受并传递垂直载荷，缓和不平路面引起的冲击，使车架（或承载式车身）与车桥（或车轮）之间保持弹性连接。

（2）减振器：用于衰减振动，提高乘坐舒适性。

（3）导向装置（包括横向导杆和纵向推力杆）：用来传递除垂直力以外的各种力和力矩，并确定车轮相对于车架（或车身）的运动关系。

上述三部分装置所起作用的侧重点不同，分别是缓冲、减振和导向，但三者共同的任务是传递车轮与车架之间的各种力和力矩，控制车身的各种振动。

9.1.3　类型

汽车悬架可分为两大类：非独立悬架和独立悬架。

1. 非独立悬架（见图 9-5（a））

非独立悬架的结构特点是两侧车轮安装在一根整体式车桥上，车轮和车桥一起通过弹性元件悬挂在车架（或车身）下面。当一侧车轮因路面不平等原因相对于车架（或车身）的位置发生变化时，另一侧车轮的位置也随之发生变化。

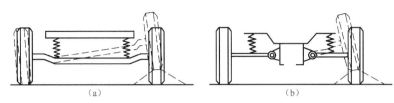

图 9-5 悬架
(a) 非独立悬架；(b) 独立悬架

2. 独立悬架 [见图 9-5 (b)]

独立悬架则是两侧车轮各自独立地通过弹性元件悬挂在车架（或车身）下面，其配用的车桥都是断开式车桥。这样，当一侧车轮相对于车架（或车身）位置发生变化时，对另一侧车轮几乎不产生影响。

9.2 弹性元件

为了缓和冲击，汽车在行驶中，除采用弹性的充气轮胎外，在悬架中还必须装有弹性元件，使车架（或车身）之间作弹性联系。悬架采用的弹性元件常见的有钢板弹簧、螺旋弹簧和油气弹簧等。

9.2.1 钢板弹簧

图 9-6 (a) 所示为自由状态的钢板弹簧，它是由若干片长度不同、等宽等厚（或厚度不等）的弹簧钢片叠加而成的，整体上构成了近似于等强度的弹性梁。图 9-6 (b) 为装配后的钢板弹簧示意图。安装后，钢板弹簧两端自然向上弯曲，当路面对轮子的冲击力传来时，钢板产生变形，起到缓冲、减振的作用。另外，钢板弹簧纵向布置时还具有导向传力的作用。钢板弹簧适用于一些非承载车身的硬派越野车及中大型的货卡车上，可省去导向装置和减振器，结构简单。钢板弹簧的中部通过 U 型螺栓（又称骑马螺栓）固定在车桥上，两端的卷耳用销子铰接在车架的支架上。这样，通过钢板弹簧将车桥与车身连接起来，起到缓冲、减振、传力的作用。多片钢板弹簧的各片钢板叠加成倒三角形状，最上端的钢板最长，最下端的钢板最短，钢板的片数与支撑汽车的质量和减振效果相关，钢板越多越厚越短，弹簧刚性就越大。

但是，当钢板弹簧挠曲时，各片之间就会互相滑动摩擦产生噪声。摩擦还会引起弹簧变形，造成行驶不平顺。因此，在承载量不是很大的汽车上，就出现了少片钢板弹簧，以消除

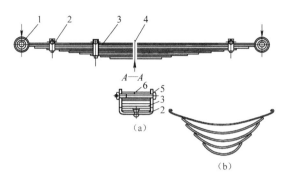

图 9-6 钢板弹簧
(a) 自由状态的钢板弹簧片；(b) 装配后的钢板弹簧
1—卷耳；2—钢板夹；3—钢板；4—中心螺栓；5—螺栓；6—套管

多片钢板弹簧的缺陷。

有些少片钢板弹簧仅用一片钢板弹簧，它与多片钢板弹簧相比除了减少噪声和不会摩擦外，还可以节省材料，减轻质量，便于布置，降低整车高度，具有良好的平顺性。

一般来说，钢板弹簧越长就越软，钢板弹簧中钢板数目越多，其承重能力越强，但弹簧会变硬而有损乘坐舒适。

9.2.2 螺旋弹簧

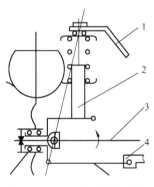

图 9-7 麦弗逊式独立悬架
1—车身；2—减振器；3—半轴；4—稳定杆

螺旋弹簧大多应用在独立悬架上，尤其是前轮独立悬架中。在有些轿车上，后轮非独立悬架中也使用螺旋弹簧作为弹性元件。

螺旋弹簧是缓冲元件，形似螺旋线而得名，它具有不需润滑，不怕污垢，质量小且占空间位置少的优点。当路面对轮子的冲击力传到螺旋弹簧时，螺旋弹簧产生变形，吸收轮子的动能，转换为螺旋弹簧的弹性势能，从而缓和了地面的冲击对车身的影响。但是，螺旋弹簧本身不消耗能量，储存了势能的弹簧将恢复原来的形状，把位能重新变为动能。如果单独使用弹簧而没有消振元件，一些轻型汽车就会像杂技演员跳"蹦蹦床"一样，受到一次冲击后连续不断地上下运动。因此，螺旋弹簧本身没有减振作用，并且只能承受垂直载荷，故螺旋弹簧悬架中必须另装减振器和导向机构。

图 9-7 所示为常见的前轮驱动麦弗逊式独立悬架，位于减振器 2 与车身上支座 1 之间的即为螺旋弹簧。

9.2.3 油气弹簧

油气弹簧是以惰性气体（氮气）作为弹性介质，用油液作为传力介质实现弹簧作用的装置。根据其结构不同,一般可分为单级压力式和双级压力式两种。下面简单介绍一下单级压力式油气弹簧的结构及其工作原理。

1. 单级压力式油气弹簧的结构

单级压力式油气弹簧如图 9-8 所示。它由球形气室 10 和液力缸两部分组成。球形气室固定在液力缸上端,其内腔用橡胶油气隔膜 11 将气室分隔成两部分:一侧为气室,可经充气阀 14 向内充入高压氮气,构成气体弹簧;另一侧为油室与液力缸连通,其内充满减振油液,相当于液体减振器。液力缸由缸筒 2、活塞 3 和阻尼阀座 6 等组成。活塞通过螺纹装在导向筒上端,导向筒下端用球铰链与车桥相连。车桥与车架相对运动时,导向筒可在缸筒内上下移动。缸筒 2 上端与缸盖用螺栓连接,缸盖通过上球座固定在车架上,阻尼阀座安装在缸盖内。阀座上沿圆周方向均布六个孔,对称相隔地装有两个压缩阀 12、两个伸张阀 13 和两个加油阀 8。阀座的中心和边缘各有一个通孔,使液力缸和球形气室的油室相通。

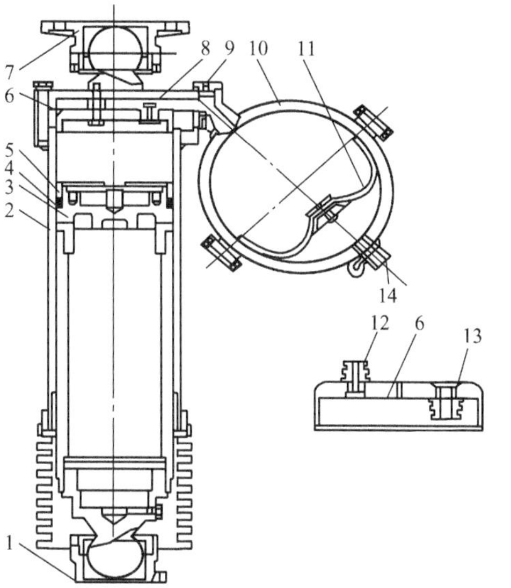

2. 单级压力式油气弹簧的工作原理

(1) 静止时加油阀开启,从加油孔注入的油液可流入液力缸。

(2) 当载荷增加时,车架与车桥靠近,活塞上移使其上方容积减小,迫使油液经压缩阀和阻尼阀座的中心和边缘上的小孔进入球形室,从而推动膜片向具有一定压力的氮气一方移动,使氮气室容积减小,压力升高,油气弹簧刚度变大,车架下降减缓。当外界载荷等于氮气压力时,活塞便停止上移,车架和车桥的相对位置不再变化。

(3) 当载荷减小时,油气隔膜在氮气压力作用下向油室一方移动,迫使油液经伸张阀和阻尼阀座的中心及边缘小孔流向液力缸,推动活塞下移,从而使弹簧刚度减小,直到外部载荷与氮气压力相平衡时,活塞才停止下移。

由于氮气储存在定容积的密封气室内,氮气的压力随外界载荷的大小而变化,故油气弹簧具有可变刚度的特性。油气弹簧具有行驶平顺性好,体积小,寿命长,容易实现车身高度自动调节等优点。

图 9-8 单级压力式油气弹簧
1—下接盘;2—液力缸筒;3—活塞;4—密封圈;
5—密封圈调整螺母;6—阻尼阀座;7—上接盘;
8—加油阀;9—加油塞;10—球形气室;11—油气隔膜;
12—压缩阀;13—伸张阀;14—充气阀

9.2.4 橡胶弹簧

当橡胶弹簧由于外力作用而变形时,便产生内部摩擦,以吸收振动。橡胶弹簧的优点包括:①可以制成任何形状;②使用时无噪声;③不需要润滑。但橡胶弹簧不适于支撑重载荷。所以,橡胶弹簧主要用作辅助弹簧,或用作悬架部件的衬套、垫片、垫块、挡块等其他支撑件。如图 9-9 所示。

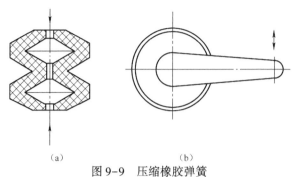

图 9-9 压缩橡胶弹簧
(a) 受压缩载荷；(b) 受扭载荷

9.2.5 扭杆弹簧

图 9-10 所示的金属杆 1 即为扭杆弹簧总成的扭杆，它是由具有扭曲刚性弹簧钢制成的，其表面经过加工变得很光滑，扭杆的断面常为圆形，少数为矩形或管形。两端可制成花键、方形、六角形或带平面的圆柱形，以便将一端固定在车架 3 上，另一端固定在摆臂 2 上，摆臂则与车轮相连。为了保护其表面，有的扭杆弹簧采用了保护套，以防止剐伤和腐蚀。扭杆的末端有调整部件，用来调整其扭转刚度。

当车轮跳动时，摆臂 2 绕扭杆轴线摆动，使扭杆产生扭转弹性变形，以保证车轮与车架的弹性连接。有的扭杆由一些矩形断面的薄扭片组合而成，这样的弹簧更为柔软。扭杆弹簧具有一定的预扭应力，安装时左右扭杆不能互换，为此，扭杆刻有不同的标记。

扭杆的另一种应用方式（见图 9-11）为某些轻型汽车车身的横向稳定杆。

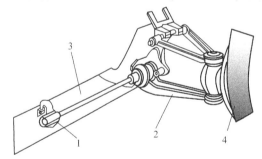

图 9-10 扭杆弹簧
1—金属杆（扭杆）；2—摆臂；3—车架；4—车轮

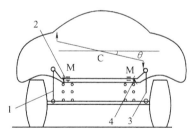

图 9-11 车身的横向稳定扭杆装置
1—左连接臂；2—支座套筒；3—右连接臂；4—扭杆；
θ—车身横向倾角；m—变扭力矩；c—质心

9.3 横向稳定装置

对于弹簧较软的悬架，当汽车转向（特别是高速转向）时，由于离心力的作用，引起车身横向倾斜及横向振动。为了提高行驶平顺性，有的汽车在前桥前部或后部（或独立悬架前后桥）安装横向稳定扭杆。横向稳定扭杆4弯成梯形，中部两点自由地支撑在车架的套筒2上，两侧末端通过左、右连接臂与车桥相连接。当汽车行驶在不平坦的路面上时，若双轮一起跳动，扭力杆基本上不扭转。当一侧车轮上下跳动或车身由于转向等原因而倾斜时，因为连接臂长度为定值，所以，扭力杆两端产生相反的扭转，有效地减小了车身的侧倾角，提高了行驶的平稳性。

9.4 减振器

汽车在不平的道路上行驶时，车身将产生振动。为了加速振动的衰减，改善汽车行驶平顺性，汽车悬架系统都装有减振器。

悬架系统广泛采用液力减振器，其作用原理是利用液体流动的阻力来消耗振动的能量。当车架和车桥相对运动时，减振器内的油液反复地经一些窄小的孔隙从一个腔室流入另一腔室。此时，孔壁与油液间的摩擦及液体分子内摩擦等，便形成阻尼力，从而将车身振动的机械能转化为热能被油液和壳体吸收，并散入大气中。阻尼力的大小可通过油液通道的面积、阀门弹簧刚度及油液的黏度等来控制。

减振器阻尼力越大，振动消除得越快。但阻尼力过大将导致弹簧的缓冲作用不能充分发挥，甚至使某些连接件损坏。为使减振器与弹性元件协调工作，减振器应满足如下要求。

（1）在悬架压缩行程内（车架与车桥相互靠近），减振器的阻尼力应较小，以便充分利用弹性元件的弹性来缓和冲击。

（2）在悬架伸张行程内（车架与车桥相互远离），减振器的阻尼力应较大（约为压缩行程的2~5倍），以求迅速减振。

（3）当车桥与车架的相对运动速度过大时，减振器应能自动加大油液通道截面积，使阻尼力始终保持在一定限度之内，避免承受过大的冲击载荷。

目前，汽车上广泛采用双向作用筒式减振器。双向作用筒式减振器一般由几个同心缸筒（防尘罩、储油缸筒、工作缸筒）、活塞、若干个阀门（伸张阀、流通阀、压缩阀、补偿阀）组成（见图9-12）。

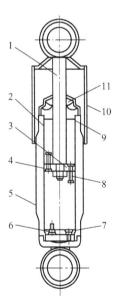

图9-12 双向作用筒式减振器示意图
1—活塞杆；2—工作缸筒；3—活塞；4—伸张阀；
5—储油缸筒；6—压缩阀；7—补偿阀；8—流通阀；
9—导向座；10—防尘罩；11—油封

最外面的缸筒 10 是防尘罩，中间缸筒 5 为储油缸筒，内装油液，但不装满。其下端通过底座上焊接的吊耳与车桥相连；里面的缸筒 2 叫工作缸筒，其内装满油液，上端密封。活塞 3 装在工作缸筒内，活塞杆 1 穿过密封装置，上端与防尘罩 10 和吊耳焊成一体，其下端用压紧螺母固定着活塞 3。活塞将工作缸分成上下两个腔。活塞上装有伸张阀 4 和流通阀 8。工作缸筒下端的支座上装有压缩阀 6 和补偿阀 7。流通阀和补偿阀弹簧较软，较低的油压即可使其关闭或开启；压缩阀和伸张阀弹簧较硬，需要较大的油压才能使其开启。只要油压稍降低，即可立刻关闭。

双向作用筒式减振器的工作原理如下。

（1）压缩行程：车桥靠近车架，减振器受压缩，活塞下移，工作缸下腔容积减小，上腔容积增大。下腔油压高于上腔，油液压开流通阀进入上腔。由于活塞杆占去上腔部分容积，因此，使上腔增加的容积小于下腔减小的容积，致使下腔油液不能全部流入上腔，而多余的油液则从压缩阀 6 进入储油缸筒。这些阀的流通面积不大，因而便造成一定的阻尼力。

（2）伸张行程：车桥远离车架，减振器被拉长，活塞上移，使上腔容积减小，下腔容积增大，上腔油压高于下腔，油液推开伸张阀 4 流入下腔。同样，由于活塞杆的存在致使下腔产生一定的真空度，这时，储油缸筒内的油液在真空吸力的作用下打开补偿阀流入下腔。油液流经这些阀时便产生了阻尼力。

由于伸张阀弹簧刚度和预紧力比压缩阀的大，且伸张行程油液通道截面也比压缩行程的小（图中未画出），所以，减振器在伸张行程所产生的最大阻尼力远远超过了压缩行程的最大阻尼力，因而在压缩行程是弹性元件起主要作用，伸张行程则是减振器起主要作用。

汽车每行驶 4 000 km 之后，应对减振器进行检查和维护。减振器的性能的好坏可以按照以下的简易判断方法判断。

（1）在汽车行驶一段路程后，用手抚摸减振器外壳，有温热感为正常。如拆下检查时，拉伸阻力大于压缩阻力的为好。

（2）观察有无漏油现象，如有漏油，一般为活塞杆油封损坏。

9.5 非独立悬架

非独立悬架结构简单，被广泛用于小货车和客车的前后悬架。有的轿车的后悬架也采用非独立悬架。

9.5.1 钢板弹簧式非独立悬架

钢板弹簧被用作非独立悬架的弹性元件，由于它兼起导向机构的作用，使得悬架系统大为简化。如图 9-13 所示。这种悬架广泛用于货车的前、后悬架中。它中部用 U 型螺栓将钢板弹簧固定在车桥上。悬架前端为固定铰链,也叫死吊耳。它由钢板弹簧销钉将钢板弹簧前端卷耳部与钢板弹簧前支架连接在一起,前端卷耳孔中为减少磨损装有衬套。后端卷耳通过钢板弹簧吊耳销与后端吊耳与吊耳架相连,后端可以自由摆动,形成活动吊耳。当车架受到冲击弹簧变形时两卷耳之间的距离有变化的可能。

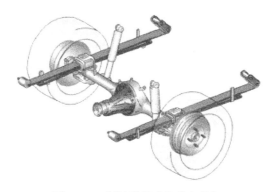

图9-13 钢板弹簧式非独立悬架

中型货车的悬架在主钢板弹簧上加装副钢板弹簧(见图9-14),成为变刚度的钢板弹簧。在空载或装载质量不大的情况下,副簧不承受载荷仅由主簧来承受。在重载或满载的情况下,车架相对车桥下移,使车架上的副簧滑板式支座与副簧接触,即主簧与副簧共同发挥作用,悬架刚度得到提高。这类悬架的特点是副簧逐渐随载荷增加到一定程度时而参加工作,由于悬架刚度变化较突然,对汽车行驶平顺性不利。

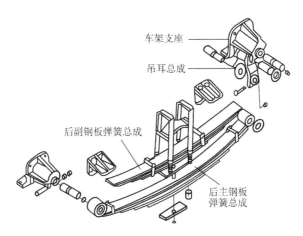

图9-14 货车主副弹簧总成

为了提高汽车的平顺性,有些轻型货车采用主簧下加装副簧,实现渐变刚度钢板弹簧,如图9-15所示。如南京汽车工业公司引进的依维柯后悬架。其由厚度为9 mm的4片(或3片)主簧3和厚度为15 mm的4片(或5片)副簧4组成几种车型渐变刚度钢板弹簧。在小载荷状况时,仅主簧起作用,而当载荷增到一定值时,主簧与副簧接触,共同发挥作用,悬架刚度得到提高,弹簧特性变为非线性的,当副簧全部参加工作后,弹簧特性又变成线性的。这类悬架特点是副簧逐渐随载荷增加而参加工作,因此悬架刚度的变化平稳,改善了汽车行驶平顺性能。

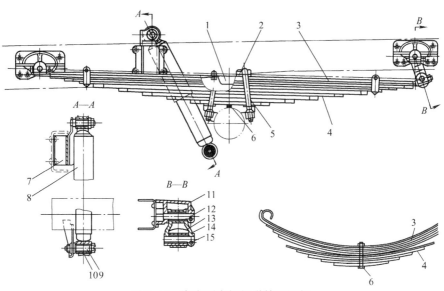

图 9-15 渐变刚度钢板弹簧后悬架

1—缓冲块；2—上盖板；3—主钢板弹簧；4—副钢板弹簧；5—U 形螺栓；6—中心螺栓；
7—减振器支架；8—减振器；9—减振器下轴销；10—橡胶衬套；11—支架；12—吊耳销；
13—吊耳；14—衬套；15—钢板弹簧销

9.5.2 螺旋弹簧非独立悬架

螺旋弹簧非独立悬架是一种复合式悬架，装有该类后悬架的轿车，其后桥的结构形式对后悬架的刚度特性有重要影响，因为螺旋弹簧作为弹性元件，只能承受垂直载荷，所以其悬架系统要加设导向机构和减振器。而采用螺旋弹簧的非独立悬架都必须设置能约束车轴运动的导向杆。螺旋弹簧非独立悬架多见于皮卡、越野车和一些廉价小轿车的后桥上。其结构如图 9-16 所示。

图 9-16 螺旋弹簧式非独立悬架

9.5.3 空气弹簧非独立悬架

汽车在行驶时由于载荷和路面的变化，要求悬架刚度随着变化。当空车时车身被抬高，满载时车身则被压得很低，会出现撞击缓冲块的情况。因而对于不同类型汽车提出不同的要求，矿山及大型客车要求其空车与满载时的车身高度变化不大；对于轿车要求在好路上降低车身高度，提高车速行驶；在坏路上提高车身，可以增大通过能力。因而要求车身高度随使用要求可以调节。空气弹簧非独立悬架可以满足要求。

如图9-17所示。囊式空气弹簧5的上下端分别固定在车架和车桥上。经压气机1产生的压缩空气经油水分离器10和压力调节器9进入储气筒8。压力调节器可使储气筒中的压缩空气保持一定压力。储气筒8通过管路与两个空气弹簧相通。储气筒和空气弹簧中的空气压力由车身高度调节阀3控制，空气弹簧只承受垂直载荷，因而必须加设减振器，其纵向力和横向力及其力矩由悬架中的纵向推力杆和横向推力杆来传递。

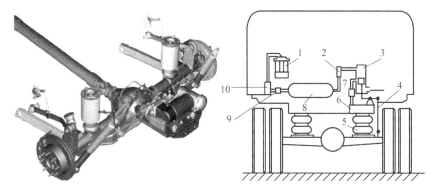

图9-17 空气弹簧非独立悬架
1—压气机；2，7—空气滤清器；3—车身高度控制阀；4—控制杆；5—空气弹簧；
6—储气罐；8—储气筒；9—压力调节器；10—油水分离器

9.6 独立悬架

独立悬架的每个车轮单独通过一套悬挂装置安装于车身或者车桥上，车桥采用断开式，中间一段固定于车架或者车身上；此种悬挂两边车轮受冲击时互不影响，而且由于非悬挂质量较轻，缓冲与减振能力很强，乘坐舒适。独立悬架的各项指标都优于非独立悬架，但该悬架结构复杂，而且还会使驱动桥、转向系统变得复杂起来。采用此种悬架的有下面两大类车辆。

一是轿车、客车及载人车辆。可明显提高乘坐舒适性，并且在高速行驶时提高汽车的行驶稳定性。

二是越野车辆、军用车辆和矿山车辆。在坏路和无路的情况下，可保证全部车轮与地面的接触，提高汽车的行驶稳定性和附着性，发挥汽车的行驶速度。

根据导向机构不同的结构特点，独立悬架可分为双横臂，单横臂，纵臂，单斜臂，多杆式及滑柱（杆）连杆（摆臂）式等等。

目前采用较多的是双横臂式、麦弗逊式和斜置单臂式。

1. 双横臂式（双叉式）独立悬架

如图9-18所示为双横臂式独立悬架。上下两摆臂不等长，选择长度比例合适，可使车轮和主销的角度及轮距变化不大。这种独立悬架被广泛应用在轿车前轮上。双横臂的臂做成A字形或V字形。V形臂的上下两个V形摆臂以一定的距离，分别安装在车轮上，另一端安装在车架上。

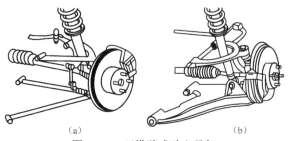

图9-18 双横臂式独立悬架

不等臂双横臂上臂比下臂短。当汽车车轮上下运动时，上臂比下臂运动弧度小。这将使轮胎上部轻微地内外移动，而底部影响很小。这种结构有利于减少轮胎磨损，提高汽车行驶平顺性和方向稳定性，如图9-19所示。这种独立悬架广泛应用于中高级轿车上。图9-20所示为法拉利跑车的不等臂独立悬架。

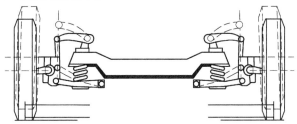

图9-19 不等臂式独立悬架

2. 麦弗逊式独立悬架

这种悬架目前在轿车中采用很多。如图9-21所示。麦弗逊式悬架将减振器作为引导车

图9-20 法拉利跑车不等臂独立悬架

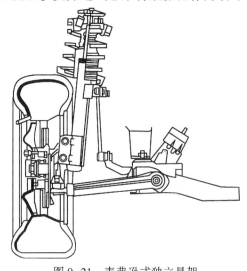

图9-21 麦弗逊式独立悬架

轮跳动的滑柱，螺旋弹簧与其装于一体。这种悬架将双横臂上臂去掉并以橡胶做支撑，允许滑柱上端作少许角位移。内侧空大，有利于发动机布置，并降低车子的重心。车轮上下运动时，主销轴线的角度会有变化，这是因为减振器下端支点随横摆臂摆动。以上问题可通过调整杆系设计布置合理得到解决。图 9-22 为新本田飞度前麦弗逊式独立悬架。

图 9-22　新本田飞度前麦弗逊式独立悬架

3. 斜置单臂式独立悬架

这种悬架如图 9-23 所示。这种悬架是单横臂和单纵臂独立悬架的折中方案。其摆臂绕与汽车纵轴线具有一定交角的轴线摆动，选择合适的交角可以满足汽车操纵稳定性要求。这种悬架适于做后悬架。

4. 多杆式独立悬架

独立悬架中多采用螺旋弹簧，因而对于侧向力，垂直力以及纵向力需加设导向装置即采用杆件来承受和传递这些力。因而一些轿车上为减轻车重和简化结构采用多杆式悬架。如图 9-24 所示。上连杆 9 用支架 11 与车身（或车架）相连，上连杆 9 外端与第三连杆 7 相连。上杆 9 的两端都装有橡胶隔振套。第三连杆 7 的下端通过重型止推轴承与转向节连接。下连杆 5 与普通的下摆臂相同，下连杆 5 的内端通过橡胶隔振套与前横梁相连接。球铰将下连杆 5 的外端与转向节相连。多杆纱前悬架系统的主销轴线从下球铰延伸到上面的轴承，它与上连杆和第三连杆无关。多杆悬架系统具有良好操纵稳定性，可减小轮胎磨损。这种悬架减振器和螺旋弹簧不像麦弗逊悬架那样沿转向节转动。

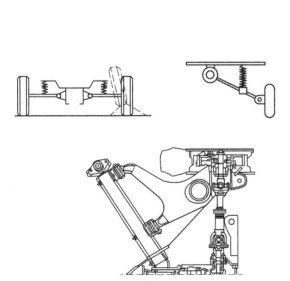

图 9-23　斜置单臂式独立悬架

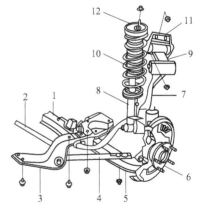

图 9-24　多杆前悬架系统
1—前悬架横梁；2—前稳定杆；3—拉杆支架；
4—黏滞式拉杆；5—下连杆；6—轮毂转向节总成；
7—第三连杆；8—减振器；9—上连杆；
10—螺旋弹簧；11—上连杆支架；
12—减振器隔振块

9.7 悬架检修及常见故障的诊断与排除

9.7.1 前悬架的故障与排除方法

前悬架常见的故障主要是前轮跑偏、前轮摆动及悬架噪声等，其形成的原因及排除方法如表9-1所示。

表9-1 前悬架常见故障、原因及排除方法

故障现象	故障原因	排除方法
前悬架有噪声	前减振器、转向节、下摆臂（梯形臂）的连接螺栓松动，产生噪声	重新紧固各松动螺栓
	前减振器漏油严重或前减振器活塞杆与缸筒磨损严重	更换前减振器
	下摆臂（梯形臂）的前后橡胶衬套磨损、老化或损坏	更换衬套
	螺旋弹簧失效或折断	更换螺旋弹簧
万向节传动轴噪声	传动轴上的振动缓冲器移位（捷达车）	将振动缓冲器复位
	传动轴上的支撑轴承损坏（富康车）	是更换支撑轴承
	传动轴变形	进行校正
	三叉式万向节的三叉式万向节与万向节叉轴磨损	更换三叉万向节
	内等速万向节与变速器上的驱动法兰（或称半轴）的连接螺栓松动（捷达与桑塔纳车）	重新紧固
	球笼式万向节的球毂、钢球、保持架或外壳体磨损	更换球笼式万向节
前轮跑偏	两前轮的气压不一致	充气到正常气压
	两前轮轮胎磨损，使与地面附着力变小	更换轮胎
	左右螺旋弹簧损坏或产生永久变形	更换螺旋弹簧
	左右前减振器损坏或变形	更换前减振器
	前轮定位角不正确	重新检查和调整前轮定位角
	横向稳定杆橡胶套损坏或固定螺栓松动	更换橡胶套并重新紧固螺栓
前轮摆动	轮辋的钢圈螺栓松动	紧固钢圈螺栓
	前悬架的螺栓（母）松动	紧固转向节、前减振器及下摆臂（梯形臂）的紧固螺栓（母）
	前轮毂轴承磨损，使间隙变大	更换轴承
	车轮轮毂产生偏摆，使车轮摆动	更换轮辆
	车轮不平衡	进行车轮的平衡
	下摆臂（梯形臂）的球头销（球接头）磨损或松动	球头销（球接头）
	转向横拉杆球头销磨损或松动	更换球头销
	前轮定位角不正确	校正前轮的前束和外倾角

9.7.2 后悬架的故障与排除方法

后悬架常见的故障主要是后轮摆动、悬架噪声等，其形成的原因及排除方法如表9-2所示。

表9-2 后悬架常见故障、原因及排除方法

故障现象	故障原因	排除方法
后轮摆动	后车轮轮辋偏摆	更换后轮轮辋
	后车轮不平衡	进行后车轮的平衡
	后摆臂上短轴变形	更换短轴
	后轮毂轴承间隙过大	进行调整
	后轮毂轴承损坏	更换轴承
	后车轮轮胎气压不正常	正确充气
	后桥体变形	更换后桥体
	后减振器失效	更换后减振器
后悬架噪声	后减振器漏油或损坏	更换后减振器
	后减振器端缓冲套损坏换缓冲套	更换缓冲套
	后毂轴承损坏	更换轴承
	后悬架各紧固螺栓（母）松动	重新紧固螺栓（母）
	后桥体橡胶支撑损坏	更换后桥体橡胶支撑
	后减振器的螺旋弹簧损坏（捷达与桑塔纳轿车）	更换螺旋弹簧
	扭杆与纵摆臂、后轴管支架总成的花键磨损松动	更换扭杆
	纵摆臂与后轴管支架之间的滚针轴承损坏	更换滚针轴承

小　结

1. 悬架系统由弹性元件、减振器和导向装置三部件组成。

2. 汽车悬架可分为两大类：非独立悬架和独立悬架。非独立悬架的结构特点是两侧车轮安装在一根整体式车桥上，车轮和车桥一起通过弹性元件悬挂在车架（或车身）下面。当一侧车轮因路面不平等原因相对于车架（或车身）的位置发生变化时，另一侧车轮的位置也随之发生变化。独立悬架则是两侧车轮各自独立地通过弹性元件悬挂在车架（或车身）下面，其配用的车桥都是断开式车桥。这样，当一侧车轮相对于车架（或车身）位置发生变化时，对另一侧车轮几乎不产生影响。

3. 悬架采用的弹性元件常见的有钢板弹簧、螺旋弹簧、空气弹簧和油气弹簧。

4. 为了提高行驶平顺性，有的汽车在前桥前部或后部（或独立悬架前后桥）安装横向稳定扭杆。

5. 前悬架常见的故障主要是前轮跑偏、前轮摆动及悬架噪声等，后悬架常见的故障主要是后轮摆动、悬架噪声。

思考与习题

一、判断题：
1. 汽车悬架是车架与车桥之间传力装置的总称。
2. 独立悬架的特点是两侧车轮安装在一根整体式车桥上。
3. 螺旋弹簧非独立悬架是一种复合式悬架，装有该类后悬架的轿车，其后桥的结构形式对后悬架的刚度特性有重要影响。
4. 前减振器漏油严重或前减振器活塞杆与缸筒磨损严重可导致前悬架噪声。

二、选择题：
1. 技术员甲说，如果汽车螺旋弹簧刚度太小或弹性衰减，轮胎将过早磨损；技术员乙说，如果汽车螺旋弹簧刚度太小或弹性衰减，定位和转向角将受影响。谁正确？（　　　）
   A. 只有甲正确　　　　　　　　B. 只有乙正确
   C. 两人均正确　　　　　　　　D. 两人均不正确
2. 下列哪项故障会引起车身侧倾过大，从而导致危险操作、乘坐不舒适和噪声？（　　　）
   A. 横拉杆损坏　　　　　　　　B. 减振器损坏
   C. 轮胎缘距调整不正确　　　　D. 后倾角调整不正确
3. 当车辆上下振动时产生异常噪声，下列除哪一项外，都可能产生此故障？（　　　）
   A. 控制臂衬套磨损　　　　　　B. 横拉杆端头磨损
   C. 减振器磨损　　　　　　　　D. 弹簧垫块磨损
4. 技术员甲说，钢板弹簧中的弹簧卷耳衬套磨损后就需要更换；技术员乙说：此弹簧中片间隔板可能会磨损或移动，从而需要更换。谁正确？（　　　）
   A. 只有甲正确　　　　　　　　B. 只有乙正确
   C. 两人均正确　　　　　　　　D. 两人均不正确
5. 悬架中弹簧的基本作用是（　　　）。
   A. 压缩　　　　B. 支撑　　　　C. 反弹　　　　D. 减振
6. 以下说法错误的是（　　　）。
   A. 减振器的作用是减振或控制汽车的运动
   B. 减振器必须成对更换
   C. 常规减振器是速度传感的液压减振装置
   D. 减振器的运动速度越快其阻力越大

三、简答题：
1. 扭杆弹簧的工作原理是怎样的？其主要的典型应用在哪方面？
2. 请阐述液力减震器的工作原理，并说明其减震原理和检测方法。
3. 什么是独立悬架和非独立悬架，其主要应用车型和技术特点有什么区别？
4. 汽车悬架系统常见的故障有哪些？如何进行故障判断？

课题 10

汽车转向系统

【学习目标】
1. 学会轿车或货车转向系统的功用、组成、安装位置及基本工作原理。
2. 认识驾驶室内与汽车转向系统有关的仪表指示装置和操纵装置。
3. 掌握汽车转向系的功用与类型。
4. 掌握汽车转向系统基本检查与维护、常见转向器的拆装与检修技能。
5. 具备常见转向器的故障分析、诊断与排除的能力。

【情境导入】
一辆装备液压助力齿轮齿条式转向器的东风日产轿车，行驶约 15 万公里。有一天，车主发现车子转向时路感不好，中高速行驶时方向发飘。经初步检查，发现方向盘自由行程过大，你认为是什么原因造成？如何检查及排除故障？

转向器的拆装与检测

【实训目的】
（1）了解汽车转向器的构造原理，能叙述其结构组成、功用和安装位置。
（2）了解汽车转向器的规范要求。
（3）掌握解体与复装转向器的方法步骤；掌握调整、检测方法。
（4）了解可能发生的故障及原因和排除方法。
（5）掌握汽车转向系统的竣工验收方法。

【实训器材】
循环球式转向器若干个、动力转向器若干个。

【实训内容】
（1）循环球式转向器分解与复装。按规定步骤解体转向器，检查各零部件的技术状况；清洗零部件，按照标准流程及技术要求复装转向器，对转向器啮合副啮合间隙进行调整。
（2）齿轮齿条式转向器分解与复装。按规定步骤解体转向器，检查各零部件的技术状况；清洗零部件，更换一次性密封件。按照标准流程及技术要求复装转向器，调整转向器齿轮与齿条之间的啮合间隙。

【实训步骤】

1. 循环球式转向器拆装与检测

1) 拆卸转向器

BJ2020 循环球式转向器结构如图 10-1 所示。

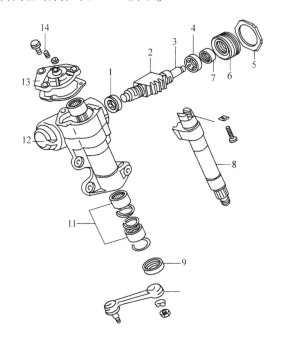

图 10-1　BJ2020 循环球式转向器零件分解图

1—球型螺母；2—蜗杆；3—蜗杆轴；4—蜗杆轴承；5—锁紧螺母；6—轴承调整件；7、9—油封；
8—转向摇臂轴；10—转向摇臂；11—轴承；12—转向壳；13—转向器端盖；14—放油塞

（1）转动螺杆至中央位置，做标记标出螺杆与壳体的相对位置，如图 10-2 所示。

（2）拆下蜗杆轴承的锁紧螺母，如图 10-3 所示。

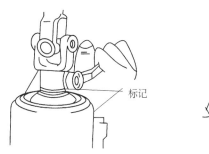 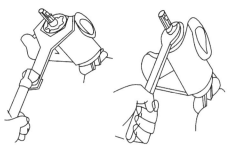

图 10-2　做装配标记　　　　　　　图 10-3　拆卸锁紧螺母

（3）拆下转向器端盖，取下转向器摇臂，如图 10-4 所示。顺时针旋转调整螺钉，以拆下端盖与衬垫，从摇臂轴端部拆下调整螺钉及调整垫片。

（4）从转向器壳体中取下蜗杆轴和蜗杆。注意无特殊需要，不要拧下循环球导管卡片的两个固定螺钉，如图 10-5 所示。

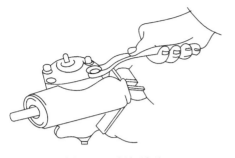 

图 10-4　拆卸端盖　　　　　　　　　图 10-5　一般不要分解蜗杆和蜗杆轴

（5）检测各零部件有无磨损、表面点蚀、变形等异常情况，可参照本章 10.4 判断是否需要更换。

（6）清洗各零部件，为复装总成做准备。

2）安装与调整

（1）安装转向螺杆组件。装配前，在轴承和油封上涂抹多用途润滑脂，如图 10-6 所示。蜗杆和蜗杆轴组件如特殊需要拆散后（一般不拆散），应如图 10-7 所示，平稳地逐个装入钢球，装钢球的过程中，转向螺杆和螺母不要相对运动，必要时，只能稍许转动转向螺母或用塑料棒将钢球轻轻冲进滚道内；然后给装满钢球的导管口涂压润滑脂防止钢球脱出，用导管卡将导管固定在转向螺母上。所装钢球的直径和数量必须符合原厂规定。

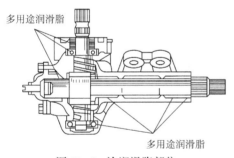 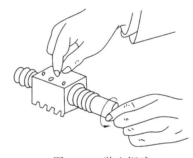

图 10-6　涂润滑脂部位　　　　　　　图 10-7　装入钢球

（2）调整蜗杆轴承预紧度。把轴承压装在蜗杆轴颈上后，将蜗杆和蜗杆轴组件装入转向器壳内，再装上油封，并拧上轴承调整件，如图 10-8 所示。

调整蜗杆轴承预紧度，如图 10-9 所示，用扭力扳手拧动蜗杆轴，转动力矩为 0.3～0.5 N·m，否则可以通过轴承调整件来调整（如图 10-8 所示，左右转动螺母可改变预紧度）。调整后，蜗杆轴应轴向推拉无间隙感觉，且转动灵活自如。

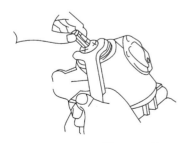 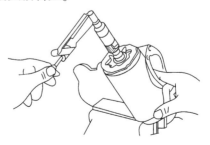

图 10-8　拧上轴承调整件　　　　　　图 10-9　测量蜗杆轴转动力矩

（3）装配锁紧螺母。装上锁紧螺母后，用专用工具卡住蜗杆轴承调整件，再用开口扳手拧紧锁紧螺母，如图10-10所示（将转向螺母及齿轮置于中间位置）。

（4）安装摇臂轴。如图10-11所示，把轴承滚针涂抹润滑脂后，黏贴在转向器壳内的轴承外圈里。如图10-12所示，把调整螺钉装入摇臂轴，然后把摇臂轴组件装入转向器壳内。

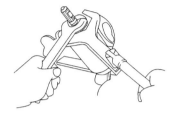 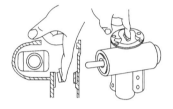 

图10-10　拧紧锁紧螺母　　　图10-11　黏贴轴承滚针　　　图10-12　安装摇臂轴组件

（5）装上端盖垫和端盖。把固定端盖的四个螺栓拧紧，如图10-13所示。

（6）对准装配记号。把蜗杆置于蜗杆轴的中间位置，转动蜗杆轴，使标记对齐，如图10-14所示。表示蜗杆置于蜗杆轴（转向螺母）中间位置；如果没有标记，可以转动蜗杆总圈数的二分之一圈，即为中间位置。

（7）总预紧度的调整。如图10-15所示，一边拧动端盖上的调整螺钉，一边用扭力扳手测量转动蜗杆的扭矩，要求蜗杆螺母在中间位置时的扭矩为0.8~1.1 N·m。

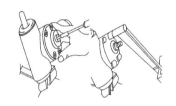 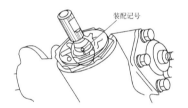 

图10-13　拧紧端盖固定螺栓　　　图10-14　对准装配记号　　　图10-15　测量转动蜗杆的扭矩

（8）拧紧锁紧螺母。拧紧调整螺钉的锁紧螺母，如图10-16所示。

（9）装配转向摇臂。如图10-17所示，把转向摇臂和摇臂轴端的标记对齐后，测量摇臂在中间位置时的摆动间隙（实为摇臂轴上扇形齿轮的游隙），要求摆动角度不大于5°。

（10）安装转向器总成。把转向器总成安装到车身上，拧紧四个固定螺栓，如图10-18所示。装上转向摇臂，如图10-19所示，拧紧固定螺母，装好锁紧装置。连接拉杆和摇臂，如图10-20所示，拧紧固定螺母，装好锁紧装置。按原厂规定加注润滑油。

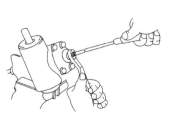 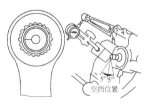 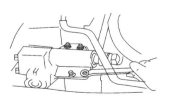

图10-16　拧紧锁紧螺母　　　图10-17　对准装配记号和摆动间隙　　　图10-18　安装转向器总成

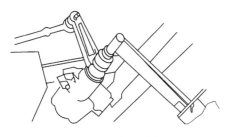
图 10-19　拧紧锁紧螺母

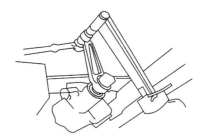
图 10-20　连接拉杆和摇臂

2. 动力转向器的拆装与检测

1）拆卸转向器

日产蓝鸟 U13 轿车齿轮齿条转向器如图 10-21 所示。

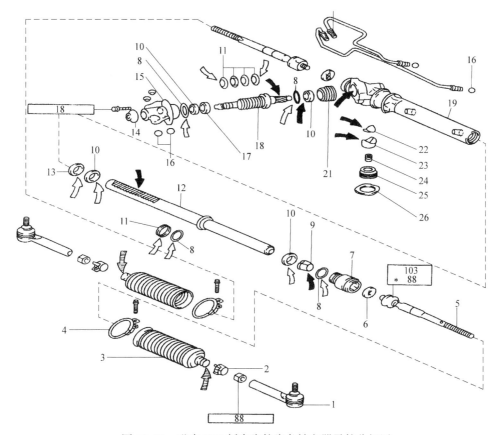

图 10-21　蓝鸟 U13 轿车齿轮齿条转向器零件分解图

1—转向横拉杆尾端；2—夹扣；3—齿条保护罩；4—卡夹；5—齿条尾端；6—带齿垫圈；
7—缸端限位螺套；8—O 形圈；9—衬套；10—油封；11—特氟隆环；12—齿条；13—隔套；
14—防尘套；15—控制阀壳体；16—管接头座；17—轴承；18—控制阀；19—齿条壳体；
20—压力管；21—轴承导螺母；22—支座；23—齿条导套；24—齿条导套弹簧；
25—齿条导套弹簧帽；26—预紧螺母

（1）做装配标记。如图 10-22 所示，把转向器总成固定在台虎钳上，在转向横拉杆的尾部和齿条尾部，做好装配标记，并拆下转向横拉杆的尾端，如图 10-23 所示。

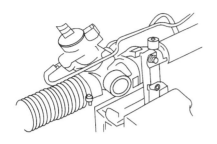

图 10-22 固定转向器总成

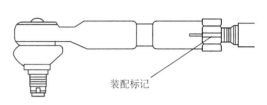

图 10-23 做装配标记

拆下两根压力油管,如图 10-24 所示。

(2)拆卸齿条导套。拆下齿条保护罩,如图 10-25 所示。拆下齿条尾端和带齿垫圈,如图 10-26 所示。

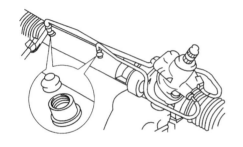

图 10-24 拆下压力油管

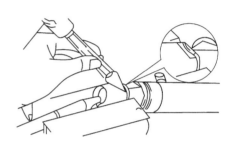

图 10-25 拆下齿条保护罩

拆下齿条导套弹簧帽锁紧螺母,如图 10-27 所示。拆下齿条导套弹簧帽,如图 10-28 所示。从齿条壳体中拆出齿条导套弹簧和齿条导套,再从齿条导套中拆下支座,如图 10-29 所示。

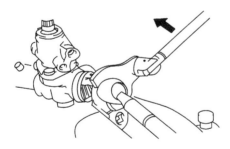

图 10-26 拆卸齿条尾端

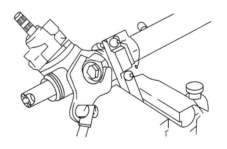

图 10-27 拆卸锁紧螺母

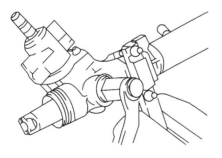

图 10-28 拆卸弹簧帽

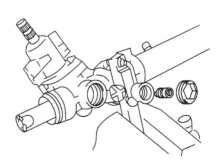

图 10-29 拆卸齿条导套弹簧

(3)拆卸转向控制阀。在控制阀壳体上和齿条壳体上做好装配标记,拆下装有控制阀的控制阀壳体,然后从控制阀体上取下O形圈,如图10-30所示。

把控制阀体夹紧在台虎钳上,拧松轴承导向螺母,如图10-31所示。用橡皮锤子拆下装有轴承螺母的控制阀,注意拆卸时不要损伤油封唇,如图10-32所示。

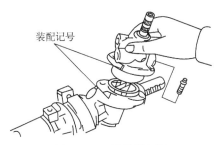
图10-30 做装配标记

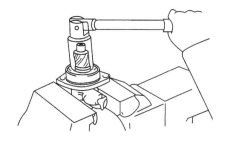
图10-31 拧松轴承导向螺母

(4)拆下缸端限位螺套和O形圈,如图10-33所示。

图10-32 拆卸控制阀

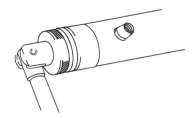
图10-33 拆卸限位螺套和O形圈

(5)拆卸齿条。

使用专用工具压出齿条,如图10-34所示。

使用专用工具压出齿条油封和隔套,如图10-35所示。

2)转向器检测与组装

(1)检测零部件的技术状况。

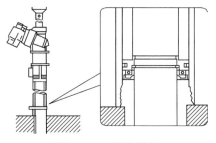
图10-34 压出齿条

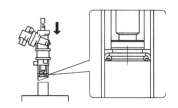
图10-35 压出油封和隔套

① 如图10-36所示,检查齿条的直线度、齿面磨损和损伤情况。如果直线度超过要求,或齿面存在明显磨损或裂纹等,应更换齿条。

② 检查齿条壳体有无凹陷和其他损伤。必要时,更换齿条壳体。

③ 检查控制阀体上的轴承如图10-37所示。若存在严重磨损、变形和烧蚀等,应更换。

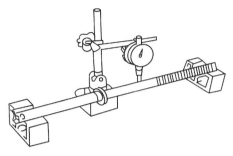
图 10-36　测量齿条直线度

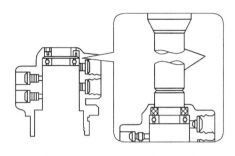
图 10-37　检查阀体上的轴承

④ 检查控制阀壳体上油封，转向器总成上的 O 形圈、油封和隔套均属于一次性使用零件，拆下后必须更换。

⑤ 更换控制阀特氟隆环，特氟隆环属于一次性使用零件，更换时，首先用一字螺丝刀拆下旧环，如图 10-38 所示。

把新环装在专用工具上，并把它胀大，如图 10-39 所示。

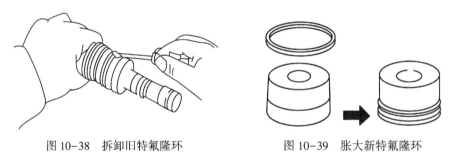

图 10-38　拆卸旧特氟隆环　　　　图 10-39　胀大新特氟隆环

把胀大的特氟隆环装配到控制阀上，并用手指收紧特氟隆环，如图 10-40 所示。

⑥ 检查转子轴衬和套是否磨损或存在损伤，如图 10-41 所示，若存在，应更换整个壳体。此外，检查转子轴和衬套之间的配合间隙，若间隙过大应更换新件。

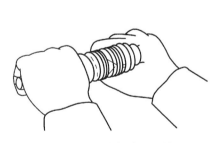
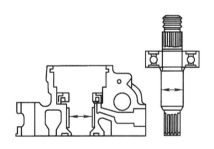

图 10-40　新特氟隆环的装配　　　　图 10-41　检查转子轴和衬套

（2）安装齿条壳体隔套和油封。

根据齿轮齿条式动力转向器分解图，装配前在油封、O 形圈、齿条等零件表面涂抹指定型号的润滑脂和液压油。如图 10-42 所示。先将齿条壳体隔套装入齿条壳体内，然后用专用工具和橡皮锤子把油封轻轻敲入齿条壳体内。

把齿条装配到专用工具上，并在专用工具上涂抹液压油，如图 10-43 所示。把齿条连同专用工具装入油缸内，如图 10-44 所示。然后拆下专用工具。

课题 10
汽车转向系统

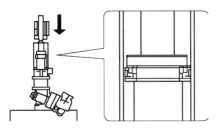
图 10-42 安装隔套和油封

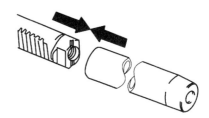
图 10-43 把齿条装配到专用工具上

安装油封时，先把专用工具装到齿条的一端，并在油封唇上涂抹锂基润滑脂，如图 10-45 所示。然后，按箭头所指的方向把油封推入到专用工具上。最后卸下安装油封专用工具。

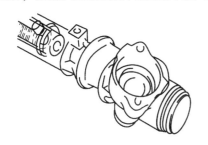
图 10-44 装入齿条

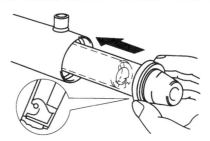
图 10-45 安装油封

（3）安装限位螺套。

使用专用工具把齿条壳体固定在台虎钳上，如图 10-46 所示。

把新油封安装到缸端的限位螺套上，如图 10-47 所示，隔着木板用锤子把限位螺套打入齿条壳体内。

图 10-46 固定齿条壳体

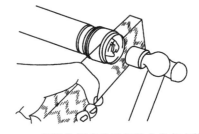
图 10-47 把限位螺套及油封装入齿条壳体内

（4）安装限位螺套。

如图 10-48 所示，使用专用工具安装限位螺套。然后，用冲子铆住齿条壳体，如图 10-49 所示。

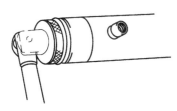
图 10-48 安装限位螺套

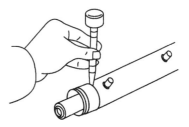
图 10-49 铆住齿条壳体

(5)安装控制阀。

把控制阀装到控制阀壳体上,如图10-50所示。

(6)安装导向螺母。

把O形圈装入轴承导向螺母上,然后使用专用工具安装轴承导向螺母。如图10-51所示。然后使用冲子铆住轴承导向螺母,如图10-52所示。

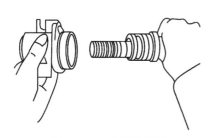

图10-50 安装控制阀

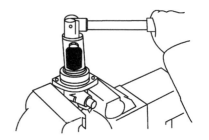

图10-51 安装导向螺母及油封

(7)加注润滑脂。

将二硫化钼润滑脂注入到图10-53中箭头位置。

图10-52 铆住轴承导向螺母

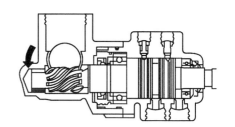

图10-53 注入二硫化钼润滑脂

(8)安装齿轮齿条啮合副。

先把O形密封圈装到阀体上,然后对齐控制阀阀体与齿条壳体上的装配标记,如图10-54所示,拧紧两只固定螺栓。

安装齿条导套及弹簧,上紧弹簧帽,力矩控制在5.4 N·m。如图10-55所示。

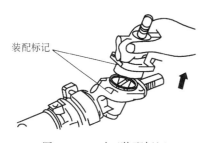

图10-54 对正装配标记

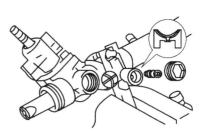

图10-55 安装齿条导套及弹簧

(9)调整齿条总预紧力。

首先使用专用工具,退出齿条导套弹簧帽30°,如图10-56所示。然后用专用工具左右转动控制阀轴1~2次,如图10-57所示。

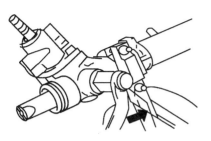

图 10-56 拧松齿条导套弹簧帽 30°

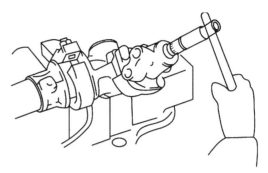

图 10-57 转动控制阀轴

最后安装齿条导套弹簧帽锁紧螺母。首先使用专用工具，把齿条导套弹簧帽固定住，然后再用专用工具拧紧锁紧螺母，拧紧力矩 80 N·m，如图 10-58 所示。最后，用冲子铆住锁紧螺母，如图 10-59 所示。

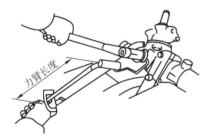

图 10-58 拧紧锁紧螺母

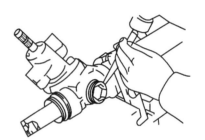

图 10-59 铆住锁紧螺母

齿轮齿条转向器安装完成后，应满足以下条件。

① 齿轮齿条无间隙啮合；② 转向盘自由行程 0～30 mm。否则，要进行多次调整，直到满足要求为止。

安装带齿垫圈和齿条尾端。首先装上新的带齿垫圈，使用专用工具装上齿条尾端，并按规定力矩（65 N·m）将其拧紧，如图 10-60 所示。然后使用锤子和铜棒铆住带齿垫圈，如图 10-61 所示。

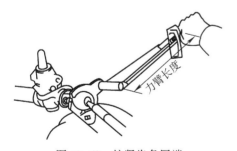

图 10-60 拧紧齿条尾端

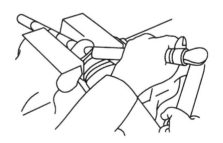

图 10-61 铆住带齿垫圈

（10）安装防尘套。

如图 10-62 中箭头所示，注入 MP 润滑脂，装上防尘套。

在齿条保护罩的唇部涂抹硅基润滑脂后，再装上齿条保护罩，如图 10-63 所示。装上卡箍和夹扣。安装左右转向压力管。

（11）对齐横拉杆记号。

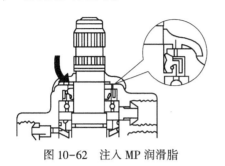

图 10-62 注入 MP 润滑脂

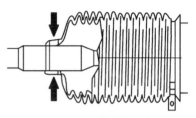

图 10-63 安装齿条保护罩

把横拉杆拧到齿条尾端与装配标记对齐为止，如图 10-64 所示，拧紧锁紧螺母。

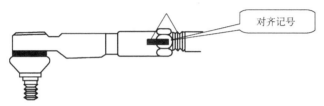

图 10-64 对准装配标记

10.1 概述

转向系用于改变汽车的行驶方向和使汽车保持稳定的直线行驶。转向性能的好坏直接影响汽车行驶的安全性和操纵性，因此对转向系有如下要求：

来自路面不平度所引起的振动应尽可能被衰减而不致传到转向盘上，然而，这种衰减又达不到使驾驶员丧失路感的程度。转向时，左、右转向轮轴线的延长线和后轴的延长线应相交于一点。转向系应有合适的刚度，使汽车对微小的转向修正也有快捷的反应。当放松转向盘时，车轮应能自动回到直行位置，并能稳定在这个位置上。

10.1.1 汽车转向系的功用及组成

1. 功用

汽车转向系的功用为偏转前轮，在有些情况下还偏转后轮，即驾驶员通过一套专设机构，使汽车转向桥上的车轮相对于汽车纵轴线偏转一定角度，使汽车能在换车道、急转弯或躲避路面障碍时，车轮能连续地改变行驶方向。

2. 组成

汽车转向系统结构形式多样，但所有的转向系都由三部分组成：转向传动机构、转向器和转向操纵机构。

10.1.2 汽车转向系的分类及布置形式

汽车转向系按使用的能源不同分为机械转向系和动力转向系。

1. 机械转向系布置形式

机械转向系以驾驶员体力作为转向能源，如图 10-65 所示。汽车转向时，驾驶员对转向盘 7 施加一个转向力矩，使转向盘以某种角速度向指定方向转动，该力矩通过转向盘柱 5 输入给转向器 4，转向器将转向盘的力矩放大以后传给转向摇臂 10，再经过转向直拉杆 2 传给左转向节 1，使左转向节和它支撑的左转向轮偏转。为使右转向节 6 及其所支撑的右转向轮也随之偏转相应的角度，还设置了转向梯形机构。转向梯形由固定在左、右转向节上梯形臂 12、8 和两端与梯形臂作球铰链连接的转向横拉杆 9 组成。左转向节带动左梯形臂转动，左梯形臂通过转向横拉杆推动右梯形臂，使右转向节转动。转向结束时，将转向盘恢复到原始位置，使转向车轮恢复直线行驶。

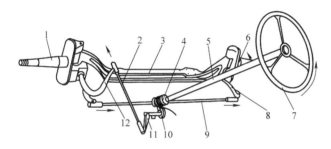

图 10-65 机械转向系示意图

1—左转向节；2—转向直拉杆；3—前轴；4—转向器；5—转向盘柱；6—右转向节；7—转向盘；
8—右梯形臂；9—转向横拉杆；10—转向摇臂；11—转向节臂；12—左梯形臂

2. 动力转向系布置形式

动力转向系所需的能量，在正常情况下，由发动机驱动液压泵（或电机）所提供的液压能（或电能），如图 10-66 所示。汽车向右转向时，驾驶员顺时针转动转向盘，转向摇臂推动转向直拉杆后移，直拉杆的推力作用于转向节臂，并依次传到梯形臂和转向横拉杆，使之右移。与此同时，转向直拉杆还带动转向控制阀中的滑阀，使转向动力缸中的右腔接通转向液压泵的出油口，左腔接通回油口，于是转向动力缸的活塞所受向右的液压作用力便经活塞杆施加在横拉杆上。这样，驾驶员需要加在转向盘上的力矩，比用机械转向系时小得多。

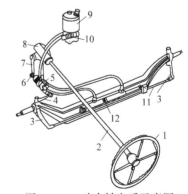

图 10-66 动力转向系示意图

1—转向盘；2—转向轴；3—梯形臂；4—转向节臂；
5—转向控制阀；6—转向直拉杆；7—转向摇臂；
8—机械转向器；9—转向油罐；10—转向液压泵；
11—转向横拉杆；12—转向动力缸

229

3. 转向系参数

1) 转向系角传动比 I

转向系角传动比是指转向器的角传动比 I_1 与转向传动机构的角传动比 I_2 的乘积，可以用转向盘转角与同侧转向车轮转角之比来表示。

转向系角传动比越大，转向时，加在转向盘上的力矩越小，驾驶员的操纵力越小。但为了使车轮偏转一定角度，转向盘需转过的角度就越大，因此转向操纵机构就不够灵敏。据此，选取角传动比时应兼顾转向省力和转向灵敏的要求。机械式转向系要做到这点比较困难，故普遍采用动力转向系。

2) 实现正常转向的条件及转弯半径

为了实现汽车正常转向，避免汽车在转向时产生路面对汽车行驶的附加阻力和轮胎过快磨损，要求转向系能保证在汽车转向时所有车轮均作纯滚动。显然，这只有在所有车轮的轴线都交于一点，此点为转向中心，才能实现。由图 10-67 可见，设内偏转轮偏转角为 β，外偏转轮偏转角为 α，在不考虑车轮变形条件下，前轴左右两车轮的偏转角应该不相等，而且必须是内侧转向车轮的偏转角 β 大于外侧转向车轮的偏转角 α，其理想关系式为

$$\cot\alpha = \cot\beta + B/L$$

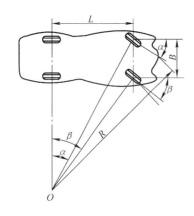

图 10-67　汽车转向时理想的两侧转向轮偏转角关系示意图

式中，B 为两侧主销轴线与地面交点之间的距离；L 为汽车轴距。

转向时，外偏转轮和地面的接触点距转向中心 O 的距离称为转弯半径。转弯半径越小，汽车转弯时所需的场地越小，机动性越好，当外偏转轮偏转角达到最大值 α_{max} 时，转弯半径 R 最小。最小转弯半径与外偏转轮最大偏转角的关系为

$$R_{min} = L/\sin\alpha_{max}$$

3) 转向器的传动效率

转向器是转向系的减速传动装置，一般有 1~2 级减速传动副。转向器的传动效率为转向器的输出功率与输入功率之比。当功率由转向轴输入，由转向摇臂输出时，求得的效率称为正效率。而在传动方向相反时求得的效率称为逆效率。逆效率高的转向器称为可逆式转向器，这种转向器有利于汽车转向后的自动回正。但也很容易将坏路面反力经转向传动机构传动到转向盘上，发生"打手"情况。逆效率很低的转向器称为不可逆式转向器。不平路面对转向轮的冲击载荷输入到这种转向器中，即由各传动零件承受，而传不到转向盘上。同样，路面作用于车轮的回正力矩也不能传动到转向盘上，转向轮不能自动回正。此外，驾驶员不能得到路面的反馈信息，丧失所谓"路感"，无法据以调节转向力矩。

4) 转向盘的自由行程

转向盘在空转阶段的角行程称为转向盘的自由行程。从转向灵敏的角度来说，最好是转向盘和转向节的运动同步进行。然而，这实际上是不可能的。因为在整个转向系中，各传动件之间必然存在装配间隙，而且这些间隙随零件磨损逐渐增大。在开始转动转向盘时，须先消除这些间隙，所以驾驶员对转向盘施加的力矩很小，转向盘处于空转阶段。转向盘的自由

行程对于缓解路面冲击和避免驾驶员的过度紧张有利，但不宜过大，以免影响转向系的灵敏性。一般转向盘从汽车直行的中间位置向任意方向的自由行程最好不超过 10°~15°。当零件磨损严重到转向盘自由行程超过 25°~30°，必须进行调整。

10.2 机械转向系

10.2.1 机械转向器的构造与工作原理

转向器的功能是将转向盘的转动转变为转向臂的摆动，借以达到增大转向力矩、改变力的传递方向和获得所要求的传动比，进而通过转向传动机构操纵转向车轮偏转。转向器的结构形式有很多，通常按其传动副结构形式来分类，其中循环球式、齿轮齿条式转向器日渐完善，得到广泛使用。

1. 齿轮齿条式转向器的构造与工作原理

齿轮齿条式转向器如图 10-68 所示。它主要由转向器壳体、转向齿轮、转向齿条等组成，转向器外壳 7 由一根钢管和压配在其两端的接头组成，用两个螺栓固定在车架上。

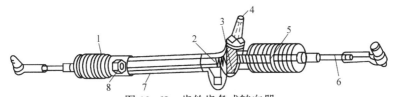

图 10-68　齿轮齿条式转向器
1—防护套；2—转向齿条；3—转向齿轮；4—花键与转向盘柱；
5—内端球；6—转向横拉杆总成；7—外壳；8—齿条导块

转向齿轮 3 垂直地安装在外壳右接头中，其上端通过连接板与转向操纵机构中的柔性万向节连接。与转向齿轮相啮合的转向齿条 2 水平布置。弹簧通过导向座将齿条 2 紧靠在齿轮 3 上，保证无间隙啮合。弹簧预紧力可用调整螺塞调整。

转向齿条的中部（有的是齿条两端，见图 10-68）通过拉杆支架与左、右转向横拉杆连接。转动转向盘时，转向齿轮转动，与之相啮合的转向齿条沿轴向移动，从而使左、右转向横拉杆带动转向节转动，使转向轮偏转，实现汽车转向。

齿轮齿条式转向器由于齿轮与齿条直接啮合，因此具有如下优点：操纵灵敏性非常高；滑动和转动阻力小，转矩传递性能较好，转向力小；结构简单，维修方便。目前齿轮齿条式转向器多用于前轮独立悬架的轻型及微型汽车上。

桑塔纳、奥迪、高尔夫、标致、夏利、雪铁龙轿车都采用齿轮齿条式转向器。如图 10-69 所示为桑塔纳轿车采用的齿轮齿条式转向器结构。

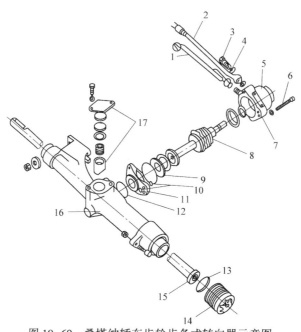

图 10-69 桑塔纳轿车齿轮齿条式转向器示意图

1—油管；2—回油管；3—管接头；4，7—密封圈；5—阀门壳体；6—螺栓；8—转向齿轮；
9，10，12，13—O 形环；11—中间盖；14—密封罩；15—转向齿条；16—转向器外壳；17—补偿机构

2. 循环球式转向器的构造与工作原理

循环球式转向器又称综合式转向器，因为它由两个传动副组成。一个传动副为螺杆、螺母，另一个传动副为齿条、扇形齿轮或曲柄销。如图 10-70 所示，第一级传动副为螺杆——螺母；第二级传动副为齿条—齿扇。在螺杆-螺母传动副中加进了传动元件——钢球。

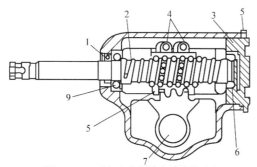

图 10-70 循环球式转向器剖视图

1—密封圈；2—转向螺杆；3—调整螺塞；4—钢球导管；
5—锁紧螺母；6、9—轴承；7—扇形齿轮；8—转向螺母

在转向螺杆 2 上松套着方形转向螺母 8，在螺杆和螺母的内圆上制出断面近似为半圆形的螺旋道，两者的槽相配合即成近似的圆形断面的螺旋形通道。螺母侧面有孔，将钢球从此孔装入通道内。螺母外面有两根钢球导管 4，每根导管的两端分别塞入螺母侧面的孔内。导管内也装满钢球。这样，两根导管和螺母内的螺旋形通道组合成两条各自独立的封闭的钢球"流道"。钢球嵌在螺杆上的螺旋槽内，便形成了螺杆上的钢球螺纹。当转动螺杆时，通过钢球将力传给螺母，螺母即产生轴向移动。同时由于摩擦力的作用，所有钢球便在螺杆与螺母之间滚动，形成"球流"。钢球在螺母内绕行两圈后，流出螺母而进入导管，再由导管流回螺母内。所以在转向器工作时，两列钢球只是在各自的封闭流道内循环，而不会脱出。钢球直径越大，承载能力越强；但结构尺寸越大。钢球数量越多，承载能力也越强；但钢球过多，影响钢球流动，从而降低传动效率。

螺母的外表面制有与扇形齿轮相啮合的齿条，扇形齿轮与摇臂轴制成一体，支撑在壳体

内的衬套上。当转动螺杆时，螺母轴向移动，通过齿条和扇形齿轮，使转向摇臂轴转动，再通过转向传动机构带动转向车轮偏转。

转向螺母的齿条是倾斜的，因此与之啮合的扇形齿轮应当是在分度圆上的齿厚沿齿轮轴线按线性关系变化的变厚齿轮。只要使扇形齿轮轴相对于齿条做轴向移动，就能调整两者的啮合间隙。具体调整方法见实训步骤中的循环球式转向器的安装与调整。

扇形齿轮有定传动比和变传动比两种形式。定传动比扇形齿轮的齿形相同，而变传动比扇形齿轮的齿形不同。从图10-71中可以看出，变传动比扇形齿轮上每一个齿的节圆半径是不相等的，中间齿的节圆半径小，两端齿的节圆半径大。当转向盘或转向摇臂处于中间位置时，转向器的传动比小，转向盘稍有转动，转向车轮就有明显的偏转，因此转向非常灵活。这对经常在高速路上行驶的汽车很重要。当汽车要急转弯时，随车速的降

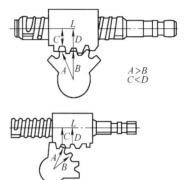

图10-71 变传动比循环球式转向器示意图
(a) 中间位置；(b) 极限位置

低和转向盘转角的增大，转向器传动比增加，使转向比较轻便。变传动比转向器通常只用于动力转向机构中。

3. 蜗杆滚轮式转向器

这种转向器的结构如图10-72所示。主要由壳体6、转向轴5、球面蜗杆3、滚轮9、转向摇臂轴11等组成。

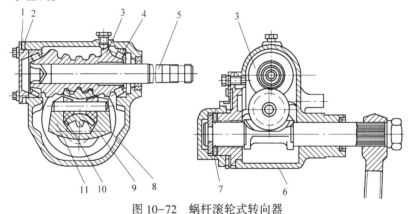

图10-72 蜗杆滚轮式转向器
1—轴承盖；2，7—调整垫片；3—球面蜗杆；4—蜗杆轴承；5—转向轴；
6—壳体；8—大锥角轴承；9—滚轮；10—滚轮轴；11—转向摇臂轴

转向器外壳的上部压装着转向管柱，用以支撑转向轴和转向盘。外壳的侧面有侧盖，以便装卸转向摇臂。带有球面的蜗杆其下端的内孔有细齿键与转向轴牢固结合。蜗杆上、下端由装在外壳中的两个大锥角轴承支撑。外壳下端与外壳之间装有调整垫片，可用以调整轴承的预紧度。转向摇臂轴的两端支撑在外壳与侧盖内的青铜衬套中，伸出外壳的轴端用带锥度的细花键与转向摇臂连接，用螺母固紧。滚轮具有三个齿，用两个止推垫圈，两组滚针轴承和中间的一只隔位套装在滚轮轴上。滚轮轴压入转向摇臂轴的座孔中，两端施焊，使之结合牢固。

当蜗杆转动时，滚轮即沿着蜗杆的螺旋槽滚动，滚轮的滚动带动转向摇臂轴转动。摇臂轴带动摇臂摆动，并通过直拉杆带动左侧转向节偏转，同时通过左、右梯形臂和横拉杆带动

右侧车轮与左侧车轮同向偏转。蜗杆与滚轮的啮合间隙必须适当，若间隙太大，会影响转向的灵敏性。同时，由于偶然的横向外力，可使转向车轮在间隙范围内发生偏移，因而影响到汽车直线行驶的稳定性。若间隙太小，则转向操纵沉重，并且会加速转动副的磨损。因此，蜗杆与滚轮的啮合间隙在装配时或磨损后必须进行调整。蜗杆与滚轮的两轴线是偏离一定的距离的，并可使转向摇臂轴产生轴向移动。当滚轮远离蜗杆时，其啮合间隙增加；当滚轮靠近蜗杆时，其啮合间隙减少。移动转向摇臂轴是依靠调整装置来实现的。调整装置由调整垫片、止推垫圈和压紧螺母组成。止推垫圈嵌装在轴端的凹槽内，调整垫片装在止推垫圈与侧盖之间。增减调整垫片的总厚度，即可调整蜗杆与滚轮的啮合间隙。间隙调整合适后，拧紧压紧螺母，并用止动片将压紧螺母固定，以防止松动。

10.2.2 转向系操纵与传动机构

1. 转向操纵机构的构造与工作原理

转向操纵机构的功用是为产生转动转向器所必需的操纵力。转向操纵机构主要由转向盘和转向盘柱组成。桑塔纳轿车的转向操纵机构如图10-73所示。转向盘直径为400 mm，用于产生转向操纵力。转向盘柱则包括转向轴和转向盘柱管。转向轴是将转向盘的旋转运动传递到转向器上。转向轴通过轴承支撑于转向盘柱管，转向盘柱管固定于车身上。为了方便不同体形驾驶员的操纵及保护驾驶员的安全，现代新型汽车转向操纵机构还带有各种调整机构及装置。如转向盘柱都增设有能量吸收机构、斜度调整机构、伸缩转向机构、转向锁止机构结构。安全气囊平时也放置在转向盘中央。

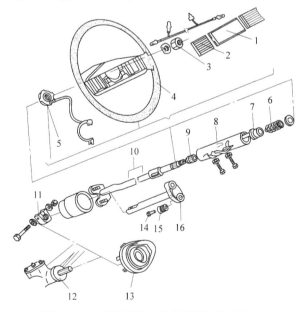

图10-73 桑塔纳轿车转向操纵机构分解图

1—大盖板；2—喇叭按钮盖板；3—转向盘柱紧固螺母；4—转向盘；5—接触环；
6—压缩弹簧；7—连接圈；8—转向盘柱套管；9—轴承；10—转向盘柱上段；11—夹紧箍；
12—转向器；13—转向盘柱管橡胶圈；14—减振尼龙销；15—减振橡胶圈；16—转向盘柱下段

课题 10
汽车转向系统

1）转向盘的构造

转向盘的构造如图 10-74 所示。它主要由轮毂 3、轮辐 2 和轮圈 1 组成。轮辐和轮圈都由钢、铝或镁合金制的骨架，外表面通过注塑方法包裹一定形状的塑料外层或合成橡胶，以改善操纵转向盘的手感并提高驾驶室的安全性。转向盘与转向轴一般是通过花键或带锥度的细花键连接，端部通过螺母轴向压紧固定。

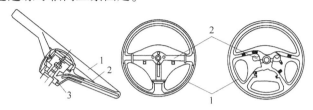

图 10-74　转向盘构造
1—轮圈；2—轮辐；3—轮毂

汽车喇叭开关一般都装在转向盘上，可以随转向盘相对车身转动，而与喇叭连接的导线固定在车身和转向盘柱管上，不能旋转。因此，与喇叭连接的导线必须与转向盘的旋转部分进行电气连接。目前，多数汽车在转向盘上都装有集点环，如图 10-75 所示。固定不动的转向盘柱管上端设有带弹性触片 2 的下圆盘 1，与喇叭开关相连的集点环端子装在上圆盘 3 上。转向盘安装到转向轴上后，上、下圆盘紧密接触，集点环端子则与弹性触片形成电气接触。

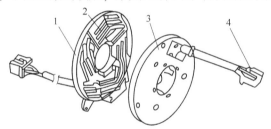

图 10-75　转向盘集点环结构
1—下圆盘；2—弹性触片（四组）；3—上圆盘；4—导线接头

由于这种集点环是机械接触，长时间使用会因为触点磨损而影响导电性，从而发生喇叭不响的现象，尤其是还会引起安全气囊在汽车发生碰撞时不能正常工作。所以，现在装备安全气囊的汽车开始采用电缆盘，如图 10-76 所示。电缆盘将导线卷入盘内，在转向盘旋转范围内，导线靠卷筒自由伸缩。采用这种机构，可靠性大大提高。

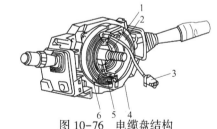

图 10-76　电缆盘结构
1—凸轮；2—转子；3—导线接头；4—电缆盘壳体；
5—转向轴；6—电缆

2）转向盘柱的功用

转向盘柱将驾驶员作用于转向盘的转向操纵力传给转向器。它的上部与转向盘固定连接，下部装有转向器，其连接方式有两种：一种是与转向器输入轴直接连接；另一种是通过十字轴万向节或饶性万向节与转向器的输入轴相连接。但是，为了兼顾汽车底盘和车身总体布置要求，往往需要将转向器与转向盘柱的轴线成一定角度相交。因此，许多新型汽车在转向操纵机构中采用了万向传动装置。而且，采用柔性万向节连接，还可以有效地阻止路面对车轮的冲击经过转向器传到转向盘，从而可以显著

235

减轻转向盘上的冲击和振动。

现代汽车的转向盘柱除装有柔性万向节外,有的还装有各种调整机构,以方便驾驶员进出驾驶室,以及在汽车发生碰撞时,能最大限度减小驾驶员所受到的伤害。

(1) 转向盘柱能量吸收机构。

绝大多数转向盘柱都为缓冲形式的。当汽车发生碰撞时,转向盘柱能量吸收机构可减小驾驶员身体因惯性的作用撞击转向盘所施加的冲击,防止转向轴伤害驾驶员。

能量吸收式转向盘柱分为球式、封入雾状硅胶式、咬合式、波纹管式四种。使用较多的是球式。球式能量吸收装置主要由转向轴、钢球套筒、上下柱管、塑料销、钢球断开式套管固定架等组成,如图10-77 (a)、图10-77 (b) 所示。转向轴上主轴和下主轴由塑料销连接。塑料套筒装满钢球,挤压在上柱管和下柱管之间,这些钢球为四段两组。上面的钢球与下面的钢球"交错排列",以使转向盘柱在脱开时不在同一道槽内滚动。

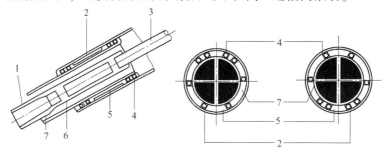

图10-77 球式能量吸收机构
(a) 球式能量吸收机构;(b) 钢球排列
1—下主轴;2—上柱管;3—上主轴;4—钢球;5—钢球套筒;6—塑料销;7—下柱管

断开式套管固定架通过两个封壳用螺栓锁紧在仪表板杆系上,封壳则利用四个塑料销安装在套管固定架上,如图10-78所示。

球式能量吸收装置工作过程如下:

当汽车发生碰撞时,转向器对转向轴施加激烈的轴向冲击力(一次冲击),将转向轴上的塑料销剪断,下主轴向上滑,套上上主轴,如图10-79所示,防止转向盘移动伤害驾驶

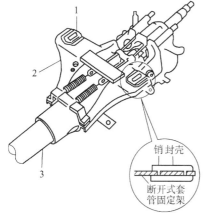

图10-78 断开式套管固定架的安装
1—封壳;2—断开式套管固定架;3—转向盘柱管

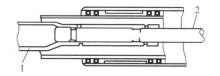

图10-79 一次冲击后的主轴情形
1—下主轴;2—上主轴

员。一次冲击后，如果驾驶员的身体撞击转向盘（二次冲击）时，断开式套管固定架脱离封壳，将封壳的塑料销切断，转向盘下陷。当转向盘下陷时，钢球便会滚动，然而由于下柱管的内径较小，限制钢球自由滚动，钢球将柱管部件向外推出。在这种情形下，它们之间所产生的阻力有利于吸收碰撞发生的冲击，如图 10-80 所示。

（2）斜度可调整式转向盘柱机构。

斜度可调整式转向盘柱机构是为适应各种驾驶姿势而设置的，驾驶员可以自由选择转向盘位置。斜度可调整机构依照斜铰接点的位置可分为下铰接点型和上铰接点型两种。

第一种是下铰接点型斜度调整机构，由倾斜杠杆、枢轴、万向节等组成。倾斜枢轴安装在万向节内，一端与转向轴相连，转向盘柱上部分如图 10-81 所示。斜度调整机构的工作情况如下：

当需改变转向盘角度或高度时，将倾斜杠杆向下拉，拧开斜度调整机构的锁紧螺母，转向盘柱即从断开式套管固定架解开，能够上下移动。转向盘的位置调整完毕后，向上推倾斜杠杆，使转向盘柱锁在断开式套管固定架上，如图 10-82 所示。

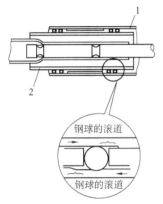

图 10-80 二次冲击时钢球滚动情况
1—上柱管；2—下柱管

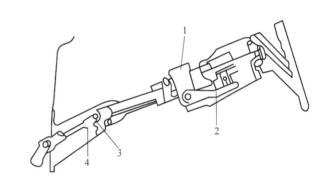

图 10-81 下铰接点型斜度调整机构
1—断开式套管固定架；2—倾斜杠杆；3—枢轴；4—万向节

第二种是上铰接点型斜度调整机构，主要由倾斜杠杆、枢轴、枢轴螺栓、拉力弹簧、倾斜转向支架、棘轮等部件组成。主轴通过万向节连接到转向盘柱断开式套管固定支架上，如图 10-83 所示。

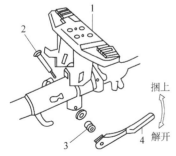

图 10-82 斜度调整机构工作情况
1—断开式套管固定架；2—锁紧螺钉；
3—锁紧螺母；4—倾斜杠杆

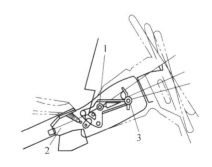

图 10-83 上铰接点型斜度调整机构
1—枢轴；2—断开式套管固定架；3—倾斜杠杆

由于转向盘柱管是断开式套管固定架，因此转向盘上的固定架、主轴以及转向盘，则安装在倾斜转向支架上。断开式套管固定架和倾斜转向支架由两个螺栓连接在一起，这些螺栓可以使倾斜转向支架（包括转向盘）上下倾斜，如图10-84所示。

棘爪锁紧在倾斜杠杆上，并在锁销上装配一个滚柱，如图10-85所示。当滚柱受到倾斜杠杆回位弹簧的作用顶住棘爪的背面时，棘爪与棘轮便牢牢地啮合在一起。当倾斜杠杆被提起时，滚柱脱离棘爪，棘爪分离销在杠杆导孔内滑动，棘爪和棘轮即分开，如图10-86所示。调整倾斜位置后，当放开倾斜杠杆时，滚柱受到弹簧拉力的作用恢复到原来位置上，再次顶住棘爪使棘爪和棘轮啮合。

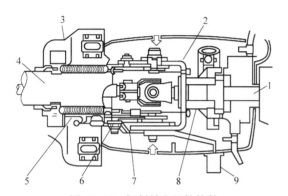 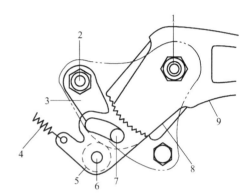

图10-84　倾斜转向机构构件　　　　　　　　图10-85　棘爪啮合情况
1—主轴；2—支架；3—断开式套管固定架；　　1—枢轴；2—棘爪枢轴；3—棘爪；
4—转向盘柱管；5—拉力弹簧；6—棘爪；　　　4—弹簧；5—滚柱；6—棘爪锁销；
7—棘轮；8—上固定架；9—倾斜杠杆　　　　　7—棘爪分离销；8—棘轮；9—倾斜杠杆

在某些汽车上装置了机械记忆机构，如图10-87所示。这种机构可避免转向盘妨碍驾驶员进出驾驶室。当拉动倾斜杠杆把转向盘向上倾斜后，转向盘可自行恢复到原来位置，其主要部件有倾斜杠杆和记忆杠杆。

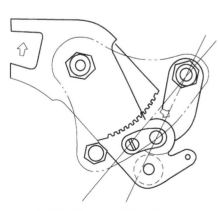 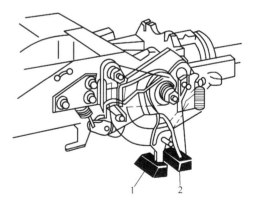

图10-86　棘爪退出啮合情况　　　　　　　　图10-87　记忆型斜度调整机构
　　　　　　　　　　　　　　　　　　　　　　1—记忆杠杆；2—倾斜杠杆

记忆型斜度调整机构工作过程如下：

在记忆型斜度调整机构未工作时，棘爪与棘轮啮合，棘轮被锁定，如图10-88所示。当驾驶员拉开倾斜杠杆并将转向盘向上推时，棘爪的齿便从棘轮上退出，并在记忆杠杆回位弹簧的作用下开始转动，使转向盘能够倾斜向上，如图10-89所示。这期间，记忆盖柄舌与棘轮啮合，使记忆盖在转向盘倾斜向上时与棘轮一起转动，如图10-90所示（注意：虽然倾斜杠杆终究会回到它原来的位置上，但此时，由于棘爪搭在记忆盖上，没有与棘轮啮合，所以棘轮能够自由转动，使转向盘从锁定的位置松开）。

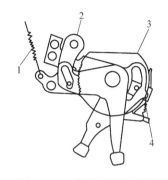 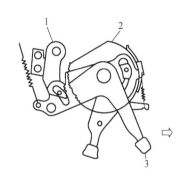 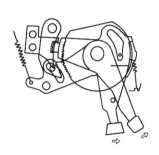

图 10-88　棘轮被锁定的情形
1—倾斜杠杆回位弹簧；2—棘爪；3—棘轮；
4—记忆杠杆回位弹簧

图 10-89　棘爪与棘轮脱开的情形
1—棘爪；2—棘轮；3—倾斜杠杆

图 10-90　记忆盖柄舌与棘轮的啮合

如果转向盘再从提高的位置推下时，转向盘便自动向下移动，直到棘爪搭在记忆盖上为止。当记忆盖前进超过它遮盖的棘轮范围时，转向盘回到原来位置上，棘爪与棘轮啮合，把棘轮（连同转向盘）锁定就位。

要改变记忆位置时，驾驶员可拉回记忆杠杆并握好，固定在记忆杠杆上的销便会顶住倾斜杠杆，这时转向盘向上倾斜，如图10-91所示。

同时，记忆杠杆凸轮孔顶着记忆盖销，推动记忆杠杆与记忆盖导件啮合，记忆盖的柄舌从棘轮齿送出，棘轮转动而记忆盖不动，驾驶员即可将转向盘调整在所需要的位置上。然后松开记忆杠杆，棘爪与棘轮啮合，转向盘被重新锁定。记忆盖和棘轮也同时啮合，构成新的记忆位置，如图10-92所示。

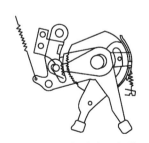 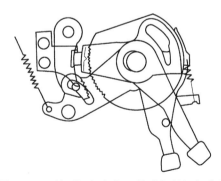

图 10-91　重新设定记忆位置

图 10-92　放开记忆杠杆，构成新的记忆位置

伸缩式转向盘柱机构可让转向盘的位置向前或向后调整，以适应驾驶姿势。如图10-93所示，伸缩式转向盘柱机构的转向盘安装在滑动轴上，滑动轴可以在主轴内侧前后滑动。紧固伸缩杠杆的锁紧螺栓定位在滑动轴的内侧，在滑动轴内侧的端头有一个楔形限位块，当驾驶员转动伸缩杠杆时，锁紧螺栓在滑动轴内侧前后滑动。要使转向盘伸缩，驾驶员可将伸缩杠杆从锁

定位置转开。这样，锁紧螺栓随之旋转把楔形限位块打开，使滑动轴能够在主轴内侧前后滑动，将转向盘移到需要位置后，锁定伸缩杠杆。

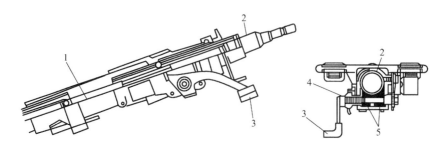

图 10-93 伸缩式转向盘柱机构
1—下主轴；2—上主轴；3—调节手柄；4—调节螺栓；5—楔形限位块

2. 转向传动机构的构造与工作原理

转向传动机构的功用是连接转向器与前轮，并将转向器输出的力和运动放大传到转向桥两侧的转向节，使两侧转向车轮偏转。为使汽车转向时车轮与地面的相对滑动尽可能小，转向传动机构还需保证两转向车轮偏转角按一定关系变化。转向传动机构的组成和布置因转向器的位置和转向车轮悬架类型而异。

1）梯形转向传动机构

当转向车轮独立悬挂时，每个转向车轮都需要相对于车架作独立运动，因而转向桥必须是断开式的。与此相适应，转向传动机构中的转向梯形也必须分成两段，如图 10-94（a）所示，或三段，如图 10-94（b）所示，并由在平行于路面的平面中摆动的转向摇臂直接带动或通过转向直拉杆带动。

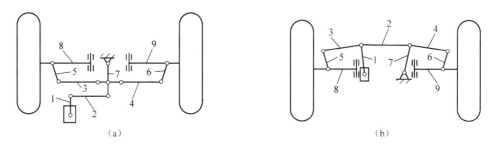

图 10-94 与独立悬架配用的转向传动机构示意图
1—转向摇臂；2—转向直拉杆；3，4—左右转向横拉杆；
5，6—左右梯形臂；7—摆臂；8，9—悬架左右摆臂

不论梯形转向传动机构安置在什么位置，都包含同样的零件。主要零件有：转向摇臂、转向直拉杆、摇杆总成、带有套筒的转向横拉杆、转向横拉杆端接头。

转向横拉杆总成连接着转向直拉杆和梯形臂，梯形臂用螺栓固定在转向节上。在一些前悬架中，梯形臂是转向节的一部分，而另一些前悬架系统中，梯形臂用螺栓固定在转向节上。转向横拉杆由横拉杆体和旋装在两端的接头组成，两端的接头结构相同，如图 10-95 所示。其中球头销的尾部与梯形臂相连。上、下球头座用聚甲醛制成，有很好的耐磨性。两接头用螺纹与横拉杆体连接。接头螺纹有切口，以增加弹性。横拉杆体两

端的螺纹，一为右旋，一为左旋。因此，转动横拉杆体，即可改变横拉杆的总长度，从而调整转向轮的前束。

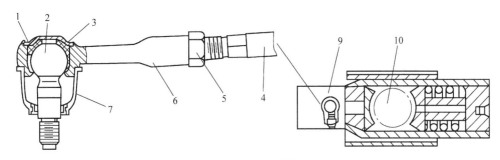

图 10-95 转向横拉杆

1—堵盖；2—球头销；3—球头销座；4—横拉杆体；5—锁紧螺母；
6—横拉杆接头总成；7—防尘套；9—直拉杆体；10—转向摇臂球头销

转向摇臂连着转向器和转向直拉杆，同时支撑转向直拉杆的左侧。转向盘和转向器的运动传给转向摇臂，再由转向摇臂传给转向机构，使前轮转至所需方向。转向摇臂也使转向直拉杆处在正确的高度，以保证转向横拉杆和下摆臂之间的平行关系。

2）纵拉杆式转向传动机构

纵拉杆式转向传动机构用于非独立悬架系统中。这样转向传动机构有一个长的转向横拉杆连在两前轮的梯形臂之间，转向纵拉杆连在转向摇臂和左梯形臂之间。可用一个减振器连接转向纵拉杆和车架。当路面的不平导致弹簧变形和悬架高度改变时，转向横拉杆过大的角度会使前束改变。如图 10-97 所示为纵拉杆式转向传动机构，主要包括转向摇臂 2、转向直拉杆 3、转向节臂 4 和转向梯形臂 5。在前桥仅为转向桥的情况下，由转向横拉杆 6 和左、右梯形臂 5 组成转向梯形。一般转向梯形布置在前桥之后，即当转向车轮处于与汽车直线行驶相应的中立位置时，梯形臂与横拉杆在水平面内的交角 $\theta>90°$，如图 10-96（a）所示。但如果发动机位置较低或转向桥兼做驱动桥时，为避免运动干涉，往往将转向梯形布置在前桥之前，此时上述交角 $\theta>90°$，如图 10-96（b）所示。若转向摇臂不是在纵向平面内摆动，而是在水平面内左右摆动，则可将转向直拉杆 3 横置，并借球头销直接带动转向横拉杆 6，从而推动两侧梯形臂转动，如图 10-96（c）所示。

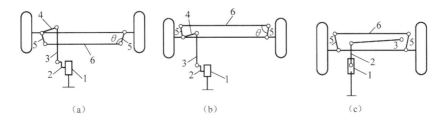

图 10-96 纵拉杆式转向传动机构示意图

1—转向器；2—转向摇臂；3—转向直拉杆；4—转向节臂；5—转向梯形臂；6—转向横拉杆

3）齿轮齿条式转向传动机构

齿轮齿条式转向传动机构使用齿轮齿条式转向器。转向横拉杆直接与齿条和梯形臂相连

241

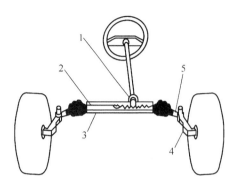

图 10-97 齿轮齿条式转向传动机构
1—主动齿轮；2—壳体；3—转向齿条；
4—梯形臂；5—转向横拉杆

接，如图 10-97 所示。这种转向横拉杆与梯形转向传动机构的横拉杆相似。横拉杆的内接头带有一个装有弹簧加载的球形轴套，外接头连在梯形臂上，基本上与梯形转向传动机构相同。由于齿条直接与横拉杆相连，取代了梯形转向传动机构中的转向直拉杆。

3. 转向减振器构造原理

转向减振器为在缸筒内充满油液的筒式减振器。它是利用其活塞移动时缸筒内油液分子间产生的黏性阻尼、通过阀孔时的阻尼以及克服压紧阀门的弹簧力来衰减振动的，可用于衰减转向车轮的摆振、转向操纵机构的振动及缓和来自路面的冲击载荷。转向减振器的一端与车身或前桥铰接，另一端与转向直拉杆或转向器铰接，如图 10-98 所示。转向减振器的结构类似于悬架减振器，但两者特性却不同。前者的特性是对称的，即压缩和伸张特性相同；而后者的特性是非对称的，即压缩和伸张时特性不相同。

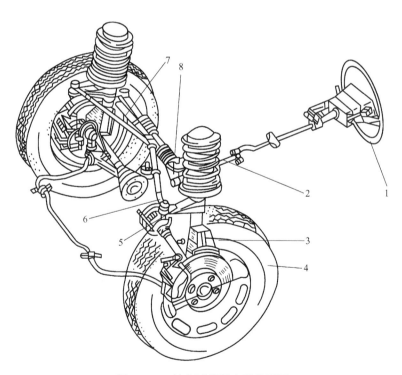

图 10-98 转向减振器安装位置图
1—转向盘；2—转向轴；3—转向节；4—转向车轮；
5—转向节臂；6—转向横拉杆；7—转向减振器；8—转向器

课题 10

汽车转向系统

如图 10-99 所示为一种转向减振器的结构图。活塞杆 5 的上端与减振器下吊环相连，其下端通过螺母固定伸张阀组件及活塞 7。补偿室常由具有弹性的胶囊 9 形成。在胶囊 9 与外壳 10 之间为储气室。压缩行程时，油液推开活塞 7 上的流通阀的弹性挡片并流过流通孔，同时由活塞推动的油液推开阀体 8 上的压缩阀阀板后进入补偿室，使胶囊膨胀。拉伸行程时，油液推开活塞 7 上的复原阀的弹性挡片并流过复原孔，同时胶囊依靠自身的弹性复位，使补偿室内的油液推开阀体 8（有的结构在阀体上开有补偿阀，这时补偿阀打开）后进入工作腔，以补偿活塞移动后所空出的容积。油液如此往复地通过这些阀孔时，不仅要克服压紧各阀的弹簧力、阀孔处的阻尼，而且还要克服油液分子之间摩擦所产生的黏性阻尼，这些就会逐步地衰减活塞杆往复运动所形成的振动。对于动力转向系，由于它本身就具有缓和冲击和振动的功能，故不必再装转向减振器。

10.2.3 普通桑塔纳轿车机械转向系结构

桑塔纳轿车的转向装置有两种类型：一种是桑塔纳轿车普通型用的机械式转向装置；一种是桑塔纳选装型和桑塔纳 2000 型用的带液压转向助力器的动力转向装置。它们都采用齿轮齿条式转向器。

上海桑塔纳轿车的转向系采用的是带有安全装置（转向齿轮与转向盘柱由安全联轴节连接）的机械式转向机构。它由转向操纵机构、转向器和转向传动机构组成，如图 10-100 所示。

1. 转向操纵机构

转向操纵机构主要由转向盘、转向盘柱以及转向盘柱套管、凸缘管、转向盘柱开关等组成。

（1）桑塔纳轿车转向盘由轮辐和轮缘组成。轮辐材料为 C15K，相当于我国 15 钢，轮缘材料为 ST34，相当于我国的 Q235 钢。这些材料可焊性、塑性变形和刚度较好，中间用硬泡沫聚氨酯填充，使驾驶员操作更舒适，撞车时又可变形而增加接触面积，以减轻对驾驶员的伤害。

（2）转向盘柱分为上、下两段。上段的下部弯曲，其端部焊有近似于半月形的法兰盘，

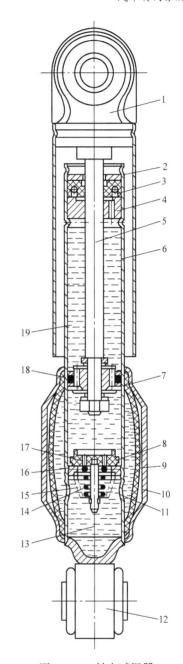

图 10-99 转向减振器
1，12—上、下吊耳；2—支撑板；3—油封；
4—活塞杆导座；5—活塞杆；6—缸筒；7—活塞；
8—阀体；9—胶囊；10—储气室外壳；11，15—孔；
13—补偿室；14—弹簧；16—阀板；17—小孔；
18—活塞环；19—工作腔

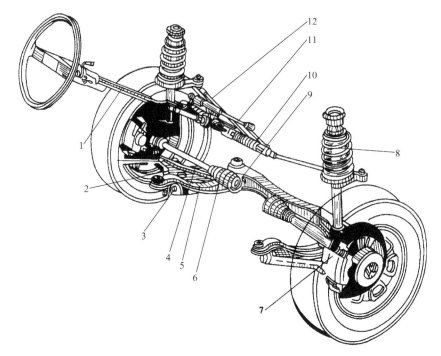

图 10-100 桑塔纳轿车机械转向系结构

1—转向盘柱；2—下摇臂；3—下摇臂后端橡胶衬套；4—稳定杆；5—发动机悬架；6—传动轴；7—制动钳；8—减振支座；9—悬架臂前端支架；10—转向器；11—转向减振器；12—横拉杆

盘上装有两个驱动销与转向盘柱下段上端的法兰盘上两孔配合，孔中还压装有尼龙衬套和橡胶圈，同时在转向盘柱管上还装有可折叠的安全装置。当汽车发生碰撞转向盘和转向盘柱管受到双向压力时，驾驶员因惯性对转向盘的压力，迫使转向盘柱轴上段向下运动，使安全装置压缩、折叠，同时使两个销子迅速从下段销孔中推出，从而形成缓冲而减少对驾驶员的伤害。如转向盘向后移动，可使下部的联轴节自动脱开，避免了转向盘向后移动而造成对驾驶员的伤害。这种防撞击安全转向盘柱的工作原理如图 10-101 所示。

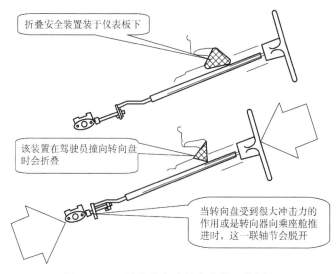

图 10-101 防撞击安全转向盘柱工作原理

2. 转向器

桑塔纳轿车采用的是齿轮齿条式转向器,为了消除前轮摆振和提高操作灵敏性,转向器上还装有转向减振器和转向补偿机构。

(1) 转向器。转向器为齿轮齿条式,其壳体为铝合金铸件。转向器固定在车身上后,转向齿轮轴与水平面成 21°14′ 角度。壳体中段的椭圆形凸起,其中装有补偿弹簧,弹簧的弹力在出厂时已经调好,使用中不许另行调整。

转向齿轮轴由无内环的深沟球轴承和滚针轴承支撑,其轴向位置是不可调整的。齿轮和齿条为斜齿啮合,齿条的轴线和齿轮轴的轴线不垂直相交,目的是为了使转向盘中心与驾驶员座位中心一致。

齿条的输出端铣有平面并钻孔,用螺栓与转向支架相连,支架上有三个孔,上端一个孔与转向减振器相连,下端两孔分别与左、右转向拉杆相连,如图 10-102 所示。

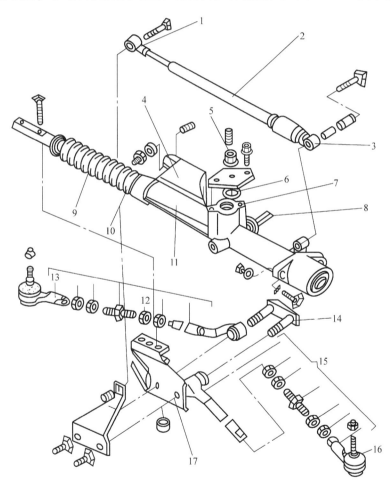

图 10-102 转向器与转向横拉杆结构

1—转向减振器支架;2—转向减振器;3—减振器接受振动端;4—转向壳体凸台;5—锁紧螺母与调整螺栓;6—密封圈;7—补偿弹簧;8—转向齿轮轴;9—防尘套;10—夹子;11—转向器壳体;12,15—左、右横拉杆;13,16—横拉杆球头;14—连接件;17—转向支架转向时，转向力矩通过转向齿轮驱动齿条向左、右移动，通过转向支架17带动左、右横拉杆来驱动前减振器转向支柱来完成左、右转向任务。

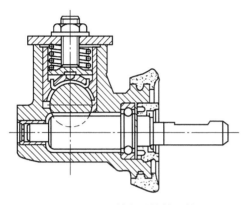

图10-103　转向器补偿机构

（2）转向减振器。转向减振器为双向液压式，一端固定在转向器总成上，另一端固定在减振器支架上，它和转向器齿条做同步往返直线运动，以吸收由于道路崎岖恶劣而引起的反作用力，减轻转向盘发抖，并使转向盘传来的路感较柔和。转向减振器与前、后悬架所用减振器结构相似。

（3）转向补偿机构。转向补偿机构选用补偿弹簧作为自动保持转向器最佳啮合间隙的压力件，如图10-103所示。当齿轮和齿条有磨损或者齿条轴与衬套间隙过大时，必然产生较大的齿轮间隙，为此通过补偿弹簧的预紧力压紧压板，以保证齿轮齿条始终处于最佳啮合状态。从而使转向盘无明显的游隙，提高转向操纵灵敏度并吸收来自路面的部分冲击。

3. 转向传动机构

转向传动机构主要由横拉杆和转向臂组成。转向横拉杆分左、右两根，其内端均为孔的接头，与横拉杆压接成整体，不能调节。孔内装配有橡胶——金属缓冲环，用螺栓连接于转向支架下部两孔内，其结构参见图10-95所示。横拉杆外端均有一个带球头销的可调接头，用以调整车轮前束和转向角。球头销与转向臂相连，并用防松螺母拧紧。球头销的球碗装有预紧弹簧，用于预紧球头以消除间隙。

10.3　动力转向系

10.3.1　动力转向系的工作原理

动力转向装置是利用发动机输出的部分机械能转化为液体压力能，对转向器施加液压作用力，以减少驾驶员转动转向盘的操纵力，减轻驾驶员长时间行车疲劳，并在低速尤其是停放汽车时使转向轻便。动力转向装置一般由机械转向器、转向动力缸和转向控制阀三部分组成。

动力转向系的工作原理如图10-104所示。发动机驱动叶片泵产生液压，液压油的流量及压力则由装在叶片泵内的流量控制阀进行控制和调节。当液压油流经叶片泵传送到转向齿轮机构中小齿轮旁的回转式导阀机构，经回转式导阀机构内的导阀调节液压并改变其流向后，流入动力缸，推动齿条作直线运动。从动力缸流回的液压油流至储液罐，经过回流后，再次输送到叶片泵。

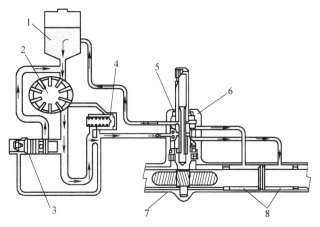

图 10-104 动力转向系工作原理
1—储液罐；2—叶片泵；3—流量控制阀；4—辅助阀；
5—回转式导阀机构；6—导阀；7—齿轮齿条式转向器；8—动力缸

液压动力转向器有常压式和常流式两种。常压式的优点是有储能器积蓄液压能，可以使用流量较小的转向液压泵，而且还可以在液压泵不工作时保持一定转向助力能力。常流式的优点则是结构简单，液压泵寿命长，泄漏少，而且消耗功率也比较少，广泛被使用。

1. 常流式动力转向器的工作原理

如图 10-105 所示为常流式液压动力转向装置示意图。不转向时，转向控制阀 6 保持开启，转向动力缸 8 的活塞两边的工作腔由于都与低压回油管相通而不起作用。液压泵 2 输出的油液流入转向控制阀（此控制阀在液压泵内），又由此流回油罐 1。因转向控制阀的截流阻力很小，故液压泵输出压力也很低，液压泵实际处于空转。当驾驶员转动转向盘时，通过机械转向器 7 使转向控制阀处于与某一转弯方向相应工作位置时，转向动力缸的相应工作腔与回油管隔绝，转而与液压泵输出管路相通，而动力缸的另一腔则仍与回油管相通。地面转向阻力经转向传动机构传到转向

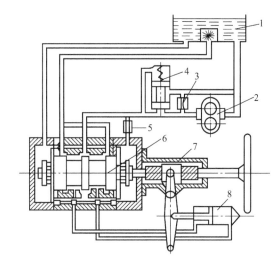

图 10-105 常流式液压动力转向装置示意图
1—油罐；2—液压泵；3—安全阀；4—流量控制阀；5—单向阀；
6—转向控制阀；7—机械转向器；8—转向动力缸

动力缸的推杆和活塞上，形成比转向控制阀截流阻力高许多的液压泵输出管路阻力。于是，液压泵输出压力急剧增加，直到足以推动转向动力缸活塞为止。转向盘停止转动后，转向控制阀即回到中立位置，动力转向系统停止工作，转向车轮便不再偏转。由此可见，采用了动力转向之后，转向车轮偏转的开始和终止都较转向盘转动的开始和终止要晚一些。

在转向过程中，动力缸中的油压随转向阻力而变化，两者相互平衡。如果油压过高，克服了转向阻力还有剩余时，车轮将会加速转向。一旦车轮偏转角超过转向盘给定的转向角时，则由转向螺母带动螺杆做轴向移动。螺杆移动的方向与转向开始时移动的方向相反，从而改变控制阀油路，减小了动力缸中油压，以保证转向车轮偏转与转向盘的转动相适应。

1) 整体式动力转向器

目前，国产轿车上几乎毫无例外地采用了转阀式的整体式动力转向器。例如，一汽生产的红旗 CA7220 型、一汽大众生产的奥迪、捷达以及神龙汽车有限公司生产的富康等轿车皆采用这种结构形式。整体式动力转向器的结构如图 10-106 所示，其机械转向器采用循环球式。

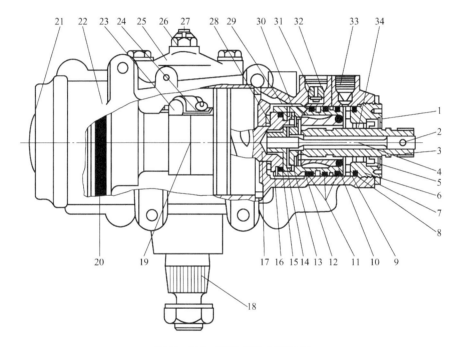

图 10-106 整体式动力转向器

1—卡环；2，16，30—锁销；3—短轴；4—扭杆；5—油封；6—调整螺母；7—锁母；8，10，11，15，20—O 形密封圈；9，28，34—滚针轴承；12—阀芯；13—阀体；14—下端轴盖；17—转向螺杆；18—摇臂轴；19—转向螺母；21—转向器端盖；22—壳体；23—循环球导管；24—导管压紧板；25—侧盖；26—锁紧螺母；27—调整螺钉；29—定位销；31—止回阀；32—进油口；33—出油口

现以图 10-107 为例说明整体式动力转向器的工作原理。动力缸活塞与第一传动副的螺母制成一体，并作为第二传动副的主动件。活塞把动力缸分为 A、B 两腔。操纵阀在动力缸上方，主要由阀体和滑阀组成。阀体用螺栓固定在动力缸上方。滑阀的下端面通过止推滚子轴承和垫圈顶在螺杆凸肩上，上端面装有另一个止推滚子轴承，通过螺母将滑阀固定在转向螺杆上。滑阀稍长于阀体，两个轴承的内端面与阀体的两个端面之间有一定间隙，因而螺杆连同滑阀有可能作一定的轴向移动。汽车直行时，滑阀由四根回位弹簧和反作用柱塞保持在中间位置，如图 10-107（a）所示。

在汽车左转弯时，螺杆向左旋转，滑阀下移，高压油经过通道 D 进入 B 腔，推动活塞

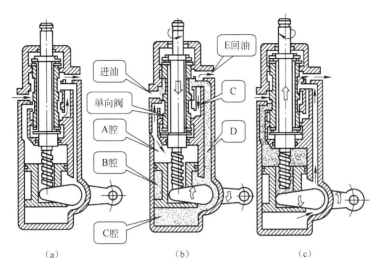

图 10-107　整体式动力转向系工作原理图
(a) 直线行驶；(b) 左转弯；(c) 右转弯

上移。同时 A 腔油液经通道 C 和 E 流回油箱，如图 10-107 (b) 所示。

在汽车右转弯时，螺杆向右旋转，滑阀上移，高压油经过通道 C 进入 A 腔，推动活塞下移，与此同时，B 腔的油液被压出，经过 D 和 E 通道流回油箱，如图 10-107 (c) 所示。当动力转向系统失效而转向时，动力缸中容积减小的工作腔中油液经过通道 E，顶开单向阀流到动力缸中容积增加的工作腔中。

整体式动力转向系统结构紧凑，管路和支架少，质量轻，易于布置，适用于中、小吨位的载重车及小客车。但它不适用于重型汽车，因为重型车需要较大的转向动力，因而油压比较高，且动力缸尺寸也要求比较大，不利于整体式动力转向系统的布置。

桑塔纳 2000 型轿车采用的齿轮齿条式转向器也属于整体式动力转向系统，它和普通型桑塔纳轿车用转向系的最大区别是在原机械齿轮齿条转向器基础上，再加液压助力，从而使转向轻便，操纵舒适，同时由于液力的阻尼作用，不需要像机械转向器那样另加转向减振器。

它的结构及工作原理如下：

液压助力转向系由液压泵、分配阀、溢流阀、限压阀、储油罐、转向器、动力缸和油管等组成，如图 10-108 所示。

桑塔纳轿车液压泵采用的是叶片泵，它由发动机曲轴通过带轮驱动，将液压油从储油罐泵入分配阀，以提供转向所需的动力源（高压油）。

为了确保动力转向系统安全工作，防止液力系统工作压力超过系统允许的最大工作压力，在叶片泵内装有一个溢流阀和限压阀。当工作压力超过限压阀的额定值时，压力油通过限压阀卸载使压力油返回吸油口，以避免液压泵及其机构过载而损坏；当叶片泵供油量超过某一定值时，多余的油经此阀流回到液压泵入口处，以限制最大供油量。

转向器为齿轮齿条式，它与桑塔纳普通型转向器相同。转向器齿条的左端通过连接支架与左、右横拉杆连接，齿条的右端通过活塞与工作缸连接。转向器的上端与分配阀制成一体。阀体为滑阀结构，滑阀的阀体与转向齿轮设计加工为一体。阀体内左、右两个阀芯 13、14 与转向盘柱轴呈垂直放置。阀芯上有磨削的控制槽。阀芯通过转向轴上的拨叉来拨动。

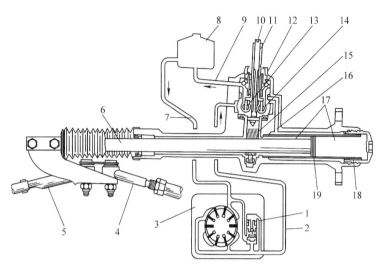

图 10-108　液压助力转向系结构图

1—限压阀和溢流阀；2—高压油管；3—叶片泵；4—右横拉杆；5—左横拉杆；6—齿条；7—油管；
8—储油罐；9—回油管；10—主动齿轮轴；11—扭力杆；12—分配阀；13—左阀芯；
14—右阀芯；15—左腔进油管；16—右腔进油管；17—压力腔；18—动力缸；19—活塞

转向轴用销钉与阀中的弹性扭力杆相连接，该扭力杆决定了阀的特性，同时也起到阀的中心定位作用。当汽车处于直线行驶时，转向盘处于中间位置，阀芯和隔套也处于中位，所有控制口接通，液压油无阻碍经分配阀返回储油罐。转向盘转动时，转向轴带动阀芯相对于滑套运动，由于阀的控制边口的位置的变化，液压油经分配阀进入动力缸活塞的一边，推动活塞运动进而推动齿条起助力作用。

动力转向器的阀孔同时具有截流作用，因此，不需要像机械转向器那样另加转向减振器。在转向回正时，通过阀的阻尼力来防止转向回正速度过快，增加转向回正的舒适性，提高稳定性。

但是采用动力转向后，由于系统液压阻尼力的增加，使得转向回正能力减弱。为了满足汽车回正性能的要求和提高汽车的直线行驶能力，增加驾驶员的路感，桑塔纳 2000 型轿车前悬架下铰点与桑塔纳普通型相比向前移动了 10 mm，增加了前桥主销后倾角。

2）半整体式动力转向器

半整体式动力转向器只将转向控制阀同机械转向器组合成一体，转向动力缸则作为独立部件。半整体式动力转向器仅适用于转向阻力较大的重型汽车，例如，红岩 CQ261 型载重汽车的液压转向系统就是采用半整体式动力转向器，此处不作细述。

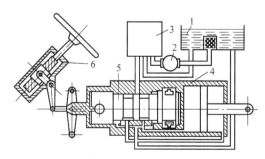

图 10-109　常压式液压动力转向装置示意图

1—油罐；2—转向油泵；3—储能器；
4—动力缸；5—转向控制阀；6—机械转向器

2. 常压式动力转向器的工作原理

常压式动力转向器如图 10-109 所示。在汽车直线行驶时，转向盘保持中立位置，转向控制阀 5 经常处于关闭位置，转向油泵 2 输出的压力油充入储能器 3。当储能器压力增长到规定值后，转向油泵即自动卸荷空转，从而使储能器压力得以限制在该规定值以下。当转动转向盘时，机械转向器6即通过转向摇臂等杆件使转向控制阀转入开启位置。此时，储能器中的压力油即流入转向动力缸4，动力缸输出的液压作用力，作用在转向传动机构上，以助机械转向器输出力不足。转向盘一旦停止转动，转向控制阀便随之回到关闭位置，于是转向助力作用终止。

由此可见，无论转向盘处于何种位置，也无论转向盘是否转动，该系统工作管路中始终保持高压。

10.3.2 动力转向系主要部件结构与工作原理

1. 油罐

转向系油罐的作用是储存、滤清并冷却液压转向助力装置的工作油液，其结构如图10-110所示。中心油管接头座13与转向控制阀的回油管连接，另外两个油管接头座12分别与液压泵的进油管和半整体式动力转向器的漏泄回油管连接。由转向控制阀和动力缸流回来的油液通过中心油管的径向油孔流入滤芯内部空腔，经滤清后进入储液室，准备供入液压泵。滤芯弹簧7的预紧力不大，所以当滤芯堵塞而回油压力过高时，滤芯在液压力作用下，让油液不经过滤清便进入储液室，以免液压泵供油不足。

2. 液压泵

转向系液压泵的结构形式有很多种类，如齿轮式、叶片式、柱塞式等。

1) 齿轮泵

液压齿轮泵结构如图10-111所示。图中液压泵顶部右孔为进油口，左孔为出油口。主动齿

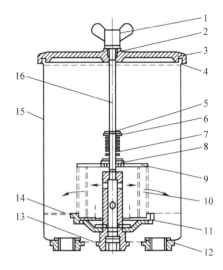

图10-110 汽车转向油罐
1—翼形螺母；2—垫圈；3—上盖；
4—密封环；5—锁销；6、8—弹簧座；7—滤芯弹簧；
9—座；10—滤芯；11—滤芯密封圈；
12—油管接头座；13—中心油管接头座；14—滤网片；
15—罐体；16—中心螺栓

轮轴14和从动齿轮轴13的轴颈借轴套支撑在泵体10和泵盖18上。左侧二轴套11为轴向位置固定，右侧二轴套12和16则可以轴向浮动，称为浮动轴套。

浮动轴套的作用是补偿液压齿轮泵的轴向间隙，提高液压泵的容积效率。其作用原理是：在浮动轴套凸缘面与泵盖18之间有一封闭空间，经泵体上小油孔与泵腔中压力较高的区域相通，其中还装有弹簧片17。液压泵不工作时，浮动轴套在弹簧片的作用下压靠在齿轮的端面上。液压泵开始工作后，泵腔内油压使浮动轴套向外移动，形成轴向间隙。但此时浮动轴套凸缘背面也受到液压力的作用，因为在设计上保证了浮动轴套背压和弹簧力之和大于其正面液压作用力，所以，当液压泵压力使轴向间隙增大时，浮动轴套在背压和弹簧力作用下内移，对轴向间隙增量加以补偿。液压泵压力越高，补偿作用越强。

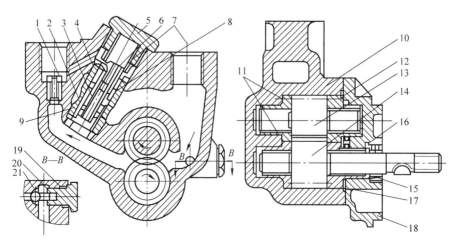

图 10-111 转向系液压齿轮泵

1—量孔；2—流量控制阀柱塞；3—安全阀弹簧；4—安全阀弹簧座；5—螺钉；6—安全阀球阀；7—安全阀座；8—流量控制阀弹簧；9—阀体；10—泵体；11—轴套；12，16—浮动轴套；13—从动齿轮轴；14—主动齿轮轴；15—油封；17—弹簧片；18—泵盖；19—螺塞；20—单向阀弹簧；21—单向阀球阀

2）叶片泵

叶片泵具有结构紧凑、质量轻、性能稳定、转速范围大、效率高、可靠耐用、维修方便等特点，因此动力转向系广泛采用叶片泵来保证动力转向系工作压力。这种液压泵有两种结构形式：一种是潜没式；另一种是非潜没式。潜没式液压泵与储油罐是一体的，即液压泵潜没在储油罐的油液中；非潜没式液压泵的储油罐与液压泵分开安装，用油管相连接。

如图 10-112 所示为一种潜没式双作用叶片泵结构。转子 14 通过花键安装在液压泵驱动轴 1 上。驱动轴的外端装有带轮，由发动机通过带驱动液压泵工作。转子 14 上均匀地开有十个径向叶片槽，矩形叶片 4 能在槽内径向滑动。当转子高速旋转时，由于离心力的作用，叶片的顶端会紧贴在定子 6 的内表面上。为使叶片紧压在定子内表面上，在转子叶片槽内端设有台肩，使叶片位于槽内时，其根部始终留有一个小油腔，配油盘朝向转子的侧面上的腰形通孔和腰形槽与各个小油腔相通，从而使压油腔内的高压油经上述孔和槽始终充满叶片槽的底部。

在转子和定子的两个侧面各有一配油盘 3 和 7，转子的宽度稍小于定子的宽度，以免转子卡死。两个配油盘和定子一起装在壳体内，不能相对移动或转动。配油盘与转子相对的端面上各开有对称布置的腰形槽，与进油口相连的两腰形槽为吸油口，与出油口相连的两腰形槽为压油口。定子的内侧端面轮廓近似于椭圆形，由两个不等半径的圆弧和过渡曲线组成，这样使得转子、定子、叶片和配油盘之间形成若干个封闭的工作腔，其容积随转子旋转由小变大，由大变小，如此往复变化。

叶片泵工作原理如图 10-113 所示。当转子顺时针旋转时，叶片在离心力及高压油的作用下，紧贴在定子的内表面上，其工作容积开始由小变大，从吸油口吸进油液；而后工作容积由大变小，压缩液液，经压油口向外供油。由于转子每旋转一周，每个工作腔都各自吸、压油两次，故将这种形式的叶片泵称为双作用叶片泵。双作用叶片泵有两个吸油区和两个排油区，并且各自的中心角是对称的，所以作用在转子上的油压作用力是互相平衡的。因此，

252

课题 10
汽车转向系统

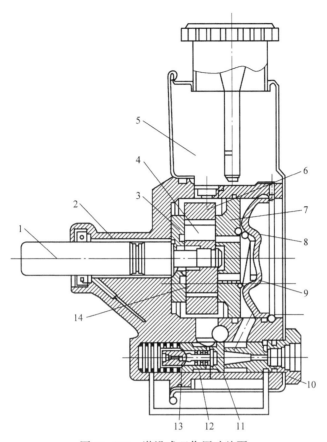

图 10-112 潜没式双作用叶片泵
1—驱动轴；2—壳体；3—前配油盘；4—叶片；5—储油罐；6—定子；7—后配油盘；8—后盖；
9—弹簧；10—管接头；11—柱塞；12—阀杆；13—钢球；14—转子

这种液压泵也称卸荷式叶片泵。

转子、叶片、驱动轴以及前、后配油盘之间的相对滑动表面，主要靠配合间隙泄漏的油液进行润滑。但如果泄漏量过多，则会降低液压泵容积效率。为了控制配油盘轴向间隙油的泄漏量，提高容积效率，液压泵采用了浮动式配油盘结构，如图 10-112 所示。在壳体后盖 8 与后配油盘 7 之间的压油腔内装有一个压紧弹簧 9，在液压泵空载时，两配油盘仅靠压紧弹簧的张力被压紧在定子及转子的端面上。当液压泵有负荷时，它们之间的压紧力除靠压紧弹簧的作用外，还有后配油盘后面压油腔压力油的作用。此时压紧力的大小主要取决于液压泵的负荷，即液压泵负荷越大，油压越高，配油盘的压紧力就越大，油液的泄漏量减少，提高了液压泵的容积效

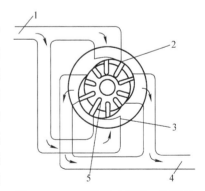

图 10-113 双作用叶片泵工作原理
1—进油口；2—叶片；3—定子；
4—出油口；5—转子

率。反之，液压泵负荷减小，油压降低，压紧力减小，转子端面与配油盘之间的磨损也会随之减小，从而提高了液压泵的使用寿命。

3. 流量控制阀和安全阀

液压泵的流量与液压泵的转速成正比。如果液压泵在设计时保证在发动机怠速运转时，其流量已足够转向所需的动力缸活塞最大移动速度，则在发动机转速较高时，液压泵流量将过大，从而导致液压泵消耗功率过多和油温过高。因此，在动力转向系必须设置流量控制阀以限制液压泵的最大流量。流量控制阀一般组装在液压泵内部（见图10-111）。

安装在齿轮泵内的流量控制阀工作原理如下：

流量控制阀装在液压泵进油口和出油口之间，与液压泵齿轮并联。流量控制阀体9内的柱塞2在弹簧8的作用下处于下极限位置。柱塞下方通液压泵出油腔，上方通液压泵进油口。在出油腔与进油口之间有量孔1，当油液自出油腔以一定速度流过量孔时，由于量孔的截流作用，量孔外侧进油口压力低于内侧出油腔压力。液压泵流量越大，截流作用越强，量孔内外压差越大。当液压泵流量增大到规定值，使柱塞2两端压差足以克服弹簧8的预紧力，并进一步压缩弹簧，将柱塞向上推到柱塞下密封环带高于径向油孔的下边缘时，液压泵出油腔与进油腔相通，出油腔的一部分油液经流量控制阀流入进油腔，经量孔输出流量减小。当流量减小到不足以平衡弹簧力时，柱塞便在弹簧力作用下，重新切断进油腔与出油腔的通路。这样，液压泵的流量便被控制在 9.5~16.0 L/min。

液压泵输出压力取决于液压系统的负荷。如果转向阻力矩过大，动力缸和液压泵均将超载而导致零件损坏。因此在动力转向系中还必须装设用以限制系统最高压力的安全阀。一般安全阀也组装在液压泵内流量控制阀中（见图10-111）。

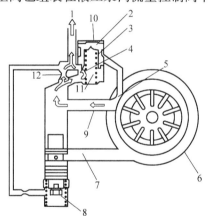

图10-114 低速运转时流量控制阀工作情况
1—连接转向齿轮机构；2—辅助阀；3—弹簧；
4—可变量孔（全开）；5—出油口；6—叶片泵；
7—回油口（闭合）；8—流量控制阀；9—油路A；
10—辅助阀顶部；11—辅助阀底部；12—固定量孔

安全阀阀体9用螺纹固定在流量控制阀柱塞2上端。柱塞内腔与液压泵进油腔相通，球阀上方油腔经泵体内油道与量孔外的出油口相通。当液压泵输出压力升高到规定值时，球阀开启，将出油口与进油腔接通，使出油口压力降低。

安装在叶片泵内的流量控制阀工作原理如下（见图10-114）：当发动机转速很低时，从出油口流出的液压油经过油路A、固定量孔和可变量孔流向动力缸，流量控制阀使回油口关闭。出油口排出的液压油压力作用在辅助阀的顶部，而流过油路A的液体压力作用在辅助阀的底部，液压油流过油路A时产生的阻力在其两端引起压差，作用在辅助阀上。但由于这个压差太小，不能克服弹簧力使辅助阀向下运动，因而当发动机转速很低时，可变量孔全开。

随发动机转速提高，流过固定量孔和可变量孔的液压油增加，在量孔两端形成压差。当流过固定量孔和可变量孔的液压油压力传递到流量控制阀底部时，在流量控制阀顶部和底部形成压差，此压差推动流量控制阀向下运动，从而开启回油口，从出油口排出的部分液压油回流至液压泵进油口，从而使流量恒定。此时，辅助阀不移动，且可变量孔仍保持全开，如图10-115所示。

随着发动机转速的进一步提高，流过油路A的液压油流量以及作用于辅助阀上的压差增大，辅助阀克服弹簧力向下移动，可变量孔开始闭合以调截流量，因而随发动机转速提高，流向动力缸的液压油流量减小。同时，流量控制阀仍使回油口开启以调截流量。

当发动机转速再继续提高时，作用于辅助阀上压差也继续增大，辅助阀继续向下移动，直至可变量孔完全闭合，从而进一步调截流量，因此可对从液压泵流向动力缸的液压缸流量进行调节并维持在一恒定流量，以满足发动机怠速的需要。流量控制阀则继续控制流向回油口的液压缸流量，如图10-116所示。

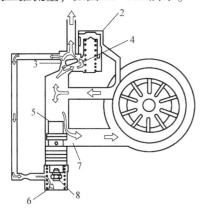

图 10-115　中速时流量控制阀工作情况
1—连接转向齿轮机构；2—辅助阀；3—固定量孔；
4—可变量孔（全开）；5—流量控制阀顶部；
6—流量控制阀底部；7—回油口；8—流量控制阀

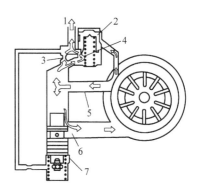

图 10-116　高速时流量控制阀工作情况
1—连接转向齿轮机构；2—辅助阀；
3—固定量孔；4—可变量孔；5—油路A；
6—回油口；7—流量控制阀

4. 转向控制阀

绝大多数动力转向汽车，都采用滑动式转向控制阀。滑动式转向控制阀结构简图如图10-117所示，工作过程如下。

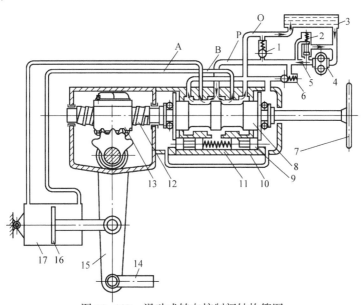

图 10-117　滑动式转向控制阀结构简图
1—安全阀；2—溢流阀；3—油罐；4—液压泵；5—截流口；6—单向阀；7—转向盘；8—滑阀；9—反作用阀；
10—滑阀阀体；11—回位弹簧；12—螺杆；13—螺母；14—转向拉杆；15—转向摇臂；16—活塞；17—动力缸

255

(1) 当汽车向右转向时，顺时针转动转向盘 7，螺杆 12 便随之转动，但螺母 13 因车轮转向阻力较大不能立即做轴向移动，反而迫使螺杆 12 带动滑阀 8 并克服回位弹簧 11 及反作用阀 9 一侧的油压向右做轴向移动，致使滑阀进油口 P 与通向动力缸左腔的油道 A 相通，关闭 P 与通向动力缸右腔的油道 B，接通 B 与回油口 O。此时，从液压泵输出的高压油进入动力缸左腔，推动活塞向右移动，使之对转向起助力作用，而动力缸右腔的油液则通过 B 口流回油罐。当转向盘转至某一角度而停止转动时，在被压缩的回位弹簧的弹簧力作用下，滑阀又被压回原中立位置停下，于是，从液压泵送来的油不再流入动力缸，转向助力作用消失，车轮也停止偏转，这样就使转向车轮对转向盘保持随动作用。当汽车已转入新的方向并需要保持直线行驶时，驾驶员应立刻放松转向盘。这时，由于转向主销有后倾和内倾角，转向车轮便在汽车自重和路面侧向力作用下自动回正，同时，通过转向传动机构带动转向摇臂和螺母回位。在转向螺母的轴向推力作用下，转向盘和转向轴一起转回中立位置，与此同时，滑阀也在回位弹簧作用下回到中立位置。

(2) 当汽车向左转向时，逆时针转动转向盘 7，螺杆 12 便随之转动，同样由于螺母 13 因车轮转向阻力作用不能立即做轴向移动，而使螺杆带动滑阀向左做轴向移动，致使滑阀进油口 P 与通向动力缸右腔的油道 B 相通，关闭 P 与通向动力缸左腔的油道 A，接通 A 与回油口 O。此时，从液压泵输出的高压油进入动力缸右腔，推动活塞左移，使之对转向起助力作用，而动力缸左腔的油液则通过 A 口流回油罐。

(3) 汽车直行时，滑阀 8 位于图示的中间位置，滑阀内各油路均相通。动力缸活塞 16 的两侧均与回油路连通，活塞不动。从液压泵 4 输出的油液经截流口 5 与溢流阀 2、滑阀 8、管路等返回油罐 3。此时动力转向系没有助力作用，汽车保持直线行驶。

(4) 回位弹簧应有一定安装预紧力，以保证汽车直线行驶时滑阀处于中间位置，使动力转向器停止工作。在转向开始滑阀移动前，油路中的油压不高，所以驾驶员作用在转向盘上的切向力主要是用来克服回位弹簧的预紧力。因此，回位弹簧预紧力的大小控制了动力转向起作用的时刻。

在转向过程中，作用在转向盘上的切向力除用来克服回位弹簧的作用力以外，还需克服液压力对反作用阀的作用力。在动力缸高压腔内的油液其压力是随转向阻力变化而变化的，且在液压泵负荷范围内两者相互平衡。例如当转向阻力增大，滑阀的位移也增大，致使动力缸油液压力增大，直至油液压力与转向阻力达到平衡为止。这样就使作用在反作用阀上油液压力随转向阻力的变化而变化，故驾驶员作用在转向盘上的力就与转向阻力有关，这就使动力转向有了"路感"的效果。

当汽车直线行驶偶然遇到干扰冲击发生偏转时，这种冲击力将通过转向拉杆、转向摇臂及摇臂轴、转向螺母传给转向螺杆，并迫使螺杆带动滑阀做轴向移动，从而反向接通动力缸油路，使高压油液推动活塞阻止转向车轮的偏转。而在一般情况下，如果汽车在行驶中所受到的干扰冲击力小于回位弹簧的预紧力时，动力转向器不起作用，汽车仍会保持直线行驶。

10.3.3 渐进式液压助力转向系统 PPS

采用液压助力式动力转向系统的汽车，在低速和高速时的转向助力是一样大时，这就使得汽车要么在低速时助力不够，要么在高速时助力过大。由于车辆在高速行驶时，只有较小的轮胎阻力，因此只需要较小的转向助力，过大则驾驶员有"发飘"的感觉。最新研制的汽车，如丰田的雷克萨斯轿车，采用了一种称为渐进式液压助力转向系统，系统如图10-118所示。

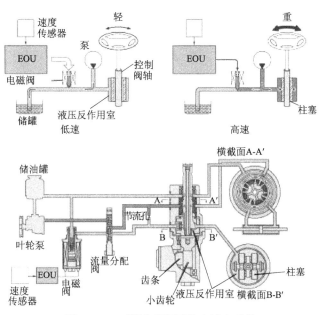

图10-118 渐进式液压助力转向系统

工作原理：驾驶员转动方向盘时，转向杆带动转向器小齿轮跟着转动。转向器中的控制阀轴也在旋转，与回转阀有关的控制阀轴的旋转运动构成液压回路里的限流措施，如图10-119所示。其中节流孔 X 控制流入助力油缸的流量，节流孔 Y 控制助力油缸的回油量。当方向盘转向到右侧时，由节流孔 X 和 Y 控制压力，节流孔 X′ 和 Y′ 处于关闭状态；当方向盘转向到左侧时，由节流孔 X′ 和 Y′ 控制压力，节流孔 X 和 Y 处于关闭状态，因此，控制阀轴的旋转一方面变换液流通道另一方面调节节流孔 X 和 Y（或者 X′ 和 Y′）的大小，使得左右油缸室之间形成不同的压力差，产生不同的助力效果。

可见，控制阀轴的转动量，决定了助力的大小，在这个系统里，采用一个液压反作用室及四个液压操纵的柱塞来限制控制阀轴（位于控制阀壳体中）的转动。车速低时，轮胎转向阻力大，转向杆（方向盘带动）转动力矩也大，此时，作用于液压反作用室的压力小，控制阀轴转动量大，转向阀节流作用小，助力效果大；反之亦然。

在新 PPS 系统里，除了根据方向盘操控力自动调节液压助力以外，还通过电控方式对液压助力进

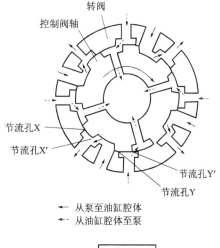

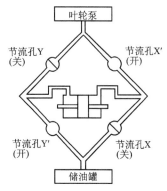

图10-119 液压助力转向系统工作情况

行调节，使调节更加精准。如图 10-119 所示，它通过一个车速传感器，将车速信号输入控制电脑，电脑输出一个信号，控制电磁阀，改变流量分配阀的泄压量，使得系统在低速时输出足够的液压助力，减轻驾驶员的操控力，在高速时，降低液压助力，使汽车转向系统更趋沉稳，提高安全性。

10.4 转向系的检查与调整

10.4.1 转向系工作性能检查

1. 转向传动机构的检测

转向传动机构连接件磨损后产生松旷，导致自由行程过大，行驶路感不好，转向发飘。应该对横拉杆球铰、转向节球铰、车轮轴承等部件进行全面检查，更换损坏的部件。

2. 转向盘自由行程的检测

转向盘自由行程应满足维修手册要求，小轿车约为 30 mm，否则应重新调整转向器的配合间隙。起动发动机，在空挡状态下，左右转动转向盘，不应有异响和阻尼力不一致的情况。

10.4.2 转向器零部件的检查

以 BJ2020 汽车循环球式转向器。其零部件的检验按下列步骤进行：

1. 转向器壳体的检查

转向器壳体和盖子的裂纹可用渗透探伤等方法检验。如有裂纹，一般应予更换。转向器壳体、盖子上的轴承孔与轴承（衬套）的配合为过渡配合，两者之间的间隙不得大于 0.02 mm。轴承孔磨损、转向摇臂衬套磨损大于 0.02 mm 应更换。衬套压入的过盈量一般为 0.05~0.08 mm。衬套可镗削或铰削，但应保证两孔衬套同轴。衬套与摇臂轴配合的最大间隙不得大于 0.05 mm；转向器壳体与侧盖接合面的平面度误差不得大于 0.1 mm；否则应进行修磨。转向器壳体上两蜗杆轴承孔公共轴线与两摇臂轴轴承孔公共轴线的垂直度误差不大于 0.05 mm。

2. 转向轴及蜗杆的检查

转向轴与蜗杆连接的部位由于啮合受力易产生弯曲变形，两者的直线度超过 0.25 mm，或转向轴中部的直线度大于 0.17 mm 时，应进行冷压校正。

3. 转向摇臂轴及滚轮的检查

（1）摇臂轴与衬套的配合间隙应为 0.03~0.07 mm。如有松旷感觉，就会增大转向盘的游动间隙，应更换衬套。新套与座孔应有 0.06~0.62 mm 的过盈配合。摇臂轴磨损超过 0.15 mm 应修复或更换，摇臂轴弯曲应予校正。

(2) 滚轮与轴承的配合间隙应为 0.04 mm，并且转动灵活。如有松旷感觉，将增大转向盘的游动间隙。其轴向间隙不大于 0.15 mm，径向间隙不大于 0.20 mm，否则应修理或更换轴承。滚轮如有裂纹、疲劳剥落及梯形臂磨损应更换。以消除过大的径向和轴向间隙。

(3) 摇臂轴的轴颈磨损超过 0.05 mm，摇臂轴的花键齿扭曲大于 1 mm 时应予更换。

(4) 摇臂花键孔由于磨损，致使花键轴伸出花键孔端面，应考虑更换。

10.4.3 液压助力系的检查与调整

1. 动力转向系油液量的检查与排气

起动发动机，直到油液温度达到 77℃ 时，关闭发动机，保持储液罐充满油液。把转向盘打到最左端，再到最右端，使转向油液循环，继续添加油液直到充满储液罐。再次起动发动机，使其高速运转。左、右转动转向盘，但不要转到极限位置，这样可把系统中空气排除。观察油液刻度线，若需要，继续添加油液到正常位置。

回转转向盘使前轮对正，发动机继续运转 2~3 min，然后关闭发动机。系统恢复正常温度后观察储液罐液面，若需要，应向储液罐添加油液。液面检查完毕后，储液罐盖按规定拧紧，否则将导致泄露。

2. 液压泵驱动带张紧度的检查

用规定压力挤压皮带中部，检查驱动带的弯曲挠度是否符合规定，若不符合规定，应进行调整。如果皮带张紧不足，则带与带轮间要产生滑动，使下油压降，导致转向沉重；而皮带张紧度过大，易导致压泵轴承损坏。

3. 动力转向系油压检查

如图 10-120 所示，在发动机下面放好集油盘，在泵端或转向器端（最方便处），拆下与液压泵 2 相连的高压油管，把压力表 3 连接到压力软管上，压力表 3 另一端通过软管连接到转向器 5 上，把检测阀 4 接在液压泵 2 与转向器 5 之间，逆时针转动检测阀 4，使其完全开启。

起动发动机，使液压油达到正常工作温度（约 77℃）。

以桑塔纳 2000 为例，在发动机怠速运转条件下，测量到的压力应小于 862 kPa。若压力高于 862 kPa，应检查软管是否有堵塞。初始压力应为 345~552 kPa，否则需要维修。检测液压泵 2 最大输出压力和流量控制阀的工作状况：完全关闭检测阀 4，然后迅速打开，此过

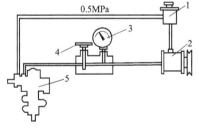

图 10-120 动力转向系油压检查
1—储油罐；2—液压泵；3—压力表；
4—检测阀；5—转向器。

程重复进行三次，每次关闭检测阀时间不能超过 5 s，否则将损坏液压泵。记录下每次检测阀 4 关闭时压力表指示的最高压力。

比较这些压力值，若三次压力指示值变化范围在 345 kPa 以内，则说明液压泵工作正常。最高压力应为 1000±345 kPa。若最高压力超出了限制范围，而且三次压力值变化范围

超出 345 kPa，则说明流量控制阀工作不正常。卸下并清洗，用细纱布、细砂纸打磨。若系统被污染，则冲洗整个系统。

若压力值低于规定最大值 30%，则表明液压泵 2 有故障，应更换液压泵。若液压泵工作正常，则可检测转向器是否有泄露。检测方法是：开启检测阀 4，转动转向盘到左、右极限位置，强迫液压泵在极限位置工作，分别记录在左、右极限位置时的最高压力值。用此值与前面测量的最高压力值进行比较，若在任何一极限位置不能重复液压泵最高输出压力值，则说明转向器内部有泄露，转向器应解体修理。

10.5 转向系常见故障的诊断与排除

转向系常见故障的诊断与排除如表 10-1 所示。

表 10-1 转向系常见故障与排除

故障现象	故障原因	故障排除方法
转向沉重	1. 转向器故障 齿轮轴上无单列向心轴承或滚针轴承调整、安装过紧或已损坏； 补偿弹簧力过大，或齿条变形量过大； 转向器润滑不良； 转向柱弯曲或转向柱管凹陷	检查调整或更换 调整或更换 添加润滑油 校正或更换
	2. 转向传动机构故障 转向传动横拉杆球铰配合过紧，润滑不良 横拉杆弯曲 悬架支柱变形过大或转向臂变形过大	调整，加注润滑油 校正或更换 更换
	3. 其他原因 前轮定位失准 轮胎气压偏低 前轮轴承过紧	检查调整前轮定位 充足气压 检查调整润滑
转向盘自由行程过大	齿轮与齿条啮合间隙过大 球铰磨损严重配合松旷 横拉杆与支架配合松旷	调整 检查调整 检查调整
转向不灵敏操纵不稳定	转向器松动 齿轮与齿条啮合间隙变大 球铰磨损松旷 轮毂轴承松旷 悬架系统变形或松旷 前轮定位失准	检查紧固 检查调整补偿弹簧 检查调整 检查调整 检查调整 检查调整

续表

故障现象	故障原因	故障排除方法
高速摆振 （转向盘抖动）	前轮不平衡 前轮轮辋发生拱曲变形 传动机构松旷 减振器损坏 悬架弹簧弹性不足或断裂 前轮定位失准 传动轴弯曲动不平衡过大 转向器松动	平衡前轮 更换轮辋 检查调整 更换减振器 更换弹簧 检查调整 更换 检查紧固
动力转向沉重 或助力不足	油泵 V 形带松弛 储油罐油面过低 油泵压力不足 压力控制黏结 外泄漏过大 内泄漏过大 转向轴衬套太紧 前悬架变形 液压系统内有空气	调整 V 形带张紧度 补充液压油至规定高度 检修油泵 检修压力控制阀，必要时更换 找出泄漏处修理 找出泄漏处，修理或更换零件 检修或更换 修理 排除
动力转向 装置噪声	油泵 V 形带松弛 油泵轴承损坏 压力板或转子损伤 油泵环过度磨损 储油罐不足 液压系统有空气或压力软管连接不牢 油泵装配不当 溢流阀故障	按规定调整 V 形带张力 更换轴承 更换损坏零件，并冲洗 更换油泵环 按规定补充液压油 按规定力矩拧紧压力管，并排出液压系统中空气 正确装配 更换
动力转向装置 压力不足	油泵 V 形带打滑 油面过低 内部泄漏 液压系统有空气	调整 V 形带张紧度 按规定加注液压油 找出泄漏处，更换不合格零件 排出液压系统空气

小　　结

1. 转向系用于改变汽车的行驶方向和使汽车保持直线行驶。我们希望转向系能放大驾驶员施加在转向盘的转向力矩，同时又不希望路面的冲击过多地传回转向盘，因此，转向系特别是转向器的间隙显得尤为重要。

2. 转向减振器用以吸收道路崎岖不平引起的、作用于转向盘的反向冲击力，使转向盘上的路感较柔和。

3. 各种型号转向器的啮合间隙调整方法有所不同，检验其间隙调整是否得当是以转向盘的转向力矩或自由行程来决定的。

4. 转向助力系统是用来减轻驾驶员负担、并在车速较低或停放汽车时使转向轻便的装置。大部分汽车都是采用液压助力式的系统，该系统包括机械转向器、转向助力缸、转向控制阀三部分。

5. 转向器的常见故障有：转向沉重、转向盘自由行程过大、转向不灵敏、操纵不稳定、高速摆振（转向盘抖动）、动力转向装置噪声等。

思考与习题

一、判断题
1. 左右转向所用的力矩不一致主要是因为转向器间隙调整不当引起。
2. 转向节球铰磨损松旷不会影响到转向盘的自由行程。
3. 转向过于沉重，是液压油过少引起的。
4. 轮胎偏磨与转向器工作性能无关。
5. 转向系统总间隙指的就是转向器的调整间隙。

二、单项选择题
1. 助力式转向系统转向沉重的原因是（　　）。
   A. 自由行程过小　　　　　　　B. 助力系统压力不足
   C. 转向横拉杆变形　　　　　　D. 发动机动力不足
2. 不属于转向盘自由行程过大的原因是（　　）。
   A. 转向器间隙过大　　　　　　B. 前轮前束不对
   C. 前轮轴承间隙过大　　　　　D. 下摆臂球铰间隙过大
3. 汽车行驶在崎岖不平的道路时，转向盘抖动得很厉害，原因是（　　）。
   A. 转向器间隙过大　　　　　　B. 转向减振器失效
   C. 轮胎动平衡不好　　　　　　D. 四轮定位不当
4. 小轿车使用最为广泛的助力式转向系统是（　　）。
   A. 循环球式　　　　　　　　　B. 齿轮齿条式
   C. 蜗杆曲柄式　　　　　　　　D. 助力电机式
5. 汽车行驶在中高速时转向盘发飘，最可能的原因是（　　）。
   A. 横拉杆下球铰磨损松旷　　　B. 转向减振器失效
   C. 前轮轴承间隙过大　　　　　D. 轮胎气压过大

三、简答题
1. 循环球式转向器是如何进行调整的？
2. 齿轮齿条式动力转向器的工作原理是怎样的？齿轮齿条的啮合间隙是多少？如何调整？
3. 请简述齿轮齿条式动力转向系统故障诊断流程？
4. 汽车行驶时转向盘抖动很大，是什么原因引起的？
5. 转向器拆装后有些配件是必须更换的，请指出？

课题 11
汽车制动系统

【学习目标】
1. 了解汽车制动系各总成的位置及装配关系。
2. 能叙述常见轿车制动系统的组成、各总成安装位置与结构及基本工作原理。
3. 掌握汽车制动系的功用、类型与工作原理。
4. 能正确解体、检测、装配制动系各总成。
5. 能正确的对制动系进行维护及维修。
6. 会分析制动系常见故障的原因,能进行故障诊断与排除。

【情景导入】
一辆2007年5月产的天津一汽丰田威驰轿车,行驶里程12.6万公里,据用户反映该车在行驶中踩下制动踏板时出现跑偏,踩下制动踏板时感觉比以前省力而且感觉踏板软,并且要一松一踩连续不断的多次踩下制动踏板,制动效果才明显。经维修人员检查,该车制动系统采用的是前盘后鼓的液压制动系统,经过试车确认故障现象与用户发映的相符,进一步进行故障诊断分析,确认故障是由于汽车制动系统引起的,你能分析出是什么原因引起的吗?应进行哪些检查与维修才能排除故障?

实训 12 车轮制动器的拆装与检测

【实训目的】
(1) 了解车轮制动器的结构,能叙述其组成、功用和安装位置。
(2) 了解车轮制动器拆装的规范要求。
(3) 掌握解体与装复车轮制动器的步骤及检测方法。

【实训器材】
汽车四辆(以丰田威驰汽车为例)。

【实训内容】
分解与装复鼓式和盘式车轮制动器,检测轮毂(盘)、制动片的技术状况;检查制动分泵(轮缸)、回位弹簧的功能是否正常。

【实训步骤】

1. 鼓式制动器拆卸

丰田威驰轿车后轮为鼓式制动器,如图 11-1 所示。

(1) 正确举升车辆,在合适的位置将其支撑,拆下后轮。

(2) 排出制动液。注意:不要将制动液溅到油漆表面,否则必须立刻清洗。

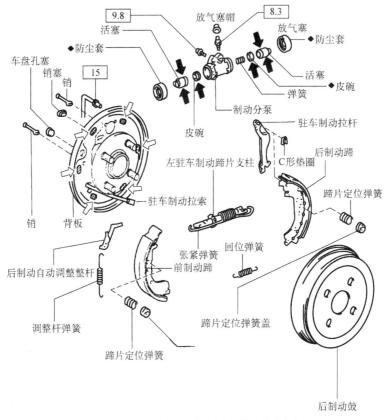

图 11-1 威驰轿车后轮制动器零件分解图

(3) 在驾驶室内松开驻车制动器,看是否能拆下制动鼓,如果不能拆下制动鼓,则进行下列操作。

① 拆下孔塞,从背板插入一把螺丝刀,使制动自动调整杆与调整器分开。

② 用另一把螺丝刀,转动调整轮来减少调整器的长度,这样就可以轻松把制动鼓取下。

(4) 分离驻车制动蹄左侧定位支柱,用专用工具从前后制动蹄上拆下张紧弹簧后分离驻车制动蹄左侧定位支柱,如图 11-2 所示。注意:小心不要损伤制动分泵防尘套。

(5) 拆卸前制动蹄。

① 用专用工具拆下蹄片定位弹簧盖和制动蹄定位弹簧以及销,如图 11-3 所示。

② 脱开回位弹簧后将前制动蹄拆下。

(6) 拆下驻车制动蹄左侧定位支柱。

(7) 拆下左侧制动自动调整拉杆,拆下制动调整拉杆弹簧和自动调整拉杆,如图 11-4 所示。

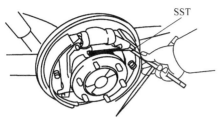
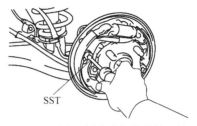

图 11-2 拆下制动蹄定位支柱　　图 11-3 拆下制动蹄定位弹簧及销

（8）拆下后制动蹄，用专用工具拆下蹄片定位弹簧盖和制动蹄定位弹簧以及销，再用尖嘴钳从驻车制动拉杆上拆下驻车制动拉线，如图 11-5 所示。

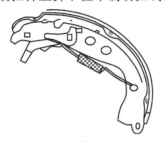
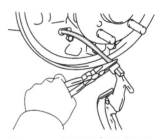

图 11-4 拉紧弹簧和自动调整拉杆　　图 11-5 拆下驻车制动拉线

（9）拆卸制动分泵。
① 用专用工具脱开制动油管，用容器接盛制动液。
② 拆下制动螺栓和制动分泵。
（10）拆卸制动皮碗。
① 从制动分泵上拆下两个防尘套。
② 拆下两个活塞和弹簧。
③ 从每个活塞上拆下两个制动分泵帽。

2. 鼓式制动器的检查

（1）检查制动鼓的内径，如图 11-6 所示，标准内径：200.00 mm；最大内径：201.00 mm。

（2）检查制动蹄衬面厚度，用直尺测量制动蹄衬面厚度，如图 11-7 所示，标准厚度为：4.0 mm；最小厚度为：2.5 mm，如果衬面厚度达到最小厚度或更小，或者存在严重不均匀的磨损，则应更换制动蹄。

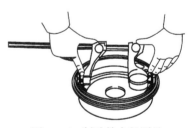

图 11-6 制动鼓内径测量

（3）检查制动鼓与制动蹄衬面是否正常接触，在制动鼓内表面涂上粉笔灰后，将制动蹄与鼓内表面贴合，进行研磨，如图 11-8 所示，如果鼓与蹄片衬面接触不良，应研磨或更换制动蹄。

图 11-7 制动蹄衬面厚度测量　　图 11-8 制动鼓与制动蹄衬面接触试验

3. 鼓式制动器的安装

（1）安装制动分泵皮碗，如图11-9所示。

① 在两个制动分泵皮碗和活塞上涂抹锂皂基乙二醇润滑脂。

② 在每个活塞上装入两个制动分泵帽。

③ 把压紧弹簧和两个活塞压入制动分泵。

④ 把两个防尘套装上制动分泵。

（2）安装制动分泵。

① 用螺栓安装制动分泵，拧紧力矩为：9.8 N·m。

② 用专用工具连接制动油管，拧紧力矩为：15 N·m。

（3）安装制动蹄。

① 用尖嘴钳把驻车制动拉线连接到驻车制动拉杆上，如图11-5所示。

② 用专用工具安装制动蹄、销、蹄片定位弹簧和弹簧帽，如图11-3所示。

（4）安装制动蹄回位弹簧。把回位弹簧安装到制动蹄上。

（5）安装左侧制动自动调整拉杆，在前制动蹄上装入自动调整拉杆和自动调整拉杆弹簧，如图11-4所示。

（6）安装驻车制动蹄支柱。

① 在调整螺栓上涂抹耐高温润滑脂。

② 安装驻车制动蹄左侧支柱，如图11-10所示。

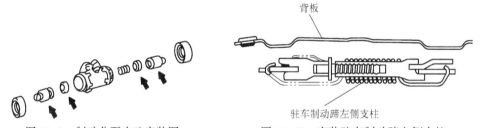

图11-9 制动分泵皮碗安装图　　图11-10 安装驻车制动蹄左侧支柱

（7）用专用工具把张紧弹簧连接到前、后制动蹄上。注意：小心不要损坏制动分泵防尘套。

（8）检查每个零件是否正确安装。

（9）测量制动鼓内径和制动蹄的直径，检查两者之差是否为正确的蹄鼓间隙，蹄鼓间隙为0.6 mm。如图11-11所示，注意：制动蹄衬面和制动鼓的摩擦表面不能黏有油污或润滑脂。

（10）调整制动鼓蹄鼓间隙，如图11-12所示。

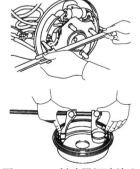 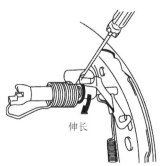

图11-11 制动器间隙检查　　图11-12 制动器蹄鼓间隙调整

① 临时装上两个轮毂螺母。
② 回转调整器8个齿。
③ 安装孔塞。
（11）安装后制动鼓总成。

4. 盘式制动器的拆卸

丰田威驰轿车前轮为盘式制动器，如图11-13所示。
（1）正确举升车辆，在合适的位置将其支撑，拆下前轮。
（2）排出制动液，注意不要让制动液溅到油漆表面，否则应立刻清洗干净。
（3）拆下前盘式制动分泵。
① 从前盘式制动分泵上拆下接头螺栓和垫圈，然后脱开软管，如图11-14所示。
② 固定住盘式制动分泵滑动销后，拆下两个螺栓，如图11-15所示。
（4）拆下制动片套件。
① 拆下两片带消声垫的制动片。
② 从每块片上拆下1号和2号消声垫片。
（5）拆卸制动片支持片，从制动总泵支架上拆下两个摩擦衬块。

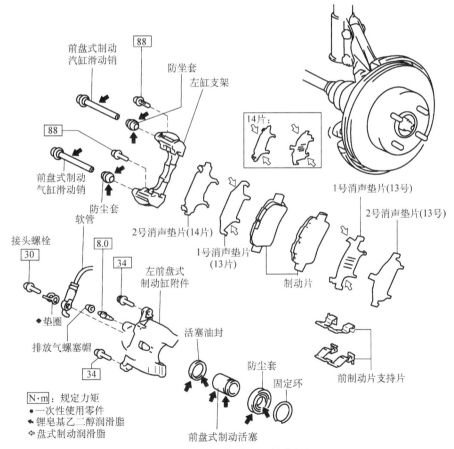

图11-13 盘式制动器零件分解图

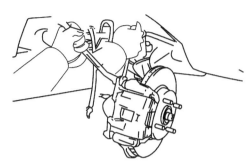
图 11-14 拆下制动软管

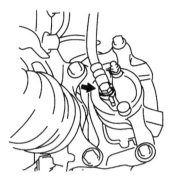
图 11-15 拆制动分泵滑动销

图 11-16 拆制动分泵活塞

（6）拆卸制动分泵滑动销。
（7）拆下前盘式制动器放气螺塞。
（8）拆下制动分泵中的活塞。
① 在制动分泵和活塞间放一块布。
② 用压缩空气把活塞从制动分泵中吹出，如图 11-16 所示，在吹压缩空气时，手指不要放在活塞前面，不要溅出制动液。
③ 拆卸活塞油封，用螺丝刀从制动分泵中取下油封。

5. 盘式制动器检查

（1）检查制动片衬面厚度，用直尺测量衬面厚度，如图 11-17 所示，标准厚度为：11.00 mm；最小厚度为：4.0 mm。

（2）检查制动盘厚度，用外径千分尺测量制动盘厚度，如图 11-18 所示，标准厚度为：18.0 mm；最小厚度为：16.0 mm。

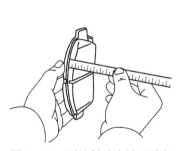
图 11-17 测量制动片衬面厚度

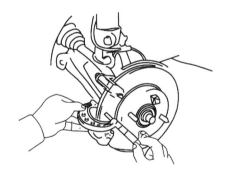
图 11-18 测量制动盘厚度

（3）检查制动磨损指示器钢片，确保磨损指示器钢片有足够的弹性、无变形破裂或磨损，对所有锈蚀、脏物和其他杂质应清除干净。

（4）检查制动盘摆动。
① 临时紧固制动盘，拧紧力矩：103 N·m。
② 用百分表在距制动盘外缘 10 mm 处测量制动盘的摆动情况，如图 11-19 所示，制动盘的最大摆动量为：0.05 mm。

6. 盘式制动器的安装

（1）安装制动分泵滑动销。
① 在两个滑动销的滑动部分和油封表面涂抹润滑脂。
② 把两个滑动销装入制动分泵支架。
（2）安装制动片支撑片。
（3）安装制动衬块组件如图11-20所示。
① 在每片消声垫片的两侧涂润滑脂。
② 在每块制动衬片上安装消声垫片。

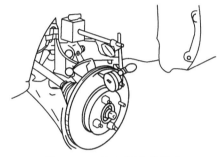

图11-19　检查制动盘摆动

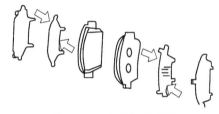

图11-20　制动衬块组件

③ 磨损指示器向上，安装内侧制动衬块，然后装入外侧制动衬块，制动片和制动盘的摩擦表面不能附着机油或润滑脂。
（4）安装制动分泵。
① 用两个螺栓安装制动分泵，拧紧力矩为：34 N·m。
② 用接头螺栓安装新垫片和软管，拧紧力矩为：30 N·m，要将软管可靠地紧固在制动分泵的锁止孔内。

制动系的维护

【实训目的】
（1）了解汽车普通制动系的维护项目。
（2）掌握制动系统排空气的方法。
（3）掌握制动踏板的检查与调整方法、真空助力器的检查方法。

【实训器材】
汽车四辆（以丰田威驰汽车为例）。

【实训内容】
制动液的排空气、制动踏板的检查与调整、真空助力器的检查。

【实训步骤】

1. 制动系统排空气

（1）向储液罐内加注制动液，开始排气时。制动液的液位必须处于最大液位标志处，制动液为：SAEJ1703，SAEJ1704 或 FMVSS NO 116 DOT3，DOT4。注意，排出的制动液不可再用。

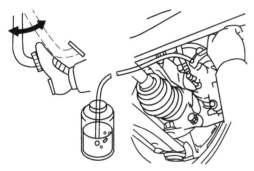

（2）把制动器底板上的排气螺钉帽取下，将一根透明塑料软管插入排气螺钉上，然后将另一端插入一个容器里，如图 11-21 所示。

（3）让其中一个学生在驾驶室缓慢踏压制动踏板几次，然后施加稳定的压力。

（4）另一个学生松开右后制动排气螺钉，让空气从系统中释放出来，然后可靠地拧紧排气螺钉。

图 11-21 制动系排空气示意图

（5）重复第三、第四步骤的操作，直至制动液中的空气全部流出为止。

（6）按右后、左后、右前、左前的顺序，依次对每个车轮进行上述操作，直到排放管中出来的制动液见不到气泡为止。

（7）在排气过程中，要检查储液罐中油液面高度，及时补充制动液。

2. 制动踏板的检查

（1）制动踏板高度的检查，至地板的高度为：124.3~134.3 mm，如图 11-22 所示。

（2）检查制动踏板自由行程。

① 熄灭发动机，反复踩制动踏板直至助力器中无真空为止。

② 踩下踏板，直至感到有阻力为止，测出如图 11-23 所示的距离，踏板自由行程为 15~25 mm，如果间隙不符合要求，要进行调整。

图 11-22 制动踏板高度的检查

图 11-23 踏板自由行程的检查

（3）检查踏板保留距离。

松开驻车制动拉杆，在发动机运转状态下，踩下制动踏板，测量如图 11-24 所示踏板保留距离，用 490 N 的力踩下踏板时，从地板算起的保留距离，应大于 55 mm。

3. 真空助力器检查

（1）气密性检查，如图 11-25 所示。

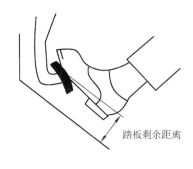

图 11-24 踏板剩余距离检查

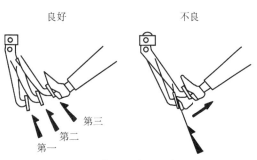

图 11-25 真空助力器气密性检查

① 起动发动机 1~2 min 后停止，慢慢踩踏板数次，如果踏板在第一次踩踏时大幅下降，但第 2~3 次后位置逐渐上升，则气密性是好的。

② 在发动机运转时踩下制动踏板，然后熄灭发动机，如果踏板在踩下 30s，保留距离没有变化，则助力器气密性是好的。

（2）操作检查。

① 在点火开关 OFF 位置，反复踩踏板数次后，检查踏板保留距离应无变化。

② 踩下踏板并起动发动机，如踏板轻微下沉，则操作正常。

（3）检查真空单向阀，如图 11-26 所示。

① 滑动夹子脱开真空管。

② 拆下真空单向阀。

③ 检查从助力器到发动机方向应通气，相反则不通。

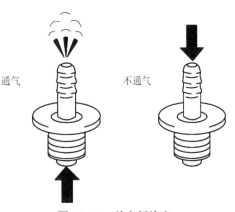

图 11-26 单向阀检查

4. 驻车制动的检查

驻车制动装置的结构如图 11-27 所示。

（1）拆下后轮，并调整制动蹄鼓间隙，然后安装后轮，拧紧力矩为：103 N·m。

（2）检查驻车制动拉杆行程，拉住驻车制动拉杆并计算发出"咔咔"声的数目，驻车制动拉杆行程为：用 196 N 拉力发出 6~9 声"咔咔"声。

（3）调整驻车制动拉杆行程，如图 11-28 所示。

① 拆卸手套箱盖。

② 转动 1 号调整螺母拉索直至拉杆行程正常为止。

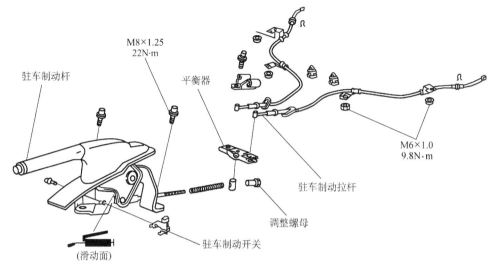

图 11-27 驻车制动装置的布置

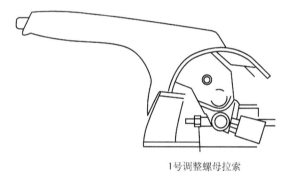

图 11-28 驻车制动拉杆行程调整

11.1 概 述

11.1.1 制动系的定义及功用

1. 制动系定义

汽车制动系是指在汽车上设置的一套（或多套）能由驾驶员控制、产生与汽车行驶方向相反外力的装置。

2. 制动系功用

使行驶中的汽车按照驾驶员的要求进行适时的减速、停车或驻车，以及保持汽车下坡行驶速度的稳定性。

11.1.2 制动系的组成

任何制动系都由以下 4 部分组成。

1. 供能装置

供给、调节制动所需能量以及改善传能介质状态的各种部件。如人的肌体可作制动能源。

2. 控制装置

产生制动动作和控制制动效果的各种部件，如制动踏板。

3. 制动器

产生阻碍车辆运动或运动趋势的力的部件。

4. 传动装置

将制动能量传输到制动器的各个部件及管路，如制动主缸、轮缸及连接管路。较为完善的制动系还包括制动力调节装置、报警装置、压力保护装置等。

11.1.3 制动系的分类

（1）汽车制动系按功用可分为行车制动系、驻车制动系、辅助制动系。

行车制动系是使行驶中的汽车减速甚至停车的一套专门装置，在行车过程中经常使用，由驾驶员用脚操纵；驻车制动系用于使汽车驻留原地，一般由驾驶员用手操纵。辅助制动系是在汽车下长坡时用以稳定车速的一套装置。行车制动系和驻车制动系作为每辆汽车制动系的最低装备，只有部分汽车还设有辅助制动系。

（2）按制动能源可分为人力制动系、动力制动系、伺服制动系。

（3）按制动能量传输方式，制动系可分为机械式、液压式和气压式等。

11.1.4 制动系工作原理

以一定速度行驶的汽车，具有一定的动能。要使其减速或停车，必须强制地对汽车车轮产生一个阻止汽车行驶的力——制动力，制动力的方向与汽车行驶的方向相反。实际上制动就是将汽车的动能强制地转化为热能，并将其扩散到大气中。

图 11-29 为行车制动系结构简图，通过这个简图说明制动系的组成及工作原理。

1. 基本结构

供能装置为驾驶员加在制动踏板上的力，控制装置为制动踏板，传动装置为制动主缸、制动轮缸、制动液等，制动器安装在轮毂上。制动鼓固定在轮毂上并随车轮一起旋转，其内圆柱面为工作表面，制动蹄片固定在制动底板上，可以绕支撑销转动。

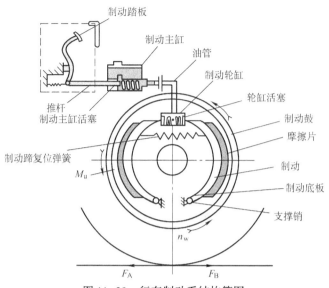

图 11-29　行车制动系结构简图

2. 制动作用的产生

不制动时，制动鼓的内圆柱面与摩擦片之间保留一定的间隙，使制动鼓可以随车轮一起旋转。

制动时，驾驶员踩下制动踏板，推杆便推动制动主缸活塞，迫使制动油液经油管进入制动轮缸，油液压力使制动轮缸活塞克服复位弹簧的拉力推动制动蹄绕支撑销转动，上端向外张开，消除制动蹄与制动鼓之间的间隙后压紧在制动鼓上，这样，不旋转的制动蹄摩擦片对旋转着的制动鼓就产生一个摩擦力矩，其方向与车轮旋转方向相反，其大小取决于制动轮缸活塞的张开力、制动蹄鼓间的摩擦系数及制动鼓和制动蹄的尺寸，制动鼓将此力矩传到车轮后，由于车轮与路面的附着作用，车轮即对路面作用一个向前的周缘力 F_A，与此相反，路面会给车轮一个向后的反作用力，这个力就是车轮受到的制动力 F_B。各车轮制动力的总和就是汽车受到的总制动力。

放松制动踏板，在复位弹簧作用下，制动蹄与制动鼓的间隙又得以恢复，从而解除制动。

11.1.5　对制动系的基本要求

为保证汽车能在安全条件下发挥出尽可能大的制动能力，制动系必须满足如下要求。

（1）具有良好的制动性能，包括制动效能、制动效能的恒定性、制动时的方向稳定性3个方面。

（2）操纵轻便。

（3）制动平顺性好：制动力矩能迅速而平稳地增加，也能迅速而彻底地解除。

（4）散热性好，连续制动时制动鼓和制动蹄片上的摩擦片因高温引起的摩擦系数下降要小，水湿后恢复要快。

（5）对有挂车的制动系，还要求挂车的制动作用略早于主车；挂车自行脱钩时能自动进行应急制动。

11.2 车轮制动器

11.2.1 制动器的分类

（1）各类汽车所用的摩擦式制动器可分为鼓式和盘式两大类。鼓式制动器的摩擦副中的旋转元件为制动鼓，工作面为圆柱面，如图 11-30 所示；盘式制动器的旋转元件为圆盘状的制动盘，工作面为圆盘端面，如图 11-31 所示。

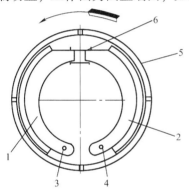

图 11-30 鼓式制动器
1—领蹄；2—从蹄；3，4—支撑销；
5—制动鼓；6—制动轮缸

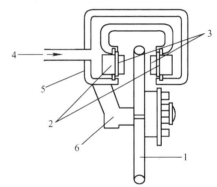

图 11-31 盘式制动器
1—制动盘；2—活塞；3—摩擦块；4—进油口；
5—制动钳体；6—车桥

（2）制动力作用于两侧车轮上的制动器称为车轮制动器；旋转元件固装在传动系的传动轴上，其制动力矩必须经过驱动桥再分配到两侧车轮上的制动器称为中央制动器。中央制动器一般只用于驻车制动。

（3）车轮制动器一般用于行车制动，部分汽车的后轮制动器兼用于驻车制动，中央制动器一般只用于驻车制动。

11.2.2 鼓式车轮制动器

1. 鼓式车轮制动器的结构

鼓式车轮制动器的基本组成包括固定部分、旋转部分、张开机构、定位调整机构四大部分。

（1）固定部分是制动底板和制动蹄，制动底板固装在车桥的凸缘上，通过支撑销与制动蹄相连，制动蹄可绕支撑销转动；制动蹄一般用钢板冲压后焊接而成，或由铸铁或轻合金浇铸，为增大刚度，采用T形截面，摩擦片用黏接或铆接的方式固定在制动蹄上。如图11-30所示。

（2）旋转部分是制动鼓，与车轮一起旋转，通常为铸件。

（3）张开机构，不同类型的制动器，张开机构有较大的差别，其作用是使制动蹄在制动时能绕支撑销压向制动鼓的工作面，使制动鼓与制动蹄之间产生摩擦。

（4）定位调整机构用以保持和调整制动蹄和制动鼓的正确相对位置。

2. 鼓式车轮制动器分类

（1）按张开机构不同，可分为以液压轮缸为制动蹄张开装置的轮缸式制动器、以凸轮作为张开装置的凸轮式制动器。

（2）按制动时两制动蹄对制动鼓的径向作用力之间的关系，鼓式车轮制动器可分为领从蹄式、双领蹄式、双向双领蹄式、双从蹄式、单向自增力式和双向自增力式等。

3. 领从蹄式制动器

（1）基本结构及原理。

如图11-32所示，两制动蹄的支撑点都位于蹄的一端，两支撑点与张开力作用点的布置是轴对称式，轮缸中两活塞的直径相等，当汽车制动时，轮缸活塞推力对两制动蹄的张开力相等。

汽车前进时制动鼓的旋转方向如箭头所示。在制动过程中，两制动蹄在相等的促动力F_S作用下，分别绕各自的支撑点向外偏转而紧压在制动鼓上，即制动蹄对制动鼓产生压力。由于作用力与反作用力，旋转的制动鼓也对两制动蹄分别作用着法向反力N_1和N_2，以及相应的切向反力T_1和T_2。T_1作用的结果使得制动蹄1在制动鼓上压得更紧，则N_1变得更大，这种情况称为"助势"作用，相应的制动蹄1被称为"领蹄"；相反，T_2的作用使得制动蹄2有放松制动鼓的趋势，也就是N_2和T_2有减少的趋势，

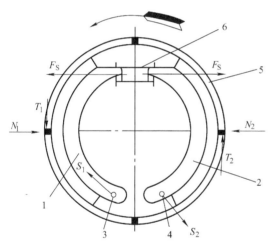

图11-32 领从蹄式制动器受力示意图
1—领蹄；2—从蹄；
3，4—支撑销；5—制动鼓；6—制动轮缸

这种情况称为"减势"作用，相应的制动蹄2被称为"从蹄"。一般情况下领蹄产生的制动力矩约为从蹄制动力矩的2~2.5倍。

倒车制动时，制动鼓旋转方向相反，后制动蹄变成领蹄，前蹄变成从蹄，但整个制动器的制动效能还是同前进时一样。

领从蹄式制动器存在两个问题：其一是在两制动蹄摩擦片工作面积相等的情况下，由于领蹄与从蹄所受法向反力不等，领蹄摩擦片上的单位压力较大，因而磨损较严重，两蹄寿命不等。其二是由于制动蹄对制动鼓施加的法向力不相平衡，则两蹄法向力之和只能由车轮轮毂轴承的反力来平衡，这对轮毂轴承造成了附加径向载荷，使其寿命缩短。这种制动器称为非平衡式制动器。

（2）典型结构。

如图 11-33 所示，桑塔纳后轮制动器结构。固定部分为制动底板和制动蹄，旋转部分为制动鼓，张开机构主要为轮缸，用螺钉固定在制动底板上。定位调整机构是一套自动调整机构。

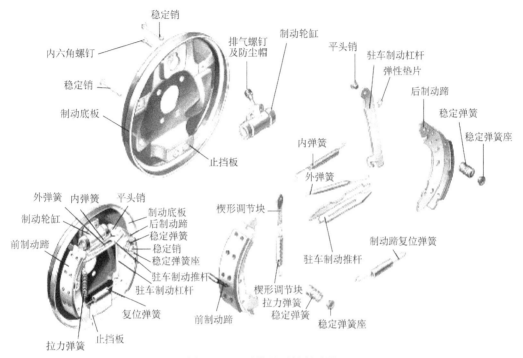

图 11-33 桑塔纳后轮制动器

制动底板用螺栓固定在后桥轴端支撑座上，制动轮缸用螺钉固定在制动底板上方。制动蹄采用了浮式支撑，制动蹄稳定销、稳定弹簧及弹簧座将制动蹄紧压在制动底板的带储油孔的支撑平面上，防止制动蹄轴向窜动。制动蹄的两端做成圆弧形，制动蹄复位弹簧分别将两个制动蹄上端贴靠在制动轮缸左右活塞带耳槽的支撑块上，下端贴靠在制动底板上的支撑座上，并用止挡板轴向限位，制动蹄可以沿支撑座和轮缸活塞的支撑块作一定的浮动。制动蹄可以自动定心，以保证与制动鼓全面接触。前制动蹄上固定有斜楔支撑，用来支撑调节用的楔形调节块。摩擦衬片用空心铆钉与制动蹄铆接在一起。

驻车制动杠杆上端用平头销与后制动蹄相连，其上部卡入驻车制动推杆右端的切槽中，作为中间支撑点，下端做成钩形，与驻车制动钢索相连。

后轮制动器的制动间隙是自动调整的，在装配时不需要调整间隙，只需在安装到汽车上后经过一次完全制动，即可以将间隙调整到设定值。

4. 双领蹄式制动器

基本结构及原理如图 11-34 所示，两个制动蹄各用一个独立的张开机构，且两套制动蹄、制动轮缸、偏心支撑销和调整凸轮等在制动底板上的布置是中心对称的。在汽车前进时，两制动蹄都是领蹄，提高了制动器的效能，但在倒车制动时，两蹄都是从蹄，制动器的制动效能降低。

两制动蹄各用一个单活塞式轮缸，且两套制动蹄、轮缸、支撑销和调整凸轮等在制动底

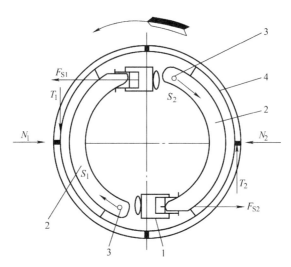

图 11-34 双领蹄式制动器示意图
1—制动轮缸；2—制动蹄；3—支撑销；4—制动鼓

板上的布置是中心对称的，两个轮缸通过连接油管连通，使其中油压相等。在前进制动时，两蹄都是领蹄，制动器的效能得到提高，但在倒车制动时，两制动蹄均是从蹄，制动器的制动效能降低。

5. 自增力式制动器

自增力式制动器可分为单向和双向两种。单向自增力式制动器只在前进方向起增力作用，而在倒车制动时制动效能还不及双从蹄式制动器，目前已很少采用。双向自增力式制动器在车轮正向和反向旋转时均能借助制动蹄与制动鼓的摩擦起自动增力作用。如图 11-35 所示。

两制动蹄浮动支撑在制动底板上，下端以浮动的可调顶杆连接，上端在复位弹簧拉紧力作用下靠紧固定在制动底板上的支撑销。汽车前进制动时，轮缸活塞在两制动蹄上施加大小相等、方向相反的张开力，使两制动蹄向外张开压制动鼓，当制动蹄与旋转的制动鼓接触后，在摩擦力矩作用下制动鼓带动两制动蹄沿旋转方向转动，直到后蹄顶靠到支撑销上为止，然后蹄与鼓进一步压紧。此时后制动蹄处于增力状态，因为后蹄的压紧力包括轮缸的张开力和前蹄对后蹄的推力，且由于前蹄的助势作用，经浮动的推杆施于后蹄下端的推力 S 比张开力 F 大 2~3 倍。倒车制动时作用过程相反，工作原理相同，后蹄为助势蹄，前蹄起增力作用。故称这种制动器为双向自增力式制动器。

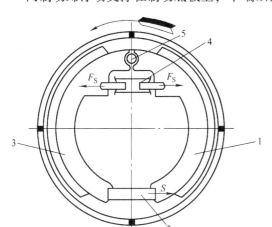

图 11-35 双向自增力式制动器示意图
1—后制动蹄；2—顶杆；3—前制动蹄；
4—制动轮缸；5—支撑销

6. 轮缸式制动器的蹄鼓间隙自调装置

制动蹄摩擦片一经磨损，蹄鼓间隙将增大，从而造成制动踏板的自由行程增大，影响了制动性能，因此要不定期地对蹄鼓间隙进行调整。目前调整蹄鼓间隙的方法主要有两种，第一种是在汽车进厂维修时由技术人员手工调整，第二种则是利用制动器本身的机构进行自动调整。

制动器蹄鼓间隙自调装置可分为一次调准式和多次调准式两种类型。一次调准式的特点是一次制动即可使蹄鼓间隙恢复到标准值，但由于对制动器热膨间隙有补偿作用，易造成调整过度，使车轮发生"拖磨"甚至"抱死"，因此很少采用。多次调整式必须经过若干次（可能达 20 次以上）制动动作后才能消除所积累的过量制动器间隙。如图 11-36 所示为带自调间隙装置的广州本田飞度后轮制动器。

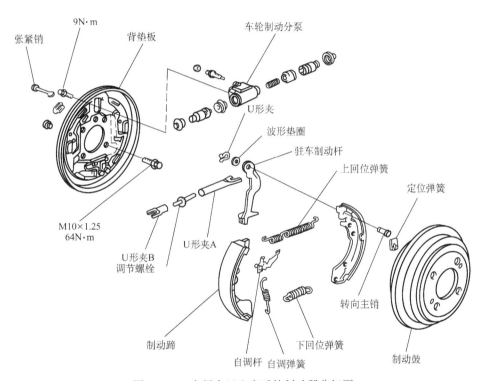

图 11-36　广州本田飞度后轮制动器分解图

自调装置的工作原理如下：

（1）自调杆浮动安装在左侧制动蹄上，可以绕支撑销钉转动，自调杆在自调弹簧的作用下，自调杆的右端压靠在调节螺栓的调节齿轮上。

（2）当踩制动踏板时，两制动蹄以下端为支撑点，向制动鼓张开，同时左侧的制动蹄会带动自调杆一起运动，使自调杆绕支撑销钉逆时针转动，如果制动器的蹄鼓间隙没有超出范围，自调杆的转动很小，始终压在调节螺栓的同一个齿上，调节螺栓不会转动，从而调节螺栓的有效长度不变，这时自调装置不起作用。

（3）随着制动蹄的磨损，制动器的蹄鼓间隙超出范围。制动时，蹄片张开的行程增大，自调杆的转动角度增大，使得自调杆脱离自调螺栓，当松开制动时，自调杆在自调弹簧的作用下绕支撑销钉顺时针转动，同时拉动调节螺栓向下转动，使调节螺栓的有效长度增长，这样使得蹄鼓间隙慢慢变小，制动器每工作一次都会调整一次，直到蹄鼓间隙小于规定值，自调装置才不起作用。

11.2.3　盘式车轮制动器

1. 盘式车轮制动器的结构

如图 11-37 所示，盘式制动器的旋转元件是制动盘，它和车轮固装在一起，与车轮一起旋转，其端面为摩擦工作表面，固定的摩擦元件是制动块、导向销、轮缸及活塞，它们均安装于制动盘两侧的钳体上，总称为制动钳。制动钳用螺栓与转向节或桥壳上的凸缘固装。

2. 盘式制动器的类型

盘式制动器根据其固定元件的结构形式可分为全盘式制动器和钳盘式制动器。

全盘式制动器固定元件的金属背板和摩擦片都做成圆盘形，其制动盘的全部工作面可同时与摩擦片接触。主要应用在重型车上，本书不作介绍。

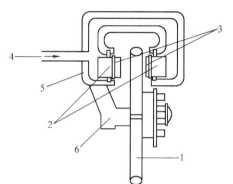

图 11-37　盘式制动器
1—制动盘；2—活塞；3—摩擦块；
4—进油口；5—制动钳体；6—车桥

钳盘式制动器的固定元件为制动钳，制动钳中的制动块由工作面积不大的摩擦块与其金属背板组成。钳盘式制动器按制动钳固定支架上的结构形式可分为定钳盘式和浮钳盘式两种。

如图 11-38 所示为定钳盘式制动器的结构示意图，跨置在制动盘上的制动钳体固定安装在车桥上，既不能旋转也不能沿制动盘轴线方向移动，其内的两个活塞分别位于制动盘的两侧。制动时，制动油液由制动主缸经进油口进入钳体中两个相通的液压腔中，将两侧的制动块压向与车轮固定连接的制动盘，从而产生制动力。

由于定钳盘式制动器有两个油缸，分置于制动盘两侧，需另设跨接油道或油管，使得制动钳结构复杂，尺寸过大，热负荷大时，制动液容易受热汽化等，目前已很少使用。

如图 11-39 所示为浮钳盘式制动器示意图，制动钳体通过导向销与车桥相连，可以相对于制动盘轴向移动，制动钳只在制动盘的内侧设置油缸，而外侧的制动块附装在钳体上，制动时，来自制动主缸的液压油通过进油口进入制动油缸，推动活塞及其上的制动块向右移动，并压到制动盘，于是制动盘给活塞一个向左的反作用力，使得活塞连同制动钳体整体沿导向销向左移动，直到制动盘右侧的制动块也压紧在制动盘上，此时两侧的制动块都压在制动盘上，夹住制动盘使其制动。

浮钳盘式制动器具有热稳定性和水稳定性好、结构简单、拆装方便等优点，目前被广泛应用。

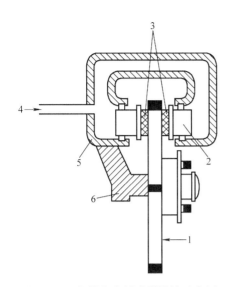
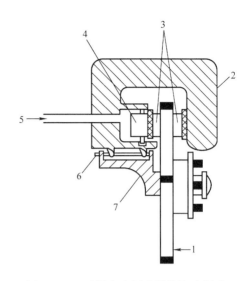

图 11-38 定钳盘式制动器结构示意图
1—制动盘；2—活塞；3—制动块；
4—进油口；5—制动钳体；6—车桥部分

图 11-39 浮钳盘式制动器结构示意图
1—制动盘；2—制动钳体；3—制动块；
4—活塞；5—进油口；6—导向销；7—车桥

3. 典型浮钳盘式制动器

如图 11-40 所示为广州本田飞度前轮制动器。

制动钳体用螺栓与制动钳座相连，螺栓同时兼作导向销，制动钳座固定在前悬架总成轮毂轴承座凸缘上。制动钳体可沿两个制动钳销与制动钳座作轴向相对移动，两制动块装在制动钳座上，使两制动块可以在制动钳座上做轴向移动，但不会上下窜动。制动盘装在两制动块之间，并通过轮胎螺栓固定在前轮毂上，制动块在制动液压力作用下，推动内制动块压向制动盘内侧，制动钳上的反力使制动钳壳体向内侧移动，从而带动外制动块压向制动盘外侧面。于是内、外摩擦块将制动盘的两端面紧紧夹住，实现了制动。

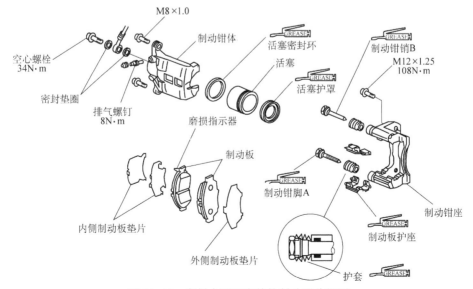

图 11-40 广州本田飞度前轮制动器分解图

4. 制动间隙自调结构

盘式车轮制动器的制动间隙一般都是自动调整的，它是利用活塞矩形密封圈的弹性变形实现制动间隙的自动调整。如图 11-41 所示。

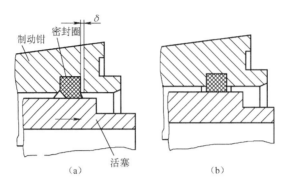

图 11-41　盘式制动器制动间隙自动调整装置
(a) 制动状态；(b) 不制动状态

矩形密封圈嵌在制动钳油缸的矩形槽内，密封圈刃边与活塞外圆配合较紧，制动时刃边在摩擦作用下随活塞移动，使密封圈发生弹性变形，相应于极限摩擦力的密封圈极限变形量应等于制动器间隙为设定值时完全制动所需的活塞行程。解除制动时，密封圈恢复变形，活塞在密封圈弹力作用下退回原位，当制动盘与摩擦衬块磨损后引起的制动间隙超过设定值时，则制动时活塞密封圈变形量达到极限值后，活塞仍可在液压作用下，克服密封圈的摩擦力继续移动，直到实现完全制动为止。解除制动后，制动器间隙即恢复到设定值 δ，因活塞密封将活塞拉回的距离仍然等于原设定值 δ，活塞密封圈兼起活塞复位弹簧和一次调准式间隙自调装置的作用。

5. 制动块磨损报警装置

许多盘式制动器上装有制动块摩擦片磨损报警装置，用来提醒驾驶员制动块上的摩擦片需要更换。如图 11-42 所示，为应用较广泛的声音式制动块磨损装置。

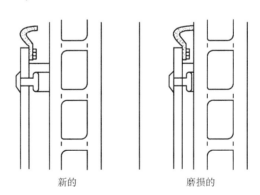

图 11-42　声音式制动块磨损报警装置

在制动摩擦块的背板上装有一小弹簧片，其端部到制动盘的距离刚好为摩擦片的磨损极限，当摩擦片磨损到需更换时，弹簧片与制动盘接触发出刺耳的尖叫声，警告驾驶员需要维修制动系统。

6. 盘式制动器的特点

盘式制动器与鼓式制动器相比较，有以下优点。

（1）制动盘暴露在空气中，散热能力强。特别是采用通风式制动盘，空气可以流经内部，加强散热。

（2）进水后制动效能降低较少，而且只须经一两次制动即可恢复正常。

（3）制动效能较稳定、平顺性好。

（4）制动盘沿厚度方向的热膨胀量极小，而鼓式制动器的制动鼓的热膨胀系数大，使制动器蹄鼓间隙明显增加而导致制动踏板行程增大。此外也便于装设间隙自调装置。

（5）结构简单，摩擦片安装更换容易，维修方便。

盘式制动器的缺点如下。

（1）制动时无助势作用，要求管路液压比鼓式制动器高，一般要用伺服装置和采用较大直径油缸。

（2）防污性能差，制动块摩擦面积小，磨损较快。

（3）兼用于驻车制动时，需要加装的驻车制动传动装置较鼓式制动器复杂。

11.3 驻车制动器

11.3.1 驻车制动器的功用

驻车制动器的功用是使停驶后的汽车驻留原地不动；便于坡道起步；当行车制动效能失效后临时使用或配合行车制动器进行紧急制动。

11.3.2 驻车制动器的类型

驻车制动器按其安装位置可分为中央制动式和车轮制动式两种。中央制动式通常安装在变速器的后面，制动力矩作用在传动轴上；车轮制动式通常与车轮制动器共用一个制动器总成，只是传动机构是相互独立的。

驻车制动器按其结构形式可分为鼓式、盘式、带式和弹簧作用式。其中鼓式和盘式应用最广。

11.3.3 中央制动式驻车制动装置

如图 11-43 所示为凸轮张开式中央制动器。制动鼓（为便于观察内部结构，图中没画制动鼓）通过螺栓与变速器输出轴后端的凸缘盘紧固在一起，与输出轴同步旋转，制动底板由底板支座通过螺栓固定在变速器输出轴轴承盖上，两制动蹄下端松套在固定于制动底板的偏心支撑销上，制动蹄上端装有滚轮，在复位弹簧的作用下滚轮紧靠在凸轮的两侧，制动凸轮轴通过制动底板支座支撑在制动底板上部，其外端与摆臂的一端细花键连接，摆臂的另一端与穿过压紧弹簧的拉杆相连。拉杆再通过摇臂、传动杆与驻车制动杆相连，驻车制动杆与固定于变速器壳体上的齿扇铰链，驻车制动杆上还连有棘爪，驻车制动工作时，棘爪嵌入齿扇上的棘齿内，起锁止作用，解除驻车制动时，需按下驻车制动杆上的按钮使棘爪脱离棘齿才能扳动驻车制动杆。

进行驻车制动时，将驻车制动杆上端向后拉动，制动杆的下端向前摆动，传动杆带动摇臂顺时针转动，拉杆则带动摆臂顺时针转动，凸轮轴也顺时针转动，凸轮则使两制动蹄以支撑销为支点向外张开，压靠到制动鼓上，产生制动作用。

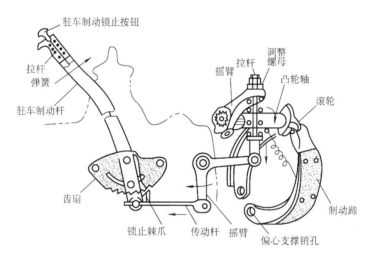

图11-43 凸轮张开式中央制动器

当制动杆拉到制动位置时，棘爪嵌入齿扇上的棘齿内，起锁止作用。

解除制动时，按下驻车制动杆上的按钮使棘爪脱离棘齿，向前推动制动杆，则传动杆、拉杆、凸轮轴按逆时针方向转动，制动蹄在复位弹簧的作用下回位，制动蹄与制动鼓间恢复制动间隙，解除制动。

驻车制动指示灯开关在全制动位置导通指示灯，以提醒驾驶员制动未解除，不能起步。

当制动摩擦片磨损后，蹄鼓间隙增大，需要进行调整，可通过传动机构上的调整机构进行调整，要求棘齿拉杆拉出5~11个牙齿时，驻车制动器处于全制动状态。具体的调整步骤如下。

（1）松开蹄片支撑销锁紧螺母，用29.4N的力量在摇臂末端转动摇臂，在此状态下，摩擦片中部应与制动鼓接触。否则，转动支撑销达到上述标准，然后拧紧锁紧螺母。

（2）将摇臂与拉杆连接。

（3）将驻车制动器手柄推至最前端，然后向后拉，棘爪只能有两个齿的自由行程。拉到第三齿时，应有制动感觉，拉到第五齿时，汽车应能完全被制动住。如果自由行程过小，可拧进拉杆上的调整螺母。

（4）如自由行程仍大，可以改变摇臂与凸轮轴的相对位置。调整时，将驻车制动手柄放松至最前位置,松开夹紧螺母,取下摇臂,逆时针方向转动几个齿再重新装上,重复上述试验和调整,直至达到要求为止。最后用锁紧螺母锁紧调整螺母的位置。

(5) 驻车制动手柄放松后,用塞尺在测量摩擦片和制动鼓这间必须留有 0.1~0.4 mm 的间隙。

(6) 用 294 N 的力拉紧驻车制动手柄,棘爪在齿板上只能滑过 5 个齿。

11.3.4 车轮制动式驻车制动装置

车轮制动式驻车制动装置根据制动器类型有鼓式和盘式两大类。

1. 后轮驻车制动装置(鼓式)

如图 11-44 所示,为广本飞度的后轮驻车制动装置(鼓式)。

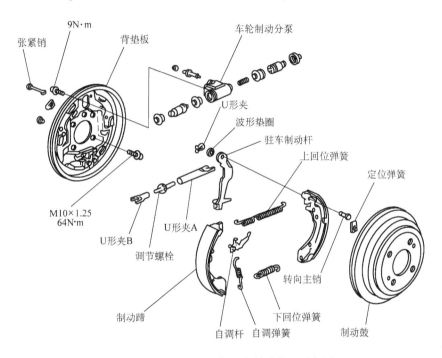

图 11-44 广州本田飞度驻车制动装置示意图

驻车制动器与行车制动器共用一套制动器,只是传动装置不同,如图 11-45 所示。当在驾驶室内拉驻车制动时,通过拉线拉动制动器内的驻车制动杆下端往前推,这样驻车制动杆以上端为支点,逆时针转动,推动 U 形夹及调节螺栓,从而使制动蹄向外张开压紧制动鼓,实现制动。当松开驻车制动时,制动蹄在回位弹簧的作用下回位,驻车制动解除。

2. 凸轮促动式驻车制动装置

如图 11-46 所示为一种带凸轮促动机构的盘式制动器的浮式制动钳。自调螺杆穿过制动钳体的孔旋装在切有粗牙螺纹的自调螺母中,螺母凸缘的左边部分被扭簧紧箍着。扭簧的一端固定在活塞上,而另一端则自由地抵靠螺母凸缘。推力球轴承固定在螺母凸缘的右侧,并被固定在活塞上的挡片封闭。轴承与挡片之间的装配间隙即等于制动器间隙为标准值时完全制动所需的活塞行程。膜片弹簧使螺杆右端斜面与驻车制动杠杆的凸轮斜面始终贴合。

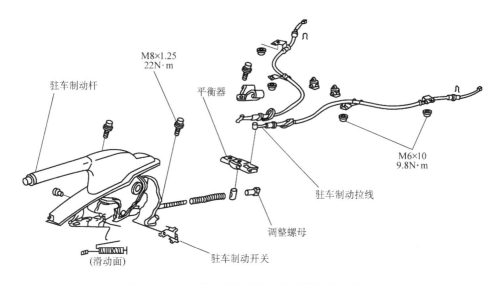

图 11-45 广州本田飞度驻车制动装置传动装置

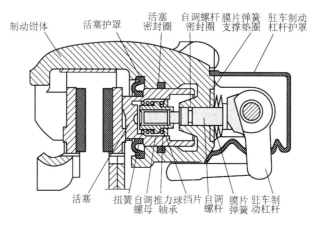

图 11-46 带凸轮促动机构的浮式制动钳

实行驻车制动时，在驻车制动杠杆的凸轮推动下，自调螺杆连同自调螺母一直左移到螺母接触活塞的底部。此时，由于扭簧的妨碍，自调螺母不可能倒转着相对于螺杆向右移动，于是轴向推力便通过活塞传到制动块上而实现制动。解除驻车制动时，自调螺杆在膜片弹簧的作用下，随着驻车制动杠杆回位。

制动间隙的自动调整。在制动间隙大于标准值的情况下实行行车制动时，活塞在液压作用下左移。到挡片与轴承间的间隙消失后，活塞所受液压推力便通过推力轴承作用在自调螺母凸缘上。因为自调螺杆受凸轮斜面和膜片弹簧的限制，不能转动，也不能轴向移动，所以这一轴向推力便迫使自调螺母转动，并且随活塞相对于螺杆左移到制动器过量间隙消失为止。此时扭簧张开，且其螺圈直径略有增大。撤除液压后，活塞密封圈使活塞退回到制动器间隙等于标准值的位置，而扭簧的自由端则由于所受摩擦力矩的消失而转回原位。这样，自调螺母保持在制动前的轴向位置不动，从而保证了挡片与推力轴承之间的间隙为原值。

3. 钢球促动式驻车制动机构

如图 11-47 所示，驻车制动杠杆用螺栓固定在凸缘短轴上，凸缘短轴和凸缘螺杆的凸缘端面上各有三个倾斜凹坑，二者通过凹坑中的钢球传力，凸缘螺杆通过粗牙螺纹拧在活塞组件的螺母上。进行驻车制动时，拉绳拉动驻车制动杠杆摆动，凸缘短轴也随之转动，于是钢球在倾斜凹坑内滚动，同时推动凸缘螺杆带动活塞组件移动，压向制动盘实现制动。

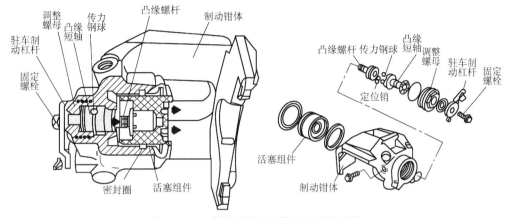

图 11-47　带钢球促动机构的浮式制动钳

11.4　液压制动传动装置

11.4.1　制动传动装置的功用及分类

制动传动装置的功用是将驾驶员或其他动力源的作用力传到制动器，同时控制制动器的工作，从而获得所需的制动力矩。

制动传动装置按传力介质的不同可分为液压式、气压式和气—液综合式；按制动管路的套数可分为单管路和双管路，目前单管路制动传动装置已被淘汰。

11.4.2　液压式制动传动装置的基本组成及工作原理

如图 11-48 所示，液压制动传动装置由制动踏板、推杆、制动主缸、储油罐、制动轮缸、油管、制动开关、指示灯、比例阀等组成。

液压式制动传动装置是利用制动油液，将驾驶员施加的制动踏板力转换为油液压力，通过装在车架上的制动主缸把机械能转换为液压能，再通过装在车轮制动器内的轮缸将液压能转换为机械能，促使制动器进入工作状态。

制动踏板机构和制动主缸都装在车架上。因车轮是通过弹性悬架与车架联系的，而且有的还是转向轮，主缸与轮缸的相对位置经常变化，故主缸与轮缸间的连接油管除金属管

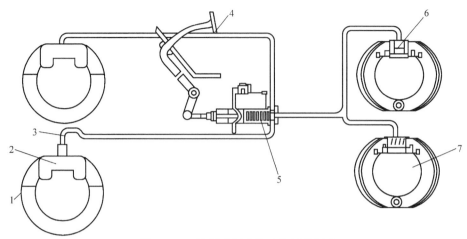

图 11-48 液压式制动传动装置的组成
1—前轮制动器；2—制动钳；3—制动管路；4—制动踏板；
5—制动总泵（主缸）；6—制动分泵（轮缸）；7—后轮制动器

（铜管）外，还有特制的橡胶制动软管。各液压元件之间及各段油管之间还有各种管接头。

制动时，驾驶员踩下制动踏板，制动主缸的后腔活塞先工作，再是前腔活塞工作，将制动液从主缸中压出并经油管进入前后各车轮的轮缸内，使轮缸活塞移动，直到制动摩擦片压靠到制动鼓（或制动盘）上，使汽车产生制动。这时管路液压和制动器产生的制动力矩是与踏板力呈线性关系的，若轮胎与路面间的附着力足够，则汽车所受到的制动力与踏板力呈线性关系。

在开始踩下制动踏板、制动蹄和制动鼓（盘）之间的间隙消除之前，系统中的油压并不高，仅足以平衡制动蹄复位弹簧的张力以及油液在管路中的流动阻力。在制动器间隙消失并开始产生制动力矩时，液压与踏板力才能继续增长，车轮制动器的制动力也随之与踏板力成正比例地增长，直到完全制动。

放开制动踏板，制动蹄和轮缸活塞在复位弹簧作用下复位，将制动液压回制动主缸，制动作用即行解除。

管路液压和制动器产生的制动力矩是与踏板力呈线性关系的。若轮胎与路面间的附着力足够，则汽车所受到的制动力也与踏板力呈线性关系。制动系的这项性能称为制动踏板感（或称路感），驾驶员可因此而直接感觉到汽车制动强度；以便及时加以必要的控制和调节。

液压系统中若有空气侵入，将严重影响液压的升高，甚至使液压系统完全失效。因此在结构上必须采取措施以防止空气侵入，并便于将已侵入的空气排出。

11.4.3 液压式制动传动装置的双管路布置类型

为了提高汽车行驶的安全性，并根据交通法规的要求，现代汽车的行车制动系都采用了双回路制动系。双回路是指利用彼此独立的双腔制动主缸，通过两套独立管路，分别控制两桥或三桥的车轮制动器，其特点是若其中一套管路发生故障而失效时；另一套管路仍能继续起制动作用，从而提高了汽车制动的可靠性和行驶安全性。双管路的布置方案应用较为广泛的有交叉（×）型和一轴对一轴（Ⅱ）型，如图 11-49 所示。

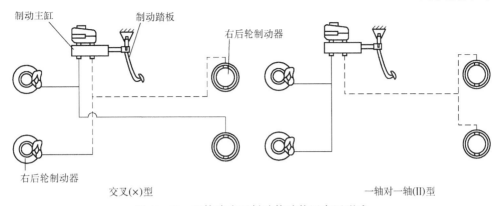

图 11-49 双管路液压制动传动装置布置形式

交叉（×）型：前后轴对角线方向上的两个车轮共用一套管路，在任何一套管路失效时，剩余总制动力都能保持在正常值的50%，且前后轴制动力分配比值保持不变，有利于提高制动稳定性。这种布置形式多用于发动机前置前轮驱动的轿车上，如桑塔纳、广州本田、天津夏利等。

一轴对一轴（Ⅱ）型：前后制动器对一个车桥一套管路，这种布置形式最为简单，可与单轮缸鼓式制动器配合使用，其缺点是当一套管路失效时，前后桥制动力分配的比值被破坏。这种布置多用于发动机前置后轮驱动汽车，如南京依维柯等。

11.4.4 主要部件的结构

1. 制动主缸

制动主缸，又称为制动总泵，其作用是将踏板输入的机械能转换成液压能。

对应于双回路制动系，制动主缸常用串列双腔式。如图11-50所示，储液罐中的油液经每一腔的空心螺栓（其内腔形成储液室）和各自的旁通孔、补偿孔流入主缸前、后腔。在主缸前、后工作腔内产生的液压分别经各自的出油阀和各自的管路传到前、后轮制动器的轮缸。

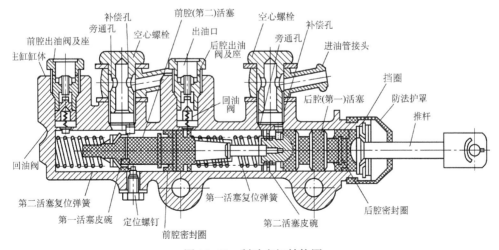

图 11-50 制动主缸结构图

不制动时，推杆球头端与活塞之间保留有一定的间隙，以保证活塞在弹簧的作用下完全回复到最右端位置，前、后两工作腔内的活塞头部与皮碗正好位于前、后腔内各自的旁通孔和补偿孔之间。制动时，为了消除推杆球头与活塞之间的间隙所需的踏板行程，称为制动踏板自由行程。

当踩下制动踏板时，踏板传动机构通过推杆推动后腔（第一）活塞前移，到皮碗掩盖住旁通孔后，此腔液压升高。在后腔液压和后腔活塞回位弹簧力的作用下，推动前腔缸活塞向前移动，前腔压力也随之升高。当继续下踩制动踏板时，前、后腔的液压继续升高，使前、后轮制动器制动。

解除踏板力后，制动踏板机构、主缸前后腔活塞和轮缸活塞，在各自的复位弹簧作用下回位，管路中的制动液借其压力推开回油阀门流回主缸。于是解除制动。

当迅速放开制动踏板时，由于油液的黏性和管路阻力的影响，油液不能及时流回主缸并填充因活塞右移而让出的空间，因而在旁通孔开启之前，压油腔中产生一定的真空度。此时进油腔液压高于压油腔，因而进油腔的油液便从前、后腔活塞的前密封皮碗的边缘与缸壁间的间隙流入各自的压油腔以填补真空。与此同时储液室中的油液经补偿孔流入各自的进油腔。活塞完全复位后，旁通孔已开放，由制动管路继续流回主缸而显多余的油液便可经前、后腔的旁通孔流回储液室。液压系统中因密封不良而产生的制动液漏泄及因温度变化而引起的制动液膨胀或收缩，都可以通过补偿孔和旁通孔得到补偿。当制动器间隙过大或液压系统进入空气，致使踏板踩到极限位置仍感到制动力不足时，可迅速放松踏随即再踩下，如此反复几次，使压入管路中的油液增多，油压升高，以进一步加大制动力。

若与前腔连接的制动管路损坏漏油时，则在踩下制动踏板时只有后腔中能建立液压，前腔中无压力。此时在液压差作用下，前腔活塞迅速前移到前缸活塞前端顶到主缸缸体上。此后，后腔工作腔中液压方能升高到制动所需的值。

若与后腔连接的制动管路损坏漏油时，则在踩下制动踏板时，起先只是后腔（第一）活塞前移，而不能推动前腔（第二）活塞，因后缸工作腔中不能建立液压。但在后缸活塞直接顶触前缸活塞时，前缸活塞前移，使前缸工作腔建立必要的液压而制动。

由上述可见，双回路液压制动系统中任一回路失效时，主缸仍能工作，只是所需踏板行程加大，将导致汽车的制动距离增长，制动效能降低。

2. 制动轮缸

制动轮缸，又称制动分泵，其作用是把油液压力转变为轮缸活塞的推力，推动制动蹄压靠在制动鼓上，产生制动作用。制动轮缸有双活塞式和单活塞式两种。

如图11-51所示为双活塞式，缸体用螺栓固定在制动底板上，位于两制动蹄之间，缸内有两个铝合金活塞，两个刃口相对安装的胶碗被弹簧压装在活塞上，使胶碗与活塞一起动作，并可使两胶碗的进油口保持畅通。制动时，制动液自油管接头和进油孔进入，活塞在液压力作用下向外移动，通过顶块推动制动蹄。弹簧保证皮碗、活塞、制动蹄紧密接触，并保持两活塞之间的进油间隙。防护罩除防尘外，还可防止水分进入，以免活塞和轮缸生锈而卡住。在轮缸缸体上方还装有排气阀，以便放出液压系统中的空气。

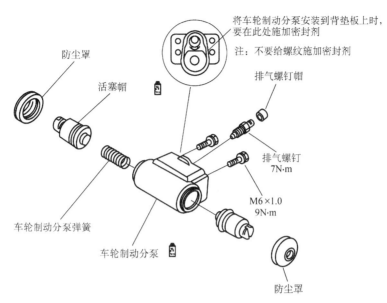

图 11-51　广本飞度后轮制动分泵分解图

单活塞式制动轮缸。为缩小轴向尺寸，液压腔密封件不用抵靠活塞端面的皮碗，而采用装在活塞导向面上切槽内的皮圈，进油间隙靠活塞端面的凸台保持。放气阀的中部有螺纹，尾部有密封锥面，平时旋紧压靠在阀座上。与密封锥面相连的圆柱面两侧有径向孔，与阀中心的轴向孔相通。需要放气时，先取下橡胶护罩，再连踩几下制动踏板，对缸内空气加压，然后踩下制动踏板不动将放气阀旋出少许，空气即可排出，待空气排出将放气阀旋闭后，再放松制动踏板。如此反复直到空气排尽。如图 11-52 所示。

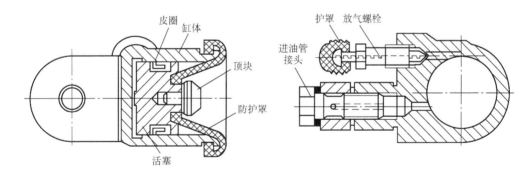

图 11-52　单活塞式轮缸结构图

3. 真空助力式液压制动传动装置

真空助力式液压制动装置是利用助力器帮助制动踏板对制动主缸产生推力，助力器装在主缸前，利用发动机进气管真空对驾驶员的踏板力增压，如图 11-53 所示。

如图 11-54 所示，为一般真空助力器的结构原理图，其中图 11-54（b）、图 11-54（c）为放大的控制阀，加力气室用螺栓 5 和 17 固定在车身的前围板上，并借调整叉 13 与制动踏板连接，气室的前腔经真空单向阀通向发动机进气歧管，外界空气经过滤环 11 和毛毡过滤环 14

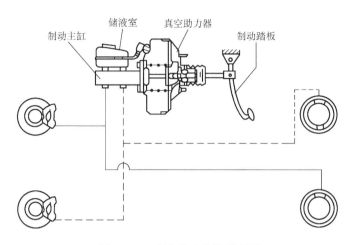

图 11-53 真空助力安装示意图

滤清后进入加力气室的后腔。加力气室膜片座 8 内有通道 A 连通加力气室前腔和控制阀室；通道 B 连通加力气室后腔和制动阀，带有密封套的橡胶阀门 9 与在座 8 上加工出来的阀座组成真空阀，又与控制阀柱塞 18 的大气阀座 10 组成大气阀，柱塞 18 借推杆 12 的球头铰接。

未踩下制动踏板时，如图 11-54（b）所示，弹簧 15 将推杆 12 连同柱塞推至右极限位置（这时真空阀开启），阀门 9 则被弹簧 16 压靠在大气阀座 10 上（这时大气阀关闭）。加力气室前、后两腔经通道 A、控制阀腔和通道 B 互相连通，并与大气隔绝。发动机运转后，真空单向阀被吸开，加力气室左、右两腔内都有一定的真空度。

制动踏板刚踩下时，加力气室尚未起作用，膜片座 8 固定不动，来自踏板机构的控制力可以推动推杆 12 和柱塞 18 相对于膜片座右移，当柱塞与橡胶反作用盘 7 之间的间隙消除后，控制力便经反作用盘传给制动主缸推杆 2。

橡胶反作用盘 7 装在由柱塞 18、座 8 和推杆 2 形成的密闭空间内。由于橡胶是体积不可压缩的柔性材料，故经盘 7 的传动后，推杆 2 从盘 7 得到的力大于柱塞 18 加于盘 7 的力，但推杆 2 的位移却小于柱塞 18 的位移。这时，主缸内一定压力的制动液流入到制动轮缸，与此同时，阀门 9 也在弹簧 16 作用下左移，直至与膜片座 8 上的真空阀接触，封闭通道 A 和 B，使它们隔绝；然后推杆 12 继续推动柱塞 18 左移到其后端的大气阀座 10 离开阀门 9 一定距离，于是外界空气经过滤环 11、14，控制阀腔和通道 B 充入加力气室的后腔，使其中真空度降低，在加力气室前、后腔之间产生一个压力差，在这过程中，膜片与阀座也不断左移，直到阀门重新与大气阀座接触而达到平衡状态为止。所以在任何一个平衡状态下，加力气室后腔中的稳定真空度均与踏板行程成递增函数关系，从而体现控制阀的随动作用。

加力气室两腔真空度差值造成的作用力，除一部分用来平衡复位弹簧 4 的力以外，其余部分都作用在反作用盘上。因此制动主缸推杆所受的力为膜片座 8 和柱塞 18 两者所施作用力之和。另经反作用盘反馈过来的力，使得驾驶员有一定的踏板感。

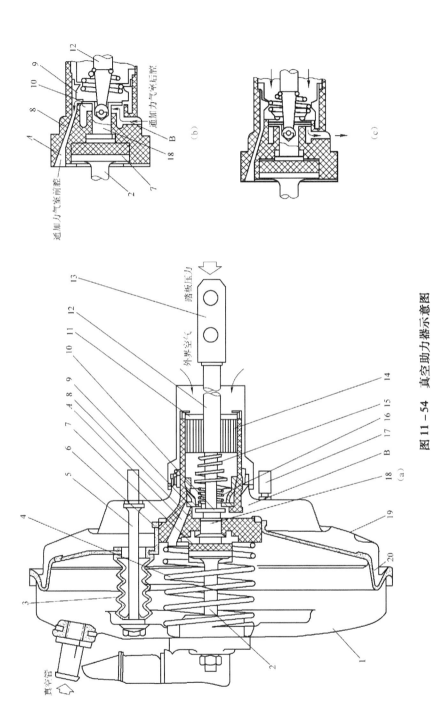

图 11-54 真空助力器示意图

1—加力气室前壳体；2—制动主缸推杆；3—导向螺栓密封套；4—膜片复位弹簧；5—导向螺栓；6—控制阀；7—橡胶反作用盘；8—加力气室膜片座；9—橡胶阀门；10—大气阀座；11—过滤环；12—控制阀推杆；13—调整叉；14—毛毡过滤环；15—控制阀推杆弹簧；16—阀门弹簧；17—螺栓；18—控制阀柱塞；19—加力气室后壳体；20—加力气室膜片

4. 制动力分配调节装置

同步滑移的条件。制动时车轮所受路面制动力以及车轮制动器所产生的制动力矩 M_u 随踏板力的增加而增加。但受到轮胎与地面附着情况的限制，地面制动力不可能超过附着力。当地面制动力等于附着力时，车轮将被抱死而在路面上拖滑。拖滑会使胎面局部严重磨损，在路面上留下一条黑色的拖印。同时，拖滑使胎面产生局部高温，使胎面局部稀化，就好像轮胎与路面间被一层润滑剂隔开，使附着系数反而减小。

由试验得知，当车轮抱死滑移时，车轮与路面间的侧向（垂直于车轮平面方向上的）附着力完全消失。这意味着路面对车轮的侧向反力为零。这样，如果只是前轮（轮向轮）制动到抱死滑移而后轮（制动时也已成为从动轮）还在滚动，此时，则汽车不可能在制动过程中转向。因为保证汽车转向的力只能是路面对偏转了一定角度的转向轮的侧向反力，所以转向轮一旦滑移而丧失侧向附着力，转向即不可能进行。如果只是后轮制动到抱死滑移，而前轮还在滚动，则汽车在制动过程中，即使受到不大的侧向干扰（例如侧向风力、路面凸起对车轮侧面的冲击力等），也会绕其垂直轴线旋转（甩尾），严重时甚至会转过180°左右（掉头）。无论是前轮还是后轮单独滑移，都极易造成车祸，尤其是因后轮单独滑移而发生甩尾现象所造成的交通安全事故更多，其后果也更为严重，所以应当尽量避免制动时后轮先抱死滑移。

要使汽车能得到尽可能大的总制动力，又能保持制动时的行驶方向稳定性（既不丧失转向操纵性，又不甩尾），就必须将制动系设计得能够将前、后车轮制动到同步滑移。附着力等于车轮所受垂直载荷与轮胎和路面间的附着系数的乘积。前后轮同步滑移的条件是，前后轮制动力之比等于前后轮对路面的垂直载荷之比。汽车静止时，前后轮垂直载荷之比仅取决于汽车重心位置，但在行驶制动过程中由于惯性力的作用，汽车轴荷将发生转移，前后轮垂直载荷之比发生变化，如果前后轮制动力的比值也能随之调节到与变化着的前后轮垂直载荷之比，则汽车可制动到前后轮同步濒临滑移。

1) 限压阀

限压阀串联于液压制动回路的后制动管路中，其作用是当前、后制动管路压力 P_1 和 P_2 由零同步增长到一定值后，自动将 P_2 限定在该值不变。

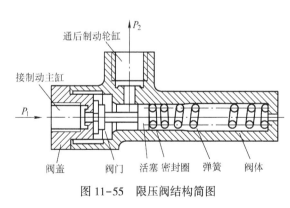

图 11-55 限压阀结构简图

限压阀的结构如图 11-55 所示。自进油口输入的控制压力是前制动管路压力（亦即主缸压力）P_1，从出油口输出的是后制动管路压力 P_2。阀门与活塞连接成一体，装入阀体后，弹簧即受到一定的预紧力。在弹簧力的作用下阀门离开阀体上的阀座而抵靠着阀盖。阀门凸缘上开有若干个通油切口，当输入压力 P_1 较低时，阀门一直保持开启，因而 $P_2=P_1$，即限压阀尚未起限压作用。当 P_2 与 P_1 同步增长到一定值 P_s 时，活塞上所受的液压作用力将弹簧压缩使阀门关闭，后轮轮缸与主缸隔绝。此后 P_2 即保持定值 P_s，不再随 P_1 增长。限压阀的工作特性线为 OAB。

2) 比例阀

比例阀（又称 P 阀）也串联于液压制动回路的后制动管路中，其作用是当前、后制动管路

压力 P_1 与 P_2 同步增长到某一定值 P_s 后,自动对 P_2 的增长加以限制,使 P_2 的增量小于 P_1 的增量。

比例阀一般采用两端承压面积不等的差径活塞结构,如图 11-56 所示。不工作时,差径活塞在弹簧的作用下处于上端极限位置。此时阀门保持开启,因而在输入控制压力 P_1 与输出压力 P_2 从零同步增长的初始阶段,$P_1 = P_2$,但是压力 P_1 的作用面积 A_1 小于压力 P_2 的作用面积 A_2,故活塞上方液压作用力大于活塞下方液压作用力。在 P_1、P_2 同步增长过程中,活塞上、下两端液压作用力之差超过弹簧的预紧力时,活塞便开始下移。当 P_1 和 P_2 增长到一定值 P_s 时,活塞内腔中的阀座与阀门接触,进油腔与出油腔即被隔绝,这就是比例阀的平衡状态。若进一步提高 P_1,则活塞将回升,阀门再次开启,油液继续流入出油腔,使 P_2 也升高,但由于 $A_1 < A_2$,P_2 尚未增加到新的 P_1 值,活塞又下降到平衡位置。任一平衡状态下,$P_2 = \dfrac{A_1}{A_2} P_1 + \dfrac{F}{A_2}$,$F$ 为平衡状态下的弹簧力。装用比例阀的实际制动管路压力分配特性线为 OAB,AB 线的斜率 <1,说明 P_2 增量小于 P_1 的增量。

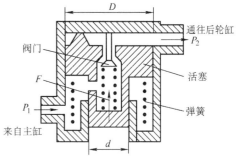

图 11-56 比例阀结构简图

3)感载阀

有些汽车在实际装载质量不同时,其总重力和重心位置变化较大,因而满载和空载下的理想制动管路压力分配特性曲线差距也较大。在此情况下,采用一般的特性曲线不变的制动力调节装置已不能保证汽车的制动性能符合法规的要求,故有必要采用特性随汽车实际装载质量而变化的感载阀。

如图 11-57 所示,阀体安装在车身上,其中的活塞为两端承压面积不等的差径结构,其右部空腔内有阀门,杠杆的一端用拉力弹簧与后悬架连接;另一端压在差径活塞上。不制动时,活塞在弹簧通过杠杆施加的推力 F 作用下处于右端极限位置。阀门因其杆部顶触螺塞

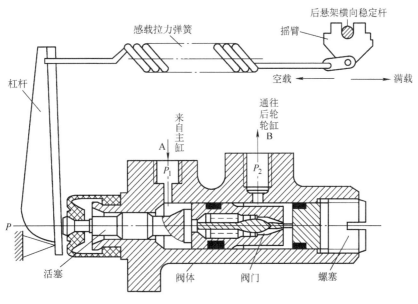

图 11-57 液压式感载比例阀

而开启，使左右阀腔连通。制动时，来自总泵压力为 P_1 的制动液由进油口 A 进入，并通过阀门从出油口 B 输至后轮轮缸，输出压力 $P_2 = P_1$。因活塞左右两端面液压之差大于推力 F 时，活塞左移，使其阀座与阀门接触而达到平衡状态，此后 P_2 增量将小于 P_1 增量。

感载比例阀的特点是作用于活塞的轴向力 F 是可变的，汽车上是利用轴载变化时，车身与车桥间的距离发生变化来改变弹簧预紧力。拉力弹簧右端经吊耳与摇臂相连，而摇臂则夹紧在后悬架的横向稳定杆的中部。当汽车的轴载荷增加时，后桥向车身移近，后悬架的横向稳定杆带动摇臂逆时针转过一个角度，将弹簧进一步拉紧，作用于活塞上推力 F 便增加；反之，轴载荷减小，推力 F 便减小。这样，调节起作用点压力值 P_s 就随轴载荷而变化。

5. 制动液

1）使用要求

制动液是液压制动系的重要组成部分，其质量好坏对制动系的工作可靠性影响很大，性能要求如下：

（1）有高的沸点，高温下不易汽化，否则易产生气阻，使制动系失效；

（2）低温下有良好的流动性；

（3）不会使与之经常接触的金属件腐蚀，橡胶件膨胀、变硬和损坏；

（4）良好的润滑作用；

（5）吸水性差而溶水性好。

2）制动液的标准

为保证汽车行驶安全，各国不断制定、修订汽车制动液标准。

（1）国外汽车制动液标准。

国外汽车制动液有代表性的标准是美国联邦政府运输安全部（DOT）制定的联邦机动车辆安全标准（FMVSS），具体是 FMVSSNO.116 DOT3、DOT4、DOT5，这是世界公认的汽车制动液通用标准。

（2）我国汽车制动液标准。

我国汽车制动液标准有 GB 10836—1998《机动车制动液使用技术条件》和 GB 12981—1991《HZY2、HZY3、HZY4 合成制动液》。汽车制动液使用技术条件分为 JG_3、JG_4、JG_5 三级。JG 为交通部、公安部系列，J 为交通部第一个汉字的汉语拼音首字母，G 为公安部第一个汉字的汉语拼音首字母。

3）制动液的选用

（1）汽车制动液的选择。

汽车制动液的选择应坚持两条原则：一是选择合成制动液；二是质量等级的选择。要按照维修手册或汽车说明书上的要求，选择正确的制动液。

（2）制动液的使用。

制动液的更换以汽车的行驶里程或时间确定，一般行驶里程超过 30 000 km 或时间超过两年需更换。

汽车制动液使用应注意下列事项：不同规格的制动液不能混用；防止水分或矿物油混入；制动缸橡胶皮碗不可长时间暴露放置在空气中；汽车制动液多以有机溶剂制成，易挥发、易燃，因此，管理和使用中要注意防火；避免制动液进入眼睛；避免制动液溢洒到漆膜表面，若出现该种情况立即用冷水冲洗。

11.5 气压式制动传动装置

气压式制动传动装置利用压缩空气作动力源,制动时,驾驶员通过控制制动踏板的行程,便可控制制动气压的大小,得到不同的制动强度。其特点是制动操纵省力、制动强度大、踏板行程小,但需要消耗发动机的动力,制动粗暴而且结构比较复杂。一般在重型和部分中型汽车上采用。

气压制动传动装置的组成与布置形式随车而异,但总的工作原理相同。管路的布置形式也分为单管路和双管路两种。目前都是以双管路的为主。

11.5.1 解放 CA1092 型汽车双管路的气压制动系统

如图 11-58 所示为解放 CA1092 型汽车双管路气压制动系统示意图。发动机驱动的活塞式空气压缩机将压缩空气经单向阀压入湿储气筒;湿储气筒上装有安全阀和供其他系统使用的压缩空气放气阀,压缩空气在湿储气筒内冷却并进行油水分离,然后进入主储气筒的前、后腔。

主储气筒的前腔与制动控制阀的上腔相连,以控制后轮制动;同时通过三通管与气压表及气压调节器相连;储气筒后腔与制动控制阀的下腔相连,以控制前轮制动,并通过三通管与气压表相连。气压表为双指针式,上指针指示储气筒前腔气压;下指针指示储气筒后腔气压。供气管路中常存有压缩空气,储气筒最高气压为 0.8 MPa。

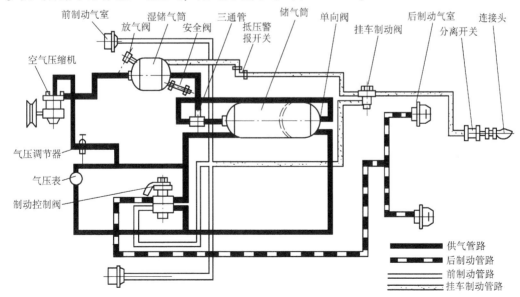

图 11-58 解放 CA1092 型汽车双管路气压制动系统示意图

当驾驶员踩下制动踏板时，拉杆带动制动控制阀拉臂摆动，使制动控制阀工作。储气筒前腔的压缩空气经制动控制阀的上腔进入后轮制动气室，使后轮制动；同时储气筒后腔的压缩空气通过制动控制阀下腔进入前制动气室，使前轮制动。当放松制动踏板时制动控制阀使各制动气室通大气以解除制动。

11.5.2 东风 EQ1090E 型汽车双回路的气压制动系统

如图 11-59 所示为东风 EQ1090E 型汽车双回路气压制动系统示意图。其中备有两个主储气筒，单缸空气压缩机产生的压缩空气首先经过单向阀输入湿储气筒进行油水分离，之后分成两个回路：一个回路经过前制动主储气筒、并列双腔制动阀的后腔而通向前制动气室；另一回路是经过后制动主储气筒、双腔制动阀的前腔和快放阀而通向后制动气室。

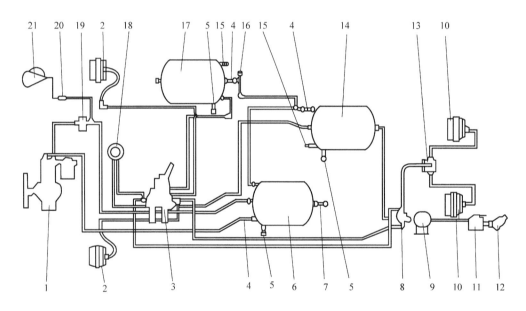

图 11-59　东风 EQ1090E 型汽车双回路气压制动系统示意图

1—空气压缩机；2—前制动气室；3—并列双腔式制动控制阀；4—储气筒单向阀；5—放水阀；
6—湿储气筒；7—安全阀；8—校阀；9—挂车制动阀；10—后制动气室；11—挂车分离开关；
12—连接头；13—快放阀；14—主储气筒（供前制动器）；15—低压报警器；16—取气阀；
17—主储气筒（供后制动器）；18—双针式气压表；19—气压调节器；20—气喇叭开关；21—气喇叭

当其中一个回路发生故障失效时，另一个回路仍能继续工作，以维持汽车具有一定的制动能力，从而提高了汽车的行驶安全性。装在制动阀至后制动气室之间的快放阀的作用是，当松开制动踏板时，使后轮制动气室放气线路和时间缩短，保证后轮制动器迅速解除制动。前、后制动回路的储气筒上都装有低压报警器，当储气筒中的气压低于 0.35 MPa 时，便接通装在驾驶室内转向柱支架内侧的蜂鸣器的电路，使之发出断续鸣叫声，以警告驾驶员，储气筒内气压过低。在不制动时，前制动主储气筒还通过挂车制动阀、挂车分离开关、连接头向挂车储气筒充气。制动时，双腔制动阀的前、后腔输出气压可能不一致，但都通入校阀

(也称双向阀)，校阀则只让压力较高一腔的压缩空气输入挂车制动阀，后者输出的气压又控制装在挂车上的继动阀，使挂车产生制动。

11.5.3 主要部件的作用、结构及简单工作原理

1. 空气压缩机

空气压缩机一般固定在发动机缸体的一侧，多由发动机通过皮带或齿轮来驱动、有的采用凸轮轴直接驱动。空气压缩机按缸数可分为单缸（用于东风 EQ1090E 型汽车）和双缸（用于解放 CA1092 型汽车）两种，其工作原理类似。

东风 EQ1090E 型汽车采用的单缸风冷式空气压缩机。铸铁制成的缸体下端用螺栓紧固在曲轴箱上，缸体外表面铸有三道环形散热片，铝制汽缸盖用螺栓紧固于汽缸体上端面，其间装有密封缸垫。汽缸盖内装有进气阀和排气阀，侧面进气口上装有空气滤清器。进气阀由导向座、弹簧、阀片、阀片座、密封圈等组成，经进气道与小空气滤清器相通。排气阀由导向座、弹簧、阀片、阀片座、密封圈、波形垫圈等组成，经排气管接头与储气筒相通。进气阀上方设有卸荷装置（卸荷室和卸荷阀），卸荷阀壳体内镶嵌着套筒，其中有卸荷柱塞和弹簧。

空气压缩机工作时，活塞下行，汽缸内形成一定真空度，迫使进气阀克服弹簧的张力离开阀座，外界的空气即经空气滤清器、进气道、进气阀被吸入汽缸，活塞下行至下止点附近时，随着活塞移动速度的降低，其真空度也逐渐减小。当减到不能克服弹簧的张力时，进气阀被弹簧压靠在阀座上，切断进气通路。活塞上行时，缸内空气即被压缩，压力升高，当压力升高到足以克服排气阀弹簧的张力与排气室内压缩空气的压力之和时，压缩空气即压开排气阀，经排气室和排气管道送至湿储气筒。当储气筒内的气压达到规定值（0.7~0.74 MPa）后，调压机构便使卸荷阀压开进气阀，使空气压缩机与大气相通卸荷空转，不再泵气。

2. 调压阀

其作用是调节储气筒中压缩空气的压力，使之保持在规定的压力范围内，同时使空气压缩机能卸荷空转，减少发动机的功率损失。

3. 制动控制阀

制动控制阀的作用是控制从储气筒充入制动气室和挂车制动控制阀的压缩空气量，从而控制制动气室中的工作气压，并有逐渐变化的随动作用，即保证制动气室的气压与踏板行程有一定的比例关系。制动控制阀常见结构有串联活塞式和并联膜片式。

(1) 串联活塞式。

如图 11-60 所示为解放 CA1091 型汽车气压式制动控制阀。由上盖、上阀体、中阀体和下阀体等组成，并用螺钉连接在一起，其间装有密封垫。中阀体上的通气口 A_1 和 B_1 分别接后桥储气筒和后桥制动气室；下阀体上的通气口 A_2 和 B_2 分别接前桥储气筒和前桥制动气室。上下活塞与壳体间装有密封圈。下活塞由大小两个活塞套装在一起，小活塞对大活塞能进行单向分离。上腔阀门滑动地套装在芯管上，其外圆有密封隔套。下腔阀门滑动地套在有密封圈的下阀体中心孔中，中空的芯管和小活塞制成一体。

(2) 并联膜片式。

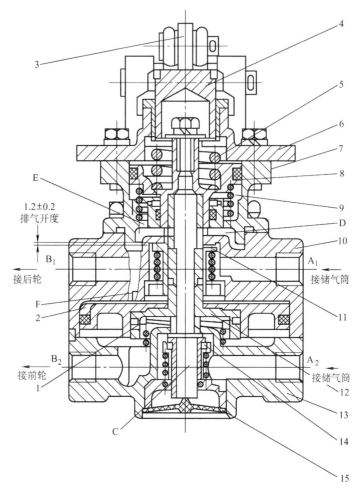

图 11-60 解放 CA1091 型汽车气压制动总阀简图

1—下腔小活塞回位弹簧；2—下腔大活塞；3—滚轮；4—推杆；5—平衡弹簧；6—上盖；7—上阀体；8—上活塞总成；9—上活塞回位弹簧；10—中阀体；11—上腔阀；12—下腔小活塞；13—下阀体；14—下腔阀；15—防尘片；A_1、A_2—进气口；B_1、B_2—出气口；C—排气口；D—上腔排气口；E、F—通气孔

如图 11-61 所示为东风 EQ1090E 型汽车气压制动控制阀。由彼此独立的前腔制动阀和后腔制动阀及两阀共用的平衡臂、平衡弹簧、拉臂及上体等部分组成。独立的左腔室与后桥储气筒和后桥控制管路连接；独立的右腔室与前桥储气筒和前桥控制管路连接。膜片组件的驱动形式是通过叉形拉臂、推压平衡弹簧、推杆、平衡臂同步地控制两腔的膜片芯管。平衡弹簧无预紧力，膜片制成挠曲形。

前桥腔室中有滞后机构，两腔室制动时，有时间差和气压差，且能调整其大小，使得前后桥制动能协调一致。滞后机构总成由推杆、密封柱塞、可调的滞后弹簧、调整螺母等机件组成，其壳体通过螺纹装于阀体下端的螺纹孔内，并用密封圈密封，下端螺纹孔装有调整螺母，并用锁紧螺母锁紧。旋转调整螺母，可调整滞后弹簧的预紧力。在滞后弹簧的张力作用下，经密封柱塞使位于芯管中心孔的推杆上端支撑着芯管，芯管下端面与进气阀上端面保持 1.5 mm±0.3 mm 的排气间隙。后桥腔室的下部，也装有和前桥腔室滞后机构相同的机件和相同的排气间隙，只是少了推杆使其滞后机构不起作用。

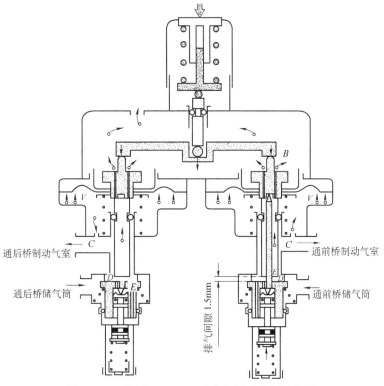

图 11-61 东风 EQ1091E 型汽车制动控制阀简图

4. 制动气室

制动气室的作用是把储气筒经过控制阀送来的压缩空气的压力转变为转动凸轮的机械力。解放 CA1092 型汽车和东风 EQ1090E 型汽车都采用膜片式制动气室。东风 EQ1090E 型汽车的制动气室，夹布层橡胶膜片的周缘用卡箍夹紧在壳体和盖的凸缘之间。盖与膜片之间为工作腔，借橡胶软管与制动阀接出的钢管连通，膜片右方则通大气。膜片回位弹簧通过焊接在推杆上的支撑盘将膜片推到图示的左端极限位置。推杆的外端借连接叉与制动器的制动调整臂相连。

踩下制动踏板时，压缩空气自制动控制阀充入制动气室工作腔，使膜片向右拱，将推杆推出，使制动调整臂和制动凸轮转动而实现制动。放开制动踏板，工作腔里的压缩空气则经由制动阀的排气口通入大气。膜片与推杆都在弹簧作用下复位而解除制动。

11.6 制动系的维护与维修

11.6.1 车轮制动器的维护

汽车每次做二级维护时，都应进行下列有关车轮制动器的作业项目。

（1）拆检各车轮制动器，检查制动鼓和制动蹄技术状况。要求制动鼓内圆柱面的圆度误差、圆柱度误差及径向全跳动符合标准；制动鼓、制动蹄和制动蹄衬片不得有裂纹；摩擦片铆钉头的沉入量不得小于 0.5 mm，摩擦片表面应清洁无油污。

（2）检查和润滑制动蹄支撑销，不得有发卡和锈蚀，制动蹄在支撑销上应转动自如。

（3）凸轮式制动器应紧固制动底板和制动凸轮轴支架，凸轮轴应转动自如不松旷。

（4）按规定对轮毂补给润滑脂。

（5）车轮制动器装复后，按规定调整制动蹄与制动鼓的间隙。

11.6.2 鼓式车轮制动器的检修

（1）制动鼓。制动鼓的常见损伤主要是工作表面的磨损、变形和裂纹。

① 制动鼓不得有任何性质的裂纹，否则更换新的。

② 制动鼓圆度、圆柱度、径向全跳动误差超过规定时，应对制动鼓进行镗削。但镗削后的制动鼓内径不得超过极限值，否则应更换新的制动鼓。

检查两轴承内锥面的滚道有无斑点、剥落、松旷，轮毂承孔有无损伤等，若需更换轴承，应在轴承更换以后再进行镗削。

（2）制动蹄。制动蹄的常见损伤形式为摩擦片磨损、龟裂、制动蹄支撑孔的磨损等。

① 制动蹄不得有裂纹和变形，支撑销孔与支撑销的配合应符合原设计规定。

② 制动蹄衬片的磨损不得超过规定值。衬片龟裂和严重油污时，应更换衬片。衬片与制动蹄应严密贴合。轿车的制动蹄衬片采用黏结方式连接。当衬片的磨损量超过规定值时，应更换新的制动蹄组件。

③ 制动蹄片修复后，应修整制动蹄衬片与制动鼓的初始贴合面积。对于领从蹄式制动蹄，初始贴合面积为60%，对于双领蹄式制动蹄，初始贴合面积不小于75%；且制动蹄与制动鼓的接触印迹应两端重，中间轻，即通常说的"吃两头，靠中间"，如不符合要求时，应进行修整。最后，在制动蹄衬片的两端加工出较大的倒角，以免蹄片犯卡，影响制动蹄的贴合。

④ 制动蹄复位弹簧的弹力衰退或断裂，必须更换新的。

（3）鼓式车轮制动器的调整。车轮制动器的调整分局部调整和全面调整两种。局部调整只需调整制动蹄的，通常用于车辆在运行过程中因蹄鼓的间隙变大而进行的调整。全面调整需同时调整制动蹄片两端（张开端和支撑端）的位置，通常用于更换制动蹄或镗削制动鼓后，为保证制动蹄与制动鼓的正确接触而进行的调整。对于不设置固定端的自动增力式车轮制动器而言，没有全面调整和局部调整之分。

（4）液压制动系鼓式车轮制动器（领从蹄、双领蹄式）的调整。

以北京 BJ2020 越野汽车的车轮制动器为例，前轮为单向双领蹄式，后轮为领从蹄式，前后制动器的调整方法相同。

其局部调整的步骤如下。

① 顶起车轮，一边转动车轮，另一边向外转动调整凸轮螺栓，直至制动蹄压紧制动鼓为止。转动车轮时，应有一定的方向，即调整前轮两蹄和后轮的前制动蹄时向前转动车轮；调整后轮后制动蹄时向后转动车轮。

② 向内转动调整凸轮螺栓，直至车轮能自由转动而制动蹄与制动鼓不碰擦。

③ 用同样的方法调整其他调整凸轮螺栓。
④ 用塞尺检查蹄鼓间隙应符合规定。
全面调整的方法如下。
① 按局部调整的方法转动调整凸轮螺栓至制动鼓不能转动为止。
② 向能够转动支撑销的方向转动支撑销。
③ 重复上述的①、②两步，直至调整凸轮螺栓与支撑销均不能转动为止。
④ 锁紧支撑销后，向内转动偏心轮螺栓，直至车轮能自由转动且制动蹄与制动鼓不碰擦。
⑤ 在检视孔用塞尺测量蹄鼓间隙。支撑销端为 0.15 mm，张开端为 0.3 mm。
⑥ 用同样方法调整其余制动器。

11.6.3 盘式车轮制动器的检修

（1）制动盘。
① 制动盘不得有裂纹，否则应更换。
② 制动盘的工作表面有轻微锈斑、划痕和沟槽，可用砂纸打磨清除。
③ 制动盘的工作表面如有严重磨损或划痕时，可进行车削。但车削后的极限值，应不小于原厂的规定，如广州本田飞度前轮为盘式制动器，制动盘标准厚度为 20.9～21.1 mm，磨损极限为 19 mm；一汽奥迪标准厚度为 22 mm，磨损极限为 20 mm。车削后的制动盘端面，应在距制动盘外缘 10 mm 处测量端面圆跳动量，其误差应不大 0.1 mm。否则，将会引起故障，降低制动效能。
（2）制动块。
浮钳盘式制动器的制动块总成的摩擦块与摩擦块背板均采用黏结方式连接，为一次性使用件。如有损坏或摩擦块的厚度小于极限值时（如天津威驰，前轮制动器为盘式制动器，制动块的标准厚度为 11.00 mm，最小厚度为 4.0 mm），应更换新的制动块总成。
在许多车辆上采用了报警装置，当摩擦块磨损至一定程度时，报警簧片与旋转的制动盘接触，就会发出尖叫声。簧片与制动盘的接触不会对盘造成损伤。但是如再继续使用，摩擦块过度磨损至摩擦块背板露出，就会损伤制动盘。因此，当簧片发出尖叫声，应及时更换制动块。
（3）盘式制动器的装配。
由于新制动块总成比旧件的厚度大，在装配制动块前应将制动钳的活塞推回一定距离。为减小推压活塞回位时的阻力，可将制动钳上的放气螺钉拧松。
组装时，应注意润滑制动钳的滑轨或滑销。装复后，在踩下几次制动踏板后，检查制动盘的运转是否有较大阻力。
浮钳式车轮制动器的间隙可自动调整，所以在维修中，没有制动间隙调整的作业项目。

11.6.4 液压制动传动装置的维修

1. 维护

液压制动系的维护包括检查管路渗漏、排空气和制动踏板的调整等几个方面的内容。
管路检查。整个制动系统的管路、接头应无凹瘪、严重锈蚀、裂纹现象，连接应可靠无渗漏。金属管路用的管夹固定牢靠，不得与车架及其他部件相碰擦，在行车过程中不得产生较大振幅的振抖。制动软管应舒展无折叠，无脱皮、老化、膨胀等缺陷，否则应采用相应的措施进行维修。

排空气。制动系统中渗入空气，会影响制动效果。在维修过程中，由于拆检液压系统、接头松动或制动液不足等原因，造成空气进入管路时，应及时将系统中的空气排出。排气工作必须由两人配合完成。

制动系统空气排放步骤如下。

（1）一人在驾驶室内连续踩制动踏板数次，直到踏板变硬踩不下去为止，然后踩住不动。

（2）另一人在车下，将放气螺钉旋松，让空气与一部分制动液排出（为避免制动液溅洒，应用透明橡胶管一端接放气螺钉；另一端接盛液器），待踏板降低到底时拧紧放气螺钉，松开踏板。

（3）重复（1）、（2）两步，直到放气螺钉处排出的全是制动液为止。

（4）检查并拧紧所有放气螺钉。检查并加注制动液位到标准值。

排空气过程中的注意事项如下。

（1）排空气前，储液罐应加入足够的制动液，并注意制动液的清洁，防止灰尘和水分进入制动液。此外，制动液对涂层的腐蚀性很大，要避免制动液滴溅在油漆表面上。

（2）排空气的顺序对于大多数车辆而言，先从离制动主缸最远的轮缸开始按由远到近的顺序排气。对于装有真空增压器的应先从离制动主缸最近地方开始，然后再排离制动主缸最远的轮缸的空气。

（3）排空气过程中应注意随时检查储液灌内制动液的液位，及时补充。

（4）在放气螺钉未拧紧以前，切不可抬起踏板，否则空气又会侵入。

制动踏板调整。轿车的制动器均采用带有真空助力的液压系统，制动踏板调整包括踏板自由高度的调整、自由行程的调整和剩余高度的调整等。

① 制动踏板自由高度的调整。

制动踏板的自由高度为解除制动时踏板的高度，其测量基准为去除驾驶室内地毯等覆盖后的车厢底板。

图 11-62 制动踏板的调整

揭开踏板下的地板覆盖物，测量踏板高度。如高度与该车型的原设计规定不符合，应进行调整。首先，拆下制动灯导线，拧松制动灯开关锁紧螺母，视调整要求将制动灯开关旋进或旋出。用直尺测量踏板高度，直到调整至标准值为止。其次，锁紧制动灯锁紧螺母。检查制动灯开关与踏板的接触情况，应确保制动灯熄灭。

调整踏板自由高度后，必须按下述步骤调整踏板的自由行程。因为踏板位置移动后，推杆的长度没变，会使踏板自由行程变化。

② 制动踏板自由行程的调整：如图 11-62 所示。

在发动机不工作的状态下，反复踩制动踏板多次，将真空助力器内的残余真空释放。

用手轻推踏板,直至感到有阻力为止,此位置与踏板自由高度之差即为踏板自由行程。

如踏板自由行程超过规定,可拧松推杆的锁紧螺母,转动推杆调整至符合规定为止。拧紧锁紧螺母,复查自由行程是否正确。

复查踏板自由高度,检查制动灯是否能正常工作。

③ 制动踏板剩余高度的检查。

用掩木塞在前后轮下,松开驻车制动器,起动发动机运转 2 min。用 490 N 的力踩下制动踏板,测量此时踏板至地板之间的距离,即为踏板的剩余高度。如踏板的剩余高度低于该车型的标准值,说明制动器蹄鼓间隙过大,应按车轮制动器有关内容进行蹄鼓间隙的调整。

2. 主要零件的检修

制动主缸和轮缸的检修如下。

(1) 检验。

① 总成解体时,应注意制动主缸缸体外部有无渗漏处。如有裂纹或气孔应更换。

② 检查缸筒内表面,允许内表面有轻微变色。若有划痕、阶梯形磨损或锈蚀现象应换新。

③ 复位弹簧的弹力必须符合该车型的使用要求,否则应换新。

④ 大修时,必须更换活塞和所有橡胶密封件。

(2) 制动主缸和轮缸的装配。

① 认真清洗缸体,尤其是主缸的补偿孔和回油孔一定要保持畅通。

② 装配时,在缸筒内表面及活塞总成涂一层干净的制动液。安装活塞时,不得用任何工具,以免划伤缸筒。

③ 装配后用推杆推动活塞多次,检查活塞能否灵活回位。

真空助力器的检修如下。

(1) 真空助力器的检验。

真空助力器的检查方法有就车检验法和仪表检验法两种。就车检验法作为一种定性检查,操作简便。仪表检验则是一种定量检测,它通过测试在不同真空度下,各种踏板力对应的制动压力来与原厂标准比较,以确定其性能。下面介绍就车检验法。

① 发动机熄火后,踩几次制动踏板,消除助力器内原有的真空。踩下踏板(处于工作行程范围)并保持不起动发动机,制动踏板应能稍向下移动。

② 发动机运转数分钟后熄火,用同样的力量踩下踏板数次,踏板的剩余高度应一次比一次升高。

③ 在发动机运转时,踩下制动踏板不动,将发动机熄火。在 30 s 内,踏板高度不允许下降。

(2) 真空助力器的检修。

目前轿车采用的真空助力器有可拆卸式及不可拆卸式两种。国产上海桑塔纳轿车、一汽奥迪轿车及北京切诺基越野车的真空助力器均为不可拆卸式结构。

不可拆卸式的真空助力器应在专门台架上进行总成的性能试验,损坏则更换。

11.6.5 驻车制动器的维修

1. 维护

驻车制动器维护时,应检查各支架螺母的坚固是否可靠;除进行上述作业外,还要调整驻车制动器的间隙。如调整无效,应拆检摩擦片,必要时更换。

2. 检修

以 EQ1090E 型汽车采用鼓式驻车制动器为例进行介绍。

制动蹄摩擦片铆钉头沉入量小于 0.5 mm 时,应更换衬片,其修理和铆合工艺与行车制动器摩擦片相同。检查各传动件铰链的磨损情况,必须时应予更换。制动蹄支撑销锁紧,不得松动。摩擦片表面和制动鼓内表面不得有油污。否则,要用汽油清洁干净,并用砂纸磨去浸入摩擦片的油痕。

调整步骤如下。

(1) 调整应在摇臂与拉杆连接之前进行。

(2) 松开蹄片支撑销锁紧螺母,用 29.4 N 的力在摇臂末端转动摇臂,在此状态下,摩擦片中部应与制动鼓接触。否则,转动支撑销达到上述标准,然后拧紧锁紧螺母。

(3) 将摇臂与拉杆连接。

(4) 将驻车制动器手柄推至最前端,然后向后拉,棘爪只能有两个齿的自由行程。拉到第三齿时,应有制动感觉,拉到第五个齿时,汽车应能完全被制动住。如果自由行程过小,可拧进拉杆上的球形调整螺母。

(5) 如自由行程仍大,可以改变摇臂与凸轮轴的相对位置。调整时,将驻车制动手柄放松至最前位置,松开夹紧螺母,取下摇臂,逆时针方向转动几个齿再重新装上,重复上述试验和调整,直至达到要求为止。最后用锁紧螺母锁紧调整螺母的位置。

(6) 驻车制动手柄放松后,用塞尺在测量摩擦片和制动鼓之间必须留有 0.1~0.4 mm 间隙。此时,用 294 N 的力拉紧驻车制动手柄,棘爪在齿板上只能滑过 5 个齿。

对于利用车轮制动器充当驻车制动器的汽车驻车制动的调整可将车轮顶起,然后将驻车制动杆拉到起作用位置(各车型要求不同,一般为从完全释放位置拉起 2~5 响),调整传动拉索或拉杆使车轮不能转动(制动蹄压紧制动鼓)时锁紧调整螺母。然后进行驻车制动性能检查,不合格则重新调整。

11.7 制动系的故障诊断

汽车制动系的常见故障有制动不灵、制动失效、制动跑偏和制动拖滞等。

11.7.1 制动不灵

1. 故障现象

汽车制动时,驾驶员感到减速度不足;汽车紧急制动时,制动距离太长。

2. 故障原因

（1）制动主缸、轮缸、管路或管接头漏油。
（2）主缸储液室（罐）存油不足或无油。
（3）制动液变质（变稀或变稠）或管路内壁积垢太厚。
（4）制动液中有空气。
（5）主缸、轮缸皮碗、活塞或缸筒磨损过度。
（6）主缸进油孔、补偿孔或储液室（罐）通气孔堵塞。
（7）主缸出油阀、回油阀不密封；活塞复位弹簧预紧力太小；活塞前端贯通小孔堵塞或主缸皮碗发黏、发胀。
（8）轮缸皮碗发黏、发胀。
（9）增压器或助力器效能不佳或失效。
（10）油管凹瘪或软管内孔不畅通。
（11）制动踏板自由行程太大。
（12）制动蹄摩擦片与制动鼓（盘）贴合面不佳或制动间隙调整不当。
（13）制动蹄摩擦片质量欠佳或使用中表面硬化、烧焦、油污及铆钉头露出。
（14）制动鼓磨损过甚或制动时变形。
（15）制动油管工作时胀大。

3. 诊断方法

（1）踩下制动踏板若踏板位置太低，则连续两次或几次踩踏板，若其高度随之增高且制动效能好转，则应检查制动踏板自由行程及制动器间隙。
（2）维持制动时踏板的高度，若缓慢或迅速下降，说明制动管路某处破裂、接头密封不良、轮缸皮碗密封不良或主缸皮碗、皮圈密封不良等。可首先踏下制动踏板，观察有无制动液渗漏部位。若外部正常，则应检查修理主缸故障。
（3）连续几脚制动时，踏板高度仍过低，并且在第一脚制动后，感到主缸活塞未回位，踩下制动踏板即有主缸推杆与活塞碰击响声，系主缸皮碗破裂或其复位弹簧太软。
（4）连续几次制动时踏板高度稍有增高，并有弹性感，说明制动管路中渗入空气。
（5）连续几次制动时，踏板均被踩到底，并感到踏板毫无反力，说明主缸储液室内制动液严重亏缺。
（6）连续几次制动时踏板高度低而软，系主缸进油孔或储液室螺塞通气孔堵塞。
（7）一脚或两脚制动时，踏板高度适当但太硬且制动效能不良。首先应检查真空助力器的工作性能；其次检查油管是否有老化、凹瘪、制动液是否太稠；最后检查制动器各轮摩擦片驱动端与鼓的间隙是否小于另一端，若间隙正常，则需检查鼓与摩擦片表面状况。

11.7.2 制动失效

1. 故障现象

踩下制动踏板，车辆不减速，即使连续几脚制动也无明显减速作用。

2. 故障原因

（1）主缸内无制动液。

（2）主缸皮碗严重破裂或制动系有严重的泄漏之处。
（3）制动软管或金属管断裂。
（4）制动踏板至主缸的连接脱开。

3. 诊断方法

首先检查主缸储液室内制动液是否充足，若不足则观察泄漏之处。若主缸推杆防尘套处的制动液泄漏严重，多属主缸皮碗踩翻或严重损坏，若车轮制动鼓边缘有大量制动液，则说明该轮轮缸皮碗压翻或严重破损。

11.7.3 制动跑偏

1. 故障现象

汽车制动时，车辆行驶方向发生偏斜。

2. 故障原因

汽车制动跑偏的根本原因是左右制动力不等，具体表现在以下方面。
（1）左右车轮制动蹄摩擦片与材料不一或新旧程度不一。
（2）左右车轮制动蹄摩擦片与制动鼓（盘）的接触面积、位置不一样或制动间隙不等。
（3）左右车轮轮缸的技术状况不一，造成起作用时间或张开力大小不等。
（4）左右车轮制动蹄复位弹簧拉力不一。
（5）左右车轮轮胎气压、直径、花纹或花纹深度不一。
（6）左右车轮制动鼓的厚度、直径、工作中的变形程度和工作面的粗糙不一。
（7）单边制动管凹瘪，阻塞或漏油；单边制动管路或轮缸内有气阻。
（8）单边制动蹄与支撑销配合紧或锈蚀。
（9）车架车桥在水平平面内弯曲，车架两边的轴距不等或前钢板弹簧刚度不等。

3. 诊断方法

汽车路试制动，根据轮胎印迹（非 ABS 车辆或 ABS 不工作时）情况查明制动效能不良的车轮。可先检查该轮制动管路是否漏油、轮胎气压是否充足，若正常则检查制动蹄与制动鼓的间隙是否符合规定，否则予以调整。如仍无效，可检查轮缸内是否渗入空气，若无渗入空气，则应拆下制动鼓，按原因逐一检查制动器各件。

若各轮拖印基本符合要求，但制动仍跑偏，说明故障不在制动系，应检查车架和前轴的技术状况。

11.7.4 制动拖滞

1. 故障现象

抬起制动踏板后，全部或个别车轮的制动作用不能立即完全解除，以致影响了车辆重新起步、加速行使或滑行。

2. 故障原因

（1）制动踏板无自由行程。

（2）制动踏板与其轴的配合缺油、锈污或踏板复位弹簧脱落、拉断及拉力太小等。

（3）主缸活塞复位弹簧折断或顶紧力太小；皮碗的长度太大或皮碗发胀、发黏；补偿孔被污物堵塞。

（4）轮缸皮碗发胀、发黏或活塞犯卡。

（5）制动蹄复位弹簧脱落、折断或弹力下降。

（6）制动蹄与支撑销锈污。

（7）制动蹄与制动鼓（盘）的间隙调整不当，制动放松后仍局部摩擦。

（8）通往各轮缸的油管凹瘪或堵塞。

（9）不制动时增压器辅助缸活塞中心孔打不开。

（10）轮毂轴承松旷。

3. 诊断方法

先判断故障是在主缸还是车轮制动器。行车中出现拖滞，若所有制动鼓均过热，表明主缸有故障。若个别制动鼓过热，则属于该轮制动器工作不良。维修作业后出现制动拖滞，可将汽车举升，变速器置于空挡并放松手制动，然后转动各车轮再踏下制动踏板。若抬起制动踏板后，各轮均难以立即反转，则故障在主缸，如个别轮不能立即转动，说明该轮制动器有故障。

（1）若故障在主缸时，应先检查踏板自由行程。若自由行程正常，可拆下主缸储液盖，踩踏制动踏板，观察回油情况，如不回油，为回油孔堵塞。如回油缓慢，可检查制动液是否太脏、黏度太大。如制动液清澈，则应拆检主缸。

（2）个别车轮制动器拖滞，可架起该车轮，旋松其轮缸放气螺钉，如制动液随之急速喷出且车轮即刻旋转自如，说明该轮制动管路堵塞，轮缸未能回油。如旋转车轮仍拖滞，可检查制动间隙。如上述均正常，则检修轮缸。

小 结

1. 制动系的功用主要是使汽车减速乃至停车，以及使汽车可靠地驻留在停车位置。
2. 制动系由供能装置、控制装置、传动装置及制动器四部分组成。
3. 制动器多为摩擦式，按功用分为车轮制器及驻车制动器两大类。不论何种制动器均包括固定元件、旋转元件、张开装置及定位调整机构四个部分。根据旋转元件不同，制动器又分为鼓式和盘式两大类。
4. 车轮制动器固定元件与车桥或转向节相连，鼓式制动器固定元件为制动底板及制动蹄，盘式制动器固定元件为制动钳及制动块；旋转元件与车轮相连，鼓式制动器旋转元件为制动鼓，盘式制动器旋转元件为制动盘。
5. 车轮制动器工作时，张开装置使与车轮相连的旋转元件压紧固定元件，通过两者之间的摩擦作用使车轮减速直至车轮停转。
6. 鼓式车轮制动器多为内张双蹄式，按张开装置的形式，鼓式车轮制动器可分为轮缸式制动器和凸轮式制动器。轮缸式制动器按制动时两制动蹄对制动鼓的径向作用力之间关系又可分为简单非平衡式、平衡式和自增力式制动器。
7. 盘式车轮制动器根据固定元件不同分为钳盘式和全盘式两种，前者使用较多。钳盘式又分为定钳盘和浮钳盘式，浮钳盘式制动钳可沿销相对于制动盘作轴向滑动，只需布置单侧油缸，因此其轴向尺寸小，不易产生气阻，目前在汽车上使用多为浮钳盘式。

8. 驻车制动器按其安装位置可分为中央制动式和车轮制动式两种。前者的制动器安装在变速器的后面，制动力矩作用在传动轴上；后者与车制动器共有个制动器总成，只是传动机构是相互独立的。

9. 制动器制动蹄与制动鼓之间必须有合适的间隙，以确保制动器正常工作。制动间隙的调整部位一般在制动蹄的支撑点及张开端，车辆行驶一定里程后应进行调整。

10. 制动传动装置主要有机械式、液压式、真空液压式、空气液压式、气压式等，目前在汽车上广泛应用的是液压式和气压式。

11. 液压式制动传动装置利用制动液作为传力介质，制动器产生的制动力矩正比于驾驶员施于踏板上的力，目前汽车双管路液压制动系统布置形式中应用最多的是一轴对一轴和交叉型。

12. 双管路液压制动传动装置基本组成包括串联活塞式双腔制动主缸、制动轮缸及管路。轮缸有单活塞式和双活塞式两种。

13. 气压式制动传动装置利用压缩空气作动力源，制动时，驾驶员通过控制制动踏板的行程，便可控制制动气压的大小，得到不同的制动强度。其特点是制动操纵省力、踏板行程小、制动强度大，但需要消耗发动机的动力、制动粗暴而且结构比较复杂。

14. 现代汽车上采用了各种制动力调节装置来调节前后车轮制动管路的工作压力，常用的有限压阀、感载比例阀及惯性阀等。

15. 液压制动传动装置的维护包括检查管路渗漏、排空气和制动踏板的调整。轿车的制动器均采用带有真空助力的液压系统，制动踏板调整包括踏板自由高度的调整、自由行程的调整和剩余高度的调整。

16. 汽车制动系的常见故障有制动不灵、制动失效、制动跑偏和制动拖滞等，应根据现象分析原因，由易到难逐一排除。

思考与习题

一、填空题

1. 任何制动系都由_____、_____、传动装置、制动器等四部分组成。
2. 汽车制动系按功用可分为_____、_____、第二制动系、辅助制动系。
3. 按制动能量传输方式，制动系分为机械式、_____和_____等。
4. 汽车所用的摩擦制动器中，摩擦副中的旋转元件为制动鼓，工作面为圆柱面的制动器称为_____制动器；而旋转元件为圆盘状的制动盘，工作面为圆盘端面的制动器称为_____制动器。
5. 根据制动过程中两制动蹄产生制动力矩的不同，鼓式车轮制动器可分为_____式、_____式、双向双领蹄式、双从蹄式、单向自增力式和双向自增力式等几种形式。
6. 钳盘式制动器按制动钳固定在支架上的结构形式可分为_____式和_____式两种。
7. 驻车制动系按其安装位置可分为_____式和_____式两种。

8. 制动压力分配调节装置主要有_____、_____、感载阀、惯性阀、惯性比例阀和组合阀等。

二、判断题

1. 制动系的功用主要是使汽车减速乃至停车，以及使汽车可靠地驻留在停车位置。（ ）
2. 不论何种制动器均包括固定元件、旋转元件、张开装置及定位调整机构四个部分。（ ）
3. 盘式制动器的制动间隙可人工进行调整。（ ）
4. 由于盘式制动器在制动时无助势作用，故要求管路液压比鼓式制动器的高。（ ）
5. 在气压制动系中，如果储气筒内的气压达到规定值后，就不再需要空气压缩机向其供气，这时空气压缩机就不运转了。（ ）
6. 在制动力的分配调节装置中，比例阀的作用是在左右车轮的制动间隙不等的情况，不可以调节左右轮缸制动力的分配。（ ）
7. 制动鼓与摩擦片的间隙过大，将增大制动距离；间隙过小，将使制动失效。（ ）
8. 串联活塞式制动主缸一般应用于单回路系统。（ ）
9. 真空助力式液压制动系真空助力器安装在制动主缸与轮缸之间。（ ）
10. 驻车制动装置都是用手进行操纵的。（ ）
11. 左右车轮制动器间隙不等将导致制动跑偏。（ ）
12. 汽车在行驶中不能使用驻车制动系。（ ）

三、选择题

1. 轮缸式制动器制动力取决于（   ）。
   A. 制动轮缸活塞直径　　　　　　B. 踏板力
   C. 制动蹄摩擦衬片材料　　　　　D. A+B+C
2. 前进和倒车时制动效能相同的制动器有（   ）。
   A. 双领蹄式制动器　　　　　　　B. 领从蹄式制动器
   C. 单向自增力式制动器　　　　　D. 都不对
3. 目前在轿车上运用较广泛的盘式制动器是（   ）。
   A. 定钳盘式制动器　　　　　　　B. 浮钳盘式制动器
   C. 全盘式制动器
4. 对液压制动系统活塞皮碗的清洗，应用（   ）进行清洗。
   A. 汽油　　　　　　　　　　　　B. 金属清洗剂
   C. 碱溶液　　　　　　　　　　　D. 制动液或酒精
5. 目前汽车的行车制动系均系用双管路制动系统，目的是（   ）。
   A. 由于采用双管路，便于维修
   B. 若其中一套管路发生故障而失效时，另一套管路仍能继续起制动作用，从而提高了汽车制动的可靠性和行车安全性
   C. 采用双管路，结构简单
   D. 以上都不对
6. 关于东风 EQ1090 制动器的蹄鼓间隙的说法正确的是（   ）。
   A. 凸轮端间隙大于制动蹄轴端间隙　　B. 凸轮端间隙小于制动蹄轴端间隙

C. 凸轮端间隙等于制动蹄轴端间隙　　　D. 不能确定

7. 下列不是制动性能的评价指标的是（　　）。

A. 制动距离与减速度　　　　　　　B. 制动的恒定性

C. 制动时的方向稳定性　　　　　　D. 制动时间

8. 下列不是引起制动跑偏的原因是（　　）。

A. 左右车轮轮毂轴承松紧不一样

B. 单边的制动管道内有气阻

C. 两桥彼此独立的双管路制动系统中有一条管路破裂

D. 左右车轮的制动间隙不等

9. 制动力调节装置中的比例阀（　　）于液压制动管路的后制动管路中。

A. 串联　　　　　　　　　　　　　B. 并联

C. 既可以串联也可以并联　　　　　D. 都不对

四、简答题

1. 汽车制动系的作用是什么？主要由哪几部分构成？有些什么类型？
2. 盘式制动器与鼓式制动器相比较有哪些优点？
3. 如何进行车轮制动器的拆装？
4. 试述常规制动系统的空气排放方法。
5. 试述鼓式车轮制动器的调整方法。
6. 试分析制动跑偏的原因，并提出排除故障的方案。

课题 12
汽车底盘维护

【学习目标】
1. 了解我国汽车维护制度、原则、分级。
2. 了解汽车定期保养制度、作业范围。
3. 掌握汽车底盘维护的流程、作业范围、技术规范。
4. 掌握汽车底盘竣工验收标准，汽车各级维护质量保证期限。

【情境导入】
小李是某机关公务员，他用于上下班代步的 POLO 小轿车已经行驶了 5 000 公里，他应该做二级维护还是定期保养？近期很忙，他想到下个月有空时再保养可以吗？你知道二级维护与定期保养有什么不同？都做哪些项目？

实训 14 汽车底盘维护

【实训目的】
（1）了解轿车定期保养的作业项目、作业流程及技术要求。在老师的指导下，能完成全部作业项目。
（2）能正确使用工量具、专用设备、检测设备。
（3）能对各系统进行技术检测，根据检测结果，对各部零部件做出检验结论。
（4）能对完工车辆进行竣工验收。
（5）对于超出作业范围的项目，能指出并填写维修建议表。

【实训器材】
小轿车 4 辆，工量具 4 套。

【实训内容】
（1）初步检验汽车底盘各系统的技术状况，做到心中有数。
（2）准备工量具、维护所需的零配件、辅料。
（3）按照作业范围、正确流程进行检查、紧固、调整、润滑作业。
（4）如有超出作业范围的项目，能给出合理的维修建议。

(5)竣工验收。

【实训步骤】

以桑塔纳 GLI 车型为例。

1. 检查离合器

(1)踏板高度、自由行程的检查。

踏板高度的调整,如图 12-1 所示。找到踏板高度调整螺栓 2,拧松锁紧螺母,转动螺栓直到高度符合规定。一般轿车规定值为 170~190mm。然后用手轻压离合踏板,直到有阻力时即停止,测量踏板高度,两次测量值之差即为自由行程。可通过旋动自由行程调整螺栓 1,确保自由行程在 15~25 mm。

(2)储液罐液面高度的检查。

液压助力式离合器操纵机构,要检查离合器总泵储液罐液面高度。液面应在刻度线 max~min。不足时应补充,推荐使用 JG5 级或 DOT4 级制动液。

(3)离合器总泵性能检查。

如图 12-2 所示。用力踏下离合器踏板,直到有"顶"脚感觉后保持 10 s,踏板下沉量不得大于 10 mm。否则,表明总泵性能有问题,应进行检修(属于附加项目)。

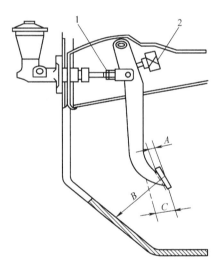

图 12-1 离合器自由行程检查与调整

1—推杆距离和踏板自由行程调整点;
2—踏板高度调整螺栓;
A—推杆距离;B—踏板高度;C—踏板自由行程

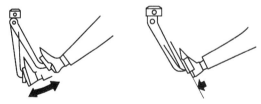

图 12-2 离合器总泵性能检查

2. 检查驻车制动器

(1)工作行程的调整。桑塔纳 2000 驻车制动器调整部位如图 12-3 所示,首先调整好制动蹄间隙,将驻车制动杆放到完全放松位置,把调整螺母先松开到拉索没有预紧力,然后沿顺时针方向上紧,这时再逆时针退回两圈,锁紧螺母。

(2)工作性能的检查。驻车制动调整完之后,要进行制动效能的检查。要求如下。

① 在行驶过程中不允许摩擦片与制动盘(鼓)有摩擦发热现象。

② 空车停在 20%坡道上,拉起驻车制动器操纵杆(拉动 3~5 齿时,便起制动作用),

314

然后放手,可使车辆停住不后溜。这时驻车制动操纵杆行程相当于全程的2/3。

③ 使车辆停在平坦、干燥路面上。当发动机保持中速运转时,拉紧驻车制动器,换入二挡,缓慢起步,发动机应被迫熄火。注意:此方法只宜在试验离合片的接合与分离作用时一并使用。

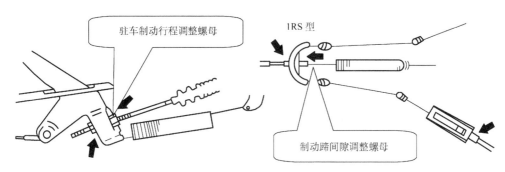

图 12-3　调整驻车制动器行程

3. 检查变速箱润滑油液面高度

如图 12-4 所示,拧开变速箱润滑油液面检查螺母,检查液面是否到达检查孔平面,不足应补充。建议使用 GL-5 齿轮油。

4. 转向系检查

(1) 检查转向横直拉杆球铰。如图 12-5 所示,左右急速转动方向盘,转向横拉杆端头 1 与转向节 2 之间不应存在间隙。转向系其余球铰检查方法相同。

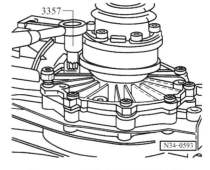

图 12-4　检查变速器液面高度

(2) 检查转向盘自由行程。使车辆处于直线行驶位置,装上转向盘自由行程测量仪,测量转向盘旋转到转向轮(前轮)不动的左、右极限位置所产生的夹角。如图 12-6 所示,转向盘圆周上一点所转动的弧长,应小于 30 mm。

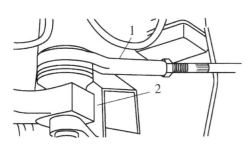

图 12-5　转向横拉杆球铰检查
1—转向横拉杆端头;2—转向节

图 12-6　检查转向盘自由行程

(3) 最大转角检查。

① 最大转向角的测量。检查调整最大转向角必须在轮胎气压、轮毂轴承预紧度合格的条件下进行。其方法是:把转向轮置于直线行驶位置,分别测量左轮左转到极限位置和右轮右转到极限位置的最大转向角,如图 12-7 所示。

② 最大转角的调整。若测量的最大转向角不符合技术要求，可以通过前轮制动底板背面的调整螺栓进行调整。首先拧松锁紧螺母，然后拧入或拧出调整螺栓，使其变短或变长，以增大或减小最大转向角。调整好后，拧紧锁紧螺母。如图 12-8 所示。

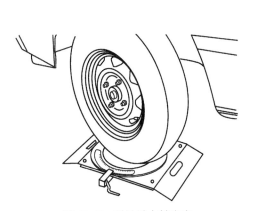

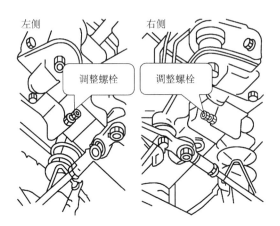

图 12-7 测量最大转向角　　　　图 12-8 最大转向角调整螺栓

（4）转向助力器储液罐液面高度的检查。转向助力器储液罐液面高度应处于刻度线 max～min 之间。不足时应给以补充，大众系列轿车推荐使用油液型号：液压油 G002000，容量 0.7～0.9L。

（5）转向助力泵传动皮带预紧度的检查。以桑塔纳 2000 为例，方法如下。

① 松开转向油泵支架上的后固定螺栓，如图 12-9 所示。

② 松开专用螺栓的螺母，如图 12-10 所示。

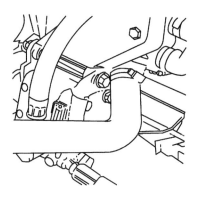

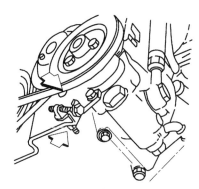

图 12-9 松开后固定螺栓　　　　图 12-10 松开专用螺栓的螺母

③ 通过张紧螺栓把 V 形带绷紧，如图 12-11 所示。当压在 V 形带中间处时，V 形带应有 10 mm 挠度为合适。

④ 拧紧专用螺栓的螺母。拧紧转向油泵支架上的固定螺栓。

5. 检查车轮

（1）检查轮胎轴承间隙。如图 12-12 所示，顶起汽车，第一步转动车轮，没有异响为正常。第二步前后摇动车轮，因为标准轴承间隙小于 0.20mm。所以，手上不能有明显的间隙感。

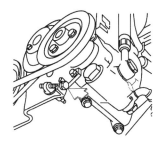
图 12-11　张紧 V 形带

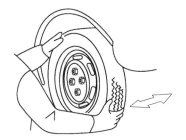
图 12-12　检查轮胎轴承的轴向间隙

（2）检查轮胎花纹及气压（要求见课题 8）。

6. 检查前悬挂系统

（1）检查下摆臂球铰。把车头支起，前轮方向打正，然后一个人踩下制动踏板，另一个人用撬棍，如图 12-13 所示，上下撬动下摆臂，如果有明显的间隙，则说明下摆臂球铰松旷，需要更换新件。

（2）检查上摆臂球铰。使用撬棒，从车轮下方上下撬动车轮，如图 12-14 所示。如果有明显间隙感觉，说明上球形接头配合松旷，必须更换新件。

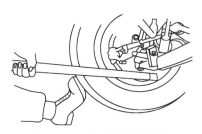
图 12-13　检查下球形接头

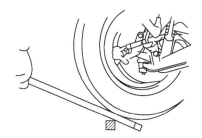
图 12-14　检查上球形接头

（3）检查车辆前部。车高左右误差不得超出 10 mm。用手轻压前部左右，检查减振器阻尼状况，正常时两边力度均匀，没有异响。

（4）检查前减振器是否漏油。

（5）检查左右悬挂紧固螺栓。紧固上下摆臂、稳定杆、控制臂、减振器、前悬架横梁、轮毂等悬挂系统连接螺栓，力矩应达到规范要求。

7. 检查半轴防尘套

半轴内外防尘套如图 12-15 所示，检查是否有破损漏油现象，必要时更换防尘套。

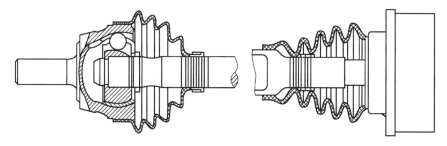
图 12-15　半轴内外防尘套

8. 检查后悬挂系统

（1）检查车辆后部高度。车高左右误差不得超出 10 mm；用手依次轻压后部左右侧，检查减振器阻尼状况，正常时两边力度均匀，没有异响。

（2）检查后减振器是否漏油。

（3）紧固后悬挂连接螺栓

① 减振器连接螺栓。如图 12-16 所示，紧固减振器连接螺栓。

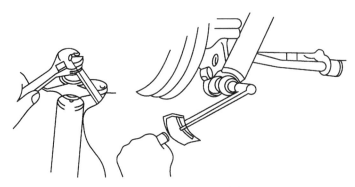

图 12-16 紧固减振器连接螺栓

② 稳定杆连接螺栓。如图 12-17、图 12-18 所示紧固稳定杆螺栓。

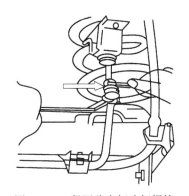 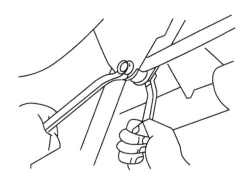

图 12-17 紧固稳定杆连杆螺栓　　图 12-18 紧固稳定杆与车身连接螺栓

9. 检查制动系统（以桑塔纳 2000 为例）

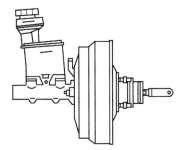

图 12-19 制动液储液罐

（1）检查制动液液面高度。制动液液面高度应在 max～min 刻度线之间；如果液面过低，检查系统是否有泄漏，排除故障后，添加制动液。制动液储液罐如图 12-19 所示。推荐使用 JG5 级或 DOT4 级制动液。

（2）检查制动管路及软管有无开裂、漏油现象，必要时更换。

（3）检查制动踏板自由行程及储备高度。如图 12-20 所示，制动踏板自由行程应为 25～45 mm，踏板踩到底时，踏板储备高度不少于 35 mm。

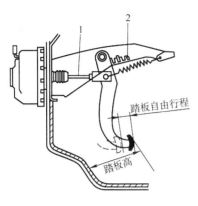
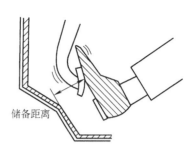

图 12-20　检查制动踏板自由行程及储备距离
1—推杆；2—踏板高度调整钉

（4）检查真空助力器气密性能。如图 12-21 所示，在发动机运转过程中，踏下踏板，然后让发动机熄火，保持踏板 30 s，踏板储备距离无变化，则真空助力器气密性能良好。

（5）检查盘式制动器。

① 制动盘检查。首先测量制动盘厚度，如图 12-22 所示，厚度小于 17 mm 时，应更换新盘。另外制动盘不得有烧蚀现象。

② 制动蹄检查。前制动蹄片厚度 14 mm，磨损极限 7 mm。保养时要进行测量，如图 12-23 所示。

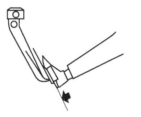
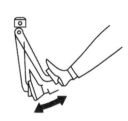

图 12-21　检查真空助力器气密性能

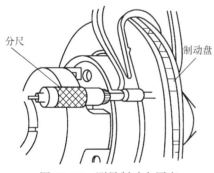

图 12-22　测量制动盘厚度

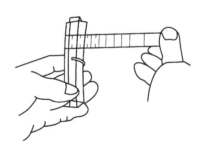

图 12-23　测量摩擦片的厚度

③ 检查制动分泵。不得有漏油现象。

（6）检查鼓式制动器。

① 鼓式制动器内表面检查。内径的标准尺寸为 200.00~201.00 mm，并要求摩擦面的径向跳动不大于 0.05 mm，车轮端面轴向跳动量不大于 0.20 mm。如图 12-24 所示。

② 制动蹄片的检查。制动蹄片的标准厚度为 5 mm，最小极限厚度为 2.5 mm。如图 12-25 所示，如果制动蹄片测量厚度小于标准时，应更换新件。同时，若存在蹄片严重烧蚀、(油)污损时，也要更换新件。鼓式制动器蹄鼓间隙的检查调整方法见课题 11。

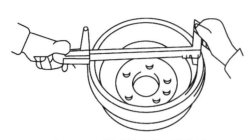

图 12-24 制动鼓内表面的检测

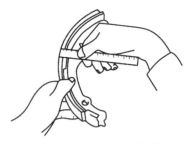

图 12-25 制动蹄厚度的检测

③ 制动分泵检查。不得有漏油现象。

(7) 制动液更换及制动性能检查。见课题 11。

10. 检查排气管

排气管不得有破损漏气现象，与车身的连接可靠有效。

11. 检查燃油管

燃油管与车身连接应可靠有效，并且无变形、渗漏现象。

12. 车轮换位

(1) 轮胎动平衡。

拆卸轮胎进行清洗补气、动平衡，要求轮胎动平衡量小于 5 g。

(2) 轮胎换位。

子午线轮胎换位一般采用单边换位方式，分备胎参与换位和备胎不参与换位两种情况。具体方法见课题 8。

13. 超范围项目处置

汽车定期维护保养过程中，如遇到超出维护范围的项目，应详细记录，填写表 12-1，向用户（或维修顾问）报告并提出合理的维修建议。

表 12-1 维修建议表

用户		车号		保修项目	二级维护	送修日期	
序号	检查部位		检查结果		维修建议		备注

14. 竣工验收

车辆维护保养完工后应上路试车，着重检验以下几项性能。

(1) 异响。车辆在急速、中速、加速运行时，发动机、变速箱、前后悬挂没有异响。

(2) 加速性能。如新车出厂时车辆从 0~100 km/h 加速时间为 n 秒，则保养出厂后，车辆的加速时间<1.25 n 秒。

(3) 水温。在标准范围内（桑塔纳 2000 水温为 70℃~85℃）。

（4）制动性能。路试制动灵敏有效，没有跑偏现象；以 30 km/h 时速空挡滑行，滑行距离应≥160 m；正常行驶 10 km，前后制动器温度<60℃。

（5）操控性能。转向盘转向后能自动回正，并不得有摆振或其他异常现象，在平整的道路上行驶跑偏不超过 5 m/km。

（6）悬挂特性。车辆通过凹凸不平的路面时，前后悬挂应能吸收路面带来的振动，没有不正常的响声。

（7）没有其他漏油、漏水现象。

12.1 汽车维护制度

随着汽车技术和质量水平的提高，汽车维护的重要性越显突出。汽车通过有效的维护保养使汽车修理工作量逐渐减少，维护的工作总量已大于修理量。汽车维修的重点已转移到维护保养工作上，维护已重于修理。

12.1.1 实行汽车维护的重要性

汽车作为机械产品，随着其运行里程的增加，技术指标会不断变差，只有通过维护保养，保持车辆的技术性能、安全性能、经济性能处于一个较好的状态。在二级维护制度中，汽车维护的指导原则是"预防为主、定期检测、强制维护"，即二级维护前通过检测，准确地判定故障部位，进行技术评定，有针对性地进行总成修理。它是状态检测下的维修制度。

二级维护制度的理论基础是零件的磨损规律加上可靠性工程和数理统计理论。也就是说，二级维护制度不仅考虑了磨损零件的情况，而且考虑到一些老化、变质、变形、蚀损等问题，即全面考虑了汽车在使用过程中的变化情况。这样，实施汽车二级维护制度对延长汽车的使用寿命、保证汽车安全性、降低排放污染、提高经济效益具有巨大作用。因此，我国政府针对运输企业的运营车辆实行强制性的二级维护制度，由交通运管部门负责监督执行。实行"预防为主、定期检测、强制维护"的重要性主要体现在以下一些方面。

1. 汽车构成比例变化和汽车技术发展的要求

当今世界汽车技术日新月异，新结构层出不穷，特别是电子技术等在汽车上的广泛采用，使汽车维修行业面临着不断变化和发展的新形势。我国在用汽车已普遍采用电控燃油喷射系统、防抱死制动系统、自动变速系统、电控悬挂装置等先进技术和设备。为适应这些现代车辆维修的需要，迫切要求与现代车辆维修相适应的检测设备和技术，也迫切需要与现代车辆维修相适应的汽车维护、检测、诊断技术规范。

2. 保护大气环境的要求

我国汽车排放控制的核心是在用汽车的排放控制。新汽车在转化为在用汽车之前，可以通过严格的法律法规和具体的行政手段，使其排放指标得到有效的控制。汽车随着车况变化，排放污染将逐渐加剧。因此，对汽车排放污染的控制，主要是控制在用汽车的排放。通过对在用汽车进行检查，确定其技术状况，特别是确定排放污染严重的原因后，有的放矢地采取维护措施，最大限度地降低排放污染物。我国 GB/T 18344—2001《汽车维护、检测、诊断技术规范》通过不解体检测诊断，确定附加作业项目，进行强制维护。保证车辆技术状况，对治理汽车排放污染有一定成效。

3. 与国际接轨的要求

我国已加入世界贸易组织（WTO），进口汽车将大量涌入，汽车维修市场势必更加开放，我们必须加快技术法规建设的步伐，这是培养和发展统一、开放、可控、自主、有序的汽车维修市场的根本保障。我国汽车维修行业投身到国际汽车维修市场中去，是世界经济一体化和贸易全球化的必然趋势，因此我国的汽车维护和修理必须与国际接轨，汽车维修标准也必须与国际接轨。

12.1.2 汽车维护的原则

根据交通部的《汽车运输业车辆技术管理规定》，汽车维护应贯彻"预防为主、定期检测、强制维护"的原则，即汽车维护必须遵照交通运输管理部门规定的行驶间隔里程或间隔时间，按期强制执行，不得拖延，并在维护作业中遵循汽车维护分级和作业范围的有关规定，保证维护质量。

汽车维护是预防性的。保持车容整洁，及时消除发现的故障和隐患，防止汽车早期损坏是汽车维护的基本要求。汽车维护的各项作业是有计划的、定期执行的，其内容是依照汽车技术状况变化规律来安排的，并做在汽车技术状况变坏之前。

定期检测是指汽车在进行二级维护前必须用检验、测试仪器或设备对汽车的主要使用性能和技术状况进行检测诊断，以了解和掌握汽车的技术状况和磨损程度，并做出技术评定，根据结果确定该车的附加作业或小修项目，结合二级维护一并进行。

强制维护是在计划预防维护的基础上进行状态检测的维护制度。汽车的维护工作必须遵照交通运输管理部门或汽车使用说明书规定的行驶间隔里程或间隔时间，按期执行，不得任意拖延。坚持"预防为主、定期检测、强制维护"的原则，做好汽车维护工作并按照 GB/T 18344—2001《汽车维护、检测、诊断技术规范》的要求定期进行，是有效地保持汽车良好技术性能的唯一途径。

12.1.3 汽车维护的分级

在汽车的使用过程中，由于汽车的新旧程度、使用地区条件的不同，在各个时期对汽车维护作业项目也不同。根据《汽车维护、检测、诊断技术规范》的有关规定，汽车维护分为日常维护、一级维护、二级维护三种级别。维护作业以清洁、检查、补给、润滑、紧固和调整为主，维护范围随着行驶里程的增加逐步扩大，内容逐步加深。

1. 日常维护

驾驶员为保持汽车正常工作状况的经常性工作。其作业的中心内容是清洁、补给和安全检视。日常维护通常是在每日出车前、行车中和收车后进行的车辆维护作业。

2. 一级维护

对经过较长里程运行后的汽车，由维修人员对汽车安全部件进行的检视维护作业。其作业中心内容除日常维护作业外，以清洁、润滑、紧固为主，并检查有关制动、操纵、灯光、信号等安全部件。

3. 二级维护

由取得资质并由当地运管机构授权的维修企业负责执行，汽车维护作业的中心内容除一级维护作业外，以检查、调整、润滑为主，并拆检轮胎，进行轮胎换位。这是汽车经过更长里程运行后，必须对车况进行较全面的检查、调整，以维持其良好的技术状况和使用性能确保汽车的安全性、动力性和经济性等达到使用要求。

根据汽车有关强制维护管理方面的规定，在汽车维护作业中除主要总成发生故障必须解体外不得对其他总成进行解体。为减少重复作业，季节性维护和维护间隔较长的项目（超出一、二级维护项目以外的维护内容），可结合一、二级维护同时进行。在汽车二级维护前应进行检测诊断和技术评定，根据结果确定附加作业或小修项目，结合二级维护一并执行。

12.1.4 各级维护周期

汽车日常维护通常是在每日出车前、行车中和收车后进行。汽车一级和二级维护周期的确定，一般根据车辆使用说明书的有关规定，或是依据汽车使用条件的不同，由省级交通行政主管部门规定汽车的行驶里程。对于不便用行驶里程统计、考核的汽车，可用行驶间隔时间确定汽车一、二级维护周期。其间隔时间（天）应依据本地区汽车使用强度和条件的不同，参照汽车一、二级维护里程周期，由各地自行规定。例如，广西规定的二级维护间隔为：

9 座以下运营客车每 3 个月进行一次；

中型以上运营客车每 6 个月进行一次；

运营货车每 6 个月进行一次。

由于进口车型或合资生产汽车的维护规定与我国汽车强制维护规定的内容有所不同，为保证汽车的合理使用，在汽车实际维护工作中应以厂家规定内容为主并结合我国各级维护规范进行。虽然各车型产品对汽车强制维护周期的长短要求不一，但从作业的深度来看，都基本上大同小异。

12.1.5 汽车维护的主要内容

汽车维护的主要工作内容有清洁、检查、补给、润滑、紧固和调整等。

1. 清洁工作

清洁工作是提高汽车维护质量、防止机件腐蚀、减轻零部件磨损和降低燃油消耗的基础，并为检查、补给、润滑、紧固和调整工作做好准备。其工作内容主要包括对空气滤清器滤芯的清洁及汽车外表、内饰的清洁、养护；对有关总成件外部的清洁作业。

2. 检查工作

检查工作是汽车维护的重要工作之一，通过对汽车的检查，能确定零部件的变形、磨损和损坏。其工作内容主要是检查汽车各总成和机件是否齐全，连接是否紧固，是否有漏水、漏油、漏电和漏气等现象；利用汽车上的指示仪表、警报装置等随车诊断装置，检查各总成的技术状况，对影响汽车安全行驶的转向、制动、灯光等工作情况应加强检查。

3. 补给工作

补给工作是指在汽车维护中，对汽车的润滑油、冷却液、制动液、冷媒等进行加注补充，对蓄电池进行补充充电，对轮胎进行换位、补气等作业。

4. 润滑工作

润滑工作是为了减少有关摩擦副的摩擦力，以减轻机件磨损的维护作业。其工作内容包括按照汽车的润滑图表规定的部位和周期，用规定牌号的润滑油和润滑脂对发动机、变速器、转向器、驱动桥等处进行润滑。

5. 紧固工作

紧固工作是为了使各部机件连接可靠，防止机件松动的维护作业。汽车在运行中由于振动、颠簸、热胀冷缩等原因，会改变零部件的紧固程度，以致零部件失去连接的可靠性。紧固工作的重点应放在负荷重且经常变化的各部机件的连接部位上，以及对各连接螺栓进行紧固和配换。

6. 调整工作

调整工作是保证各总成和机件长期正常工作的重要一环。调整工作的好坏，对减少机件磨损、保持汽车使用的经济性和可靠性有直接的关系。其工作内容主要是按技术要求恢复总成、机件的正常配合间隙及工作性能等作业。

12.2 汽车定期保养制度

12.2.1 定期保养的适用范围

我国交通部于2005年颁布的《机动车维修管理规定》（又称7号令）中明确规定从事营运的汽车必须强制执行二级维护制度，这是保障运输秩序安全、有序地进行的强有力措施，运输业户必需遵照执行。否则，将会受到经济处罚，并吊销运营资格。非运营车辆中，绝大部分是乘用车、私家车，通常车辆运行条件（包括路况，载重，运行时间）较好，使用强度不是很大，一旦出现技术故障，造成的影响也不大（相对而言）。对这部分车辆，政府不做强制要求。因此，这类车辆只要遵照生产厂家规定的时间进行保养就可以了。

12.2.2 定期保养的总体原则

汽车保养的主要工作内容有清洁、检查、补给、润滑、紧固和调整等,与汽车维护的主要内容基本相同。

12.2.3 定期保养周期和作业范围

各汽车品牌规定的保养周期有所不同,通常分 7 500 km、15 000 km、30 000 km、50 000 km 等。保养作业项目也有所不同,如表 12-2 所示为上海大众帕萨特系列轿车保养周期及作业项目。其他车辆保养周期、作业范围遵照使用说明书执行。

表 12-2 上海大众帕萨特系列轿车保养表格

维 修 站 代 号:------ 委托单号:------ 车牌号:------ 发动机号:
底 盘 号:------ 行驶里程:------ 送修日期:------ 交车日期:

保养里程				保 养 内 容
每 60 000 km 保养	每 30 000 km 保养	每 15 000 km 常规保养	15 000 km 常规保养	首次 7 500 km 常规保养

保养里程					保 养 内 容
每 60 000 km 保养	每 30 000 km 保养	每 15 000 km 常规保养	15 000 km 常规保养	首次 7 500 km 常规保养	1. 车身内外照明电器,用电设备检查功能: 组合仪表指示灯、驻车灯、近光灯、远光灯、前雾灯、后雾灯、转向灯、警示灯、制动灯、倒车灯、车牌灯、阅读灯、化妆镜灯、时钟、手套箱照明灯、行李箱照明灯、点烟器、喇叭、电动摇窗机、电动外后视镜、暖风空调系统
					2. 安全气囊:目测外表是否受损,并检查安全带功能
					3. 多功能转向盘(如安装):检查各按键的功能
					4. 自诊断:用专用诊断设备 VAG 1551 读取各系统故障存储器内的故障信息
					5. 雨刮器/清洗装置:加注清洗液,检查功能,必要时调整喷嘴
					6. 前风窗玻璃落水槽排水孔:清洁
					7. (发动机舱)目测各零件是否有损坏或泄漏
					8. 空气滤清器:清洁罩壳和滤芯
					9. 蓄电池:检查蓄电池状况,正负极连接是否牢固,观察电眼
					10. 冷却系统:检查系统是否泄漏,必要时补充冷却液,标准值:-25℃,寒冷地区-35℃
					11. 助力转向系统:检查是否泄漏,检查转向液面,必要时加注
					12. 制动系统:检查制动液管路是否泄漏,检查制动液液面,必要时补充
					13. 手制动器:检查,必要时调整
					14. 发动机机油及机油滤清器:更换洗(不经常使用的车辆建议每 6 个月更换)
					15. 转向横拉杆:检查间隙,连接是否牢固
					16. 车身底部:检查燃油管,制动液管及底部保护层是否损坏,排气管是否泄漏,固定是否牢靠
					17. 底盘螺栓:按规定扭矩检查并紧固
					18. 车轮固定螺栓:按规定扭矩检查并紧固

续表

保养里程				保养内容
每 60 000 km 保养	每 30 000 km 保养	每 15 000 km 常规保养	首次 7 500 km 常规保养	19. 前大灯：检查灯光，必要时调整
				20. 轮胎/轮毂（包括备胎）：检查轮胎磨损情况，必要时进行轮胎换位，同时校正轮胎气压
			15 000 km 常规保养	21. 试车：性能检查
				22. 保养周期显示器（如已安装）：复位至零位
				23. 车门限位器，固定销，门锁，发动机盖/行李箱盖铰链和锁扣：检查功能并润滑
				24. 活动天窗：检查功能，清洁导轨，涂敷专用油脂
				25. 灰尘及花粉过滤器：更换滤芯
				26. 散热电子风扇线束连接插座：检查
				27. 变速箱/传动轴护套：目测有无渗漏或损坏
				28. 制动盘及制动摩擦片：检查厚度及磨损情况（必要时更换）
				29. 发动机燃烧室和进气道：用内窥镜 VAG1764B 检查积炭情况（必要时请使用上海大众认可的汽油清净剂）
				30. 火花塞：更换
				31. 空气滤清器：清洁罩壳，更换滤芯（每 24 个月或每 30 000 km）先到为准
				32. 楔型皮带：检查，（必要时更换）；每 120 000 km 更换
				33. 凸轮轴齿形皮带：检查，首次检查 60 000 km，（必要时更换）；每 120 000 km 更换
				34. 尾气排放：检测
				35. 手动变速箱：检查变速箱齿轮油液位（必要时补充或更换）
				36. 自动变速箱：检查变速箱 ATF 油液位（必要时补充或更换）
				37. 燃油滤清器：更换
特殊项目				制动液：更换　　每 24 个月或每 50 000 km　　先到为准

检修工签字（日期）：--------　　　　检验员签字（日期）：-----

12.3 汽车维护生产工艺

　　前面已经提到汽车的维护主要包括日常维护、一级维护、二级维护和走合期维护，以下将一级、二级维护技术规范进行简要介绍。

12.3.1 一级维护技术规范

1. 工艺流程

一级维护作业的工艺流程如图 12-26 所示。

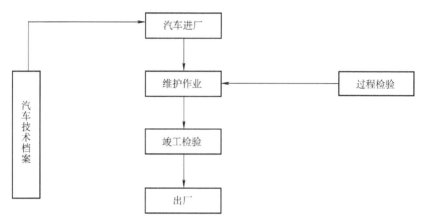

图 12-26 一级维护作业的工艺流程

2. 内容与要求

汽车一级维护是二级维护的基础，由专业维修人员负责执行。汽车一级维护作业的中心内容除日常维护作业外，以清洁、润滑、紧固为主．并检查有关制动、操纵等安全部件。其作业范围如表 12-3 所示。

表 12-3 一级维护作业范围

序号	项目	作业范围	技术要求
1	点火系	检查、调整	提前角、点火能量符合要求
2	发动机空气滤清器、燃油滤清器、机油滤清器、压缩机空气滤清器、空调花粉过滤器	清洁或更换	各滤芯应清洁无破损，上下衬垫无残缺、密封良好、滤清器应清洁、安装牢固
3	机油、冷却液、化油器、制动液各液面高度	检查	液面正常，没有渗漏现象
4	曲轴箱通风、三元催化器	检查	通风、尾气排放通畅
5	散热器、油底壳、发动机机脚、水泵、空压机、进排气歧管、油泵、化油器、连接螺栓	检查、紧固	连接可靠、完好
6	发电机、空压机、空调压缩机、水泵皮带	检查皮带磨损、老化程度、调整预紧度	符合技术要求
7	转向器	检查转向助力器液面、管路、转向节连接情况	液面正常、转向灵活有效、无异响
8	离合器	检查调整	结合平顺、分离彻底
9	变速箱、差速器	检查液面、密封状况	液面正常、安装可靠

续表

序号	项目	作业范围	技术要求
10	制动系	检查制动液、管路、总泵、分泵、ABS系统	各部无泄漏、连接可靠
11	车架、车身及附件	检查、紧固	达到紧固要求
12	轮胎	检查轮辋、轮胎花纹、气压是否正常；轮毂轴承间隙及润滑	气压、润滑正常，轮辋、轮胎、轴承无异常
13	蓄电池	检查液面、比重、电量及桩头	符合技术要求
14	悬挂机构	检查、紧固	无损坏、连接可靠
15	灯光、仪表、信号标志	检查功能	齐全、有效、连接可靠
16	全车润滑点	润滑	各润滑嘴安装正确、齐全、有效
17	整车外观	检查	全车不漏油、不漏水、不漏电、不漏气，各种防尘套齐全有效

12.3.2 二级维护技术规范

汽车二级维护是新的汽车维护制度中规定的最高级别维护，其目的是为了维持汽车各总成、机构的零件具有良好的工作性能。及时消除故障和隐患，保证汽车动力性、经济性、排放净化性、操纵性及安全性等各项综合性能指标满足要求，确保汽车在二级维护间隔期间能正常运行。

按照"技术与经济相结合"的原则，汽车维护实行状态检测后的二级维护制度。即二级维护前应进行检测诊断和技术评定。根据结果，确定附加作业或小修项目，结合二级维护一并进行，以消除故障和隐患，保持汽车的完好技术状态，确保真正达到汽车维护应有的目的。为此，汽车二级维护的工艺过程较一级维护的工艺过程增加了维护前检测诊断和技术评定、确定附加作业项目等内容。

1. 二级维护作业的工艺流程

如图12-27所示，对二级维护作业工艺过程具体阐述如下。

（1）汽车二级维护时首先要进行检测。汽车进厂后，根据汽车技术档案的记录资料（包括汽车运行记录、维修记录、检测记录、总成修理记录等）和驾驶员反映的汽车使用技术状况确定所需检测项目。依据检测结果及汽车实际技术状况进行故障诊断，从而确定附加作业项目。

（2）附加作业项目确定后与基本作业项目一并进行二级维护作业。

（3）二级维护过程中要进行过程检验，过程检验项目的技术要求应满足有关的技术标准或规范。

（4）二级维护作业完成后，应进行竣工检验，竣工检测合格的汽车，由维修企业填写"汽车维护竣工出厂合格证"后方可出厂。

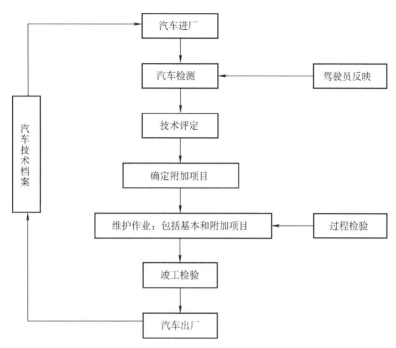

图 12-27 二级维护作业流程

2. 内容与要求

汽车二级维护基本作业项目如表 12-4 所示。

表 12-4 二级维护基本作业项目表

序号	维护项目	作业范围	技术要求
1	发动机润滑油、机油滤清器	1. 更换润滑油 2. 更换机油滤清器	1. 润滑油规格符合规定 2. 液面高度正常 3. 机油滤清器密封良好
2	检查润滑油液面高度	1. 检查转向器、变速器、主减速器等润滑油规格及液面高度，不足时按要求补给	符合出厂规定
3	空气滤清器	清洁空气滤清器	空气滤清器清洁有效，安装可靠
4	燃油系统	1. 检查管路接头及密封情况 2. 更换燃油滤清器 3. 检查燃油系统压力	1. 接头连接牢固可靠 2. 燃油滤清器无漏油现象 3. 燃油压力正常
5	燃油蒸发控制装置（炭罐）	检查清洁，必要时更换	工作正常
6	曲轴箱通风装置	检查，清洁	清洁畅通，连接可靠，无漏气现象
7	冷却系统	1. 检查液面高度及密封情况 2. 检视皮带外观，调整皮带松紧度	1. 冷却系统无变形及渗漏 2. 水泵没有异响现象 3. 皮带无裂纹，紧度合适

329

续表

序号	维护项目	作业范围	技术要求
8	1. 进排气歧管、消声器、排气管 2. 汽缸盖	1. 检查、紧固、视情况焊补 2. 检查紧固缸盖螺栓	1. 消声器性能良好,无破损、漏气 2. 扭紧力矩符合规定
9	发动机机脚	检查、紧固	连接牢固、无变形,裂纹
10	喷油嘴,喷油泵	检查,测试油压,喷油状况	1. 油压正常,喷油雾化好 2. 供油提前校正确
11	分电器,高压线	清洁,检查	分电器、高压线性能良好
12	火花塞	清洁、检查、视情更换	电极清洁,间隙符合要求
13	气门间隙	检查调整	符合规定
14	三元催化器	检查有无堵塞,视情更换	功能正常
15	离合器	1. 检查工作情况 2. 检查调整离合器踏板自由行程	分、合正常,踏板行程正常
16	前、后轮制动器	1. 拆检轮毂总成、制动蹄	清洁表面;制动蹄、盘式制动片摩擦片厚度符合规定
		2. 检查制动鼓、制动盘及连接螺栓	制动鼓、盘磨损不超过极限,螺栓紧固有效
		3. 检查内外轴承;复装时调整好间隙	无裂纹,无烧蚀,不走内外圆,间隙符合要求
		4. 检查制动蹄复位弹簧	无明显变形,自由长度、拉力符合要求
		5. 复装轮鼓时,调整制动间隙	1. 制动蹄片与制动鼓的间隙应符合规定 2. 锁紧螺母达到规定力矩
17	转向器系统	1. 检查转向系统密封性能,紧固各部螺栓 2. 检查调整转向盘自由行程	1. 转向盘自由行程合格 2. 转向轻便、灵活,各部螺栓连接可靠
18	前束及转向角调整	检查调整	符合原厂规定
19	传动轴、半轴	1. 检查防尘罩 2. 检查传动轴万向节、半轴球笼工作情况	1. 防尘套没有裂纹、损坏,卡箍可靠 2. 万向节不松旷,无卡滞;半轴球笼没有异响
20	变速箱、差速器(驱动桥)	检查操纵机构,清洁通气孔	通气孔畅通,操纵机构作用正常,无异响
21	制动系统	1. 检查制动系统自由行程 2. 检查紧固管路接头 3. 检查管路内是否有气体	1. 制动踏板自由行程正常 2. 系统管路、接头连接可靠,无泄漏
22	驻车制动	检查驻车制动性能	符合规定、作用正常
23	悬架系统	检查、紧固	无松动、变形,紧固螺栓力矩符合要求

续表

序号	维护项目	作业范围	技术要求
24	轮胎	检查紧固，补气，轮胎换位	胎面无裂损、老化、变形，气压正常，轮胎螺栓紧固
25	蓄电池	清洁、电解液补给	清洁、安装牢固；电解液比重、液面符合规定
26	全车电器线路	检查，调整	1. 功能齐全，线路连接可靠
27	车身高度、安全带	检查、紧固、调整	车高正常，安全性能可靠
28	空调装置	检查空调系统工作状况	1. 系统无渗漏，制冷效果良好
29	润滑	全车各部润滑点加注润滑脂	润滑嘴齐全有效，润滑良好

注：技术要求栏中的"符合规定"指符合实际应用中有关技术规定或技术要求

12.4 质量保证期

12.4.1 新车质量保证期

根据国家《产品质量法》的规定，新车在一定时间、一定里程范围内，实行质量保证制度。例如，上海大众帕萨特系列质保期为 2 年或 60 000 km。在这段时期，因质量问题造成车辆不能正常使用，用户可以得到免费维修。前提是在质保期内，用户车辆必须要到厂家指定的维修点进行定期保养，否则，将被视为自动放弃索赔资格。各品牌汽车质保期有所不同，用户在选择自行保养或其他维修点时要将这一因素考虑在内，以免造成不应有的损失。

12.4.2 汽车维护质量保证期

根据中华人民共和国《机动车维修管理规定》（7 号令）规定，汽车各级维护保养竣工出厂质量保证期不得低于以下要求。

（1）一级维护质量保证期：2 000 km 或 10 天。
（2）二级维护质量保证期：5 000 km 或 30 天。
（3）总成维修质量保证期：20 000 km 或 100 天。
（4）定期保养竣工出厂质量保证期不得低于 5 000 km 或 30 天。

12.4.3 质量投诉处理程序

（1）在质量保证期内，出现质量问题，承修方应免费给予返修。

（2）质保期内出现的故障可分为维修质量故障和使用不当造成的故障。如托修、承修双方就质保期内故障原因存在分歧，可申请县级以上运管部门进行仲裁。

（3）双方如对运管部门仲裁结果不服，可申请人民法院对事件进行判决。

小　　结

1. 我国的汽车维护制度分为二级维护制度与定期保养制度两种。二级维护制度适应于营运车辆；定期保养制度适应于非营运车辆。

2. 我国交通部于2005年颁布的《机动车维修管理规定》（又称7号令）中明确规定从事营运业务的汽车必须强制执行二级维护制度。而非营运车辆一般执行汽车厂家给定的定期保养制度就可以了。

3. 维护保养周期按使用时间间隔或行驶里程数来划分。运营车辆只能按照使用时间间隔强制保养，例如，出租车每使用三个月必须进行一次二级维护。非运营车辆可以按照厂家规定，每行驶5 000 km进行一次。

4. 汽车维护共分三个级别，即例行维护、一级维护和二级维护。

5. 汽车维护的主要内容是检查、调整、紧固、润滑。

6. 汽车维护时如发现超出作业范围的项目，应告知用户，得到认可后进行附加小修。

7. 汽车维护执行质量保证期制度，在质保期内，出现质量事故应给予免费返修。

思考与习题

一、判断题

1. 公务员小张自购一辆丰田卡罗拉轿车用于上下班代步，该车属于载人的营运车辆。
2. 某公司行政部接待用车属于非运营车辆。
3. 二级维护与一级维护的作业范围不可能相同。
4. 为了确保行车安全，二级维护如发现超出范围，可以先作业，后告知用户。
5. 质量保证期内出现质量问题，全部责任由承修方负责。

二、选择题

1. 根据交通部相关规定，（　　）在厂家规定的保养期内，用户可以选择是否进行保养。

A. 自用车　　　　　　　　　　B. 出租车

C. 帕萨特轿车　　　　　　　　D. 丰田轿车

2. 根据交通部7号令规定，对于运输企业的车辆，要实行（　　）。

A. 定期保养　　B. 强制保养　　C. 一级维护　　D. 定期检测

3. 检查转向盘的自由行程属于（　　）。

A. 一级维护作业项目　　　　　B. 二级维护作业项目

C. 例行维护项目　　　　　　　D. 小修项目

4. 二级维护作业项目要以（　　）规定为主。

A. 厂家维修保养手册　　　　　B. 交通部规定的技术规范

C. 用户实际要求　　　　　　　D. 维修厂建议

5. 公务员小李自购的 Polo 轿车做完 5 000 公里保养后，其质量保证期是（　　）。
A. 2 000 公里 10 天　　　　　　　　B. 5 000 公里或 30 天
C. 20 000 公里或 100 天　　　　　　D. 10 000 公里或 60 天

三、简答题

1. 为什么要进行汽车维护保养？汽车维护的原则是什么？
2. 什么是强制保养？适用哪些车辆？举例说明。
3. 什么是定期保养？适用哪些车辆？举例说明。
4. 汽车到期没有进行应做的保养，车子还能行驶吗？如果能行驶，会造成什么不良后果？
5. 出租车二级维护出厂后，质量保证期是多长？上海大众帕萨特汽车 5 000 公里保养后质量保证期是多长？

参考文献

[1] 肖文光. 汽车构造与维修（底盘部分）[M]. 北京：北京理工大学出版社，2009.
[2] 周林福. 汽车底盘构造与维修 [M]. 北京：人民交通出版社，2007.
[3] 幺居标. 汽车底盘构造与维修 [M]. 北京：机械工业出版社，2005.
[4] 孔令来. 汽车底盘构造与维修 [M]. 北京：机械工业出版社，2005.
[5] 山东交通学院. 汽车构造网络课程. 济南：国家精品课程，2008.
[6] 山东交通职业学院. 汽车底盘构造与维修精品课程. 潍坊：山东省级精品课程，2008.
[7] 谭本忠，胡勇. 汽车底盘构造与维修图解教程. 北京：机械工业出版社，2008.
[8] 孙培峰. 汽车底盘构造与维修 [M]. 杭州. 浙江大学出版社，2007.
[9] 李仲河，寇建新，仇桂玲. 汽车底盘构造与维修 [M]. 济南：山东科学技术出版社，2008.
[10] 张春华，佟荣长. 广州本田飞度轿车维修手册 [M]. 北京：机械工业出版社，2005.
[11] 高志胜，徐胜云. 天津威驰轿车维修手册 [M]. 北京：人民交通出版社，2003.
[12] 屠卫星. 汽车底盘构造与维修 [M]. 北京：人民交通出版社，2003.
[13] 徐寅生. 新编汽车底盘维修图解 [M]. 北京：金盾出版社，2006.
[14] 徐安，陈德阳. 汽车底盘 [M]. 北京. 机械工业出版社，2005.
[15] 张凤山. 波罗（POLO）轿车使用维修手册 [M]. 北京：金盾出版社，2003.
[16] 德国百斯巴特公司. 百斯巴特扒胎机（MS43）中文说明书. 北京：德国百斯巴特公司北京办事处，
[17] 德国路斯霸公司. 德国路斯霸平衡机操作说明书.
[18] 吉林工业大学汽车工程系. 汽车构造 [M]. 北京：人民交通出版社，1997.
[19] 河南交通职业技术学院. 汽车底盘构造与维修精品课程.
[20] 蔡兴旺，付晓光. 汽车构造与原理实训 [M]. 北京：机械工业出版社，2008.